जाटों का इतिहास

उत्तरी भारत के इतिहास में योगदान
(मिर्जा नजफखान की मृत्युपर्यन्त; 1782)

लेखक
कालिका रंजन कानूनगो

प्रस्तावना
जदुनाथ सरकार

अनुवाद
दिनेश चन्द्र चतुर्वेदी

सम्पादन एवं संशोधन
डॉ. वीर सिंह

ओरिजिन्लस
(ऐन ईम्परिन्ट ऑफ लो प्राइज़ पब्लिकेशनस)
दिल्ली- ११००५२

प्रथम मुद्रण 2005
पुनर्मुद्रण 2013

अ. भा. पु. सं. 10: 81-88629-54-5 (H.B.)
अ. भा. पु. सं. 13: 978-81-88629-54-1 (H.B.)

प्रकाशक
ओरिजिनल्स
(ऐन ईम्परिन्ट ऑफ लो प्राइज़ पब्लिकेशनस)
ए-6, नीमड़ी कमर्शियल सेंटर,
अशोक विहार फेज-4,
दिल्ली - 110052
दूरभाष : 27302453
ई-मेल: info@Lppindia.com
यू.आर.एल.: www.Lppindia.com

मुद्रकः डी. के. फाईन आर्ट प्रैस प्रा. लि.
दिल्ली- 110052

भारत में प्रकाशित

अनुक्रम

प्रस्तुत संस्करण : संपादकीय वक्तव्य v

प्राक्कथन x

लेखकीय टिप्पणी xii

अध्याय-1
उद्गम एवं आरम्भिक इतिहास 1

अध्याय-2
औरंगजेब के शासन-काल में जाट इतिहास 20

अध्याय-3
जाट-शक्ति का विस्तार 36

अध्याय-4
नवाब सफदरजंग का मित्र : राजा सूरजमल 46

अध्याय-5
सूरजमल का मराठों से संघर्ष 52

अध्याय-6
जाटों के विरुद्ध अहमदशाह दुर्रानी का अभियान 59

अध्याय-7
सूरजमल की महान् निराशा 74

अध्याय-8
सूरजमल का शासन 87

अध्याय-9

सूरजमल की विरासत 93

अध्याय-10

महाराजा सवाई जवाहर सिंह 'भारतेन्द्र' (1764-1768) 100

अध्याय-11

राजा जवाहर सिह का शासन 109

अध्याय-12

गृह-युद्ध 131

अध्याय-13

नवल सिंह का प्रतिशासन 139

अध्याय-14

भरतपुर राज-परिवार की अवनति 158

अध्याय-15

राजा रणजीत सिंह जाट का शासन 176

परिशिष्ट

(अ) जाटों के मूल का इण्डोसिथियन सिद्धान्त 188

(ब) यदु जाति के बारे में पुराकथा 194

(स) औरंगजेब के शासन काल में जाटों का विद्रोह 201

(द) सूरजमल की मृत्यु के विवरण 203

Bibliography 206

अन्य ग्रन्थ सूची 217

प्रस्तुत संस्करण : संपादकीय वक्तव्य

प्रो. कालिका रंजन कानूनगो द्वारा लिखित *'हिस्ट्री ऑफ द जाट्स'* नामक ग्रंथ प्रथम बार सन् 1925 में अंग्रेजी में प्रकाशित हुआ था। शोध-प्रविधि के अनुसार लिखित उक्त ग्रन्थ निःसन्देह जाटों के इतिहास पर प्रथम मौलिक एवं प्रामाणिक कृति है। जाट इतिहास की परवर्ती कृतियाँ प्रो. कानूनगो के पुरोगामी ग्रन्थ की महत्ता को कम नहीं करतीं क्योंकि उनके लेखक प्रायः प्रो. कानूनगो के निष्कर्षों से सहमत हैं और आदरपूर्वक उनको उद्धृत करते हैं। जाटों का सौभाग्य है कि प्रो. कानूनगो जैसा समर्पित इतिहासकार उन्हें मिला है, जैसे राजपूतों को कर्नल टॉड, मराठों के ग्रांट डफ और सिक्खों को कनिंघम।

सूरजमल स्मारक शिक्षा-संस्था के अध्यक्ष श्री रामनिवास मिर्धा के निर्देश पर डॉ. पूर्ण सिंह डबास द्वारा उक्त ग्रन्थ सन् 1982 ई. में पुनर्मुद्रित कराया गया था। इसके बाद अद्यतन ऐतिहासिक शोध के आधार पर विभिन्न विषयों से सम्बद्ध स्पष्टीकरण मूलक टिप्पणियाँ जोड़ते हुए इसका नवीन संशोधित संस्करण 2003 में प्रकाशित करवाया गया। इस संस्करण को तैयार करते समय यह महसूस किया गया कि इसी प्रकार का एक हिन्दी संस्करण भी निकाला जाए। प्रस्तुत हिन्दी संस्करण में सभी परिवर्तन/संशोधन समाविष्ट किए गए हैं–

I. (i) प्रो. कानूनगो की दूसरी बहुचर्चित *'शेरशाह'* नामक कृति के ढाई पृष्ठ के परिचय एवं उक्त कृति पर विद्वानों की सम्मतियों को हटा दिया गया है क्योंकि वे जाट-इतिहास से सम्बन्धित नहीं हैं।

(ii) हिन्दी, संस्करण और फारसी ध्वनियों का संकेत करने वाले भेद-निर्देशक चिह्नों को भी इस संस्करण में स्थान नहीं दिया गया है क्योंकि मूल कृति में भी उनका सर्वत्र प्रयोग नहीं किया गया है।

(iii) प्रो. कानूनगो ने अपनी लेखकीय टिप्पणी में स्वीकार किया है कि वे अपने खराब हस्तलेख या असावधानी के कारण स्थान एवं नामों की वर्त्तनियों में एकरूपता नहीं रख सके हैं। इस संस्करण में स्थानों और व्यक्तियों के नामों की सही वर्त्तनी देने का प्रयास किया गया है।

II. अध्याय और उसके उपर्शीषकों के नाम लिखने में प्रो. कानूनगो ने समान प्रक्रिया नहीं अपनाई थी। प्रथम संस्करण के प्रथम अध्याय में शीर्षकों को भिन्न-भिन्न स्थानों पर देना इसका स्पष्ट उदाहरण है। साधारणतः लेखक ने उपशीर्षकों के नाम फोलियो पर दिए थे। प्रस्तुत संस्करण में प्रकाशन की प्रक्रिया के अनुसार ग्रन्थ का नाम बाएँ पृष्ठ के ऊपर और उपशीर्षकों के स्थान पर अध्याय का नाम दाएँ पृष्ठ के ऊपर दिया गया है।

IV. प्रो. कानूनगो ने प्रथम संस्करण के प्रत्येक पृष्ठ पर पाद-टिप्पणियाँ तारे या खंजर के चिह्नों से प्रदर्शित की थीं। प्रस्तुत संस्करण में सम्पूर्ण अध्याय की पाद-टिप्पणियों पर क्रमांक डालते हुए उन्हें अध्याय के अंत में दिया नवीन पाद-टिप्पणियाँ हैं।

V. प्रो. कानूनगो के प्रथम संस्करण सन् 1925 से 2005 ई. तक की 80 वर्ष की अवधि में जाट इतिहास के विभिन्न पक्षों पर अध्ययन हुआ है। भरतपुर राज्य के भवन, स्मारक एवं दुर्गों पर भी कार्य हो चुका है। नवीन शोधों से जानकारी मिली है कि प्रो. काननूगो ने चूड़ामन के दुर्ग थून और दूसरे स्थान पर क्षेमकरण सोगरिया की फतहगढ़ी को भूल से भरतपुर दुर्ग समझ लिया है और रामगढ़ (अलीगढ़), सुक्करताल और नीमराना दुर्गों के बारे में भी उन्होंने अपर्याप्त सामग्री दी है।

प्रो. कानूनगो को डिग्गी घराने के फारसी दस्तावेज भी उस समय तक उपलब्ध नहीं हुए थे। अतः राजाराम की मृत्यु के बाद सन् 1688 से 1695 तक सात वर्ष की अवधि में ब्रजमण्डल के किसानों का साम्राज्यिकों के साथ खूनी संघर्ष का वर्णन उनके प्रथम संस्करण में नहीं है। सूरजमल द्वारा घासेरा का साहसिक अभियान भी लेखक से अछूता रहा। इस प्रकार की चूक अथवा विषय के अन्य अन्तरालों का विवरण और तथ्यों का विवेचन प्रस्तुत संस्करण की 33 टिप्पणियों में कर दिया गया है। ये टिप्पणियाँ पृष्ठ के नीचे वाले भाग में दी गई हैं और लेखक की मूल टिप्पणियों से अलग करने के लिए इनके क्रमांक रोमन लिपि में दिये गये हैं।

VI. प्रथम संस्करण में *'सूरजमल की मृत्यु का विवरण'* ग्रन्थ के मध्य आठवें अध्याय के बाद परिशिष्ट के रूप में दिया गया था। प्रस्तुत संस्करण में उसका स्थानान्तरण ग्रन्थ के अन्त में अन्य परिशिष्टों के साथ परिशिष्ट 'द' के रूप में कर दिया गया है।

VII. प्रो. कानूनगो ने प्रथम संस्करण में केवल मुख्य स्रोत ही अपनी सन्दर्भ ग्रन्थ सूची में सम्मिलित किए थे। वह सूची शोधार्थियों के लिए अंग्रेजी में ही दी गई है। परन्तु लेखक द्वारा प्रयुक्त शेष सन्दर्भ ग्रन्थों का समावेश सन्दर्भ ग्रन्थ सूची (बी) में कर दिया गया है।

VIII. प्रो. कानूनगो के उक्त ग्रंथ का हिंदी अनुवाद सर्वप्रथम 'अखिल भारतवर्षीय जाट महासभा' के तत्कालीन अध्यक्ष डॉ. (स्व.) भगवान सिंह द्वारा सन् 1988 में प्रकाशित किया गया था जिसके अनुवादक डॉ. दिनेशचन्द्र चतुर्वेदी थे। इसके बाद स्व. श्री भगवान सिंह की अनुमति से सन् 1996 में इसका सूरजमल स्मारक शिक्षा-संस्था द्वारा पुनर्मुद्रण करवाया गया। उस समय अनुवाद का पुनर्निरीक्षण नहीं किया जा सका था अतः उस में अनेक कमियाँ रह गई थीं–

(क) प्रो. यदुनाथ सरकार का ऐतिहासिक महत्त्व का प्राक्कथन, प्रो. कानूनगो की लेखकीय टिप्पणी एवं लेखक की संदर्भ-ग्रंथ-सूची अनुवाद में छोड़ दिये गये थे।

(ख) विभिन्न अध्यायों की कानूनगो द्वारा लिखित 21 पाद-टिप्पणियाँ भी छोड़ दी गई थीं।

(ग) टिप्पणियों में कई स्थानों पर विसंगतियाँ थीं।

(घ) अनेक स्थानों पर संदर्भों की पृष्ठ संख्या, संदर्भों में उल्लिखित तिथि, माह एवं सन् का उल्लेख भी ठीक नहीं था और ऐसी अशुद्धियों की संख्या सैंकड़ों थी। स्वाभाविक था कि इस अनुवाद का उपयोग करनेवाले शोधार्थी इन गलत संदर्भों का ही उल्लेख करते जिससे और अधिक ऐतिहासिक भ्रांति फैलती।

(ङ) इतिहास के अनुवादक के लिए केवल भाषा-ज्ञान ही पर्याप्त न होकर इतिहास की जानकारी, संबद्ध इतिहास के स्थान और व्यक्तिवाचक नामों से परिचय होना भी आवश्यक होता है। इनके अभाव में अनेक त्रुटियों का होना स्वाभाविक है। यही कारण है कि उक्त अनुवाद में *सहार* के लिए *शहर, हिण्डौन* के लिए *हिन्दुआन, मावण्डा* के लिए *मौण्डा, बनचारी* के लिए *वैचारी* लिखा गया। इसी प्रकार *जोआर* (ज्वार) गढ़ी को *जेवर* लिख दिया गया जबकि यह काफी दूरी पर स्थित भिन्न स्थान है। ज्वार गढ़ी मुड़सान के समीप नन्दराम जाट की प्रसिद्ध गढ़ी थी जहाँ बिशनसिंह का सेनापति हरीसिंह मारा गया था और जेवर वर्तमान गौतम बुद्ध नगर जिले में यमुना किनारे एक कस्बा है।

(च) इसी प्रकार व्यक्तिवाचक नामों में *अहदखाँ* के लिए *अहमद खाँ, रतन सिंह* के लिए *रत्न सिंह* और *महादजी सिंधिया* के लिए *महारानी सिंधिया* लिखा गया है। जिस प्रतिद्वंद्विता के परिप्रेक्ष्य में महत्त्वाकांक्षी जवाहर सिंह ने 1767 में *'भारतेन्द्र'* की उपाधि धारण की थी उसको बार-बार *'भारतेन्दु'* लिखने से सन्दर्भ ही समाप्त हो जाता है। जवाहर सिंह का ओजस्वी व्यक्तित्व शीतल इन्दु तो था ही नहीं वह तो बज्रधारी

वैदिक इन्द्र के शत्रुसंहारक रूप का अनुसरण कर्त्ता था।

(छ) अनेक स्थानों पर संदर्भ के अनुकूल शब्द-चयन भी नहीं है। उदाहरणार्थ Charge और Surprise के अर्थ सामान्य जन, पुलिस और सेना के लिए अलग-अलग होंगे। The Camp was surprised का अनुवाद *'शाही खेमा भौंचक्का रह गया'* के स्थान पर *'शाही कैम्प पर आकस्मिक आक्रमण किया गया'* होगा।

मैं अम्बेडकर विश्व-विद्यालय आगरा के इतिहास विभाग में रीडर डॉ. अनिल वर्मा का आभारी हूँ जिन्होंने संस्करण के संशोधन और पाद-टिप्पणियों के अनुवाद में मेरी सहायता की है।

संस्था के अध्यक्ष एवं पूर्व केन्द्रीय मन्त्री श्री रामनिवास मिर्धा के गतिशील व्यक्तित्व के दिशा-निर्देश में संस्था का महाराजा सूरजमल अनुसन्धान एवं प्रकाशन केन्द्र, उत्तर एवं पश्चिमोत्तर भारत की ग्रामीण विरासत के संग्रह, उसके परिरक्षण एवं जाटों से सम्बन्धित प्रामाणिक ग्रन्थों को साम्प्रतिक करके उनके प्रकाशन के लिए प्रतिबद्धता के साथ कार्य कर रहा है। बीस पुस्तकों का प्रकाशन और पाँच राष्ट्रीय संगोष्ठियों का आयोजन उक्त उद्देश्य की पूर्ति के लिए उठाए गए कदम हैं। संस्था ने अब तक दो इतिहास के शोधार्थियों को शोधकृति दी है। संस्था के शैक्षिक-परिसर में एक समृद्ध पुस्तकालय की स्थापना की गई है और शोधार्थियों के लिए आवासीय सुविधा भी उपलब्ध है।

भारतीय इतिहास अनुसन्धान परिषद्, नई दिल्ली से संस्था के अनुसन्धान एवं प्रकाशन केन्द्र को संगोष्ठियों और प्रकाशन के लिए चार बार अनुदान प्राप्त हो चुका है। अतीव हर्ष की बात है कि केन्द्र की अकादमिक गतिविधियों से प्रभावित होकर भारतीय इतिहास अनुसन्धान परिषद् ने सूरजमल स्मारक शिक्षा-संस्था को एक मई 2005 से एक ऐसी संस्था (Institute of affiliation) के रूप में मान्यता दी है जिसे शोधकर्ता अपने शोधकार्य एवं अध्ययन के लिए नामित कर सकते हैं। संस्था की दूसरी उपलब्धि 12 जून 2005 को प्राप्त हुई जब दिल्ली की 'The Federation of Educational Publishers in India' ने संस्था की शैक्षिक एवं प्रकाशन की प्रभावी गतिविधियों के आधार पर Distinguished Educational Society के Award से पुरस्कृत किया।

डॉ. एस.एस. राणा एवं. डॉ. पूर्णसिंह डबास ने जाट इतिहास की इस पुरोगामी कृति को साम्प्रतिक करके नया रूप देने में बहुमूल्य सुझाव दिए हैं। श्री एस. पी. सिंह प्रशासकीय सहायता प्रदान करके सदैव मुझे कार्य करने के लिए प्रोत्साहित करते रहे हैं। उक्त मित्रों की शुभेच्छा मेरा संबल रही है। भारतीय इतिहास अनुसंधान परिषद् एवं जामिया मिलिया इस्लामिया के पुस्तकालय के कर्मचारियों ने समय-समय पर मुझे स्रोत-सामग्री उपलब्ध कराने में सहयोग किया है। प्रकाशक

ने नई सज्जा के साथ इस ऐतिहासिक दस्तावेज को छापकर अपना योगदान दिया है।

प्रो. कालिका रंजन कानूनगो ने जाट-इतिहास का जो स्पृहणीय मार्ग बनाया था उसमें कुछ कंकड़-पत्थर बिखरे रह गए थे। मैंने तो बुहारकर उन्हें हटाया है जिससे जाट-इतिहास के राही के लिए यह मार्ग सुगम और सदा प्रशस्त रहे। यही मेरी कामना है।

–डॉ. वीर सिंह
निदेशक
महाराजा सूजमल अनुसन्धान
एवं प्रकाशन केन्द्र

दिनांक
25-12-2005

प्राक्कथन

वर्तमान भारतीय जनसमुदाय में 'जाट' एक उतनी ही महत्त्वपूर्ण जाति है जितनी वह मुगल काल में थी और उनकी परम्पराएँ धुँधले प्राचीन युग की ओर संकेत करती हैं। समस्त उपलब्ध सामग्री के आधार पर ऐसी जाति के विगत इतिहास के आलोचनात्मक अध्ययन को समस्त भारतीयों के लिए गहरी दिलचस्पी एवं शिक्षा का विषय होने से रोका नहीं जा सकता। इस पुस्तक में ऐसा ही अध्ययन प्रस्तुत किया गया है।

यह पुस्तक, प्रोफेसर कालिका रंजन कानूनगो के वर्षों के समर्पित एवं स्नेहमय परिश्रम का प्रतिनिधित्व करती है। मुद्रित एवं हस्तलिखित, फारसी, मराठी, फ्रांसीसी और अंग्रेजी के समस्त ज्ञात स्रोतों का (पौराणिक युग के अध्ययन हेतु संस्कृत स्रोतों के अलावा) इसमें उपयोग किया गया है। *'हिस्ट्री ऑफ दी जाट्स'* में जैसा संश्लेषण प्रस्तुत किया गया है वैसा इससे पूर्व कभी नहीं किया गया, और मेरी दृष्टि में जब तक नवीन सामग्री की खोज नहीं हो जाती भविष्य के शोधकर्ताओं के लिए भी कुछ नहीं बचा है। दृढ़ आलोचना-शक्ति और सच्ची ऐतिहासिक भावना का प्रमाण, प्रोफेसर कानूनगो अपनी पहली पुस्तक *'शेरशाह'* में ही दे चुके हैं, जो एक ही छलाँग में इस विषय की स्तरीय कृतियों की श्रेणी में पहुँच गई थी। अपनी *'हिस्ट्री ऑफ जाट्स'* में वे लिखित दस्तावेजों के गहन अध्ययन से ही सन्तुष्ट न रहे। उन्होंने दिल्ली में अपने पूर्व कॉलिज के विद्यार्थियों के साथ रहकर कार्य किया और उसका प्यार एवं विश्वास जीत लिया और उनके ऐतिहासिक महत्त्व के स्थानों की यात्रा कर उनके जातीय समारोहों में भाग लिया। इन्होंने वयोवृद्ध जाटों से बातचीत की जिनकी यादों के जखीरे में भूतकाल कूट-कूटकर भरा हुआ है। इस प्रकार व्यक्तिगत अन्वेषण से उन्होंने विशाल क्षेत्र में बिखरी हुई सूचनाएँ एकत्रित करके इस पुस्तक में प्रस्तुत किया है, जिससे यह अनुपम हो जाती है।

जैसी कि उनकी पूर्व-कृति की उच्च गुणवत्ता को देखते हुए आशा थी, उसी के अनुरूप किसी जनजाति-विशेष पर अपनी दृष्टि संकुचित करने के बजाय सम्पूर्ण

भारतवर्ष को अपनी नजर में रखते हुए उन्होंने यहाँ प्रमाणों का निष्पक्ष प्रस्तुतीकरण और चरित्रों का विशाल दृष्टिकोण से अध्ययन किया है। यह विशाल दृष्टिकोण और जिस राजवंश या जाति-विशेष पर कार्य किया जा रहा हो उसके प्रति दार्शनिक निर्लिप्तता 18वीं शताब्दी के भारत के किसी भी इतिहास के लिए आवश्यक है और वही सच्चे इतिहास के रूप में स्थापित होने के योग्य है। जहाँ तक जाटों का प्रश्न है, वे मुगल साम्राज्य के पतन की प्रक्रिया के दौरान, उत्तरी भारत के इतिहास का निर्माण करने वाले उलझे हुए जाल के धागों में से एक हैं। दिल्ली के बादशाहों और उनके अर्थ-स्वतन्त्र कुलीनों के अतिरिक्त जाट, रुहेले, सिख, मराठे, राजपूत, अवध के नवाब, अंग्रेज कम्पनी, साहसी फ्रांसीसी—सभी उस एक सदी में भारतीय राजनीति की जटिलता में सम्मिलित हुए और वही सदी भारतीय इतिहास के निर्माता जाटों के उत्थान, परिपक्वता और पतन की गवाह थी। इसीलिए जाटों के इस विवरण को लिखने हेतु स्वयं को पूर्णतः समक्षम समझने से पूर्व, पूर्ण बुद्धिमानी का परिचय देते हुए प्रोफेसर कानूनगो ने समकालीन इतिहास और इन समस्त शक्तियों के पारस्परिक प्रभाव का अध्ययन किया।

मुगल साम्राज्य के पतन के आलोचनात्मक अध्ययन की दिशा में यह एक उच्चकोटि का योगदान है। जाट बधाई के पात्र हैं कि उन्हें ऐसा इतिहासकार मिला। सम्भव है जाटों में कुछ लोग अनजाने में इस बात पर भिन्नाएँ कि उनकी जनजाति के सम्बन्ध में प्रचलित धारणाओं को इसमें सन्तुष्ट नहीं किया गया; किन्तु सत्य महान् है और रहेगा, और प्रोफेसर कानूनगो ने लक्ष्य के प्रति एकनिष्ठ होकर जिस सत्य की आकांक्षा की वह विद्वत्ता की राह में उपलब्ध समस्त स्रोतों से समर्पित है।

—जदुनाथ सरकार

मई, 1925

अंग्रेजी के प्रथम संस्करण की भूमिका

लेखक की टिप्पणी

इस पुस्तक को प्रारम्भ करने का श्रेय, अपनी जाति के प्रति उत्साह रखने वाले, मेरे दिल्ली के उन शिष्यों को जाता है जिन्हें चार वर्ष पूर्व मैंने इसके लिए वचन दिया था। लेकिन इस कार्य को मैंने जैसा समझा उससे कहीं विकट साबित हुआ। जाटों का राजनीतिक इतिहास 18वीं शताब्दी के मुगल साम्राज्य के व्यापक इतिहास में जटिलतापूर्वक उलझा हुआ है; और उसके उद्‌गम का प्रश्न तो आज भी स्वयं उनके लिए और विद्वानों के लिए एक रहस्य बना हुआ है। जाटों की खोई हुई वंशावली की खोज में मैंने भारतीय पुराकाल और नृजाति विज्ञान के अनजान क्षेत्रों के अँधकार में भटकने की जोखिम उठाई; फिर भी मैं सत्य की खोज लेने का दावा नहीं करता।

अलखपुर, हिसार के चौधरी छज्जूराम की उदारता को मैं हार्दिक कृतज्ञता से स्वीकार करता हूँ जिन्होंने इस पुस्तक के प्रकाशन में हुए व्यय में उल्लेखनीय योगदान किया। भावनाएँ और कर्तव्य दोनों ही मुझे अपने प्रिय शिष्यों, चौधरी सादीराम, बी.ए. और पण्डित मुखराम, बी.ए. को उनके द्वारा समर्पित भाव से की गई उन सेवाओं के धन्यवाद देने को प्रेरित करती हैं जो उन्होंने हमारी ऐतिहासिक यात्राओं और खोजों के दौरान कीं। मेरा अपने गुरु प्रोफेसर जदुनाथ सरकार के प्रति अहसानमंद होने का यहाँ उल्लेख करना अत्यन्त आवश्यक है जिनके निरन्तर सहयोग और निदेशन के अभाव में भारतीय इतिहास के इस अज्ञात और धुँध भरे क्षेत्र को पार करने की मैं उम्मीद नहीं कर सकता था।

—कालिका रंजन कानूनगो
लखनऊ विश्वविद्यालय
30 अप्रैल, 1925

1

उद्गम एवं आरंभिक इतिहास

देश और जन

जाट एक ऐसी जनजाति है जो इतनी व्यापक और संख्या की दृष्टि से इतनी अधिक है कि उसे लगभग एक राष्ट्र की संज्ञा प्रदान की जा सकती है, अब उनकी संख्या लगभग 90 लाख है (इस समय यह संख्या करोड़ों में है—सम्पादक)। जिस क्षेत्र में जाट निवास करते हैं, उसे मोटे तौर पर इस प्रकार परिभाषित किया जा सकता है—उत्तर में उसका सीमांकन हिमालय के नीचे की पर्वत-शृंखला से होता है और पश्चिम में सिन्धु नदी से; दक्षिण में वह हैदराबाद (सिन्ध) से शुरू होकर अजमेर और फिर भोपाल तक फैला हुआ है तथा पूर्व में गंगा नदी उसके सीमान्तों को प्रदर्शित करती है। दूसरे शब्दों में जाट देश की संरचना एक पंखे के आकार जैसी है, जिसका आधार सिन्ध में है। सिन्ध नदी के उस पार भी पेशावर, बलूचिस्तान, यहाँ तक कि सुलैमान पर्वत माला[1] के पश्चिम में भी हमें जहाँ-तहाँ जाट मिल जाते हैं, पंजाब, सिन्ध, राजस्थान तथा गंगा के दोआब के पश्चिमी भाग में यह जाति कृषक समुदाय की रीढ़ की हड्डी है। 13वीं शताब्दी के आरम्भ तक जाट एक सुसम्बद्ध लोग थे; उनमें रक्त भाषा और धर्म की एकता पाई जाती थी। परन्तु अब उनमें से एक-तिहाई मुसलमान हैं, पाचवाँ भाग सिख हैं और शेष हिन्दू। परन्तु जाट चाहे वह हिन्दू हो या सिख या मुसलमान, वह आखिर में जाट है, वह मजबूती के साथ अपने पुराने जनजातीय नाम के साथ—उसे अपना गौरवपूर्ण उत्तराधिकार मानकर—चिपका रहता है और उसके साथ रक्त-सम्बन्धों की परम्परा चलती रहती है।

जाट निःसन्देह निर्भीक किसान हैं, अपने देश का गौरव हैं, जो हल और तलवार दोनों के प्रयोग में समान रूप से सिद्धहस्त हैं; परिश्रम तथा साहस में वह किसी भी भारतीय जनजाति से कम नहीं हैं। शरीर की बनावट में वे राजपूत तथा खत्री जैसे हैं और वे जाति के उस प्रारूप का प्रतिनिधित्व करते हैं जो भारत के परम्परागत उपनिवेशवादी आर्यों के सम्बन्ध में बताया गया है। वे अधिकांशतः लम्बे हैं, उनका रंग साफ और आँखें काली हैं; उनके चेहरे पर बाल बहुतायत से

पाए जाते हैं, उनका सिर लम्बा होता है, नाक परिमित और सुव्यक्त होती है, परन्तु वह बहुत लम्बी नहीं होती।[2]

चरित्र में जाट पुराने एंग्लो-सैक्सन तथा पुराने रोमनों से मिलता-जुलता है; निस्सन्देह उसमें कैल्टिक की अपेक्षा ट्यूटन विशिष्टताओं का आधिक्य है। वह हट्टा-कट्टा है, सुस्त है, उसमें कल्पना एवं भावनाओं का अभाव है, उसमें प्रतिभा की कमी है, किन्तु उसमें दृढ़ता यथेष्ट मात्रा में पाई जाती है; उसमें अध्यवसाय है तथा उसकी बुद्धि व्यावहारिक है। ठोस तथ्यों के बिना केवल शब्दों के द्वारा कोई भी बात उसके गले के नीचे नहीं जा सकती। जैसा इब्बेट्सन ने लिखा है, दृढ़ता, स्वतन्त्रता तथा अध्यवसाय, एवं कठोर परिश्रम उसके चरित्र के कुछ अच्छे गुण हैं। जाट चरित्र की एक दूसरी विशिष्टता, जैसा कुछ श्रेष्ठ पर्यवेक्षकों ने अंकित किया है, उसका प्रबल व्यक्तिवाद है। "पंजाब की जातियों में से जाट जनजातीय अथवा समुदाय के नियन्त्रण को बरदाश करने के मामले में सबसे अधिक अधीर है, और वह उन लोगों में से है जो मजबूती के साथ वैयक्तिक स्वतन्त्रता का दावा करते हैं। रोहतक जैसे इलाकों में, जहाँ जाटों के पास अपनी जमीन है और जहाँ उन्हें प्रतिद्वन्द्वी जातियों अथवा शत्रुओं के कारण किसी दूसरे से झगड़ा करने के लिए एक दूसरे की सहायता लेने के लिए बाध्य होना पड़ता है, जनजातीय बन्धन मजबूत हैं। परन्तु जहाँ तक नियम का सम्बन्ध है, जाट ऐसा व्यक्ति है जो वही काम करता है जो उसे उचित लगता है, कभी-कभी वह ऐसे काम भी करता है जो उसे अनुचित लगते हैं।...वह स्वतन्त्र है और वह स्व-इच्छा से प्रेरित होता है, किन्तु वह समझदार है और यदि उसके साथ हस्तक्षेप न किया जाए तो वह शान्तिप्रिय है।"[3]

जाट अभी भी सामाजिक विकास के जनजातीय चरण में है, वह जाति पर आधारित भेदभाव अथवा कुलीनवाद को मान्यता प्रदान नहीं करता। जाति के सभी सदस्य समानता के स्तर पर हैं, केवल बुजुर्गों को आदतन सम्मान दिया जाता है। जाट निरपवाद रूप से अपने बड़े भाई की विधवा से विवाह कर लेता है, केवल इसी आधर पर उसे शुद्ध क्षत्रिय[1] मानने में आपत्ति की जा सकती है। परन्तु यह एक ऐसी प्रथा है जो वैदिक काल से शुद्ध आर्यों के ऊपर की तीनों जातियों में पाई जाती थी।[4]

"जाटों और राजपूतों का विभेद जिनका उद्‌भव एक ही मूलवंश से हुआ है, इस तथ्य से व्यक्त होता है कि जाट उस प्रथा (*करेवा*) पर अमल करते हैं और राजपूत उससे दूर रहते हैं, जिसे सापेक्ष सामाजिक स्थिति को परखने की मूलभूत कसौटी माना जाता है।"[5] अपने गाँवों की शासन-प्रणाली में जाट राजपूतों की अपेक्षा अधिक लोकतांत्रिक हैं, आनुवंशिक अधिकार के प्रति उनमें सम्मान की भावना अपेक्षाकृत कम है, वे निर्वाचित मुखिया को अधिक पसन्द

---

1. यह उत्तर वैदिक ब्राह्मणिक वर्गीकरण है।—सम्पादक

करते हैं। उनमें गोत्र की भावना बहुत मजबूत है। वे आनुवंशिक झगड़े को पवित्र कर्तव्य की भांति निभाते हैं। एक वृद्ध जाट तब तक शान्ति से नहीं मर सकता, जब तक कि वह अपने उत्तराधिकारियों को यह बताकर अपनी छाती का बोझ हल्का न कर ले कि उसके पड़ोसियों ने उसके और उसके पूर्वजों के साथ क्या बुरा और क्या अच्छा किया है तथा जब तक वह उन्हें बुराई का बदला और भलाई का भले कामों से बदला चुकाने का आदेश न दे दे। एक कुनबा दूसरे कुनबे से लड़ सकता है, एक गोत्र की दूसरे गोत्र से लड़ाई हो सकती है, परन्तु जब भी जनजातीय सम्मान का प्रश्न उठता है अथवा किसी विरोधी बिरादरी के साथ संघर्ष की स्थिति उत्पन्न होती है, जाति के वे सभी सदस्य जिनमें लाठी पकड़ने की सामर्थ्य है, अपने पारस्परिक मदभेदों को अल्पकाल के लिए भुलाकर, निष्ठा के साथ, जनजातीय बुजुर्गों के आदेशों का पालन करने के लिए एकत्रित होते हैं।

इन रोचक लोगों का उद्‌गम अन्धकार से घिरा हुआ है, जिसे वैज्ञानिक खोज का प्रकाश अभी तक दूर नहीं कर पाया है। शारीरिक बनावट, भाषा, चरित्र, भावनाओं, शासन की अवधारणाओं तथा सामाजिक संस्थाओं में जाट हिन्दुओं की तीनों उच्च जातियों को अपेक्षा जिनका मूल चरित्र शताब्दियों के दौरान हुए विकास की प्रक्रिया में निश्चयपूर्वक लुप्त हो चुका है। जाट प्राचीन वैदिक आर्यों का कहीं अधिक श्रेष्ठ प्रतिनिधि है। परन्तु जाट के जनजातीय स्वरूप से यह संकेत मिलता है कि वह विदेशी और कम सम्मानित यानी इण्डो-सिथियन उत्पत्ति का आत्मज है। भारत के पुरातत्त्व एवं मानव-विज्ञान के अध्येताओं ने इस मान्यता के साथ अपना मत प्रतिपादित किया है। कि राजपूतों और जाटों जैसे उत्कृष्ट उद्यमी और सैनिक गुणों से सम्पन्न लोग उत्तर-पश्चिम से भारत में आए होंगे और उन्होंने यहाँ आकर यहाँ के वैदिक कार्यों के अशक्त उत्तराधिकारियों को पूर्व और दक्षिण की ओर भगा दिया होगा, क्योंकि सिकन्दर से लेकर अहमद शाह दुर्रानी तक के ज्ञात ऐतिहासिक काल में विदेशी अप्रवासियों ने निरपवाद रूप से अपना शासन यहाँ के मूल निवासियों के ऊपर आरोपित किया है। इसके अतिरिक्त यह भी एक ज्ञात तथ्य है कि पार्थियन जातियों की गृहभूमि मध्य-एशिया से शक, यूची, कुशान और हूण जैसे अनेक विदेशी झुण्डों ने 100 ई. पू. से लेकर 600 ई. तक के काल में भारत में प्रवेश किया, कालान्तर में वे सभी भारत के समाज में विलीन हो गए। यदि ऐसा है, तो प्रश्न है कि इन जातियों के आधुनिक प्रतिनिधि कहाँ हैं? राजपूतों और जाटों की युद्धप्रिय आदतों, उदारवादी रिवाजों तथा उद्‌गम के सम्बन्ध में भ्रम उत्पन्न करने वाली परम्पराओं ने अध्येताओं की विदग्धता को आकर्षित किया है और उन्होंने एकदम उनकी शकों और हूणों से पहचान स्थापित कर दी। कर्नल टॉड ने इस सम्बन्ध में एक काल्पनिक सिद्धान्त

का प्रतिपादन किया जिसमें यह कहा गया कि भारत के जाटों, रोमन साम्राज्य के गोथों तथा जटलैण्ड के जटों के बीच रक्त-सम्बन्ध पाए जाते हैं। इस सिद्धान्त ने विद्वानों की अनेक पीढ़ियों को व्यापक रूप से प्रभावित किया है। जाट कबीले का नाम विद्वानों के कानों में ऑक्सस क्षेत्र गैट (Gaete), यूटी (Yuti) और येथा (Yetha) की तरह ध्वनित हुआ भाषा वैज्ञानिकों ने पहली बार इसके विरुद्ध अपना विरोध व्यक्त किया। डॉ. ट्रम्प (Dr. Trumpp) और बीम्स[6] (Beames) ने शक्तिशाली शब्दों में इन दोनों जातियों को उनकी शरीर की बनावट और भाषा के आधार पर शुद्ध आर्य घोषित किया। यह कहा गया कि उनकी भाषा शुद्ध हिन्दी की ही एक बोली है जिसमें सिथियन भाषा की लेशमात्र भी झलक नहीं है। परन्तु उन्हें विकासोन्मुख विज्ञान ने खामोश कर दिया; उसने यह अकाट्य अभ्युक्ति प्रतिपादित की, ''भाषा जाति का प्रमाण नहीं है।''

इसके उपरान्त मानवशास्त्री अपने वैज्ञानिक उपकरणों के साथ प्रस्तुत हुए, उन्होंने भारत के विभिन्न लोगों की खोपड़ियाँ और नाकें नापनी शुरू कीं ताकी उनकी खोई हुई वंशावली को फिर से प्राप्त किया जा सके। इस खोज के फलस्वरूप सर हर्बट रिसले ने भारत के लोगों के सात वर्गीकरण किए और उन्होंने राजपूतों और जाटों को वैदिक आर्यों का वास्तविक उत्तराधिकारी बताया। इण्डो-सिथियन सिद्धान्त पर यह पहला वैज्ञानिक प्रहार था।[7] परन्तु विज्ञान एक स्थान पर रुका नहीं रहता। इसके बाद रसले के सिद्धान्त की भी अनेक विद्वानों[8] ने विभिन्न आधारों पर आलोचना की है।

मानवमिति अथवा भाषा के औचित्य के सम्बन्ध में, हरेक पर विचार करने के उपरान्त चाहे जो भी मतभेद रहे हों, हमारे ज्ञान की वर्तमान स्थिति में कोई भी सर हर्बट रिसले के इस कथन से असहमत नहीं हो सकता, ''भारत में जहाँ ऐतिहासिक साक्ष्यों का अस्तित्व शायद ही हो, जो तथ्य साधारणतः उपलब्ध हैं, वे तीन प्रकार के हैं–शारीरिक विशिष्टताएँ, भाषाई विशिष्टताएँ तथा धार्मिक एवं सामाजिक रूढ़ियाँ। इनमें से पहली दो सबसे अधिक विश्वसनीय हैं। अधिकांश मानव वैज्ञानिक बिना किसी विरोध के अब सर विलियम फाउलर के इस मत से सहमत हैं जिन्होंने मुझे कुछ वर्ष पूर्व लिखा था कि शारीरिक बनावट किसी भी जाति की पहचान करने की सर्वश्रेष्ठ, वास्तव में एकमात्र सच्ची कसौटी है, भाषा रूढ़ियों आदि से सहायता मिल सकती है, अथवा उनसे कुछ संकेत प्राप्त हो सकते हैं, परन्तु बहुधा वे भ्रमोत्पादक हैं।[9] सभी प्रमुख विद्वानों के अनुसार जाट शुद्ध आर्य की शारीरिक बनावट और भाषा[10] की संयुक्त कसौटी पर खरा उतरा है।

जहाँ तक धार्मिक एवं सामाजिक परम्पराओं का प्रश्न है, सभी पर्यवेक्षक सामान्य रूप से सहमत हैं कि इन विषयों में जाट आर्य मूल की अन्य हिन्दू जातियों से बहुत अधिक भिन्न नहीं हैं। विज्ञान ने यह सिद्ध करने में भले ही सफलता

प्राप्त कर ली हो कि जाट इण्डो-आर्यन मूलवंश से सम्बन्ध रखते हैं, परन्तु इस बात को पर्याप्त मात्रा में स्वीकृति उस समय मिल सकती है जब संस्कृत साहित्य में उल्लिखित किसी प्राचीन आर्य जनजाति के साथ उनकी समानता निश्चयात्मक रूप से स्थापित की जाए।[II] चूँकि इस सम्बन्ध में ठोस वैज्ञानिक साक्ष्य लगभग लुप्त हो चुके हैं, इसलिए विद्वानों को बाध्य होकर अवैज्ञानिक तरीके अपनाने पड़े हैं। उदाहरणार्थ अब वे ध्वनियों की समानता का आश्रय लेते हैं। महाभारत के कुछ अध्यायों में पंजाब और सिन्ध की–जिन्हें ऐतिहासिक काल में जाटों की गृहभूमि कहा जा सकता है–विभिन्न जनजातियों का उल्लेख है। उसमें एक जरत्रिका और दूसरी मद्रक जातियों का वर्णन है–दोनों बाहिका थे, यानी यहाँ बाहर से आये थे। सर जेम्स कैम्पबेल और ग्रियर्सन का कहना है कि संस्कृत साहित्य में यह जाटों का सबसे पहला उल्लेख है।[11] मद्रक राजा शल्य को कर्ण को कटु उत्तर में इन लोगों की आदतों और चरित्र का सुस्पष्ट चित्रण है, यद्यपि यह विकृतियों से मुक्त नहीं है। "मद्र लोग अपने मित्रों के प्रति सदैव निष्ठाहीन होते हैं...उनमें स्नेह का अभाव होता है, वे हमेशा दुष्ट, झूठे और क्रूर होते हैं। ये दुष्ट लोग तला हुआ जौ और मछली खाते हैं, तथा उनके घर में पिता, पुत्र, माँ, सास, ससुर, चाचा, पुत्री, दामाद, भाई, पोते, मित्रों और अतिथियों के साथ, नौकरों और नौकरानियों के साथ, स्त्री और पुरुष मिलकर एक साथ दारू पीते हैं और गौ-मांस खाते हैं, वे कभी रोते हैं और कभी हँसते हैं; उन्हें अश्लील बातचीत और गीतों में आनन्द आता है।...उनकी स्त्रियाँ मदिरा के प्रभाव में आकर नंगी नाचती हैं।...उनका रंग साफ होता है और कद लम्बा, वे आवरण पहनते हैं, भोजन अधिक मात्रा में करते हैं तथा पवित्रता के नियमों के पालन में वे निर्लज्ज और लापरवाह हैं। बाहिकों से जिन्हें हिमालय, गंगा, यमुना, सरस्वती और कुरुक्षेत्र के क्षेत्रों से निष्कासित कर दिया गया है, दूर रहना चाहिए। बाहिकों की रचना प्रजापति के द्वारा नहीं हुई। जिन्होंने शुद्ध आर्यों की रचना की है, वे पिशाच दम्पत्ति के आत्मज हैं जिनका नाम बाही और हीक था। और जो बियासा (ब्यास) नदी के किनारे रहते थे। एक सकाल नाम का नगर है और एक अपगा नाम की नदी है जहाँ जरत्रिक नाम का बाहिकों का एक भाग रहा करता था। उनका चरित्र अत्यधिक निन्दनीय है। ये लोग बड़ी मात्रा में गोश्त और उबला हुआ जौ खाते हैं या वे जौ की रोटी, लहसुन के साथ गौ-मांस और तले हुए जौ का भोजन करते हैं। उनकी स्त्रियाँ मदिरा पान करती हैं, सार्वजनिक रूप से

II. प्रो. आर.के. द्विवेदी एवं प्रो. महेश्वरी प्रसाद ने संगोष्ठियों में अपने शोध-पत्रों में संस्कृत से कुछ जाट वंशों को खोजकर दर्शाया है। बी.एस. दहिया ने भी *'जाट द एशियन्ट रूलर्स : क्लान स्टडी–प्रीमुस्लिम पीरियड'* नाम ग्रन्थ में प्राचीन जाट गोत्रों की एक लम्बी सूची दी है।–सम्पादक

हँसती और नाचती हैं, ऊँट अथवा गधे की भाँति ऊँची और कर्कश आवाज में अश्लील गीत गाती हैं; त्यौहारों पर जब वे नाचती हैं और एक-दूसरे को "तू करम फोड़नी", "तू खसम खानी" आदि नामों से पुकारती हैं, तब उनके ऊधम के ऊपर कोई मर्यादा नहीं रहती। एक बाहिक को कुरु जंगल में एक बार कुछ समय के लिए रुकना पड़ा; उसने अपने देश की स्त्रियों के सम्बन्ध में निम्न गीत गया, "यद्यपि मैं बाहिक हूँ, मैं इस समय कुरु जंगल में निर्वासित हूँ; मेरी लम्बी और गौर वर्ण पत्नी, अपने सुन्दर परिधान में मुझे निश्चय ही उस समय याद करती है जब वह विश्राम कर रही होती है; ओह, मैं सतलज और इरावती को पार करके अपने देश कब वापस जाऊँगा और कब मजबूत चूड़ियाँ पहने वस्त्रों और खालों को पहने, मनशिला ने नेत्रों को रंगे हुए तथा माथे, गाल और ठोढी पर गोदने के चिह्नों को लिए हुए गौरवर्ण स्त्रियों को देखूँगा। हम कब शामी, पीलू और करील की सुहावनी छाया में बैठकर छाछ के साथ तले हुए जौ की रोटी खाएँगे और इस प्रकार शक्ति पाकर राहगीरों के कपड़े उतारेंगे और उन्हें कब पीटेंगे?" मद्रकों और शाकालों में युवक और वृद्ध दोनों ही डटकर मद्यपान करते हैं और ऊँची आवाज में गाते हैं, "उन लोगों का जीवन व्यर्थ है जो सूअरों, गायों, गधों, ऊँटों और भेड़ों का गोश्त नहीं खाते।"

उपर्युक्त चित्रण से प्राचीन काल में पाँच नदियों की भूमि में जिस प्रकार की स्थिति पाई जाती थी, उसका स्पष्ट विवरण मिल जाता है। इसके पहले प्रभाव से ही यह निष्कर्ष निकलता है कि जरत्रिक वर्तमान जाटों के पूर्वज थे। परन्तु यदि गहराई से इस बात पर विचार किया जाए तो इन दोनों लोगों का तादात्म्य अवास्तविक प्रतीत होगा। उपर्युक्त उद्धरण के उस अंश से जिसमें कहा गया है कि बाहिकों की रचना प्रजापति के द्वारा नहीं हुई, यह स्पष्ट है कि वैदिक आर्य भूमि के निवासियों का यह विश्वास था कि उनके क्षेत्र से बाहर की जातियों की उत्पत्ति उन मूलवंशों से हुई है जो उनके मूलवंश से भिन्न थे।[12] ये लोग स्पष्टतः उन लोगों के पूर्वज थे जो ग्रियर्सन के मतानुसार वर्तमान पिसाका बोलियों को बोलते हैं—कश्मीर, दरद और हिन्दूकुश के काफिर। विदेशी आर्यों का सिर चौड़ा अथवा बीच के आकार का होता था और इसलिए इस बात का प्रश्न ही नहीं उठता कि वे लम्बे सिर वाले जाटों के पूर्वज थे। बाहिक स्त्रियाँ अच्छे परिधान तथा खालें पहनती थीं, इस तथ्य से केवल, गौरवर्ण, विलासी और गन्दी स्त्रियाँ सम्भवतः बाहिक स्त्रियों की वास्तविक प्रतिनिधि हैं। यदि जाट हिन्दुओं के सभी दस संस्कार नहीं मानते, तो कुछ को तो अवश्य मानते हैं। उपनयन संस्कार निर्धारित समय पर तो नहीं होता, परन्तु विवाह के अवसर पर होता है।[13] परम्परा यह है कि पुरोहित विवाह के समय उन्हें जनेऊ पहना देता है और विवाह के कुछ समय बाद उसे उतार दिया जाता है। बाहिकों का विवाह उन्हीं के गोत्र

में होता है, जो जाटों में नहीं होता। जाटों में उत्तराधिकार के वे ही नियम हैं जो अन्य हिन्दुओं में पाए जाते हैं तथा उनके यहाँ बहन के पुत्र के मुकाबले में उत्तराधिकार का स्वामी नहीं माना जाता जैसा बाहिकों में होता था। यह सही है कि सिन्ध के कट्टर हिन्दू अभी भी अपने यहाँ के जाटों को घृणा के साथ बहेका[14] अथवा विदेशी कहकर पुकारते हैं, परन्तु यह बात सम्भव प्रतीत नहीं होती कि एक गैर-महत्त्वपूर्ण जनजाति के नाम को, जो नैतिकता, चरित्र, शक्ति अथवा आचरण की शुद्धता में बदनाम हो, अफगानिस्तान से लेकर मालवा तक रहने वाले लाखों लोग अपना लें। इसके अतिरिक्त किसी भी जाट जनजाति को साकल के साथ अपनी सम्बन्धों की याद नहीं है; लगभग सभी का विश्वास है कि उनके पूर्वज भारत के किसी अन्दरूनी भाग से इस भूमि पर निवास करने आए थे। इस प्रकार स्पष्ट है कि जनजातीय नामों की ध्वनि में समानता के आधार पर सुझाए गए तादात्म्य मात्र को उचित नहीं माना जा सकता।

जथर और जाट

जिस प्रकार यूरोपियन विद्वान् जाटों की इन्डो-शिथियन व्युत्पत्ति सिद्ध करने के लिए यूनानी और लैटिन साहित्य में से प्रमाण की खोज कर रहे थे, उसी प्रकार जाट-समाज के कुछ शिक्षित लोग यह सिद्ध करने के प्रयास में रत थे कि जाटों का सम्बन्ध प्राचीन काल के क्षत्रिय वर्ण से सम्बद्ध अनेक योद्धा जातियों में से किसी एक के साथ है। अलीगढ़ के एक जाट संस्कृत विद्वान पण्डित गिरिवर प्रसाद ने अंगद शर्मा नाम के एक शास्त्री को प्राचीन साहित्य के आधार पर जाटों की उत्पत्ति के सम्बन्ध में खोज करने का काम सौंपा। शास्त्री ने भी अपने निष्कर्ष ध्वनियों की समानता पर आधारित करके यह बताया कि जत्थर जाटों के परिकल्पिक पूर्वज थे। उन्होंने अपने विद्वत्तापूर्ण सिद्धान्त का प्रतिपादन *'जाथरोपत्ति'* नामक एक संस्कृत पुस्तिका में किया। यह पुस्तिका उन सभी प्राचीन ग्रन्थों की शृंखला है, जिनमें जाथर मूल जाति का उल्लेख है। और जिनकी उत्पत्ति के सम्बन्ध में 'पद्म-पुराण' में निम्न वर्णन पाया जाता है–"जब भृगु के पुत्र परशुराम ने समस्त योद्धा वर्ग के लोगों को मार दिया, तो उनकी पुत्रियों ने संसार को क्षत्रियों से रहित देखा तथा उनकी पुत्रियों में पुत्र प्राप्त करने की लालसा जागृत हुई, उन्होंने ब्राह्मणों से सम्पर्क स्थापित किया और सावधानी के साथ उनके बीज को अपने गर्भ में रखकर क्षत्रिय पुत्र उत्पन्न किए जो जाथर कहलाए।[15]

ग्राउज (Growse) ने लिखा है कि इस परिकल्पना में कोई असम्भावना नहीं है कि जथर शब्द का संक्षिप्तीकरण करके उसे जाट बना लिया गया हो, परन्तु यदि एक मूल जाति का अवतरण किसी दूसरी जाति से हुआ है तो यह अत्यधिक आश्चर्य की बात है कि इस तथ्य का उल्लेख पहले कभी नहीं हुआ। इस कठिनाई

का निवारण यह कहकर किया जा सकता है कि जाट कुछ अपवादों को छोड़कर सामान्यतः अशिक्षित रहे हैं और इसलिए उन्होंने अपनी प्राचीन काल से चली आ रही वंशावली को जानने की कभी चिन्ता नहीं की तथा दूसरों को उनके पूर्वजों की खोज करने में पर्याप्त दिलचस्पी नहीं थी। परन्तु इससे अधिक अकाट्य आपत्ति हमें यह उद्धरण में देखने को मिलती है जिसे स्वयं शास्त्री ने *बृहत-संहिता* (xiv-8) से उद्धृत किया है। इसमें जाथरों की गृहभूमि दक्षिण-पूर्व में बताई गई है, जबकि यह बात सुनिश्चित है कि जाट पश्चिम से आए थे। सम्भवतः जाट बिरादरी के नेता बेसवा पण्डित के जाथरों को और जनरल कनिंघम के सिन्धी जेठों को अपना पूर्वज स्वीकार नहीं करेंगे, क्योंकि भरतपुर के राजा अपने को उसी मूल जाति से सम्बद्ध मानते हैं जो यादवों की थी।[16]

अपनी उत्पत्ति से सम्बद्ध रहस्य को खोजने का दूसरा प्रयास मेरठ के एक वकील चौधरी लहरीसिंह की एक छोटी-सी पुस्तिका *'दि एथनोलोजी ऑफ दि जाट्स'* के द्वारा किया गया। यह पुस्तिका 1883 की जनगणना अधिकारियों के अनुरोध पर लिखी गई थी। इस लेखक ने भी 'जाट' शब्द की उत्पत्ति 'जाथर' शब्द से निसृत मानी है, परन्तु उसका मत 'जाथरोपत्ति' के लेखक से इस अर्थ में भिन्न है क्योंकि उसकी मान्यता है कि जाथर विदेशी लोग थे और जिन्हें यह नाम महाभारत, विष्णु पुराण और भागवत में उल्लिखित जाथर पर्वत से प्राप्त हुआ था। महाभारत और विष्णु पुराण जाथरों के देश का उल्लेख कलिंग, काशी और अपरकाशी के साथ हुआ है।

परन्तु जाटों को प्राचीन जाथरों का वंशज इसलिए नहीं माना जा सकता क्योंकि ध्वनि के स्नेहपूर्ण साक्ष्य का महत्त्व उस समय समाप्त हो जाता है जबकि हमें पता चलता है कि इन दोनों लोगों के बीच कोई ऐसी परम्परा नहीं पाई जाती जिसे मिलता-जुलता कहा जा सके। यह दावा यथार्थ में इतना अद्भुत है कि स्वयं जाट उससे आश्चर्यचकित है। इस विसंगति की ओर आँखें बन्द की जा सकती थीं, यदि जाथरों का अस्तित्व पूर्णरूप से लुप्त हो गया होता। परन्तु दक्षिण भारत में वे अभी भी पाए जाते हैं और वे जाटों के साथ अपना किसी प्रकार का सम्बन्ध नहीं जोड़ते। ये जाथर दक्षिणी मराठा ब्राह्मणों की एक उपजाति है जो करहड के नाम से जानी जाती है।[17]

जाटों का तथाकथित यादव उद्गम

उपर्युक्त विवेचन से स्पष्ट है कि जाटों की उत्पत्ति कहाँ से हुई, इस सम्बन्ध में कोई बात निश्चयपूर्वक नहीं कही जा सकती। हम केवल इतना जानते हैं कि कोई ऐसा वैज्ञानिक तर्क नहीं है—भाषा वैज्ञानिक अथवा नृजातिवैज्ञानिक, जिसके आधार पर जाट के इस दावे को अस्वीकार किया जा सके कि उसकी उत्पत्ति इण्डो-आर्यन

मूल वंश से हुई है और वह न तो सिथियन है और न ब्राह्मण और क्षत्रिय विधवा (जाथर) की वर्ण-संकर औलाद है। वह मध्य एशिया अथवा काल्पनिक जाथर पर्वत से आया हुआ विदेशी आक्रमणकारी भी नहीं है, बल्कि वह भारत की धरती का वास्तविक बेटा है, जिसके पूर्वज पंजाब और सिन्धु-पार के क्षेत्रों में बसने के पूर्व मालवा और राजपूताना में निवास करते थे। जाटों को यह बात समझानी मुश्किल है कि वे प्राचीन यादवों के वंशज नहीं हैं। यद्यपि उनके पास अपने इस दावे को प्रमाणित करने के लिए कोई साक्ष्य नहीं है। अब जबकि उनकी उत्पत्ति के सम्बन्ध में प्रतिपादित सभी ऊट-पटाँग सिद्धान्तों की वैधता विज्ञान की कसौटी पर कसे जाने के उपरान्त समाप्त हो चुकी है, हम उनकी तथाकथित यादव व्युत्पत्ति के सिद्धान्त को न्यायिक रूप से उस समय तक अस्वीकार नहीं कर सकते, जब तक वह स्वीकारात्मक ढंग से अप्रमाणित न हो जाए। अतः यह उचित ही है कि हम इस परम्परा को भी ऐतिहासिक अनुसंधान की कसौटी पर परखें और यह जानने का प्रयास करें कि क्या इस सिद्धान्त में विश्वास करने का कोई तर्कसंगत आधार है।

11वीं शताब्दी के इतिहासकार अलबरूनी ने श्रीकृष्ण के जन्म के सम्बन्ध में निम्न कहानी लिखी है, "तब मथुरा में वासुदेव के नगर के तत्कालीन शासक कंस की बहन से पुत्र उत्पन्न हुआ। वे जाट परिवार से सम्बन्ध रखते थे, उनके पास पशुधन था और वे निम्न वर्ण के शूद्र थे।" जैसा *विष्णु पुराण* में लिखा है कि यदु यद्यपि जाटों की 11वीं शताब्दी के 'निम्न-शूद्र' की स्थिति से कुछ ऊँचे थे, परन्तु यह उस स्थिति तक लगभग पहुँच चुके थे, क्योंकि राजतान्त्रिक नहीं थे। (विल्सन का *विष्णु पुराण*, पृ. 602-603) यदु अथवा यादव से जाट अथवा जट शब्द को व्युत्पन्न करने में कोई बड़ी कठिनाई नहीं है क्योंकि जन-जातीय नामों का उच्चारण विभिन्न प्रान्तों में विभिन्न प्रकार से होता है। यदि केवल ध्वनि की कठिनाई जाटों की यादव व्युत्पत्ति के सिद्धान्त को मान्यता प्राप्त करने में व्यवधान पैदा करती है। तो जाटों के हैहय यादवों की एक शाखा जट्टाओं अथवा सुजाटों से पहचान करने में कोई कठिनाई नहीं होनी चाहिए।[18] *विष्णु पुराण* में लिखा है, "सुजाट अपनी बड़ी संख्या के लिए सामान्य रूप से नहीं जाने जाते।" (विल्सन, पृ. 418, फुट नोट 20)। अतः हमें इस बात पर आश्चर्य नहीं करना चाहिए कि बृहत् संहिता अथवा बाद की संस्कृत रचनाओं में जाटों का उल्लेख उनके विशिष्ट जनजातीय नाम से नहीं हुआ। यहाँ यह तर्क प्रस्तुत किया जा सकता है कि हैहय दक्षिण के लोग थे जो नर्मदा के क्षेत्र में निवास करते थे और इसलिए उन्हें वर्तमान जाटों का पूर्वज नहीं जाना जा सकता क्योंकि वे मुख्यतः सिन्ध और पंजाब में पाए जाते हैं। इस सम्बन्ध में यह कहा जा सकता है कि जाटों की आज भी नर्मदा घाटी में, भोपाल तथा अन्य स्थानों पर

संख्या कम नहीं है तथा हैहयों का उल्लेख पश्चिम के लोगों के रूप में *बृहत संहिता* (संस्कृत मूल पाठ, अध्याय 14, पृ. 291) में हुआ है। कालान्तर में यदु कबीला उत्तर-पश्चिम की ओर चला गया। बल, भूलर, चहल, और कहलों के जाट कबीले मालवा, धार और दक्षिण को अपनी मूल गृह-भूमि बताते हैं। (रोज की *पंजाब ग्लौसरी,* ii) वर्तमान जाटों की भाँति प्राचीन यादव भी एकरूप नहीं थे, किन्तु वे एक मिली-जुली जाति के थे। दरअसल उन्हें अनेक कबीलों का संघ कहा जा सकता है। जिसमें अंधक, भोज, कुकुर, दर्शना आदि कबीले शामिल थे यदु की प्रजा अधिक प्रजननशील थी, उसी प्रकार आज के जाट हैं। परन्तु यह कहना सच नहीं होगा कि उस गणना का आधार केवल जन्म है। समाज के कबायली चरण में एक कबीले का दूसरे कबीले में विलय होना एक आम बात थी। जाटों के विभिन्न गोत्रों की उत्पत्ति के सम्बन्ध में परस्पर विरोधी परम्पराएँ हैं, यहाँ तक कि डेरा गाजी खाँ के बब्बर भी अपने को जाट होने का दावा करते हैं, इन तथ्यों से यह बात स्पष्ट हो जाती है। यदु मूलवंश से सम्बद्ध ये लोग स्पष्टतः बाहर से आए थे। इस बात की पुष्टि *भागवत पुराण* के एक लेखांश से हो जाता है, जिसमें लिखा है कि राजा सगर ने हैहयों का अन्त करके अपने हथियार शक, यवन और बर्बरों के विरुद्ध उठाए। जिन्होंने उसके पूर्वजों के विरुद्ध हैहयों का साथ दिया था (संस्कृत मूल पाठ स्कन्द IX, अध्याय 8)। हरिवंश ने पुरु एवं यदु के वंशजों के बीच चली आ रही आनुवंशिक लड़ाई का उल्लेख किया है। यह लड़ाई वास्तव में शास्त्र सम्मतता (Orthodoxy) तथा शास्त्र-विपरीतता (Hetrodoxy) के बीच लड़ाई थी—एक ओर शुद्ध आर्य थे और दूसरी ओर यादवों के नेतृत्व में युद्ध करने वाले बाहर के लोग। कबायली संघर्ष का इसी प्रकार का रूप जिसमें विदेशी भी किसी एक गुट का साथ देने लगते हैं। आज भी रोहतक और दिल्ली के जिलों में देखा जा सकता है। इन जिलों का देहात दो गुटों में विभक्त है—दहिया और अहुलन! "इस क्षेत्र के गूजर और तगा, थापा नौल्था के जगलान जाट तथा रोहतक के लटमार जाट दहियों के साथ मिले हुए हैं और रोहतक के हूड़ा जाट अहुलनों के साथ। इस प्रकार का विभाजन सोनीपत और एक सीमा तक दिल्ली तहसील में भी देखा जा सकता है और लोक मस्तिष्क में इसकी जड़ें इतनी गहरी हैं कि मुसलमान भी किसी-न-किसी गुट के साथ जुड़े हुए हैं। इस प्रकार पंच-ए-गूजरान के मुसलमान गूजर और उसके पड़ोसी गाँव के लोग अपने को दहिया कहते हैं।" (रोज की *पंजाब ग्लौसरी* ii, 220) आधुनिक इतिहास में पिछले युग के कबायली संघर्षों का इससे अच्छा कोई दूसरा उदाहरण नहीं है।

परशुराम के हाथों यदु मूलवंश के लोगों को भयानक प्रतिशोध का भुगतना पड़ा। उन्होंने ईश्वर में आस्था न रखने वाली तथा आततायी योद्धा-जाति को लगभग

समाप्त कर दिया था। इनमें से कुछ ने भाग कर पहाड़ों में शरण ली थी और कुछ ने निम्न जातियों में अपने को विलीन करके अपने को छिपा लिया था। बिना किसी अनुपदेशन अथवा धर्मानुष्ठान के वे शूद्रों की भाँति बड़े हुए। उदार ऋषि कश्यप ने उन्हें पुनः क्षत्रिय के रूप में मान्यता प्रदान की। सम्भवतः नवक्षत्रियों के वर्ग की यह पहली रचना थी जैसे बाद के युग में अग्निकुलों की हुई थी। इस प्रकार यह कहा जा सकता है दि कश्यप गोत्री जाटों की जो अपने में राजपूत (क्षत्रिय) रक्त होने का दावा करते हैं—उत्पत्ति प्राचीन यादवों में से हुई और उनके इस गोत्र का नाम उस महात्मा का उनके प्रति किए गए अनुग्रह के कारण कश्यप पड़ा।

ऐतिहासिक काल से जाट बिरादरी हिन्दू समाज के अत्याचारों से भाग कर निकलने वाले लोगों को शरण देती आई है; उसने दलितों और अछूतों को ऊपर उठाया है; उनको समाज में सम्मानित स्थान प्रदान कराया है तथा शारीरिक बनावट और भावनाओं में उन्हें एकरूप आर्य संरचना दी है। यदि जाट की उत्पत्ति का सही तरीके से पता लगाना है तो हमें मुख्य धारा में ऊपर की ओर चलना है, न कि सहायक धाराओं में। यह कहना कि जाटों की उत्पत्ति बाहर के लोगों से है, क्योंकि उनमें कुछ विदेशी कबीलों का विलय हुआ है, उसी प्रकार मूर्खतापूर्ण है जितना कि यह कहना कि गंगा हिमालय से अवतरित न होकर विन्ध्याचल वे अवतरित हुई है क्योंकि सोन नदी विन्ध्याचल से कुछ पानी उसमें लाकर मिलाती है।

स्थानान्तरण

जाटों का स्थानान्तरण भारतीय सीमा के उस पार उत्तर-पश्चिम में किस प्रकार हुआ, इसका प्रामाणिक इतिहास है क्योंकि इतिहास के ऊषा में ही वे किरमान और मन्सूर तथा फारम के सीमान्तों पर स्थित क्षेत्रों में अरब भूगोलशास्त्रियों और इतिहासकारों के द्वारा देखे गए थे।[19] वे पहले हिन्दू थे जो अरबों के सम्पर्क में आए थे तथा अरब सभी हिन्दुओं को केवल जाट के नाम से जानते थे। वे विस्तृत हिन्दू साम्राज्य के पृष्ठभाग के अंश थे जिसका उस समय इस्लाम के अविवेकी उदय के उपरान्त सिन्धु नदी के पूर्व की ओर हटना आरम्भ हो चुका था। जाटों के इस प्रकार पूर्व की हटने के फलस्वरूप इस सिद्धान्त का जन्म हुआ है कि जाट बर्बर आक्रमणकारी थे। यह सम्भव है कि जाट चूँकि हमेशा से उत्साही और सैनिक सेवा के लिए आतुर रहे हैं, इसलिए उन्होंने सिंधु को पार करके पर्शियन और मौर्य सम्राटों के यहाँ वेतनभोगी सैनिकों की भूमिका अदा की। कट्टर ब्राह्मणवाद का विरोध करने के द्रोह के लिए उन्हें आगामी युगों में काफी भुगतना पड़ा। सिन्ध में उन्हें शासक के स्थान से हटाकर वहाँ के ब्राह्मण राज्य अपहारक (usurper) चच ने उन्हें भू दास की स्थिति प्रदान कर दी थी और धर्म की कट्टरता के इस विरोध को एक बड़ी सीमा तक मध्य युग में जाटों के सामाजिक पराभव के लिए उत्तरदायी कहा जा सकता है।

जाट और उनका आरम्भिक इतिहास

ईसाई सम्वत् की आरम्भिक शताब्दियों में मध्य एशिया से स्थानान्तरण की अनेक लहरें तो डूब गईं, परन्तु उनमें से कुछ जाटों ने अन्य भारतीय मूल जातियों को सिन्धु नदी के तट पर ला पटका। सिन्धु का दुर्गम रेगिस्तान अब उनका नया घर बन गया। अशुद्ध जातियों के साथ सम्पर्क स्थापित करने, अपनी असुधारवादी जीवन पद्धति तथा जाति के नियमों और ब्राह्मणों के उपदेशों के प्रति उदासीनता के कारण उनकी जाति समाप्त हो गई तथा काबुल के गरीब हिन्दुओं की भाँति उनकी गणना आधे म्लेच्छों में की जाने लगी।[20] यहाँ यह उल्लेखनीय है कि कट्टर हिन्दू, काबुल के इन गरीब हिन्दुओं को आधा मुसलमान मानते थे। सम्भवतः यही कारण है कि ह्वान च्वांग ने 7वीं शताब्दी के सिन्ध के राजा को शूद्र बताया था। (बील, *बुधिस्ट रिकॉर्डस ऑफ दि वेस्टर्न वर्ल्ड,* II, 272) अलबरुनी ने भी 11वीं शताब्दी में जाटों की सामाजिक पद सोपान में स्थिति ऊँची नहीं बताई थी। वहाँ उन्होंने खेती का धन्धा अपना लिया था तथा वे अपने पुराने जनजातीय संगठन के अधीन रहते थे, जिसे बाद में राजतन्त्र के द्वारा प्रतिस्थापित कर दिया गया था।

मजमल-उत-तवारीख के लेखक ने एक रोचक कहानी का उल्लेख किया है कि सिन्ध के जाटों और मेदों ने राजा दुर्योधन के दरबार में एक संयुक्त प्रतिनिधि मण्डल भेजा जिसमें यह अनुरोध किया गया कि वह उन पर शासन करने के लिए शासक की व्यवस्था करें। "जाट और मेद...सिन्ध में और एक नदी के तट पर जो बाहर है (सिन्ध नदी का मुहाना) रहते थे।...मेदों का जाटों पर प्रभुत्व कायम था; वे उन्हें अनेक प्रकार से परेशान करते थे, जिसके फलस्वरूप उन्हें पहान नदी (पंजनद नदी) के उस पार बसने के लिए बाध्य होना पड़ा। जाट नावों के प्रयोग के अभ्यस्त थे, अतः वे नाव से नदी पार करके मेदों पर आक्रमण करने लगे। मेदों के पास भेड़ें हुआ करती थीं। इन आक्रमणों के द्वारा जाटों ने मेदों को अत्यधिक दुर्बल बना दिया, उनमें से बहुत लोगों को मौत के घाट उतार दिया तथा उनके देश में खूब लूटमार की। इसके पश्चात् मेद, जाटों के दास बन गए।"

"एक जाट ने (मेदों की उस स्थिति को देखकर जो उनकी उस समय हो गई थी) अपने कबीले के लोगों को समझाया कि एक समय था जब मेद जाटों पर आक्रमण करते थे और उन्हें हैरान करते थे तथा जाटों ने भी बदला लेकर मेदों के साथ वही किया। उसने उनके मस्तिष्क पर इस प्रभाव को छोड़ने का प्रयास किया कि दोनों कबीलों के लिए शान्ति से रहना उपयोगी है; अतः उसने जाटों और मेदों दोनों को यह परामर्श दिया कि उन्हें अपने कुछ सरदार राजा दहरत (धृतराष्ट्र) के पुत्र दजूशन (दुर्योधन) के पास भेजने चाहिए और उनसे

यह अनुरोध करना चाहिए के वह उनके लिए एक राजा नियुक्त कर दें, जिसकी सत्ता को दोनों जन-जातियों के समूह स्वीकार कर लें। कुछ विचार-विमर्श के उपरान्त उन्होंने उस पर अमल करना स्वीकार कर लिया तथा सम्राट दजूशन ने शक्तिशाली राजा जयद्रथ की पत्नी तथा अपनी पत्नी दसाल (दुशाला) को उनका शासक नियुक्त कर दिया। दसाल ने वहाँ जाकर गाँवों और नगरों के शासन का दायित्व अपने हाथों में ले लिया।...उस समय वहाँ कोई ब्राह्मण अथवा बुद्धि-व्यवसायी व्यक्ति उनके देश में नहीं था। फलतः उसने अपने भाई को सहायता के लिए एक लम्बा पत्र लिखा; उसने समूचे हिन्दुस्तान से 30,000 ब्राह्मण इकट्ठे किए तथा उन्हें उनके सामान और आश्रितों के साथ अपनी बहन के पास भेज दिया" (इलियट,I,104)[21]।

यद्यपि यह कहानी अक्षरशः सही नहीं है तथापि उसमें अस्पष्ट रूप से इस बात का संकेत अवश्य मिलता है कि सिन्ध में शुद्ध आर्यों का मुख्यतः ब्राह्मणों का, देश के मध्यवर्ती क्षेत्र से स्थानान्तरण हुआ था। सम्भवतः किसी प्रबुद्ध राजा ने उन्हें आमन्त्रित किया था, ताकि उसके प्रजाजनों एवं सजातीय लोगों को अज्ञान एवं अधर्म से मुक्त रखा जा सके। शायद ब्राह्मणावाद के प्रख्यात नगर से इस बात का संकेत मिलता हो कि वहाँ सबसे पहले ब्राह्मण आकर बसे थे। स्थानीय राजाओं के संरक्षण में उनकी पर्याप्त उन्नति हुई, यहाँ तक कि वे इतने शक्तिशाली हो गए कि 10वीं शताब्दी में दाहिर के ब्राह्मण पिता चच ने अपने स्वामी राजा साहसी राय II से उसकी सुन्दर परन्तु बेवफा रानी सुहान्दी की सहायता से जो उससे प्रेम करनी लगी थी, उसका राजपाट छीन लिया। उसने औपचारिक रूप से उसकी विधवा रानी से विवाह कर लिया तथा चालीस वर्षों तक वह वहाँ शासन करता रहा। चच ने एक बुद्धिमान एवं प्रबुद्ध शासक की ख्याति अर्जित की। परन्तु वह जाटों का प्रबल शत्रु था; उसने अधिकांश जाटों की स्थिति 'भूदास' जैसी कर रखी थी। उसने जाटों और लुहानों को काफी परेशान किया, उनके सरदारों को उसने बन्दी बनाया। उनमें से कुछ को उसने बन्धक बनाकर ब्राह्मणावाद के किले में रखा।

उसने उन्हें निम्न शर्तों को मानने के लिए विवश किया—"वे अपने पास कभी तलवार नहीं रखेंगे, नकली तलवारों को वे रख सकते थे, उनके अधोवस्त्र शाल, मखमल और रेशम के नहीं हो सकते थे; उन्हें अपने घोड़ों पर जीन कसने की भी इजाजत नहीं थी तथा उनके लिए अपने सिरों और पैरों का नंगा रखना अनिवार्य था; बाहर जाते समय उनके लिए यह भी आवश्यक था कि वे कुत्तों को अपने साथ ले जाएँ; उनका यह भी कर्तव्य था कि ब्राह्मणावाद के सरदार की रसोई के लिए लकड़ी के ईंधन की व्यवस्था करें; मार्ग-दर्शकों और गुप्तचरों के प्रबन्ध का दायित्व भी उनको सौंपा गया था तथा उनसे इन पदों पर नियुक्त

होने के उपरान्त शासक के प्रति निष्ठा की अपेक्षा की जाती थी" (*चचनामा*, ईलियट, I, 151)। जब मोहम्मद बिन कासिम ने दाहिर के राज्य पर आक्रमण किया, तो पश्चिमी सीमान्तों के जाटों ने आक्रमणकारी का साथ दिया, जबकि पूर्व के लोगों ने दाहिर के साथ आक्रमणकारी के विरुद्ध लड़ाई लड़ी (देखिए *चचनामा,* मिर्जा कलीच बेग का अनुवाद, पृ. 124, 137)।

अपनी विजय के पूर्ण होने के पश्चात् मोहम्मद बिन कासिम ने दाहिर के एक भूतपूर्व मन्त्री से जिसको उसने वजीर बना लिया था, पूछा कि पहले राजा के समय में जाटों की क्या स्थिति थी? उसने उत्तर दिया कि 'उन्हें अच्छे वस्त्रों को पहनने की अनुमति नहीं थी, वे काली लुँगी पहनते थे तथा अपने कन्धों पर मोटा कपड़ा डालते थे।...वे अपने कुत्तों को अपने घर से बाहर जाते समय अपने साथ रखते थे, ताकि उन्हें पहिचाना जा सके।...उनका यह काम था कि वे एक कबीले का दूसरे कबीले के साथ सम्पर्क स्थापित करायें...कारवाँ दिन-रात उनके मार्ग-दर्शन में चला करते थे।' उनमें छोटे और बड़े का कोई विभेद नहीं था। उनमें जंगली आदमी की प्रवृत्ति है और वे अपने स्वामी के विरुद्ध हमेशा बगावत करते थे। वे सड़कों पर लूटमार करते थे तथा देबल के प्रदेश में सभी उनकी इन डकैतियों में उनका साथ देते थे। (*ईलियट,* I, 187)। शासकों के परिवर्तन से उनके जीवन में कोई सुधार नहीं हुआ, मोहम्मद बिन-कासिम ने उनके सम्बन्ध में पुराने नियमों को कायम रखा। कैकन देश पर (सम्भवतः दक्षिण-पूर्वी अफगानिस्तान...*ईलियट,* I, 383) जाटों का स्वतन्त्र अधिपत्य था, जिसे बाद में उनसे अरब सेनापति अमरान-बिन-मूसा ने खलीफा अल-मुतासिम-बी-इल्लाह के शासन काल (833-81) में छीन लिया (*इलियट,* I, 448)। इसी शासन-काल में जाटों के विरुद्ध एक और अभियान भेजा गया, उन्होंने हाजर की सड़कों पर अधिपत्य स्थापित कर रखा था...सड़कों पर उनका आतंक कायम था तथा रेगिस्तान की ओर जाने वाली सभी सड़कों पर उनकी चौकियाँ थीं। पच्चीस दिन की घमासान लड़ाई के बाद उन पर काबू पाया जा सका। युद्ध में उनके सत्ताईस हजार लोग बन्दी बनाए गए। इन लोगों में युद्ध के लिए जाते समय तुरई बजाने का रिवाज था। (*ईलियट,* II, 247)

औरंगजेब के समय के पूर्व के फारसी इतिहासों में जाटों का उल्लेख थोड़ा-बहुत मिल जाता है, परन्तु उसका राजनैतिक महत्त्व कुछ नहीं है। हाँ, उससे उनकी राष्ट्रीय विशिष्टताओं की जानकारी अवश्य हो जाती है। इन सभी कालों में—चाहे वह गजनवी के सुलतान महमूद के विरोध में हो अथवा नादिरशाह और अहमद शाह अब्दाली के विरुद्ध जाटों के प्रतिकूलतम परिस्थितियों के होते हुए भी अथवा महान् विजेताओं द्वारा स्थापित आतंक की चिन्ता न करते हुए, पीछे हटती सेनाओं के पृष्ठ भाग पर अपनी स्वाभाविक प्रवृत्ति के अनुसार आक्रमण

किया है। यदि मुकाबला हुआ तो उन्होंने दृढ़ता एवं शौर्य को प्रदर्शित करने में कोई कोताही नहीं बरती, और ऐसा करते समय उन्होंने रणक्षेत्र में होने वाली तबाही का अथवा युद्ध में परास्त होने के उपरान्त अपनी नियति में लिखी दुर्दशा पर कोई ध्यान नहीं दिया। अपने शत्रुओं की तलवारों द्वारा सिखाए गए भयानक पाठों के सन्दर्भ में उनकी स्मरण-शक्ति आश्चर्यजनक रूप से दुर्बल रही है।

जब महमूद गजनवी सोमनाथ से लौट रहा था, तब जाटों ने उसकी सेनाओं पर आक्रमण करने का दुस्साहस किया था। उसका सत्रहवाँ आक्रमण उनको खण्डित करने के उद्देश्य से ही हुआ था। उसे इस अवसर पर एक बड़ा सामुद्रिक युद्ध लड़ना पड़ा था जिसमें उसने अपनी भूमि पर लड़े गए युद्धों के समान ही प्रतिभा का प्रदर्शन किया था। "उसने एक बड़े सैन्य दल को मुल्तान की ओर बढ़ने का आदेश दिया और जब वह वहाँ पहुँच गया, उसने एक हजार चार सौ नौकाएँ बनवाईं, जिनमें प्रत्येक में तीन मजबूत लोहे के नोकदार बरछे लगे थे, जिनमें से एक नौका के आगे की ओर लगा था और दो अगल-बगल में लगाए गए थे ताकि जो भी उनके सम्पर्क में आए, वह अनिवार्य रूप से नष्ट हो जाए। प्रत्येक नाव में बीस धनुषधारी थे, जो तीर-कमान, हथगोले और नैप्था से लैस थे और इस प्रकार उनसे जाटों पर आक्रमण करने की योजना बनाई। जाटों को जब इस सम्भावित आक्रमण की सूचना मिली तो उन्होंने अपने परिवारों को द्वीपों पर भेज दिया और संघर्ष के लिए अपने को तैयार कर लिया। कुछ विद्वानों के अनुसार उन्होंने चार हजार और कुछ के अनुसार आठ हजार नौकाओं के साथ जो सैनिकों और शस्त्रों से भली-भाँति सुसज्जित थी, मुसलमानों के आक्रमण का प्रतिरोध किया। दोनों के युद्ध-पोतों का मुकाबला हुआ और भयंकर युद्ध हुआ। जाटों की प्रत्येक नौका जब मुस्लिम जंगी बेड़े के सम्पर्क में आई तब वह आगे निकली हुई नोकदार बरछियों से टकराकर चूर-चूर हो गई और समुद्र में डूब गई। इस प्रकार अधिकांश जाट भी डूब गए और जो शेष बच गए उन्हें तलवार से मार दिया गया। सुलतान की सेनाएँ, इसके पश्चात उन स्थानों पर गईं जहाँ उनके परिवार के सदस्य छिपे हुए थे। उसने इन लोगों को बन्दी बना लिया" (*तबकात-ए-अकबरी*, ईलियट द्वारा उद्धृत, II, 478)।

1192 में पृथ्वीराज की पराजय के उपरान्त हरियाणा के जाटों ने जटवान नामक योग्य सरदार के नेतृत्व में जनजातीय विद्रोह का झण्डा बुलन्द किया और उन्होंने हाँसी में मुस्लिम सेनापति की नाकेबन्दी कर दी। इसकी सूचना पाने के उपरान्त कुतुबुद्दीन ने एक रात में चालीस मील का सफर तय किया। जटवान ने अपना हाँसी का घेरा हटा लिया और उसने एक दृढ़ संघर्ष की तैयार की। *ताज-उल-मासीर* के लेखक ने लिखा है—"सेनाओं ने इस्पात की दो पहाड़ियों की भाँति एक-दूसरे पर आक्रमण किया तथा बागड़ देश के सीमान्तों पर स्थित

युद्ध-क्षेत्र योद्धाओं के रक्त से रंग-बिरंगा हो गया...जटवान के बहु-देववाद एवं सर्ववाद के झण्डे को शक्तिशाली हाथों से नीचे गिरा दिया'' (ईलियट, II, 218)। 1530 के आसपास जाटों ने सुनाम और समाना के इर्द-गिर्द भट्टियों, मीनाओं तथा अन्य जन-जातियों के साथ मिलकर मण्डलों[22] की रचना की, उन्होंने खिराज देना बन्द कर दिया और सड़कों पर लूटपाट करने लगे। सुल्तान मोहम्मद-बिन-तुगलक ने उनके खिलाफ सैनिक कार्यवाही की, उसने उनके मण्डलों को तोड़ दिया, उनसे उनकी पुरानी भूमि छीन ली तथा उन्हें तितर-बितर कर दिया (*तारीख-ए-फीरोजशाही,* ईलियट, III, 245)। तैमूर ने अपने द्वारा किए गए जाटों के दमन पर सन्तोष व्यक्त किया है। उसने जाटों के सम्बन्ध में कहा है कि हृष्ट-पुष्ट होते थे, सूरत-शक्ल में वे राक्षसों की तरह थे और संख्या में वे चींटियों अथवा टिड्डियों की भाँति थे, व्यापारियों और राहगीरों के लिए वे महामारी की भाँति थे'' (*मलफूजात-ए-तिमूरी,* ईलियट, III, 249)।

बाबर ने जाटों को नील-आब और भेरा पर्वतों के बीच निवास करते हुए देखा था, जहाँ उन्होंने गक्कर सरदारों का प्रभुत्व स्वीकार कर लिया था (*मेमोइर्स ऑफ बाबर;* ए.एस. बेवरिज, पृष्ठ 387)। इस समय तक उनकी हुल्लड़ करने वाली तथा लूटमार करने की आदतें पूर्ववत कायम थीं। उसने लिखा है, ''यदि कोई हिन्दुस्तान जाए तो जाटों और गूजरों के असंख्य झुंड पहाड़ों और मैदानों से बैलों और भैसों पर चढ़े हुए नजर आएँगे। ये बद-शकुन वाले लोग बिना किसी उद्देश्य के लोगों को सताते हैं। जब हम स्यालकोट पहुँचे, उन्होंने हल्ला मचाकर उन गरीबों और दरिद्रों को जो नगर से निकलकर हमारे खेमे में आ रहे थे, हमला कर दिया तथा उनके कपड़े उतारकर उन्हें नंगा कर दिया। मैंने इन मूर्ख चोरों को पकड़वाया और उनमें से दो या तीन को कटवाकर टुकड़े करवा दिए'' (वही, पृष्ठ 454)।

बाबर की मृत्यु ओर शेरशाह के सिंहासनारोहण के बीच में गड़बड़ी के समय में कोट कोबुलाह के एक बहादुर डाकू सरदार फथखान जाट ने लाखी के जंगल का समूचा क्षेत्र नष्ट कर दिया तथा लाहौर से पानीपत तक के समूचे मार्ग पर अपना आतंक स्थापित कर दिया। शेरशाह की ओर से पंजाब के सूबेदार हैबत खाँ नियाजी ने एक कठोर लड़ाई के बाद उसका दमन करने में सफलता प्राप्त की।[23]

सूर वंशीय सुल्तानों और मुगलों के मजबूत शासन तन्त्रों में जाटों के लिए अपने कानून-विरोधी क्रिया-कलापों को निष्पादित करने की गुंजाइश बहुत कम थी। यह स्थिति औरंगजेब के समय तक चलती रही। फलतः वे उस समय तक खामोश बैठे रहे जब तक कि सम्राट के धार्मिक उत्पीड़न और प्रान्तीय सूबेदारों के कुशासन ने उन्हें विद्रोह करने लिए नहीं उकसाया।

सन्दर्भ–

1. कारमान तथा इराक में जाट और जिप्सी लोगों का मिश्रण पाया जाता है जिनकी संख्या 20 हजार है तथा मकरान और अफगानिस्तान में इनकी संख्या 50 हजार है। ए.एच. कीन, *एशिया,* सर रिचर्ड टेम्पल द्वारा सम्पादित, पृ. 210-218
3. रिसले, *पिपुल ऑफ इण्डिया,* पृ. 8
3. इब्बेटसन, *पंजाब ग्लौसरी,* II *से* उद्धृत, पृ. 366
4. जिमर ने ऋग्वेद के एक उद्धरण से यह प्रदर्शित किया है कि कभी-कभी विधवा अपने पति के छोटे भाई से विवाह कर लेती थी। मेक्डोनल, *हिस्ट्री ऑफ संस्कृत लिटरेचर,* पृ. 126
5. इब्बेटसन, *सेन्सस रिपोर्ट,* 1881, पैरा 446
6. बीम्स ने लिखा है, "जाटों की आर्य-मूल के सिद्धान्त का यदि खण्डन करना है तो उसके विरुद्ध जितने तर्क गए हैं, उनसे अधिक शक्तिशाली तर्कों के दिए जाने की आवश्यकता है। शारीरिक प्रकार और भाषा ऐसे विचार हैं उन्हें केवल शब्दों की समानता के कारण अमान्य नहीं माना जा सकता, विशेषतः उस समय जबकि शब्द यूनानियों और चीनियों के उच्चारण के कारण हमारे सामने इस प्रकार प्रस्तुत होते हैं कि वे पहचाने भी नहीं जाते। ईलियट, *मेमोइर्स ऑफ दि रेसेज ऑफ नार्थ-वेस्टर्न प्रोविन्सेज ऑफ इण्डिया,* I, 133-137
7. रिसले ने लिखा है, "सिथियन लोगों के सभी अवशेष मिट चुके हैं और वह विद्यार्थी जो यह जानना चाहता है कि उनका क्या हुआ, उसे इस आधुनिक अन्दाज से अधिक सुनिश्चत कोई तथ्य नहीं मिलता कि उनका प्रतिनिधित्व जाटों और राजपूतों के द्वारा होता है। परन्तु इस मत के पक्ष में जो तर्क प्रस्तुत किया गया है, वह सारहीन वर्णन है जो इस सन्देहपूर्ण मान्यता पर आधारित है कि आजकल जिन लोगों को जाट कहा जाता है, वे वह लोग थे जिन्हें हेरोडोटस ने 'गैट' के नाम से पहचाना था। *पीपुल ऑफ इण्डिया,* पृ. 60-61
8. जाति के परीक्षण की कड़ी में मानव-विज्ञान को भी भाषा-विज्ञान के परिणाम का भागीदार होना पड़ेगा। प्रो. रिजवे कहते हैं, क्योंकि शारीरिक मानवशास्त्री खोपड़ी के माप के सिद्धान्त पर सहमत नहीं हो सकते, अतः ऐतिहासिक अन्वेषक को उनके वर्ग के साक्ष्य पर अपना तर्क आधारित नहीं करना चाहिए। आर.पी. चन्दा, *इण्डो-आर्यन रेसिस,* पृ. 62 पर उद्धृत।
9. रिसले, *पीपुल ऑफ इण्डिया,* पृ. 6
10. ग्रियर्सन ने जाट बिरादरी की एक बड़ी संख्या के द्वारा बोली जाने वाली सिन्धी और पंजाबी में पिसाका भाषा की विशिष्टताएँ अवलोकित की हैं। परन्तु सम्भवतः ये विशिष्टताएँ उन्होंने पिसाका बोलने वाले आक्रमणकारियों से नहीं ली, परन्तु उन लोगों की भाषा से ग्रहण की जो पूर्वी तुर्किस्तान की 'होमो-एल्पीटस' से मिलती-जुलती थी। आर.पी. चन्दा, *इण्डो आर्यन रेसिज,* पृ. 78
11. सर जेम्स कैम्पबेल उन्हें विदेशी मानता है जिन्होंने कुश दलों के साथ जिनका सर्वश्रेष्ठ

प्रतिनिधि कनिष्क था—150 और 100 ई. पू. में भारत में प्रवेश किया। ग्रियर्सन उन्हें भ्रष्ट आर्य मानता है, काफिर नहीं। बाराहमिहिर ने दो प्रकार के लोगों का उल्लेख किया है—जटासुर उत्तर पूर्व में और जटाधर कावेरी के निकट दक्षिण में। इनके नाम ग्रियर्सन के विद्वतापूर्ण कानों में जाट जैसे ध्वनित हुए होंगे। देखिए—*बृहत संहिता* (सम्पादित—सुधाकर द्विवेदी, खण्ड 10) प्रथम भाग, पृ. 293, 289

12. आर.पी. चन्दा, *इण्डो आर्यन रेसिस,* I, पृ. 42
13. *होशियारपुर डिस्ट्रिक गजट* 1883, पृ. 56—उन ब्राह्मणों के यहाँ उन्होंने कृषि का उद्यम अपना लिया है, अधिष्ठापन संस्कार निर्धारित समय पर शायद ही होता है। लड़कों को विवाह के समय जनेऊ दे दिया जाता है।
14. ए.एच. कीन, *एशिया,* पृ. 296
15. क्षत्रशून्ये पुरालोके भार्गविन यदाकृते।
    विलोक्याक्षत्रियाँ धात्रीं कन्यास्तेषा सहस्त्रशः।
    ब्राह्मणान् जगृहुस्तस्मिन् पुत्रोत्पादन लिप्सया।
    जठरे धारितं गर्भं संरक्ष्य विधिवत् पुरा।
    पुत्रान् सुषुविरे कन्या जाठरान् क्षत्रवंशआन् ॥
16. ग्राउज-*मथुरा* (1874), पृ. 21-22
17. इस सम्बन्ध में जी.बी. जाथर ने मुझे दक्कन कालिज पूना से 8 अगस्त 1924 को लिखे एक पत्र में मूल्यवान सूचना भेजी है।
18. कर्तवीर्य के 100 पुत्रों में पाँच प्रमुख थे—सूर, सूरसेन, वृष्ण, मधु और जयध्वज। अन्तिम से हैहय कबीले के पाँच महान् सम्भागों का उदय हुआ—तालजंघ, वितिहोत्र, अवन्त्य, तुण्डीकेड़ा और जाट उन्हें सुजाट भी कहा जाता था। विल्सन ने इस सम्बन्ध में एक सन्देह व्यक्त किया है कि क्या हैहय, हूण और शक-कबीलों के आत्मज नहीं थे; जिन्हें पुराण के चतुर नृवैज्ञानिकों ने आर्य वंशावाली पर आरोपित कर दिया। बीम्स ने लिखा है—जाट सुस, अबर तथा अन्य नामों से जाने जाते थे। हम इस विवाद की चर्चा परिशिष्ट 'यदु' में करेंगे।
19. ईलियट, *'हिस्ट्री ऑफ इण्डिया,* I, पृ. 14, 449, II, पृ. 247
20. एक वर्तमान लेखक ने लिखा है—"सिन्धु घाटी के इन जाटों ने जाति की संस्था को पूर्ण रूप से कभी स्वीकार नहीं किया, तथा शेष हिन्दू उन्हें उस भावना से देखते हैं जो बहेका अथवा विदेशी शब्दों में निहित हैं (ए.एच. कीन, '*एशिया*', पृ. 296)। यह निस्सन्देह वही शब्द है, जिसे महाभारत में बहेका कहा गया है और जो जरित्रका, मद्र तथा सिन्धु-सौवीर प्रान्तों के लोगों के लिए प्रयुक्त किया गया है।
21. यह निस्सन्देह एक ऐसी कहानी है जिसकी पुष्टि महाभारत तक में नहीं हुई है। तथापि इससे मिलती-जुलती कहानी हमें 21वीं शताब्दी के बंगाल के इतिहास में देखने को मिलती है। सूरवंश के प्रख्यात संस्थापक आदिसूर ने कन्नौज से पाँच ब्राह्मण अपने यहाँ पुरोहित का काम करने के लिए बुलाए थे, जिन्होंने बाद में बंगाल में ब्राह्मणवाद को पुनः स्थापित किया और वहाँ कट्टर ब्राह्मण परिवारों के संस्थापक हुए।

22. मण्डल कोई किला नहीं है, जैसी ईलियट की मान्यता है। उसका अर्थ है अर्ध-संघ, अनेक ग्रामों तथा कबीलों का समान उद्देश्य के प्रति पारस्परिक सहायता के लिए गठबन्धन। इस प्रकार के संगठन, यद्यपि कम हैं तथापि देश के इस भाग में आज भी देखे जा सकते हैं। उनकी रचना या तो सामूहिक हितों की प्राप्ति के लिए होती है या दूसरों की अन्यायपूर्ण माँगों का विरोध करने के लिए तथा अपनी शिकायतों के निवारण के लिए।

23. हैवत खाँ की फथखान जाट के विरुद्ध लड़ाई के.आर. कानूनगो, *शेरशाह,* पृ. 308-311

2

औरंगजेब के शासन-काल में जाट-इतिहास

हिन्दू प्रतिक्रिया और जाट-शक्ति का उदय

अकबर के सम्मोहक काल, जहाँगीर की सुखद उदासीनता तथा शाहजहाँ की कोमल थपकियों के द्वारा उत्पन्न एक शताब्दी की मोहक निद्रा के उपरान्त हिन्दू भारत धर्मशील सम्राट औरंगजेब के पवित्र कार्यकलापों के द्वारा 17वीं शताब्दी के उत्तरार्द्ध में पुनः जाग उठा। वह दिल्ली के सिंहासन पर विराजमान शासक को, चाहे उसका सम्बन्ध विजातीय धर्म के साथ ही क्यों न हो, पृथ्वी पर भगवान की छाया मानने का अभ्यस्त था। 'दिल्लीश्वरों वा जगदीश्वरों वा' मानने वाले जाग्रत हिन्दुओं को यह देखकर आश्चर्ययुक्त दुःख हुआ कि हिन्दुस्तान का निष्पक्ष शासक इस्लाम का लड़ाकू प्रचारक बन गया है। उसने पुरानी और विस्मृत सभी तरीके फिर से अपना लिए हैं। जजिया फिर से लागू कर दिया गया, शाही देख-रेख में मन्दिरों को नष्ट करने तथा मूर्तियों को तोड़ने का काम तेजी के साथ चलता रहा, सब दिशाओं में गाड़ियाँ भर-भरकर टूटी हुई मूर्तियाँ आती रहीं और उन्हें दिल्ली और आगरा की जुम्मा मस्जिदों की सीढ़ियों के नीचे दफनाया जाता रहा। सार्वजनिक पदों से हिन्दू वंचित कर दिए गए और राजस्व विभाग से सभी हिन्दू लिपिकों को हटाने के लिए एक अध्यादेश जारी किया गया। हिन्दुओं के धार्मिक मेलों पर पाबन्दी लगा दी गई तथा उनके त्यौहारों के सार्वजनिक अनुष्ठानों पर प्रतिबन्ध लगा दिए गए। मुसलमान व्यापारी सीमा-शुल्क से पूर्णतः मुक्त कर दिए गए; जबकि हिन्दुओं पर वह पूर्ववत् बना रहा। हिन्दुओं को अपने मूर्ति-पूजक धर्म को तिलांजलि देने के लिए राज्य द्वारा आर्थिक सहायता का अनुदान दिया गया। संक्षेप में, निष्ठुर कत्लेआम को छोड़कर हिन्दू प्रजाजनों के धर्म को परिवर्तित करवाने के लिए सभी उपाय प्रयुक्त किए गए।[1] हमारा रुझान न तो औरंगजेब की सोद्देश्य दुष्टता, हृदयहीनता और न अदूरदर्शिता की नीति को आरोपित करना है। यह एक विचार को कठोरता तथा दृढ़तापूर्वक ठोस रूप देने का प्रयास था, वह न तो किसी झक्कीपन से अनुप्राणित था और न उसे पापमय की कहा जा सकता था। उसका कसूर यह था कि वह असफल रहा, इस्लामिक भारत का उसका स्वप्न पूरा नहीं हो सका।

तथापि इसी स्पष्ट शत्रुता के द्वारा औरंगजेब ने बिना जाने हिन्दू राष्ट्रवाद को पुनर्जीवित कर दिया, जिसको उसके पूर्वजों ने अपनी क्रूर दया के द्वारा करीब-करीब मार दिया था। सुदूर महाराष्ट्र से एक नव-जीवन का स्पन्दन आया, जिसने उत्तर की ओर चलकर हिन्दू समाज के लकवा लगे जंग को भी झकझोर दिया। पंजाब में उत्पीड़न के फलस्वरूप भावुक भक्तों का एक विनम्र सम्प्रदाय उग्र सैनिकों में परिवर्तित हो गया। गुरु गोविन्दसिंह का सिख मत इस्लाम का वास्तविक प्रतिवाद था। धर्मान्धता की टक्कर धर्मान्धता के साथ थी, सिख मुस्लिम सेनाओं से युद्ध करने के लिए जाते समय यह गाते थे–*खालसा वह है जो बन्द गाड़ी में बैठकर युद्ध करता है तथा जो एक खान को मारता है।* औरंगजेब ने जसवन्त की पत्नियों तथा उसके बालक पुत्र को बन्दी बनाने का प्रयत्न करके राजपूतों की आँखें खोल दीं। बहादुर दुर्गादास ने मार्ग प्रशस्त किया और राठौरों की तलवारें स्वतन्त्रता और धर्म की रक्षा के लिए म्यानों से निकल आयीं। उसके देशवासियों ने उसकी स्मृति को इन शब्दों के साथ श्रद्धांजलि दी है–*यदि असकरन के घर में दुर्गा का जन्म न हुआ होता, तो सभी का खतना हो जाता।*[2]

1669 में शाही राजधानी की छाया में रहने वाली एक दूसरी हट्टी-कट्टी जाति जाटों ने विद्रोह का झण्डा बुलन्द कर दिया। यह तो उस प्रचण्ड अग्नि-काण्ड की केवल एक चिंगारी मात्र थी जिसे समूचे भारत में सम्राट के धर्म-प्रचारात्मक व्यग्रता ने प्रज्वलित किया था। मथुरा और आगरा जिलों के जाट एक लम्बे समय से दमन और कुशासन के शिकार हो रहे थे। मथुरा के हिन्दू-मन्दिरों के ध्वंस से, जिनकी ऊँची मीनारें आगरा की इमारतों का उपहास करती थीं, उनकी धार्मिक भावनाओं को आघात पहुँचाती थीं। उन्होंने अपने खेतों को तहस-नहस होते हुए, तथा अपनी बेटियों और बहुओं का मुसलमानों की काम-पिपासा की सन्तुष्टि के लिए अपहरण होते देखा था। मथुरा का एक फौजदार मुरशिद कुली खाँ सुन्दर स्त्रियाँ पाने के लिए गाँवों पर हमला किया करता था। उसकी एक और कुख्यात आदत यह थी–हिन्दू पर्वों और मेलों में *वह अपने माथे पर चन्दन लगाकर तथा हिन्दू की भाँति धोती पहनकर भीड़ में घूमा करता था और जैसे ही उसकी निगाह किसी ऐसी स्त्री पर पड़ती जिसका सौन्दर्य चन्द्रमा में भी ईर्ष्या की भावना जाग्रत कर सकता था, वह उस पर भेड़िये की तरह झपट पड़ता था, उसके आदमी उसे नाव में बैठा देते थे जिसे वह पहले से जमुना के तट पर तैयार रखते थे और वह उसे लेकर आगरा भाग आता।*[3]

औरंगजेब ने अब्दुल नबी नामक एक 'धार्मिक व्यक्ति' को मथुरा का गवर्नर नियुक्त किया। नबी भी उसी अर्थ में 'धार्मिक' था जिस अर्थ में उसका स्वामी धार्मिक था। पदासीन होने के उपरान्त उसने पूरी निष्ठा के साथ सम्राट की 'मूर्ति पूजा के उन्मूलन' की नीति को कार्यान्वित करना आरम्भ कर दिया और इस प्रक्रिया

में उसकी लगभग 10 मई 1666 को जाटों से लड़ाई में मृत्यु हो गई।[III] तिलपत के जमींदार गोकुल के नेतृत्व में विजयी विद्रोहियों ने सादाबाद के परगना में लूटमार की। यह खतरा इतना गम्भीर था कि मुगल-शासन ने उसे इस शर्त पर क्षमा करने की पेशकश की कि वह लूट का माल वापस कर दे। विद्रोहियों ने समझौता करने से इन्कार कर दिया। औरंगजेब ने रदनदाज खाँ, हसन अली खाँ तथा अन्य उच्च अधिकारियों के नेतृत्व में एक बहुत शक्तिशाली सेना विद्रोहियों को कुचलने के लिए भेजी तथा वह स्वयं दिल्ली से प्रभावित क्षेत्र में इस अभियान का मार्ग-दर्शन करने के लिए गया। हसनअली ने जाटों के तीन किलेबन्द गाँवों पर हमला किया तथा उसने एक बड़ी कीमत चुकाकर इस लड़ाई में कामयाबी हासिल की। किसानों ने दृढ़ता से एक लम्बी लड़ाई लड़ी, जिसमें उन्होंने अदम्य वीरता का परिचय दिया, जो उनकी हमेशा से चारित्रिक विशेषता रही है। जब प्रतिरोध असंभव हो गया तो जाट किसान अपनी स्त्रियों को कत्ल करके अपने अमूल्य जीवन को न्योछावर करने के लिए मुगलों पर टूट पड़े। इस युद्ध के बाद संपादक गोकुल ने 20,000 आदमी इकट्ठे किए तथा तिलपत से बीस मील दूर उसने शाही सेना का मुकाबला किया, जिसमें उसके सैनिकों ने अत्यन्त बहादुरी के साथ युद्ध किया। परन्तु साहस के द्वारा अनुशासन और युद्ध-सामग्री की कमी को पूरा नहीं किया जा सकता। एक लम्बे एवं रक्तपूर्ण संघर्ष के उपरान्त उन्हें मुगलों के श्रेष्ठ अनुशासन और तोपखाने के सम्मुख झुकना पड़ा। वे तिलपत की ओर वापस चले गए और तीन दिन तक उन्होंने उसकी रक्षा की। इस युद्ध में तीन हजार विद्रोहियों को मारने के लिए मुगलों को अपने चार हजार सैनिकों के प्राणों से हाथ धोना पड़ा। गोकुल को बन्दी बना लिया गया, उसके अंग आगरा के पुलिस कार्यालय के एक प्लेटफार्म पर एक-एक करके काट दिए गए (सरकार द्वारा रचित *हिस्ट्री ऑफ औरंगजेब,* III, 330-336)। गोकुल का खून व्यर्थ नहीं गया, उसने जाटों के हृदय में स्वतन्त्रता के नव-अंकुरित पौधे को अपने खून से सींचा।

राजाराम जाट (1686-1688)

जाटवीर गोकुल की मृत्यु के 15 वर्ष बाद सिनसिनी[4] के जमींदार भज्जासिंह के पुत्र राजाराम के रूप में जाटों में से एक अधिक योग्यता-सम्पन्न नेता का उदय हुआ। उसने अपने गोत्र सिनसिनवार जाटों तथा सोगरियाओं के बीच एकता स्थापित की। सोगरियाओं के इस समय के चौधरी के नाम रामचेहरा था तथा वह सोगर[5] के किले का स्वामी था। उसने अपने इलाके के अव्यवस्थित समूह को एक नियमित

III. अब्दुन नबी 12 मई, 1669 ई. (21 जिल हिज्जा 1779 A.H.) को सहोरा गाँव (मथुरा से 6 मील दूर) में मारा गया था। जी.सी. द्विवेदी, *जाट और मुगल साम्राज्य,* पृ. 14;—सम्पादक

सेना का रूप दिया, उन्हें सैनिक टुकड़ियों में संगठित किया, उन्हें तोप-बारूद से लैस किया और उन्हें अपने कप्तानों के आदेशों का पालन करना सिखाया। जाट-क्षेत्र के पगडण्डी विहीन जंगलों में अनुकूल ठिकानों पर छोटी-छोटी गढ़ियों का निर्माण किया गया तथा उन्हें मिट्टी की कच्ची दीवालों (परकोटा) से ढका गया ताकि तोपखानों का हमला उन पर कोई असर न डाल सके।[V]

राजाराम ने थोड़े ही दिनों में आगरा जिला में मुगलों की सत्ता को समाप्त कर दिया, सड़कों पर यातायात बन्द कर दिया, तथा अनेक गाँवों में लूटमार की। आगरा का सूबेदार सफी खाँ एक प्रकार से नगर में घिर गया और एक बड़ी घमासान लड़ाई के बाद नगर का फौजदार मीर अबुलफजल अकबर के मकबरा सिकन्दरा की राजाराम के (प्रथम-सं.) आक्रमण से रक्षा कर सका। जाटों ने इसके बाद और अधिक साहसिकता का प्रदर्शन किया। धौलपुर के निकट उन्होंने सुप्रसिद्ध तूरानी योद्धा आगर खाँ के कैम्प पर द्रुत आक्रमण किया और वे उसकी गाड़ियों, घोड़ों और औरतों को उठाकर ले गए। जब खाँ ने हमलावरों का पीछा किया तो वह अपने दामाद और 80 सैनिकों के साथ मारा गया।

दक्षिण में मराठा लोमड़ी का पीछा करने के अनन्त प्रयास ने सम्राट को थका दिया था। अब जाट भेड़िए उसकी राजधानी की दीवारों तक आकर अपने शिकार के लिए गरज रहे थे। उनकी आवाज दुःखी सम्राट को चौंका रही थी। मई 1686 में औरंगजेब ने स्थिति की गम्भीरता को समझा और अपने एक महान् जनरल खान-ए-जहां कोकलताश जफरजंग को जाटों का दमन करने के लिए भेजा। परन्तु खान-ए-जहां को अपने अभियान में सफलता नहीं मिली। राजाराम की सफलता और खान-ए-जहां की पराजय से सम्राट चौंक गया। उसने अपने पुत्र आजम को यह आदेश दिया कि वह स्वयं जाकर अभियान की कमान अपने हाथ में ले। परन्तु राजकुमार केवल बुरहानपुर तक ही जा पाया था कि उसे वापस बुला लिया गया क्योंकि उस समय (जुलाई 1687) मुगल-साम्राज्य के समक्ष गोलकुण्डा में अपनी प्रतिष्ठा को फिर से प्राप्त करने की गम्भीर समस्या प्रस्तुत थी। फिर भी शाहजादे के ज्येष्ठतम पुत्र बेदारबख्त को जो उस समय केवल 17 वर्ष का बहादुर बालक था, जाटों के विरुद्ध युद्ध की सर्वोच्च कमान सँभालने के लिए भेजा गया। खान-ए-जहां को उसके मुख्य परामर्शदाता एवं मुख्य अधिकारी के रूप में काम करने को कहा गया।

परन्तु जब तक शहजादा युद्ध-क्षेत्र तक पहुँच पाता, जाट नेता ने और भी

V राजाराम और रामचेहरा (1682-1688 ई.) के लिए देखें, वैंदेल के वृत्तलेख : *हिन्दुस्तान में जाट सत्ता*, पृ. 89-93; उपेन्द्र शर्मा, *जाटों का नवीन इतिहास,* I, पृ. 123; गंगा सिंह, *भरतपुर का इतिहास,* I, पृ. 75-82; जी.सी. द्विवेदी, *जाट और मुगल साम्राज्य* पृ. 24-32;—सम्पादक

उग्र कार्य कर डाले। 1688 के आरम्भ में हैदराबाद के मीर इब्राहिम (जिसे अब महावत खाँ की उपाधि दे दी गई थी) पंजाब में गवर्नर का पद-भार लेने जा रहा था। सिकन्दरा के निकट यमुना के किनारे जब उसका कैम्प लगा हुआ था, राजाराम ने उस पर आक्रमण किया जिसमें एक लम्बे और घमासान युद्ध के उपरान्त उसे पीछे हटने के लिए बाध्य होना पड़ा। इस युद्ध में उसके 400 आदमी मारे गए, जबकि मुगलों के मृतकों एवं घायलों की संख्या 190 रही। राजाराज शीघ्र ही रणस्थल पर वापस आ गया; उसने आगरा के नए गवर्नर शायस्ता खाँ के विलम्ब से आने का लाभ उठाकर अकबर के मकबरे[6] को लूटा, वह उसका कालीन, सोने और चाँदी के बर्तन, लैम्प आदि को लूटकर ले गया तथा उसने उसकी इमारत को क्षति पहुँचाई। खान-ए-जहां ने उसे रोकने के लिए कुछ भी नहीं किया।

बेदारबख्त ने अपने आगमन के उपरान्त मुगल सैनिक कार्यवाही में कुछ अधिक जान डालने की कोशिश की। इस समय शेखावत और चौहान राजपूत गोत्रों में बागथेरिया तथा कुछ अन्य परगनों की जमीन के लिए घातक लड़ाई चल रही थी। चौहानों ने राजाराम का समर्थन प्राप्त किया और शेखावतों ने मेवात के फौजदारों से सैनिक सहायता प्राप्त की। बीजल गाँव के पास इनमें घमासान युद्ध हुआ। राजपूत घातक शत्रुता में एक दूसरे पर झपट पड़े, दोनों पक्षों से अनेक लोग युद्ध में मारे गए। जब संघर्ष चरमसीमा पर था, पेड़ की ओट में छिपे एक मुगल बन्दूकधारी की गोली से राजाराम मारा गया (4 जुलाई, 1688)।

जाटों के विरुद्ध राजा बिशनसिंह का अभियान

राजाराम की मृत्यु के उपरान्त उसके वृद्ध पिता सिनसिनी के भज्जासिंह ने जाटों का नेतृत्व अपने हाथों में लिया। सम्राट ने आमेर (जयपुर) के नए राजा बिशनसिंह कछवाहा को मथुरा का फौजदार नियुक्त किया और उसे उसने जाटों का उन्मूलन करने तथा सिनसिनी को अपनी जागीर बनाने का आदेश दिया (*ईश्वर दास* 133a)। उसने सम्राट को यह लिखित वचन दिया कि वह सिनसिनी के दुर्ग को नष्ट कर देगा (*ईश्वर दास*, 139a 135b), क्योंकि उसमें यह इच्छा प्रबल रूप से काम कर रही थी कि वह अपना नाम पैदा करे तथा अपने पिता रामसिंह और पितामह मिर्जा राजा जयसिंह की भाँति ऊँचा मनसब प्राप्त करे। बेदारबख्त ने सिनसिनी का घेरा डाला। परन्तु जाट देश के जंगलों ने अभियान ने आक्रमणकारी सेना के सामने अनेक कठिनाइयाँ उपस्थित कर दीं।

सिनसिनी (गढ़ी तक पहुँचने—सं.) से पहले मुगलों को रसद एवं पानी की कमी के कारण अनेक कठिनाइयों का सामना करना पड़ रहा था, क्योंकि बार-बार शत्रु उनकी रसद एवं पानी की सप्लाई पर आक्रमण करके इन सामग्रियों को उनके पास तक पहुँचने में अड़चने खड़ी कर रहा था। रात्रि के लिए जाने

वाले निरन्तर आक्रमणों ने घिरे हुए कैम्प में शाश्वत चौकन्नेपन की भावना को जन्म दिया। "आदमी भूख से भूमि पर गिर पड़े और जानवर बड़ी संख्या में कमजोरी से नष्ट हो गए।" परन्तु किले को घेरनेवाले दृढ़तापूर्वक डटे रहे तथा चार महीनों में वे अपनी खाइयों को दुर्ग के दरवाजे तक ले गए और ऊँचे टीलों पर तोपें खड़ी कर दी तथा सुरंगे बिछा दीं। दुर्ग के चारों का जंगल साफ किया गया। किले के दरवाजे के नीचे की सुरंग दागी गई, परन्तु जाटों को उसका सुराग पहले ही लग चुका था। उन्होंने उसे रोकने के लिए सुरंग के आगे पत्थर बिछा दिए। फलतः विस्फोटक बारूद का आक्रमण आगे बढ़ने के स्थान पर पीछे की ओर लौटा जिसके परिमणामस्वरूप मुगल-सेना के अनेक अधिकारी तथा तोपखाने के सैनिक मारे गए। एक महीने के भीतर दूसरी सुरंग दीवार के नीचे बिछाई गई; उसे 1690, जनवरी के अन्त में सफलतापूर्वक दागा गया; दीवार टूट गई और उसके पास खड़े जाट उड़ा दिए गए; तीन घण्टे के कड़े प्रतिरोध के उपरान्त मुगलों को किले के भीतर प्रवेश पाने में सफलता मिल गई। जाटों ने जमीन के प्रत्येक चप्पे के लिए युद्ध किया और अपने 1500 साथियों की जानों को गंवाने के बाद उन्हें रणस्थली छोड़ने के लिए विवश होना पड़ा। शाही पक्ष की ओर से 200 मुगल सैनिक मारे गए तथा 700 राजपूत मृत और घायल हुए। रक्षक-सेना के जो लोग शेष बचे, उन्हें तलवार के घाट उतार दिया गया। (*ईश्वर दास,* 136b-137a; M. A 334; हमीद्दीन रचित *अहकाम,* 26)।

अगले वर्ष (21 मई, 1691) राजा बिशन सिंह ने जाटों के दूसरे दुर्ग सोगर पर अचानक आक्रमण किया। राजा वहाँ शाही सेना को लेकर गया था। संयोग से उस समय इस छोटे दुर्ग के दरवाजे उसमें अनाज को अन्दर ले जाने के लिए खुले हुए थे, आक्रमणकारियों ने इसका लाभ उठाकर घोड़ों पर चढ़कर उसमें प्रवेश पा लिया तथा जिन लोगों ने उनका प्रतिरोध किया, उन्हें उन्होंने मार डाला; उन्होंने 500 विद्रोहियों को बन्दी भी बनाया। (*ईश्वर*) इन कार्यवाहियों के फलस्वरूप नए जाट नेता उन कोनों में छिप गए जिनकी साम्राज्यवादियों को कोई जानकारी नहीं थी। इस क्षेत्र के अन्य लोग कृषि के शान्तिपूर्ण काम में लग गए तथा कुछ वर्षों तक जिले में शान्ति[VI] रही।[7]

VI. यदुनाथ सरकार के उक्त शोधपत्र में वैंदेल के आधार पर जिन दो अभियानों का वर्णन किया गया है, कानूनगो ने उनका ही संक्षिप्त विवरण यहाँ दिया है। लेखक ने साम्राज्यवादी शक्ति के विरुद्ध जाट किसानों द्वारा 1688-1695 के दौरान जो अनेक अभियान हुए उनका विवरण नहीं दिया है। परिशिष्ट 'सी' में भी कानूनगो ने औरंगजेब के शासनकाल में जाटों के उत्कर्ष का संक्षिप्त विवरण देते हुए केवल सिनसिनी के पतन को ही मुख्य अभियान के रूप में बताया है। कानूनगो को तब तक डिग्गी घराने के फारसी दस्तावेज प्राप्त नहीं हुए थे। अतः वे बेदारबख्त

चूड़ामन जाट (1695-1721)

राजाराज के छोटे भाई चूड़ामन ने अपने पिता (ताऊ–सं.) सिनसिनी के भज्जा सिंह[VII] के निधन के उपरान्त जाटों के नेतृत्व का दायित्व अपने ऊपर लिया। "उसमें संगठन करने तथा विशेष अवसरों का चतुराई के साथ प्रयोग करने की क्षमता थी।"[8] वह जाट की दृढ़ता तथा मराठों की चालाकी और राजनैतिक बुद्धिमत्ता के समन्वय का प्रतिनिधित्व करता था। उसका नैतिक नीति वचन सोलहवीं शताब्दी के सैयद रफीउद्दीन सैफ़वी जैसे मुस्लिम धर्मशास्त्रियों से लिया गया था, जिन्होंने मुसलमानों को यह सिखाया था कि काफिर के ऊपर कभी विश्वास नहीं किया जाना चाहिए।[9] चूड़ामन ने अनेक मुसलमानों के साथ काम किया था, उनके साथ लड़ाइयाँ लड़ी थीं; परन्तु वह किसी के भी प्रति निष्ठावान नहीं रहा। वह कठोर व्यावहारिक राजनीतिज्ञ था जिसने स्वामिभक्ति, सम्मान, प्रेम जैसी उत्तम भावना के वशीभूत होकर अपना विवेक नहीं खोया। वस्तुतः उसके हृदय में इन विचारों के लिए स्थान भी नहीं था। वह ऐसा व्यक्ति था जिसने जाटों की किस्मत का निर्माण किया; उसने जाट शक्ति को 18वीं शताब्दी की उत्तर भारत की राजनीति में महत्त्वपूर्ण स्थान दिलाया–ऐसा स्थान जिसकी उपेक्षा नहीं की जा सकती थी।

इमाद-उद-सादात के लेखक ने चूड़ामन के आरम्भिक जीवन के सम्बन्ध में निम्नलिखित विवरण दिया है, "उसने अपने जीवन का आरम्भ डाकुओं के एक गिरोह के नेता के रूप में किया था, वह काफिलों और राहगीरों को लूटा करता था। थोड़े ही समय में उसने अपनी कमान में 500 घोड़े और 1000 पैदल इकट्ठे कर लिए। हाथरस और मुड़सान के कुख्यात किलेदार दयाराम और भूपसिंह के पितामह तथा भूरे सिंह के पिता नन्दा जाट भी 100 घुड़सवारों के साथ उसकी सेना में शामिल हो गए। अब चूँकि उसका संगठन इतना बड़ा हो चुका था कि आवश्यकताएँ केवल व्यापारिक काफिलों की लूट से पूरी नहीं हो सकती थीं, अतः उसने परगनों को लूटना आरम्भ कर दिया। इस समय उसने आगरा से 48 कोस दूर घने जंगल के दलदली रास्ते में अपनी शरण के लिए एक स्थान बनाया, जिसके चारों ओर उसने गहरी खाई खुदवाई। वहाँ वह अपनी लूट का माल जमा करता

के दक्षिण लौटने के बाद साम्राज्यवादी बिशनसिंह द्वारा ब्रजमण्डल के जुझारू किसानों के विरुद्ध असंख्य अभियानों का विवरण देने में चूक गए। बाद में शोध-सामग्री मिल जाने पर कानूनगो ने 1688 से 1695 तक किसानों के सात वर्षों के दमन का पूर्ण विवरण अपने ग्रन्थ : *हिस्ट्री ऑफ द डिग्गी हाउस* के सातवें और आठवें अध्याय में देकर अपनी उक्त चूक का परिमार्जन किया है;–सम्पादक

VII. ब्रजराज और भज्जासिंह सगे भाई थे। ब्रजराज के भावसिंह और चूड़ामन दो पुत्र थे। भज्जासिंह का पुत्र राजाराम था। इस प्रकार चूड़ामन और राजाराम चचेरे भाई थे। उपेन्द्रनाथ शर्मा, *जाटों का नवीन इतिहास,* I. पृ. 342, 180;–सम्पादक।

था, धीरे-धीरे वहाँ बहुत-सी कच्ची ईंटें जमा हो गईं और यहीं कालान्तर में जो स्थान विकसित हुआ, वह भरतपुर[VIII] कहलाया। उसने पड़ोस के गाँवों से कुछ हिन्दू चमार एकत्रित किए तथा उन्हें इस स्थान की रक्षा का विशेष उत्तरदायित्व सौंपा। जब उसकी सेना में 14000 आदमी हो गए, तब उसने भरतपुर (थून–सं.) की रक्षा का दायित्व अपने एक विश्वासपात्र भाई को सौंप दिया, जिसे उसने पर्याप्त संख्या

VIII. कानूनगो ने भूल से थून को भरतपुर मान लिया है। उक्त सम्पूर्ण विवरण चूड़ामन के प्रसिद्ध किले थून से सम्बन्धित है। समकालीन इतिहासकार शिवदास सन् 1722 में लिखित अपने ग्रन्थ *शाहनामा* में वर्णन करता है कि कटीली झाड़ियों के ऐसे अप्रवेशनीय घने जंगल में थून का किला बनाया गया था, जहाँ पक्षी भी कठिनाई से प्रवेश कर पाते थे। थून के गगन-चुम्बी परकोटे एक ऐसी गहरी खाई से घिरे हुए थे जिसमें नीचे से पानी के स्रोत फूट रहे थे। शिवदास, *शाहनामा मुनव्वर कलाम*, पृ. 19; *इकबालनामा*, पृ. 23 (दोनों अस्करी के अनुवाद); जी.सी. द्विवेदी, *जाट और मुगल साम्राज्य*, पृ. 46; फुटनोट 92-93

कानूनगो ने सन् 1807 में लिखित उत्तरकालीन कृति *इमाद-उस-सादत* को उद्धृत किया है। जनरल लेक के भरतपुर के विरुद्ध सन् 1805 ई. में अभियान के असफल हो जाने पर भरतपुर के लोहागढ़ की प्रसिद्धि चरम सीमा पर थी। उस समय लोहागढ़ के प्रभाव से जनमानस अभिभूत था और मीर गुलाम अली ने थून को भी भरतपुर समझ लिया। *इमाद-उस-सादत* मुख्य रूप से अवध के नवाबों का इतिहास है जिसमें प्रासंगिक रूप से चूड़ामन के इतिहास की सूचना सूरजमल के सहायक राव राधाकिशन से लेखक गुलाम अली को प्राप्त हुई थी और अली ने थून और भरतपुर के किलों के वर्णन परस्पर मिला दिए। अपने ग्रन्थ की सन्दर्भ-ग्रन्थ-सूची में कानूनगो स्वयं *इमाद-उस-सादत* के बारे में टिप्पणी करते हैं कि यह इतिहास न तो पूर्ण है और न ही व्यवस्थित हैं, इसके प्रतिशोधन एवं निरीक्षण की नितान्त आवश्यकता है। आश्चर्य की बात है फिर भी कानूनगो स्वयं एवं प्रो. इरफान हबीब (*द एग्रेरियन सिस्टम ऑफ मुगल इण्डिया*, पृ. 392) *इमाद-उस-सादत*, पृ. 55 की गलत सूचना पर थून को ही भरतपुर होने का उल्लेख करते हैं। चूड़ामन ने थून के किले का निर्माण कराया था, न कि भरतपुर के किले का। सवाई जयसिंह ने चूड़ामन के पुत्र मोहकम सिंह से 9 नवम्बर, 1722 ई. को थून के दुर्ग का अधिग्रहण करके उसे ध्वस्त कर दिया था। उस ध्वस्त स्थान पर फिर कभी दुर्ग का निर्माण नहीं किया गया। थून, डीग से 11 मील पश्चिम में है। वर्तमान में भी ठाकुर चूड़ामन के वंशज जटोली थून में बसे हुए हैं। सूरजमल ने खेमकरण सोगरिया की फतहगढ़ी को 1733 ई. में अधिगृहीत करके ध्वस्त कर दिया था और उसी स्थान पर सन् 1743-1750 की अवधि में भरतपुर के सुदृढ़ किले का निर्माण कराया था। इस प्रकार थून और भरतपुर दुर्ग भिन्न-भिन्न स्थान पर हैं। उपेन्द्रनाथ शर्मा, *जाटों का नवीन इतिहास*, I, पृ. 198-199, फुटनोट 40-41, पृष्ठ 304, फुटनोट 100, एवं पृ. 327; थून के स्थान के लिए देखें, *भरतपुर स्टेट की अन्तिम सेटिलमेंट रिपोर्ट*, III, (1901), पृ. 25 तथा ग्राउसे, *मथुरा*, I, पृ. 23; टॉड, III, पृ. 1358; गोकल चन्द दीक्षित, *बृजेन्द्र वंश भास्कर*, पृ. 20;—सम्पादक।

में सैनिक और युद्ध सामग्री दी और वह स्वयं लूट के अभियान पर कोटा और बून्दी की ओर चला गया। जहाँ उसने अपने काफिलों को लूटा और बहुत माल प्राप्त किया।"[10] वह पूर्वजों की अपेक्षा अधिक साहसी था; उसने न केवल अपने सैन्य-बल में वृद्धि की, अपितु उसमें बन्दूकधारियों की वृद्धि के द्वारा उसे शक्तिशाली भी बनाया। उसने घुड़सवारों की भी वृद्धि की। उसने सड़क पर राज दरबार के मन्त्रियों को लूटा तथा प्रान्तों से आये राजस्व और शाही तोपखाने पर आक्रमण किया। (*फ्रेंच पांडुलिपि,* पृ.41).....1704 के करीब उसने मुगल आधिपत्य से सिनसिनी को वापस ले लिया, परन्तु अक्टूबर 1705 में वह पुनः उसके हाथ से निकल गई (प्रो. जदुनाथ सरकार, *मार्डन रिव्यू,* अक्टूबर, 1923)।

थके हुए औरंगजेब की 1707 में दक्षिण में मृत्यु के उपरान्त इस डाकू सरदार को और भी बड़े अवसर प्राप्त हुए। बहादुरशाह और आजम ने समूगढ़ के निकट जाजऊ में निर्णायक युद्ध की तैयारी की, जहाँ भाग्य ने हिन्दुस्तान का ताज उनके पिता के सिर पर रखा था। चूड़ामन ने अपनी जाति के लोग एकत्रित किए तथा वह दोनों सेनाओं के इर्द-गिर्द घूमता रहा और वह इस अवसर की प्रतीक्षा में रहा जिसमें वह विजयी पक्ष की ओर से सामयिक उत्साह को प्रदर्शित करने के लिए विजित पक्ष के खेमे पर टूट पड़ सके। उसे अपनी इस योजना में बड़ी सफलता मिली; युद्ध की समाप्ति पर उसे लूट का बहुत-सा माल मिला तथा साथ ही विजेता बहादुरशाह की ओर से उसे 1500 ज़ात और 500 घोड़ों का मनसब प्राप्त हुआ। चूड़ामन ने अपनी इस प्रचुर दौलत का विवेकसंगत तरीके से प्रयोग किया। उसने किले बनवाए, सैनिकों की भरती की तथा अपने शत्रुओं को मित्र बनाया। परन्तु चूँकि बहादुरशाह की सरकार काफी मजबूत थी, वह उसके प्रति निष्ठावान[IX.] बना रहा तथा शाही कमाण्डर की पदवी जो उसे कुछ ही दिन पहले प्राप्त हुई थी, उसके औचित्य को सिद्ध करने के लिए वह उसकी अच्छी सेवा करता रहा।[X.] वह 1711 में बहादुरशाह के साथ लाहौर गया और वहाँ 1712 में उसने उसके चार नालायक बेटों के बीच उत्तराधिकार का युद्ध अपनी आँखों से देखा।

स्वर्गीय सम्राट का लम्पट मूर्ख ज्येष्ठतम पुत्र जहांदार शाह औरंगजेब के

IX. गिरीश चन्द्र द्विवेदी उक्त मत से सहमत नहीं हैं कि बहादुरशाह के पर्याप्त सुदृढ़ शासन के भय के कारण चूड़ामन उसका वफादार रहा था। यह शासन पूर्ववर्ती शासन से निश्चित रूप से शिथिल था। वह पूर्ववर्ती शासन भी चूड़ामन को मुगलों का अनुगामी बनाने में असफल रहा था। द्विवेदी, *जाट और मुगल साम्राज्य,* पृ. 54, फुटनोट 14; —सम्पादक।

X. चूड़ामन दिल्ली के समीप ही सम्राट के साथ मिल गया था। कानूनगो इस तथ्य को बिल्कुल अनदेखा कर रहे हैं। स्पष्टीकरण के लिए देखें, द्विवेदी, *जाट और मुगल साम्राज्य,* पृ. 57, फुटनोट 23; —सम्पादक।

सिंहासन को लज्जित कर रहा था। वह आयु में बड़ा था। इस समय उसकी आयु लगभग 50 वर्ष थी परन्तु छिछोरेपन और आमोद-प्रमोद में वह बच्चे से भी बदतर था। उसकी एक दासी थी—मृदुभाषी लाल कुँवर जिसको वह रखैल के तौर पर रखता था। उसने अपने शासन के बदनाम दिन (दस माह) रात्रिकालीन भोग-विलास तथा प्रातः कालीन तन्द्रा में काट दिए। उसे सैनिकों की अपेक्षा व्यर्थ में समय नष्ट करने वाले अधिक पसन्द थे। एक बार उसने रात्रि में हनुमान की भूमिका अदा करते हुए एक नकली नगर लंका में आग लगा दी थी। एक सफल विद्रोही के लिए जिसने अपने लिए एक राज्य की रचना कर ली थी, ऐसे सम्प्रभु से न तो डरने की आवश्यकता थी और न उसमें उनके लिए कोई सम्मान ही था। फलतः चूड़ामन अपनी जागीर की ओर लौट गया; उसने अपने संसाधन इकट्ठे किए तथा अपने भाग्य की रचना के लिए नए प्रयास आरम्भ किए। जब फर्रुखसियर की सेना का पटना से दिल्ली की ओर प्रस्थान का समाचार प्राप्त हुआ तो जहांदार शाह ने चूड़ामन को उसकी सेना में शामिल होने के लिए अनेक प्रकार के प्रलोभन दिए। चूड़ामन शाही शासन की लोगों को सुरक्षा प्रदान करने में असमर्थता के कारण दिल्ली से चम्बल तक यमुना के पश्चिमी तट पर निवास करने वाले जाटों तथा अन्य हिन्दुओं के लिए स्वाभाविक रूप से शासक बन गया था। इस गड़बड़ी के समय में अब उसने अपने लिए ऐसी स्थिति बना ली थी कि उसकी उपेक्षा नहीं हो सकती थी—उसका दृष्टिकोण व्यावहारिक रूप से अब यह निर्धारित करता था कि हिन्दुस्तान के सिंहासन के लिए किस प्रत्याशी को देश की ग्रामीण जनता का समर्थन प्राप्त है। वह बड़ी संख्या में जाटों को लेकर आया और वह जहांदार शाह की सेना के साथ आगरा के बाहर लड़े गए युद्ध में उपस्थित था। परन्तु अभागे जहांदार शाह की सहायता करने के बजाय, उसने उसकी पराजय को सम्भव बनाने में योगदान दिया। जब युद्ध निर्णायक दौर में होकर गुजर रहा था, वह शाही सेना पर टूट पड़ा (जनवरी, 1713)।

चूड़ामन ने बिना किसी भेद-भाव के दोनों सेनाओं को लूटा और इसके बाद वह आगरा से वापस चला आया। ऐसा प्रतीत होता है कि इस समय उसका लक्ष्य एक स्वतन्त्र राज्य की स्थापना करना था, कम-से-कम वह उस समय तक किसी की अधीनता स्वीकार करने का काम स्थगित रखना चाहता था, जब तक कि नए शासक से अधिक शक्तिशाली होने के संकेत न मिलें। वह अपने को इतना शक्तिशाली समझता था कि वह उस स्थिति पर डटा रहे, क्योंकि बादशाह दुर्बल मस्तिष्क का व्यक्ति था तथा शाही दरबार भ्रष्ट था और उसमें आपस में फूट थी। फर्रुखसियर का तेजस्वी सौन्दर्य और शानदार शारीरिक गठन सम्राट की कायरता और ढुलमुल प्रकृति से बिल्कुल मेल नहीं खाता था, इससे पूर्व कभी भी किसी तेजस्वी शरीर में इससे अधिक अकिंचन आत्मा का निवास न रहा

होगा। फर्रुखसियर के शासन के आरम्भ में आगरा के तत्कालीन सूबेदार छबेलाराम ने जाट सरदार की मजबूत गर्दन को झुकाने का कठोर परन्तु असफल प्रयास किया था। उसके बाद समसम-उद-दौला खान-ए-दौराँ आगरे का सूबेदार बना। वह जाटों के विरुद्ध अभियान में सफलता को संदिग्ध मानता था। अतः उसने युद्ध को जारी रखने के बजाय समझौता करना अधिक उपयुक्त समझा। उसने सम्राट से चूड़ामन को माफी दिलाई, सम्राट ने चूड़ामन को दरबार में आने को कहा और चूड़ामन 4000 घुड़सवारों के साथ वहाँ पहुँचा और एक राजा के सदृश सम्मान सशस्त्र रक्षक के साथ उसे बारहपुला से नगर तक लाया गया। स्वयं खान-ए-दौराँ उसे लेकर दीवान-ए-खास तक गया। बादशाह ने उसे दिल्ली के पड़ोस से लेकर चम्बल तक की राजमार्ग की देखभाल का दायित्व सौंपा। एक भेड़िये को भेड़ों की रेवड़ की निगरानी का काम सौंपा गया था, इस प्रकार लूट को वैध एवं सुव्यवस्थित बना दिया गया।

मुगल-शासन ने चूड़ामन को उसके दायित्व में सौंपी गई सड़क पर चलने वाले यातायात पर कर लगाने की अनुमति दे रखी थी। उसने इतने निरंकुश एवं कठोर तरीके से इस कर की वसूली की कि प्रत्येक कोने से इसके विरुद्ध आवाज उठने लगी। एक जाट टैक्स संग्रहकर्ता, जैसा एक कहावत में कहा गया है, भगवान के क्रोध की अभिव्यक्ति है, उसका पैसा सिर तोड़ देता है जबकि बनिये के 100 रुपए मुश्किल से शरीर को छू पाते हैं। उसने इस प्रकार आचरण किया कि जैसे वह इस सड़क के इर्द-गिर्द के समूचे क्षेत्र का स्वामी हो। यहाँ तक कि जमींदार भी गाँवों से अपनी बकाया रकम वसूल नहीं कर सकते थे, वे केवल उतना ही ले सकते थे, जितनी अनुमति उन्हें चूड़ामन दे। बादशाह और उसके दरबारी क्रोध से जलते थे, परन्तु उनमें से किसी में इतना साहस नहीं था कि वह विद्रोही को दण्ड दे सके।

अपने राज्य की सीमा के निकट जाट शक्ति के इतनी तेजी से विकास ने जयपुर के शासक में घबराहट और घृणा की भावनाओं को जन्म दिया। औरंगजेब ने राजा बिशनसिंह कछवाहा को चूड़ामन के पूर्वजों के कुचलने के लिए नियुक्त किया था। उस समय से लेकर जाटों और कछवाहे राजपूत पड़ोसियों के बीच आनुवंशिक लड़ाई चली आ रही थी। अब राजा जयसिंह सवाई ने चूड़ामन के विरुद्ध युद्ध की कमान सँभाली जिससे फर्रुखसियर को बहुत अधिक प्रसन्नता हुई। राजा को सैनिकों और धन के रूप में प्रचुर सहायता प्राप्त हुई; कोटा के महाराव भीमसिंह हाडा, राजा नरसिंह नरवारी तथा बूँदी के महाराव बुद्ध सिंह हाडा ने उसका साथ दिया। अभियान थून के किले के घेरे के साथ शुरू हुआ (नवम्बर 1716-अप्रैल 1718), जहाँ चूड़ामन ने अनाज, नमक, घी, तम्बाकू, कपड़ा और ईंधन इतनी प्रचुर मात्रा में जमा कर रखा था जिससे 20 वर्ष तक इन वस्तुओं का अभाव न खले। बुद्धिमान जाट ने घेरे के पहले सभी व्यापारियों को खाली हांथ वापस

भेज दिया था—जिनको वह राशन का अनुपयोगी उपभोक्ता मानता था। घिरे हुए लोगों ने धावा किया तथा चूड़ामन के पुत्र मोहकम सिंह और भतीजे रूपसिंह ने खुलकर मैदान में लड़ाई लड़ी। जयपुर के राजा ने विजय का दावा किया, यह दावा केवल इस अर्थ में सही था कि उसे नाकेबन्दी करने का फिर से अवसर प्राप्त हो गया। परन्तु चूँकि सफलता संदिग्ध दिखाई पड़ रही थी, राजा जयसिंह की सहायता के लिए लाहौर से वहाँ के साहसी गवर्नर अब्दुल समरखाँ को बुलाया गया जिसे सिखों का दमन करने में सफलता मिल चुकी थी। परन्तु दरबार के कुचक्रों के कारण उसे भेजा नहीं गया। चूड़ामन के भी बाहर मित्र थे, जमींदारों और ग्रामवासियों ने अपनी लूटमार से साम्रांज्यवादियों की नाक में दम कर रखा था। घेरा 20 महीने तक चलता रहा और उसका कोई निश्चित परिणाम नहीं निकला। दरबार में इस समय दो गुट थे; एक तो हिन्दुस्तानी गुट था जिसके नेता सैयद बन्धु थे और दूसरा तूरानी गुट था जो निजाम-उल-मुल्क के नेतृत्व में काम कर रहा था। इन दोनों गुटों की पारस्परिक प्रतिस्पर्धा चूड़ामन के लिए सहायक सिद्ध हुई। वजीर सैयद अब्दुल्ला जयपुर के राजा के विरुद्ध था और वह उसकी सफलता नहीं चाहता था। वजीर के एक सम्बन्धी और एजेन्ट के माध्यम से चूड़ामन ने अधीनता-स्वीकृति का प्रस्ताव भेजा; उसने 30 लाख रुपए का खिराज शाही खजाने में भेजने की पेशकश की, साथ ही में उसने वजीर को भी 20 लाख रुपया देने का वायदा किया। फर्रुखसियर सिन्दबाद सेलर के समान लाचार था, दो सैयद-बन्धु उसके कन्धों पर सवार थे, अतः उसने अनिच्छा से और अभद्र तरीके से विद्रोही को क्षमा कर दिया जिसे वजीर के सुरक्षा-आश्वासन के साथ बादशाह की उपस्थिति में लाया गया था। इसके बाद चूड़ामन सैयद बन्धुओं का सक्रिय एवं विश्वस्त पक्षधर बन गया।

चूड़ामन और सैयद-बन्धु

फरवरी 1719 में फर्रुखसियर को सैयद बन्धुओं ने अपदस्थ कर दिया, उसे अन्धा कर दिया तथा उसे मार डाला और उसके स्थान पर उन्होंने एक क्षयग्रस्त युवक रफीउद-दरजात को गद्दी पर बैठाया। तीन महीने के बाद नए बादशाह को भी गद्दी से उतार दिया गया और उसके उपरान्त उसका ज्येष्ठ भ्राता रफी-उद-दौला सिंहासनारूढ़ हुआ। यह आदमी इतना भाग्यशाली था कि चार महीने बाद उसकी स्वाभाविक मृत्यु हो गई। इसके पश्चात् सैयद बन्धुओं ने सितम्बर 1719 में गद्दी मोहम्मद शाह को सौंप दी। परन्तु बादशाह बनाने वालों का अन्त सन्निकट था। एक स्त्री का अभिशाप एक के ऊपर गिरा और दूसरा अत्यधिक घमण्ड के कारण भगवान के क्रोध का भाजन बन गया। सैयद अब्दुला की कामुक दृष्टि बादशाह रफी-उद-दरजात की पत्नी इनायत बानू बेगम के ऊपर थी। जब दुखी बेगम ने यह

देखा कि उसका पति अपनी रक्षा करने में असमर्थ है, तो उसने अपने सुन्दर बाल काट डाले और उन्हें अपने को भ्रष्ट करने के इच्छुक के पास भेज दिया ताकि वह अपमान से बच सके। सैयद हुसैन अली में भी घमण्ड एवं प्रेमोन्माद सीमाओं का अतिक्रमण कर चुका था। एक बार उसने गर्व से यह कहा था कि जिस किसी के ऊपर वह अपने जूते की परछाई डाल देगा, वह सम्राट आलमगीर के समकक्ष हो जाएगा। चूड़ामन परछाई की भाँति सैयद-बन्धुओं के साथ रहा करता था, फर्रुखसियर के अपदस्थ होने के समय वह हुसैन अली की सेना के साथ था। बाद में वह उसके साथ एक झूठे दावेदार नेकूसियर के विरुद्ध अभियान में आगरा गया जिसे सैयद-बन्धुओं के शत्रुओं ने बादशाह घोषित कर दिया था। उसे उस किले के घेरे का महत्त्वपूर्ण काम सौंपा गया था,[11] और गैरीजन के साथ यह उसके प्रभाव का परिणाम था कि किले का समर्पण कर दिया गया। इसके बाद वह हुसैन अली के साथ निजाम-उल-मुल्क के विरुद्ध चढ़ाई में दक्षिण गया (मई 1720)। उसकी इस निष्ठावान सेवाओं के लिए सैयद ने उसे राजा की पदवी से अलंकृत करने का वायदा किया, परन्तु यह वायदा इसलिए पूरा नहीं हो सका, क्योंकि इस बीच मोहम्मद शाह की शह पर मुगलों ने हुसैन अली की हत्या कर दी। सैयद बन्धुओं का साथ छोड़ने के लिए उसे बादशाह की ओर से प्रचुर पुरस्कारों का प्रलोभन दिया गया। यह सोचकर कि व्यर्थ में सम्राट से शत्रुता मोल लेना मूर्खतापूर्ण कार्य होगा, उसने उन प्रलोभनों को स्वीकार कर लिया तथा मोहम्मद शाह की सेना में शामिल हो गया। चतुर जाट ने सम्राट को अपना रास्ता बदलने के लिए राजी कर लिया जो अन्यथा उसके गाँव में होकर गुजरता था। अपने गाँवों को कुछ दूरी पर छोड़कर वह बादशाह की सेना के अपने शत्रु राजा जयसिंह की सीमाओं में ऊँची पहाड़ियों, काँटेदार जंगलों तथा निर्जल रेगिस्तान से होकर ले गया (इरविन, *लेटर मुगल्स*, II, 68-69)।

जब सैयद अब्दुला ने एक बड़ी सेना के साथ मोहम्मद शाह पर आक्रमण किया, तो चूड़ामन अपनी जाट सेना के साथ मन्त्री से मिल गया। ऐसा करते समय वह अपने पुराने स्वामी के प्रति किसी भक्ति अथवा कृतज्ञता से अनुप्राणित नहीं था।[XI] दूसरों के दोषों पर नजर रखने वाले जाट वीर का तर्क था कि "सैयद की पराजय होने पर मोहम्मद शाह से क्षमा प्राप्त करना आसान होगा, परन्तु यदि इसके विपरीत हो गया तो सैयद के बदले से बचना बहुत कठिन होगा" (*लेटर मुगल्स*, II, 81)।

होडल के पड़ौस में युद्ध के दिन, (नवम्बर, 1720) चूड़ामन और उसके जाट

XI. द्विवेदी के अनुसार सैयदों के प्रति चूड़ामन की निष्ठा और कृतज्ञता पर सन्देह करने के लिए पर्याप्त आधार नहीं है। चूड़ामन की शाही कैम्प में उपस्थिति उसके क्षेत्र के लिए सम्भावित खतरे को टालने के लिए अल्पकालीन युक्ति थी। विस्तृत विवरण के लिए देखें, द्विवेदी, *जाट और मुगल साम्राज्य*, पृ. 79-80;—सम्पादक।

सैनिकों को मोहम्मद शाह के खेमे और असबाब पर आक्रमण करने का दायित्व सौंपा गया था ताकि प्रतिपक्ष की सेना का विपथन कराया जा सके। उसने मन लगाकर पूरी लगन के साथ इस अनुकूल कार्य को पूरा किया, जिसका अर्थ था अधिकतम लाभ और न्यूनतम हानि। भेड़ियों के झुण्ड की तरह जाट सैनिक असबाब खेमे पर पश्चिम दक्षिण और पूर्व से बारी-बारी से टूट पड़े। यद्यपि कठिनाई से उनके आक्रमण को विफल कर दिया गया, तथापि वे अनेक बैल और घोड़े ले जाने में सफल हुए और उन्हें कैम्प में बहुत अधिक घबड़ाहट पैदा करने में कामयाबी मिल गई। परन्तु जो असली लड़ाई हुई, उसमें अब्दुल्ला की सेना लगभग नष्ट हो गई। अतः दूसरे दिन चूड़ामन ने उभयपक्ष में से किसी की प्रसन्नता अथवा अप्रसन्नता की चिन्ता किये बिना, दोनों पक्षों को बिल्कुल निष्पक्ष होकर लूटा तथा लूट के माल को लेकर वह अपने इलाके में चला गया।[12]

अब चूड़ामन एक स्वतन्त्र राजा की भाँति आचरण करने लगा था, हालाँकि उसने अभी तक राजा की उपाधि धारण नहीं की थी क्योंकि उसे आशंका थी कि ऐसा करने से उसके इलाके के लोगों में कहीं ईर्ष्या की भावना जाग्रत न हो जाय। उसने मारवाड़ के राजा अजीत सिंह से मैत्री करके कछवाहों के विरुद्ध अपनी शक्ति में वृद्धि की तथा उसने बुन्देलों को इसलिए सहायता भेजी ताकि वे पूर्व में मुगलों को फँसाये रखें। परन्तु उसने अपने भतीजे बदनसिंह को कारागार में डालकर एक अविवेकी एवं अन्यायपूर्ण कार्य किया।

बदनसिंह को अन्य जाटों के हस्तक्षेप के बाद जेल से रिहा किया गया। यथार्थ में इस समय तक जाटों को चूड़ामन के मन्सूबों के सम्बन्ध में सन्देह होने लगा था। पारिवारिक मन-मुटावों ने उसके शत्रुओं को उसके विरुद्ध कार्यवाही करने के नए अवसर प्रदान किए। बदनसिंह सुरक्षा और सहायता के लिए आगरा के सूबेदार सादात-खाँ के पास भागकर चला गया, जिसने जाटों के विरुद्ध अभियान पहले से ही छेड़ रखा था। चूड़ामन के पुत्र मोहकमसिंह ने सादात खाँ के प्रतिनिधि नीलकण्ठ नागर को जबरदस्त शिकस्त दी। खाँ ने भी इस युद्ध में कोई विशेष पराक्रम का परिचय नहीं दिया था। अतः उसे उसके पद से हटा दिया गया। इसके बाद राजा जयसिंह ने जाटों के विरुद्ध फिर से कमान सँभाली ताकि वह अपने पुराने अपमान को मिटा सके। परन्तु इस समय तक चूड़ामन जहर खाकर आत्महत्या कर चुका था (सितम्बर-अक्टूबर,1721)[XII]।

XII. द्विवेदी का मत है कि चूड़ामन की मृत्यु 17 सितम्बर और 10 अक्टूबर, 1721 के मध्य हुई थी। विस्तृत विवरण के लिए देखें, द्विवेदी, *जाट और मुगल साम्राज्य,* पृ. 85, फुटनोट 11

सर विलियम इरविन (*लेटर मुगल्स,* II, पृ. 122) द्वारा स्थापित एवं सभी उत्तरकालीन इतिहासकारों द्वारा स्वीकृत चूड़ामन की उक्त मृत्यु-तिथि से राजपाल सिंह सहमत

उसकी मृत्यु की कहानी इस प्रकार है—

"उसका एक सम्पन्न सम्बन्धी बिना किसी औलाद के मर गया था। भाइयों ने चूड़ामन के ज्येष्ठ पुत्र मोहकम सिंह को बुलाया और उसे मृतक की जमींदारी का दायित्व सौंप दिया तथा उसकी समूची सम्पत्ति भी उसी को दे दी।" चूड़ामन के दूसरे पुत्र जुलकरन ने अपने भाई से कहा, "मुझे भी उस माल में एक भाग देकर अपना हिस्सेदार बना लो।" दोनों भाइयों के बीच में इस मामले को लेकर बड़ी जबर्दस्त कहा सुनी हो गई। मोहकम सिंह ने अपने भाई का प्रतिरोध करने के लिए शक्ति के प्रयोग की भी तैयारी कर ली। बुजुर्गों ने चूड़ामन के पास यह सन्देश भेजा कि उसके पुत्र आपस में लड़ रहे हैं जो ठीक नहीं है।...चूड़ामन ने मोहकम सिंह से कहा। पुत्र ने पिता को गाली-गलौज की भाषा में उत्तर दिया और इस बात का संकेत दिया कि वह अपने पिता और भाई दोनों से लड़ने को तैयार है। चूड़ामन को क्रोध आ गया और सन्तान से दुःखी होकर उसने एक खुराक घातक विष की निगल ली, जिसे वह सदैव अपने पास रखता था और गाँव में एक बगीचे में जाकर अपने प्राण त्याग दिये। बहुत समय बीत जाने के बाद, आदमी उसकी खोज करने के लिए भेजे गए और उन्होंने उसके मृत शरीर को पाया" (*लेटर मुगल्स*, II पृ. 122)।

पुनः राजा जयसिंह सवाई जाटों का दमन करने के लिए उपस्थित हुआ। उसने 14,000 घुड़सवारों के साथ अपना यह अभियान शुरू किया। जिसमें बाद में बढ़कर 50,000 घुड़सवार हो गए। थून में चूड़ामन के पुत्रों को घेर लिया गया, उनकी मुख्य प्रतिरक्षा दुर्गम जंगल की एक पेटी थी। आक्रमणकारी जंगल को काटकर दुर्ग के निकट तक पहुँच गए। बदनसिंह राजा जयसिंह की सेना के साथ था। उसने कमजोर ठिकानों की सूचना दी, जिसके फलस्वरूप जयसिंह का दो किलेबन्द चौकियों पर अधिकार हो गया। दो महीने तक प्रतिरक्षा को संचालित करने के बाद मोहकम सिंह का मनोबल गिर गया और उसने गुप्त रूप से थून से भागकर अपने पिता के मित्र राजा अजीत सिंह राठौर के यहाँ शरण ली। 18 नवम्बर, 1722 को साम्राज्यवादी दुर्ग में पहुँचे। इस तरह बदनसिंह जयपुर के राजा जयसिंह द्वारा जाटों के प्रधान के रूप में प्रतिष्ठित किया गया। उसको ठाकुर की उपाधि भी दी गई।

नहीं हैं। उनका मत है कि चूड़ामन की मृत्यु जुल-हिज्जा (सितम्बर-अक्टूबर, 1721) में नहीं हुई थी। मुगल सरकार और जयसिंह के मध्य हुए पत्राचार के अनेक फरमान राजस्थान राज्य अभिलेखाकार में संरक्षित हैं जो यह प्रकट करते हैं कि मई 1724 ई. तक चूड़ामन ने जाटों के भाग्य का दिशानिर्देश किया था। *कपट द्वारा रिकार्ड* में फरमान न. 26, 29-31, 34-39, देखें। खिजर खाँ के पुत्र मुहम्मद उमर द्वारा लिखित *सिवान-ए-खिजरी* के अनुसार लेखक स्वयं उस स्थान पर विद्यमान था जहाँ चूड़ामन के पुत्रों ने परस्पर झगड़ा किया जिसके कारण चूड़ामन को विष खाना पड़ा। राजपाल सिंह, *राइज़ ऑफ जाट पावर*, पृ. 47, फुटनोट, 127;—सम्पादक।

सन्दर्भ–

1. जे.एन. सरकार, *हिस्ट्री ऑफ औरंगजेब,* III, पृ. 290
2. यह कहा जाता है कि एक बार जाट एक चारण से ताड़ पर लिखी विजय से सम्बद्ध निम्न कविता को आशु कविता के रूप में सुनाता हुआ लेकर चला गया–
"ढमक-ढमक ढोल बाजे दे-दे ठोर नागरा की।
आसो घर दुग्गा नहीं होती सुन्नयत हो जाती साराँकी ॥"
मारवाड़ सेन्सस रिपोर्ट (वर्नाक्यूलर) 1892, III, पृ. 56
3. सरकार, *हिस्ट्री ऑफ औरंगजेब,* III, पृ. 332
4. सिनसिनी भरतपुर से 16 मील दूर उत्तर-पश्चिम में है।
5. वैंदले के फ्रेंच वृत्तलेखों में सोगर की वर्त्तनी (Sogghair) दी गई है। यह भरतपुर से चार मील दक्षिण-पूर्व में है। रुस्तम सोगरिया और खेमचन्द[IV] सोगरिया इस गोत्र के प्रमुख नेता हैं। सूरजमल ने खेमचन्द सोगरिया से भरतपुर[IV] का अधिग्रहण किया था। रामचेहरा एक अनजाना नाम है जो केवल वैंदले की फ्रेंच वृत्तलेखों में मिलता है।
IV सूरजमल ने सन् 1733 ई. में खेमकरण सोगरिया से फतहगढ़ी अधिगृहीत की और उसी स्थान पर सन् 1734 ई. में भरतपुर किले का निर्माण कराया था। यहाँ खेमकरण का नाम भूल से खेमचन्द सोगरिया दिया गया है। उपेन्द्रनाथ शर्मा, *जाटों का नवीन इतिहास,* I, पृ. 325-330;–सम्पादक।
6. *ईश्वरदास,* 132b; *मनूची* (Manucci) ने लिखा है, "उन्होंने अपनी लूट का कार्यक्रम काँसे के बड़े दरवाजों को तोड़कर आरम्भ किया, उन्होंने मूल्यवान नगों और सोने-चाँदी के बरतनों को लूटा तथा जिस समान को वे नहीं ले जा सकते थे, उसे उन्होंने नष्ट कर दिया। फिर अकबर की हड्डियों को कब्र से निकालकर क्रोध में उन्होंने उन्हें अग्नि के सामने फेंककर जला दिया।
7. यह अनुभाग आंशिक रूप से सारांश है, उसके अधिकांश उद्धरण प्रोफेसर जदुनाथ सरकार द्वारा लिखित लेख *'दि ब्रेकिंग अप ऑफ दि मुगल एम्पायर : जाट्स एण्ड गोर्स'* में से लिए गए हैं जो अक्टूबर 1923 के *मॉर्डन रिव्यू* में प्रकाशित हुआ था।
8. प्रो. जे.एन. सरकार का लेख *'जाट्स एण्ड गोर्स' मॉर्डन रिव्यू,* अक्टूबर, 1923।
9. *मखजान-ए-अफगान,* डॉर्न का अनुवाद, पृ. 137
10. *इमाद-उद-सादात,* फारसी पाठ, पृ. 55
11. चूड़ामन की हृदयहीन गद्दारी का एक दूसरा उदाहरण फादर वैंदले ने दिया है–"नेकू-सियर के साथ एक समझौता किया गया था कि उसके भाई अलीजफर को राजा जयसिंह के प्रदेश तक एक बड़ी रकम लेकर चला जाने दिया जाएगा ताकि वहाँ सेना खड़ी की जा सके और वह उसे लेकर आवश्यकता के समय अपने भाई की सहायता के लिए वापस चला जाने दिया जाएगा। चूड़ामन ने अभागे शाहजादे के साथ गद्दारी की, उसके रुपयों को छीन लिया (50 लाख सोने के सिक्के) तथा एक विश्वास घाती के साथ उसे हुसैन अली के पास भेज दिया।"
12. एक दूसरे विवरण के अनुसार "अपने सैनिकों के साथ चूड़ामन ने सम्राट और अब्दुल्ला दोनों के सामान को लड़ाई के बीच में ही हथिया लिया" (*फ्रेंच पांडुलिपि,* पृ. 73)।

3

जाट-शक्ति का विस्तार

भरतपुर के राज-परिवार के संस्थापक ठाकुर बदन सिंह

सूरजमल के पिता ठाकुर बदन सिंह ने अपने जीवन का आरम्भ अम्बेर (जयपुर) के सवाई जयसिंह के सामन्त के रूप में किया था। जयसिंह ने उसे वह सब भूमि और उपाधियाँ दी थीं जो चूड़ामन को मुहम्मद शाह के शासन-काल में प्राप्त हुई थीं। अपने विख्यात चाचा से सर्वथा भिन्न वह चुप रहने वाला तथा विनम्र स्वभाव का व्यक्ति था, तथा लुटेरे के जीवन में उसकी कोई रुचि नहीं थी। उसने एक वैध शासक के रूप में अपने शासन का श्रीगणेश किया, वह ईमानदारी से शान्तिकालीन कलाओं को प्रोत्साहन देना चाहता था। उसकी आस्था अपने राज्य को सन्तुलित विस्तार देने एवं मजबूत बनाने में थी, न कि अनियमित एवं अविश्वसनीय विजयों में। उसने अपने ऊपर जो दायित्व लिया था, वह कोई सुगम काम नहीं था; उसका अर्थ था एक लड़ाकू सरदार के प्रभाव-क्षेत्र का एक ऐसे सुव्यवस्थित राज्य में परिवर्तन जिसमें एक नियमित शासन हो। तथापि इस काम में उसे वर्षों के धैर्यपूर्ण परिश्रम और कुशल प्रशासन के उपरान्त उल्लेखनीय सफलता प्राप्त हुई। हमने उसके कूटनीतिक कार्यकलापों अथवा शानदार शस्त्रास्त्र के प्रयोग के बारे में कुछ भी नहीं सुना, परन्तु यह स्पष्ट है कि सिंहासनारूढ़ होने के कुछ ही वर्षों में वह इतना शक्तिशाली हो गया था कि आमेर (जयपुर) के ऊपर उसकी निर्भरता समाप्त हो गई थी। इसके पश्चात् उसने मेवात के विद्रोहियों के साथ मैत्री स्थापित की, जयपुर के राजा के प्रदेशों पर चढ़ाइयाँ की, जिसके कारण जयपुर नरेश को उससे समझौता करने के लिए उसे इतनी भूमि देनी पड़ी जिससे उसे 18 लाख रुपए की आय होती थी।[1] उसने उस समय व्याप्त गड़बड़ी का लाभ उठाकर बयाना जिले के कुछ स्थानों को अपने अधिकार में ले लिया, तथा वैर में उसने एक किला बनवाया जिसे उसने अपने छोटे पुत्र प्रताप सिंह को दे दिया। उसकी सबसे बड़ी उपलब्धि यह थी कि उसने समूचे आगरा और मथुरा जिलों में अपने परिवार की सत्ता को स्थापित किया। इस लक्ष्य की प्राप्ति में वह आंशिक रूप से इसलिए सफल हुआ क्योंकि उसने मुस्लिम

कुशासन के विरुद्ध हिन्दुओं के रक्षक होने का दावा किया, इस लक्ष्य की प्राप्ति के लिए उसने मुख्यतः उन स्थानों के शक्तिशाली जाट परिवारों के साथ वैवाहिक सम्बन्ध स्थापित किए। उसने कामर[2] के एक सम्पन्न एवं प्रभावशाली जाट चौधरी महाराम (मोहन राम?) की पुत्री के साथ विवाह कर लिया और उसने अपनी दूसरी पत्नी सोहोर के जमींदार के यहाँ से ग्रहण की। इन विवाहों के फलस्वरूप वह एक प्रकार से समूचे मथुरा जिले का स्वामी बन गया।

मुगल-शासन की दृष्टि से बदन सिंह अभी तक एक अकुलीन विद्रोही था, जिसे कठोरतम दण्ड मिलना चाहिए था और मिलता भी, यदि दिल्ली के भ्रष्ट एवं जीर्ण दरबार में ऐसा करने की क्षमता होती। यदि नादिरशाह ने हिन्दुस्तान में कुछ और महीने रहने का निश्चय किया होता अथवा उसने अपनी अजमेर[3] की इच्छित तीर्थ यात्रा को क्रियान्वित किया होता, तो उस स्थिति में जाटों का सरदार परसियन हथियारों के बोझ का अनुभव करने वालों में सबसे पहला व्यक्ति रहा होता। उसके चले जाने के बाद मुगल दरबार की कमजोर निगाह उत्तर-पश्चिम पर जमी रही। इस बीच ठाकुर बदन सिंह ने चुपचाप बिना किसी कठिनाई के अपनी सत्ता को बहुत से बाहर के जिलों में दृढ़ कर लिया। लोगों ने उसका इसलिए स्वागत किया, क्योंकि वह शासन करना चाहता था, अपने पूर्वाधिकारियों की भाँति, लूटमार नहीं। उसका एक इच्छित लक्ष्य अपने लिए 'राजा' की उपाधि प्राप्त करना था और इसके लिए वह शाही-सिंहासन के समक्ष झुकने को भी तैयार था, जिसकी वह अन्यथा अवज्ञा भी कर सकता था, परन्तु सम्भवतः जयपुर के शासक की ईर्ष्या के कारण वह इसमें सफल नहीं हो सका। क्योंकि वह जाटों को अभी तक अपनी प्रजा मानता था। इसी समय से भरतपुर के राज परिवार ने यादव कुल के साथ अपना वंश-परम्परा का दावा प्रस्तुत करना आरंभ कर दिया, लोगों ने उसे 'बृजराज' की उपाधि से विभूषित किया जिसे यद्यपि भूतकालीन परम्पराओं के आधार पर उचित नहीं ठहराया जा सकता था, तथापि 'बृजमण्डल' अथवा मथुरा क्षेत्र पर उसके प्रभुत्व के आधार पर उसका औचित्य सुस्पष्ट था, यह कहा जाता है कि मारवाड़ के अजीत सिंह तथा अभय सिंह बदन सिंह को राजा कहकर सम्बोधित करते थे। जब महाराजा सवाई जयसिंह ने उसे अश्वमेघ यज्ञ[4] में भाग लेने के लिए आमन्त्रित किया तथा उसके पुत्र सूरजमल को राजकुमारोचित सम्मान दिया, तो उसकी महत्त्वाकांक्षा निश्चय ही सन्तुष्ट हुई होगी। निस्सन्देह बदन सिंह का कार्यकलाप और जीवन-पद्धति ऐसी थी जो किसी राजा के ही अनुरूप थी, उसने अपने दरबार में शान-शौकत को बनाए रखने में कोई कमी नही रखी। उसने अनेक मुसलमान अफसरों को अपनी सेवा में लिया, उन्होंने दरबार में वांछित परिष्कार एवं गरिमा को लाने में महत्त्वपूर्ण योगदान दिया तथा उसके अशिष्ट ग्रामीण लोगों के समक्ष दरबारी जीवन का मॉडल प्रस्तुत किया

और उन्हें शिष्टाचार का प्रशिक्षण दिया। इस्लामिक संस्कृति एवं कुलीन तान्त्रिक प्रशिक्षण में उसकी बढ़ती हुई रुचि का प्रमाण हमें उसके सबसे छोटे और सबसे अधिक प्यारे पुत्र प्रताप सिंह की शिक्षा के द्वारा मिल जाता है।[5]

बदन सिंह में कुछ कलात्मक अभिरुचि भी थी, उसका स्थापत्य से भी कुछ लगाव था, जिसका प्रमाण हमें उसके द्वारा बनाई गई इमारतों तथा उद्यान-महलों के अवशेषों से प्राप्त हो जाता है। उसने डीग के दुर्ग को सुन्दर महलों के द्वारा सौन्दर्यीकरण कराया; ये महल पुराने महल के नाम से जाने जाते हैं। बयाना जिले में वैर में उसने किले के भीतर एक बड़ा बाग लगवाया जिसके बीच में उसने एक मकान और जलाशय बनवाये, वे अब फूल-बाड़ी के नाम से प्रख्यात हैं। उसने कामर और सहार में भी महलों का निर्माण कराया, जो अब भग्नावस्था में हैं। उसने वृन्दावन में एक मन्दिर का निर्माण कराया, जिसे उसने 'धीर-समीर' का काव्यात्मक नाम दिया।[6]

बदन सिंह ने लम्बी आयु पाई, उसने अपने राज्य का प्रबन्ध अपने सबसे योग्य पुत्र सूरजमल के हाथों में सौंपा, अपना बुढ़ापा साहस से सुखपूर्वक काटा। उसकी मृत्यु 1169 हिजरी में रमजान की नौ तारीख 7 जून, 1756 (*वाका*, 133) को हुई। यह शक किया गया कि उसे जहर देकर मारा गया था परन्तु इसका कोई ऐसा आधार नहीं है जिसकी कल्पना भी की जा सके।

राजा सूरजमल : उसका चरित्र एवं प्रारम्भिक जीवन

ठाकुर बदन सिंह का उत्तराधिकारी राजा सूरजमल औसत लम्बाई से कुछ अधिक था, उसका शरीर सुगठित था जिसमें बुढ़ापे में मोटापे की प्रवृत्ति पाई जाती थी, और उसका रंग बहुत अधिक काला था। उसकी आँखें असामान्य रूप से चमकीली थीं और उसको देखने से यह लगता था कि वह अत्यधिक क्रोधी मनुष्य है, परन्तु उसके आचरण से उसके मृदु एवं सौम्य होने का संकेत मिलता था[7] उसने किताबें कम पढ़ी थीं, तथा उसमें अपने छोटे भाई की दरबारी शालीनता भी नहीं थी। वह पोशाक और तौर-तरीकों में सीधा-साधा था, उसमें राजनीतिक बुद्धिमत्ता बड़ी मात्रा में थी, उसकी बुद्धि स्थिर थी और उसका दृष्टि-क्षेत्र सुस्पष्ट था, *इमाद उस-सादत* के लेखक ने लिखा है कि "यद्यपि वह एक किसान की पोशाक पहनता था और केवल बृजभाषा ही बोल सकता था, तथापि वह जाट जाति का प्लेटो था।" बुद्धि और चतुराई में, राजस्व एवं नागरिक मामलों के प्रबन्ध में हिन्दुस्तान के प्रतिष्ठित लोगों में उसकी तुलना केवल आसफ जाह बहादुर[8] (निजाम) से हो सकती थी। उसमें अपने मूलवंश के सभी अच्छे गुण विद्यमान थे—स्फूर्ति, साहस, चातुर्य, कठोर अध्यवसाय, अदम्य ओज जो कभी पराजय स्वीकार न करे, परन्तु किसी उत्तेजक खेल को पूरा करने में, चाहे वह युद्ध हो अथवा राजनय,

वह अपने समकालीनों की अपेक्षा अधिक कोमल अन्तःकरण का व्यक्ति नहीं था, षड्यन्त्रों और अनैतिक कूटनीति के युग में उसने पाखण्डी मुगल और चालाक मराठा दोनों को चकरा दिया था। संक्षेप में वह एक चौकन्नी चिड़िया के समान था जिसने अपने को बिना फँसाये प्रत्येक जाल में से दाना चुगा।

अपने पिता के जीवन काल में उसका पहला पराक्रम 1732 में भरतपुर[XIII] के किले पर कब्जा करना था। इसके लिए उसने उसके स्वामी खेमकरन जाट सोगरिया पर रात्रि में साहसपूर्ण आक्रमण किया। उस समय वह एक छोटा-सा मिट्टी का किला था और उसका उस समय तक दुर्भेद्य दुर्गीकरण नहीं हुआ था, जिसके साथ उसका नाम बाद में जोड़ा गया था। उसकी अप्रत्याशित प्रतिभा ने उसे एक अभेद्य दुर्ग में परिवर्तित कर दिया और उसके इर्द-गिर्द एक सम्पन्न नगर का विकास हुआ—ऐसा नगर जो वैभव में दिल्ली और आगरा की शाही राजधानियों से टक्कर ले सकता था। उसके न्यायपूर्ण और बुद्धिमान शासन ने सभी वर्गों, व्यवसायों और धर्मों के लोगों को उसके राज्य की ओर आकर्षित किया, जो उस समय हिन्दुस्तान के अव्यवस्थापूर्ण मैदान में एक मात्र ऐसा स्थान था, जहाँ शान्ति और सुरक्षा पाई जाती थी। आरम्भ में उसने राजपूतों की ईर्ष्या को मिटाने के लिए उस समय के सबसे शक्तिशाली राजपूत शासक महाराजा सवाई जयसिंह के साथ अपने आपको सम्बद्ध कर लिया ताकि नवजात जाट-सत्ता आमेर की छाया में निर्बाध रूप से विकास कर सके। नीति के अतिरिक्त आमेर के सिंहासन के प्रति निष्ठा की अन्तर्निहित भावना ने भी उसे ऐसा करने की प्रेरणा दी थी। महाराजा के प्रति सूरजमल की निष्कपट भक्ति के फलस्वरूप उस महान शासक से उसे पिता के समान स्नेह प्राप्त हुआ। महाराजा के निधन के उपरान्त, अपने प्रिय संरक्षक की अन्तिम इच्छा के अनुसार उसने अपने ज्येष्ठ पुत्र ईश्वरी सिंह के सिंहासन पर दावे का उसके छोटे पुत्र माधो सिंह के दावे के विरुद्ध समर्थन किया। माधो सिंह का अपनी माँ की ओर से सिसोदियाओं के साथ सम्बन्ध था जिसका उसे गर्व था। ईश्वरी सिंह को आमेर के सिंहासन से हटाने

XIII. कानूनगो ने यहाँ मौजा तुहिया के मूल निवासी खेमकरण सोगरिया (खेमा जाट) की फतहगढ़ी या फतहपुर को भरतपुर समझने की भूल की है। सूरजमल ने 1733 ई. की रात को आक्रमण द्वारा फतहगढ़ी का अधिग्रहण करके उसे ध्वस्त कर दिया था। बाद में उस स्थान पर भरतपुर के दुर्ग की नींव जनवरी 1743 ई. (माघ सुदी 5, सम्वत 1750) में रखी गई और इस अभेद दुर्ग का निर्माण 1750 ई. में पूर्ण हुआ था। उपेन्द्रनाथ शर्मा, *जाटों का नवीन इतिहास,* I, पृ. 193, 325-330; वही, II, पृ. 67; द्विवेदी, *जाट और मुगल साम्राज्य,* पृ. 107; कुछ लोग भूल से चोबुर्जा को खेमा जाट की गढ़ी समझते हैं। गंगासिंह, *भरतपुर का इतिहास,* I, पृ. 131-135; —सम्पादक।

के लिए मल्हारराव होल्कर, गंगाधर तान्तियाँ, और मेवाड़ के महाराणा ने मराठों और सिसोदियों की एक बड़ी सेना के साथ जिसमें बाद में जोधपुर और कोटा की राठौर और हाड़ा टुकड़ियाँ भी शामिल हो गईं, जयपुर की ओर कूंच किया। राजा ईश्वरी सिंह सूरजमल के साथ आमेर की अनिवार्य सैन्य भरती और जाट सहायकों के साथ अपनी राजधानी से रवाना हुआ।

रविवार, 20 अगस्त, 1749[XIV] को बागरू[9] में दोनों सेनाओं की टक्कर हुई, संघर्ष असमानों के बीच था और वह न्यायपूर्ण भी नहीं था, सात शासकों की सम्मिलित शक्ति एक राजा के विरुद्ध युद्ध कर रही थी, सेना के हरावल दस्ते की कमान सीकर के सामन्त शिवसिंह को सौंपी गई थी, सूरजमल को मध्य की सेना पंक्ति का नेतृत्व करने का भार सौपा गया था और राजा ईश्वरी सिंह पृष्ठ के नेतृत्व को संचालित कर रहा था। पहले दिन तोपखाने के द्वन्द्व युद्ध में कोई भी निर्णय नहीं हो सका। दूसरे दिन के युद्ध की समाप्ति आमेर के लिए दुःखद रही, क्योंकि इस दिन हरावल सेना का कमाण्डर सीकर का सामन्त, एक दृढ़ संघर्ष के उपरान्त मैदान में खेत रहा। तीसरे दिन आतुर शत्रु जिसे अब विजय की पूर्ण आशा थी युद्ध की व्यूह-रचना में उपस्थित हुआ। आमेर की सेना उसका मुकाबला करने के लिए आई; इस निर्णायक दिन हरावल का नेतृत्व सूरजमल के हाथ में था। थोड़ी-सी बरसात के बावजूद संघर्षरत लोगों का जोश ठण्डा न हो सका और समूची युद्ध-पंक्ति में घमासान लड़ाई चली। चालाक मराठा सरदार मल्हारराव ने एक बड़ी सेना की टुकड़ी के साथ पृष्ठभाग पर राजा ईश्वरी सिंह पर आक्रामक करने के लिए गंगाधर तांतिया को भेजा। तांतिया ने चुपके से चल कर उनियारा के सामन्त राव सरदार सिंह नरूका पर हमला किया जो इस समय आमेर के पृष्ठ भाग का नेतृत्व कर रहा था। उसने पृष्ठभाग की सेना को भ्रमित कर दिया तथा केन्द्र में स्थित तोपखाने पर जोर का दबाव डाला। बन्दूकची काट दिए गए तथा तोपें व्यर्थ कर दी गईं, पराजय राजा ईश्वरी सिंह के चेहरे में झाँक रही थी। यह देखकर कि सब कुछ खोया जा चुका है राजा ईश्वरी सिंह ने अपनी अन्तिम आशा सूरजमल को गंगाधर का मुकाबला करने का आदेश दिया। जाट सरदार ने सिर झुकाया और एक क्षण भी सोचे

XIV. बागरू का युद्ध अगस्त 1748 में हुआ था न कि सन् 1749 में। परन्तु विद्वानों में इस युद्ध की निश्चित तिथि के बारे में मतभेद है। यदुनाथ सरकार, 3 अगस्त एवं उपेन्द्रनाथ के अनुसार सूरजमल 20 अगस्त 1748 को अपने राज्य के क्षेत्र में वापस आ गए थे। इस प्रकार यह युद्ध 1 अगस्त से 20 अगस्त 1748 की अवधि में हुआ था। यदुनाथ सरकार, *फाल ऑफ द मुगल एम्पायर,* (1968 संस्करण) पृ. 146; उपेन्द्रनाथ शर्मा, *जाटों का नवीन इतिहास,* II (महाराजा सूरजमल जाट) पृ. 154, 158; प्रकाशचन्द्र चान्दावत, *महाराजा सूरजमल और उनका युग,* पृ. 62-63;—सम्पादक।

बिना अपने से अधिक शक्तिशाली शत्रु के ऊपर बगल से हमला किया। अर्ध-विजयी मराठा और दृढ़ जाट के बीच दो घण्टे तक युद्ध चला, आखिर में गंगाधार को पीठ दिखानी पड़ी और सूरजमल ने टूटे हुए पृष्ठभाग को पुनर्गठित करके और उसे सरदार सिंह नरूका की कमान में छोड़कर स्वयं हरावल दस्ते में पहुँच गया ताकि शत्रु सेना की बढ़त को रोका जा सके, संकट की इस महान घड़ी में जाट सरदार ने अतिमानवीय शौर्य प्रदर्शित किया; एक स्थानीय इतिहासकार ने लिखा है कि उसने अपने हाथ से 50 लोग मारे और 108 को घायल किया। अन्त में रात्रि के अँधकार ने योद्धाओं को एक-दूसरे से अलग किया। सूरजमल ने आमेर की सेना को पराजय के जबड़ों से निकालकर विजयश्री दिलाई। राजपूत चारण ने बहादुर जाट द्वारा इस अवसर पर प्रदर्शित शौर्य का बखान करने में कोई संकोच नहीं किया, बूँदी के कवि सूरजमल ने अपने नामरासी के इस कार्य की याद को इन छन्दों के द्वारा स्थापित प्रदान करने का प्रयास किया है–

सह्यौ भलेही जट्टिनी जाय अरिष्ट अरिष्ट।
जाठर तस रविमल्ल हुव आमरेन को इष्ट ॥
बहुरि जट्ट मलहार सन लरन लग्यो हरबल्ल।
अंगद है हुल्कर, जाट, मिहिर मल्ल प्रतिमल्ल ॥

जाटनी ने प्रसव-पीड़ा व्यर्थ में नहीं सही, उसके गर्भ से उत्पन्न सूरज (रवि) मल शत्रुओं के लिए अभिशाप और आमेर का हितैषी था। पृष्ठभाग से पीछे लौटकर उसने हरावल में मल्हार ये युद्ध किया। होल्कर रात्रि की छाया था और वह सूर्य; दोनों योद्धाओं की संघर्ष में अच्छी टक्कर थी।

चौथे दिन, सवेरा होने पर दोनों सेनाओं के बीच फिर से टक्कर हुई। इस प्रकार लड़ाई दो दिन और चली; इस कठिन संघर्ष ने आखिर में कम अध्यवसायी मराठों का धैर्य तोड़ दिया। होल्कर ने शान्ति का प्रस्ताव प्रस्तुत किया तथा माधौसिंह को गुजारे के रूप में उसे दिए गए पाँच परगनों से सन्तोष करना पड़ा।[10]

मुगलों के साथ सूरजमल की पहली मुठभेड़

सम्राट अहमदशाह के समय में सादात खाँ, आमीर-उल-उमरा जुल्फिकार जंग[11] को आगरा और अजमेर का गवर्नर नियुक्त किया गया था। उसने मारवाड़ के राजा बख्तसिंह राठौर के साथ जिसने अपने भतीजे रामसिंह से गद्दी छीन ली थी, एक गठबन्धन कायम किया। यद्यपि रामसिंह को उसकी राजधानी से भगा दिया गया था, वह जयपुर के राजा की सहायता से अजमेर के निकट मुकाबला करता रहा और अपने मराठा मित्रों की प्रतीक्षा करता रहा। स्पष्टतः स्थिति बख्तसिंह के लिए खतरे से भरी हुई थी। इसलिए उसने सादात खाँ से सहायता की याचना

की। खाँ को भी अपने आगरा के सूबे के एक बड़े भाग को जाटों के चुंगल से मुक्त कराने के लिए जाटों के विरुद्ध उसकी सहायता की आवश्यकता थी। ऐसा प्रतीत होता है कि इस आशय की दोनों के बीच एक समझ कायम हो गई थी कि सादत खाँ दिल्ली आगरा शाही मार्ग से आगरा की ओर कूच करने की बजाय, दिल्ली के दक्षिण-पूर्व में मेवात के रास्ते से आक्रमण करेगा, बख्तसिंह की सेना के साथ, उसके राज्य के सीमान्तों के निकट कहीं अपनी सेना के साथ मिलेगा और फिर रामसिंह का दमन करने के लिए अजमेर की ओर मुड़ेगा। अजमेर की विजय के उपरान्त जाट देश का मान-मर्दन सुगम हो जायेगा—इस प्रकार का विश्वास खान को दिलाया गया था। 1162 हिजरी[12] को वह 15,000 घुड़सवारों की सुसज्जित सेना के साथ सूरजमल के राज्य की उत्तरी सीमा पर स्थिति निमरानी नामक स्थान पर पहुँचा। जाट राजा बिना अपने हाथ को पहले दिखाये मुगल-सेना की गतिविधियों को देख रहा था। परन्तु सादात खाँ ने कुछ सैनिकों ने एक छोटे दुर्ग[XV] में तैनात जाट गैरीजन से झगड़ा मोल लेकर उसे किले से बाहर कर दिया। खान ने सोचा कि यह उसकी एक महान् विजय थी और उसने इस विजय पर हर्षोल्लास व्यक्त करने के लिए नगाड़ों को बजवाने का आदेश दिया। वह अपनी शक्ति के सम्बन्ध में अतिविश्वस्त हो गया था तथा एक तुच्छ विजय से प्रसन्न होकर उसने अपने अभियान की समूची योजना बदल दी थी। वह वहाँ रुका और नारनौल की दिशा से उसने अपने हरावलों को वापस बुला लिया। अपनी सेना के कुछ अधिकारियों की गम्भीर आपत्ति के बावजूद उसने जाट देश को पहले विजित करने तथा बाद में अजमेर जाने का निश्चय किया। सादात खाँ ने फतेह अलीखाँ को आदेश दिया कि वह सेना लेकर लूटने और उजाड़ने के लिए जाए। उसका दल सोभाचन्द की सराय से जहाँ उसका कैम्प लगा हुआ था, प्रातः अपने अभियान पर निकला। जब दोपहर में लुटेरे अपने काफिले के साथ लौटने को थे, स्वयं राजा सूरजमल के नेतृत्व में जाट सेना वहाँ उपस्थित हो गई। फतेह अलीखाँ ने जो इस समय वहाँ से 'दो या तीन कोस'[13] के फासले पर था, कुमुक के लिए अत्यावश्यक अनुरोध भेजा, परन्तु वह मन्द गति से सूर्यास्त के करीब वहाँ पहुँची।

अपने से अधिक शक्तिशाली सेना के सम्मुख रात्रि में पीछे हटने को खतरनाक समझकर फतेह अली सादात खाँ के पास यह प्रस्ताव भेजा कि वह रात्रि उसी स्थान पर व्यतीत करे, उन्हें आशा थी कि वह प्रातः अपनी समूची

XV. नीमराना गढ़ी पटौदी से 33 मील दूर दक्षिण-पश्चिम में है। मीरबक्शी सादत खाँ ने जाटों से 30 दिसम्बर 1749 को इसका अधिग्रहण कर लिया था। चान्दावत, *महाराजा सूरजमल और उनका युग*, पृ. 70; द्विवेदी, *जाट और मुगल साम्राज्य*, पृ. 145, फुटनोट 10; —सम्पादक।

सेना के साथ आक्रमण करेगा। खान ने इस प्रस्ताव को स्वीकार नहीं किया और उसने उनके तत्काल पीछे हटने का आग्रह किया। जाटों ने पीछे की ओर जाने वाले सैन्यदल को घेर लिया, उनके घुड़सवार, तोड़ेदार, बन्दूकचियों ने छोटे-छोटे समूह बनाकर, घोड़ों से उतरे बिना भ्रमित मुस्लिम सेना पर गोलियों की बौछार की। सूरजमल के घुड़सवार, तोड़ेदार, बन्दूचियों को रात्रि के अन्धकार में गिरफ्त में लाना असाध्य काम था। अनेक मुगल असहाय मृत्यु को प्राप्त हुए और शेष का उस समय मनोबल जवाब दे गया, जब हाकिम खाँ गोली का शिकार बन गया तथा अली रुस्तम खाँ घायल हो गया, इन्हीं दोनों बहादुर अफसरों ने कुमुक यहाँ तक पहुँचाई थी। मुगल-सेना का पीछे हटना घबड़ाई हुई सेना के भगदड़ में परिवर्तित हो गया। भगोड़ों के आगमन से तथा शत्रु पक्ष के हरावल दस्ते के सामने आ जाने से मुख्य कैम्प में भी घबड़ाहट फैल गई। यदि सादत खाँ के अधिक विवेकशील सेनापतियों ने अपने स्वामी के भागने को जबरदस्ती न रोका होता तो उस स्थिति में मुगल-सेना को और भी बड़ा अनर्थ देखना पड़ता। घबड़ाहट के समाप्त होने तक सेनापतियों के सेनापति दर्द से छटपटाते रहे। *'सियर'* के लेखक ने जिसका चाचा इस पूरी घटना का प्रत्यक्षदर्शी गवाह था, लिखा है, ''भाग्यवश, चूँकि जाट सरदार स्वयं अपनी सुरक्षा की खातिर, अमीर-उल-उमरा को गिरफ्तार करने अथवा मारने की कुख्याति अर्जित नहीं करना चाहता था, उसने कैम्प को दो या तीन दिन तक घेरा डालने से ही सन्तोष कर लिया।'' इसके बाद उसने एक अफसर फतेह अली खाँ के माध्यम से जिसे वह पहले से जानता था शान्ति के लिए शर्तें भेजीं। अमीर-उल-उमरा ने उन्हें लाभकारी समझकर स्वीकार कर लिया। सूरजमल ने अपने पुत्र जवाहर सिंह को अमीर-उल-उमरा के पास भेजा तथा अनेक शर्तों के साथ उसके साथ एक सन्धि पर हस्ताक्षर किए—इनमें से दो शर्तें यह थीं कि वाइसराय के आश्रित लोग किसी पीपल के वृक्ष को नहीं काटेंगे तथा देश में किसी मन्दिर का न तो अपमान करेंगे और न उसे कोई क्षति पहुँचाएँगे।[14] साम्राज्य के अमीर-उल-उमरा पर विजय ने राजा सूरजमल को महान् प्रतिष्ठा प्रदान की तथा उससे आत्म-विश्वास में भी वृद्धि हुई। इसके तुरन्त बाद उसने हिन्दुस्तान के राजनीतिक अखाड़े में प्रवेश किया, जहाँ उसने अधिक पराक्रमी एवं अधिक सम्मानपूर्ण भूमिका अदा की।

सूरजमल का रानी किशोरी के साथ विवाह

राजा सूरजमल ने राजनैतिक विवाहों के द्वारा अपने राज्य का विस्तार करने की अपने पिता की नीति का अनुसरण किया; उसने अपने पुत्र नवलसिंह का विवाह कोटमान[15] के शक्तिशाली किलेदार सीताराम की पुत्री के साथ किया था तथा उसने स्वयं अपना विवाह मथुरा से 53 मील दूर होडल के एक शक्तिशाली एवं

सम्पन्न जाट प्रमुख चौधरी काशी की पुत्री के साथ किया था। इस प्रतिभाशाली महिला का नाम रानी किशोरी[16] था जिसे सामान्यतः उसके लाड़ले नाम 'हंसिया' के नाम से जाना जाता है (जिसका अर्थ है मुस्कराने वाली) और जिसका नाम भरतपुर के राज परिवार के इतिहास के साथ प्रमुख रूप से जुड़ा है। इस सम्बन्ध में एक प्रचलित कहानी यह है कि एक बार राजा सूरजमल एक विशाल हाथी पर चढ़े होडल की एक गली में होकर गुजर रहे थे, लड़कियों का एक झुण्ड उस समय कुएँ से वापस लौट रहा था, इतने बड़े जानवर को देखकर ये लड़कियाँ डरकर भाग गईं, केवल एक लड़की वहीं खड़ी रही और इस अद्भुत जानवर तथा राजा के अनुचरों की चमकीली सज्जा को देखती रही। राजा, लड़की की निर्भीकता से प्रभावित हुआ, उसने उसके बारे में जानकारी प्राप्त की तथा उसके सम्बन्धियों से उसके साथ विवाह करने का प्रस्ताव किया। इस जनश्रुति में सत्य का अंश चाहे कितना भी क्यों न हो, प्रामाणिक इतिहास इस बात का साक्षी है कि गम्भीर विपत्तियों की घड़ी में उसने अपने साहस और स्थिरता को नहीं छोड़ा। उसकी प्रतिभा एवं उपाय-कुशलता ने भरतपुर की किस्मत को अनेक बार लगभग अवश्यम्भावी विनाश से बचाया था।

सन्दर्भ–

1. *इमाद-उस-सादात,* पृ. 55
2. कामर मथुरा जिले में कोसी के निकट मथुरा से 33 मील उत्तर-पश्चिम में है, सोहोर 18 मील उत्तर-पश्चिम में है (ग्राउज, *मथुरा,* पृ. 23)।
3. इरविन, *लेटर मुगल्स,* II, पृ. 374
4. ज्वाला सहाय, *हिस्ट्री ऑफ भरतपुर*
5. *इमाद-उस-सादात* के लेखक ने लिखा है कि इस नवयुवक का विकास एक ऐसे उच्च कुलीन मुस्लिम सम्भ्रान्त व्यक्ति के रूप में हुआ था जिसमें शिष्ट तौर-तरीके थे और जिसकी बोल-चाल परिष्कृत थी। उसका पगड़ी बाँधने का तरीका तथा उसकी पोशाक और साथ ही उसके रुचिकर व्यंजन सभी कुछ में दिल्ली के तौर-तरीकों की नकल थी। उसका बेटा बहादुर सिंह तो अपने पिता की अपेक्षा इन मामलों में एक कदम आगे था। उसने तो कुरान का भी अध्ययन किया था और उसने उसे सुराजामी तक पढ़ा था। *इमाद,* पृ. 55
6. ग्राउजे *मथुरा,* पृ. 139
7. वैंदेल, *फ्रेंच हस्तलिपि,* पृ. 51
8. *इमाद,* पृ. 55
9. बांगरू अजमेर आगरा ट्रंक मार्ग पर जयपुर से 18 मील दूर दक्षिण-पश्चिम में एक कस्बा है (*राजपूताना गजट,* II, पृ. 155)।
10. ठाकुर नरेन्द्र सिंह वर्मा, *महाराजा ईश्वरी सिंह का जीवन-चरित्र* (हिन्दी), वैदिक प्रेस

अजमेर, पृ. 59-73

11. *सियार-उल-मुत्ताखरीन* के मूल पाठ में सादात खाँ का नाम नहीं मिलता (देखिए मूल पाठ, II, पृ. 38) जिसका उल्लेख अनुवाद में है। अनुवादक ने उसे उसके नामरासी के साथ, जो नवाब सफदर जंग का चाचा और ससुर था, जोड़ने की भूल की है (खण्ड 4, अनुक्रमणिका, पृ. 63)। बुरहान-उल-मुल्क-सादात खाँ की मृत्यु उस समय हुई जब नादिरशाह दिल्ली में ठहरा हुआ था (*सियार*, I, 316) उसकी मृत्यु की ठीक तारीख 10 मार्च, 1739 थी। दूसरे सादात खाँ (जुलफिकार जंग) को अहमद शाह के समय में गनर्वर नियुक्त किया गया था, जो 1160 हिजरी के दूसरे जमादा, I, 1 मई, 1747 (*वाका*, पृ. 35) को गद्दी पर बैठा था। उसे सम्राट अहमदशाह ने बृहस्पतिवार रजब 14, 1160 हिजरी, 11 जुलाई, 1747 को मीर बख्शी बनाया गया और उसी दिन राजा बख्तसिंह को गुजरात का सूबेदार बनाया गया (*वाका*, पृ. 38)।
12. *सियर* में यह तिथि 1163 हिजरी लिखी है जो गलत है (*सियर*, III, 312) उस वर्ष, अधिक जानकार लेखकों के अनुसार, सूरजमल सफदर जंग के मित्र के रूप में रुहेलाओं से युद्ध कर रहा था। सही तिथि सफर 1162 हिजरी प्रतीत होती है। *सियर*, III. 311, 20वीं पंक्ति के अनुवादक ने '1162 के वर्ष के अन्त' को छोड़ दिया है (पाठ, II, 38)। यह पाठ भी गलत है। यह '1161 के अन्त में होना चाहिए, जैसा *वाका-ए-शाह आलम सानी* से स्पष्ट है।
13. *सियर* के अनुवाद में इसका उल्लेख नहीं है।
14. इस अभियान के लिए '*सियर*' III, पृ. 313-315, II, 38-39 फारसी मूलपाठ II, 38-39, का अवलोकन करें। अनुवाद अनेक स्थलों पर गलत है।
15. यह स्थान आगरा-दिल्ली ट्रंक मार्ग पर मथुरा जिले में स्थित है। यह गुड़गाँव और मथुरा जिलों को विभाजित करने वाले सीमान्तों से तीन फर्लांग दक्षिण में है।
16. मुझे रानी किशोरी के विवाह के ब्यौरे को प्राप्त करने में सफलता नहीं मिली। चौधरी काशी के वंशज होडल में अभी भी सम्मानित स्थान प्राप्त किए हुए हैं। उनमें से कुछ उदाहरण चौधरी रतन सिंह भरतपुर राज्य में काम कर रहे हैं।

4

नवाब सफदरजंग का मित्र, राजा सूरजमल

नवाब वजीर सफदरजंग के विरुद्ध सूरजमल द्वारा बल्लभगढ़ के जाटों की सहायता

मथुरा जिले का स्वामी होने के पश्चात् सूरजमल की निगाह दिल्ली के पड़ोस पर पड़ी, वह जब और दक्षिण में अपनी सत्ता का विस्तार करने के लिए अवसर की प्रतीक्षा में था। बल्लभगढ़ के जाट फरीदाबाद के फौजदार से परेशान थे, उन्होंने सूरजमल से सहायता की याचना की, जिसके फलस्वरूप मुगल-शासन से उसका झगड़ा और बढ़ गया। यहाँ बल्लभगढ़ के जाट सामन्ती परिवार की संक्षिप्त ऐतिहासिक विवेचना अपेक्षित है। तेवतिया गोत्र का एक गोपाल सिंह जाट बल्लभगढ़ से तीन मील उत्तर में स्थित सीही नामक गाँव में 1705 में बस गया था और मथुरा-दिल्ली मार्ग पर लूटमार करके वह शक्तिशाली और सम्पन्न बन गया। तियागाँव (बल्लभगढ़ से 8 मील पूर्व, रेखांश 77.30, अक्षांश 28.25) के गूजरों के साथ मैत्री करके तथा उनकी सहायता से उसने समीपस्थ गाँवों के राजपूत चौधरी को मार डाला। फरीदाबाद के स्थानीय मुगल अधिकारी मुर्तजा खाँ ने विद्रोही को दण्डित करने के बजाय उससे सन्धि कर ली, उसको 1710 में फरीदाबाद परगना का चौधरी नियुक्त कर दिया गया, तथा उसे राजस्व में से एक रुपए में एक आना अपने पास रखने का अधिकार दे दिया गया। गोपाल सिंह की मृत्यु के उपरान्त उसका पुत्र चरनदास उसके स्थान पर नियुक्त हुआ। उसने जब यह देखा कि समीपस्थ जिलों में भी शिंकजा ढीला होता जा रहा है तो राजस्व अपने पास रख लिया तथा मुर्तजा खाँ की सत्ता का उल्लंघन करना आरम्भ कर दिया। परन्तु चरनदास को गिरफ्तार करके फरीदाबाद के कारागार में डाल दिया गया। कुछ समय उपरान्त उसके पुत्र बलराम ने फिरौती का एक झूठा भुगतान करके खान को धोखा देकर[1] उसे रिहा करवा दिया। पिता और पुत्र भागकर भरतपुर चले आए तथा सूरजमल की सहायता प्राप्त करके मुर्तजा खाँ को मार डाला (*देहली गजेटियर*, पृ. 213)।

विद्रोही आक्रमण का यह कार्य 1747 में सम्राट अहमद शाह के सिंहासनारूढ़ होने तक अदण्डित रहा। वजीर ने बलराम और राजा सूरजमल को उक्त परगनों

को वापस करने के लिए अनेक बार लिखा, परन्तु प्रत्येक बार इस बात को झूठे बहाने बनाकर और टालू उत्तरों से टाल दिया गया। वजीर की क्रोधाग्नि को भड़काने के लिए तथा उससे जाटों को नष्ट करने का संकल्प कराने के लिए यह पर्याप्त था। फलतः जनवरी 1749 में (1162 हिजरी) उसने उनके विरुद्ध अमीर-उल-उमरा के साथ मोर्चा लिया और फरीदाबाद को अपने अधिकार में ले लिया। सूरजमल इस समय मुगल-साम्राज्य के सेनापति के विरुद्ध हाल ही में एक लड़ाई जीत चुका था जिसके उल्लास से वह उस समय वजीर के प्रस्ताव को स्वीकार करके विवादास्पद स्थानों से हटने की मनोदशा में नहीं था। उसने अपने समस्त संसाधनों के साथ सीही जाटों की सहायता करने की तैयारी की तथा डीग और कुम्हेर के दुर्गों की रक्षा की व्यवस्था करके वजीर के विरुद्ध चढ़ाई कर दी (जून, 1749)। भाग्य सूरजमल का साथ दे रहा था, वजीर को जब अपने सन्निकट अवध के सूबे में दुर्जेय रुहेलाओं के विद्रोह की सूचना प्राप्त हुई तो उसे जाटों के साथ अपने झगड़े के निबटारे को स्थगित करना पड़ा और वह दिल्ली लौट आया। उसने इन अफगानों के विरुद्ध संघर्ष किया तथा उनके उपद्रव को शान्त करके उसने उनसे छीने हुए इलाकों के शासन का दायित्व नवलराय को सन् 1750 के आरम्भ में सौंप दिया। इसके उपरान्त उसने जाटों के विरुद्ध कार्यवाही आरम्भ की और उसने एक सेना उनसे लड़ने के लिए भेज दी। जाट युद्ध के लिए तैयार थे, वजीर ने वर्षा ऋतु में (जुलाई 1750) उनके विरुद्ध लड़ाई आरम्भ की और खिजिराबाद तक वह पहुँच गया। इसी बीच उसे एक बड़ी विपत्ति की सूचना प्राप्त हुई, अहमदशाह बंगश के हाथ नवलराय पराजित होकर मारा जा चुका था। सूचना को पाने के बाद वजीर को सूरजमल से अपना झगड़ा समाप्त करने के लिए बाध्य होना पड़ा। एक मराठा वकील के माध्यम से समझौता सम्पन्न हुआ। प्रतीति को कायम रखने के लिए मराठा दूत के साथ कलाइयाँ बँधे हुए बलराम को[2] वजीर के सम्मुख लाया गया, उसने उदारता प्रदर्शित करते हुए उसे क्षमा कर दिया तथा अवैध रूप से प्राप्त उसकी उपलब्धियों को उसके पास बने रहने की अनुमति प्रदान कर दी। राजा सूरजमल को 6 टुकड़े खिलत में दिए गए तथा उसके बख्शी को दो टुकड़ों में से एक दिया गया। मुगलों द्वारा योग्यता की स्वीकारोक्ति ने नवाब वजीर और महान जाट के बीच सच्ची मैत्री की बुनियाद रखी और वह अत्यधिक कठिन परिस्थितियों में भी अपने मित्र के प्रति निष्ठावान रहा।

अहमद-शाह बंगश और रुहेलाओं के विरुद्ध एक अभियान[3] में राजा सूरजमल ने वजीर का साथ दिया। नवाब ने 29 शबन 1163 हिजरी (सोमवार 23 जुलाई, 1750) को 70,000 घुड़सवारों के साथ कूच किया। सूरजमल ने अपनी जाट सेना के साथ अहमद खाँ की राजधानी फर्रुखाबाद पर अधिकार कर लिया। पथारी में 22 शब्बल 1163 हिजरी (13 सितम्बर, 1750) को घमासान लड़ाई हुई।

वजीर हाथी पर चढ़ा मध्य में खड़ा था, उसके दाईं ओर की सेना का नेतृत्व सूरजमल के पास था और बाईं ओर की सेना इस्माइल खाँ काबुली की कमान में थी। दोनों ओर की सेनाओं ने शत्रु के ऊपर तेजी से प्रहार किया तथा उन्होंने रुस्तम खाँ अफरीदी तथा कुछ अन्य रुहेला सरदारों को भगा दिया और 6 या 7 हजार अफगानों को मौत के घाट उतार दिया। नौ बजे प्रातः लड़ाई आरम्भ हुई थी और वह तीसरे पहर तक चलती रही, युद्ध का पलड़ा सफदर जंग की ओर झुका हुआ था। जब अहमद खाँ ने देखा कि सब कुछ खोया जा चुका है, तो उसने अपने पक्ष के लोगों को बुलाकर कहा कि वे अपनी खोई हुई प्रतिष्ठा को पुनः प्राप्त करने के लिए अन्तिम प्रयास करें। उसने अपनी विशिष्ट पठान शैली में कहा—"अन्यथा प्रत्येक अफरीदी (उनके अधिक वीर साथी) बंगशों की दाढ़ी पर पेशाब करेंगे।"[4] अफगान पलाश के पेड़ों के वन में छिप गए तथा उन्होंने वजीर की सेना पर आकस्मिक आक्रमण किया। वजीर ने अपनी डिवीजन में से अपनी दायीं और बायीं टुकड़ियों को कुमुक भेजकर उसे खतरनाक रूप से कमजोर कर लिया था। परन्तु अपने सेनापतियों से सम्पर्क स्थापित करने के लिए वह न तो आगे बढ़ा और न उसने अपनी सेना को वापस बुलाया। नवाब सफदरजंग गम्भीर रूप से घायल हुआ और उसे खेमे में ले आया गया। अगले दिन प्रातःकाल उसने शाही राजधानी की ओर लौटना आरम्भ किया। अफगानों ने उसके लगभग समचू प्रदेश पर अधिकार कर लिया, इलाहाबाद के नगर को उन्होंने लूटा और उसके किले को घेर लिया, लखनऊ की रक्षा उसके नागरिकों के अदम्य साहस के कारण हो सकी। इस बीच जब उसकी पराजय की सूचना दिल्ली पहुँची तो उसके शत्रुओं ने बादशाह के कान उसके खिलाफ भरने शुरू किए और वे उसे अपदस्थ कराने के षड्यन्त्र करने लगे। परन्तु उसकी सामयिक पहुँच ने उनकी योजना को व्यर्थ कर दिया। वजीर ने पुनः राजा नागरमल, राजा लक्ष्मीनारायण, राजा सूरजमल, इस्माइल खां, काबुली तथा अपने अन्य हितैषियों को बुलाया और उनसे रुहेलों के विरुद्ध नए अभियान की योजना के सम्बन्ध में विचार-विमर्श किया। उसने मल्हारराव होल्कर की मराठा सेना को, 25,000 रुपया प्रतिदिन के हिसाब से तथा सूरजमल[5] की जाट सेना को 15,000 रुपये प्रतिदिन के भत्ते पर भरती कर लिया। 6 रवी 1, 1164 हिजरी को (मंगलवार 22 जनवरी, 1751) उसने दूसरी बार अहमद खाँ बंगश के विरुद्ध कूच किया। फर्रुखाबाद घेर लिया गया तथा समूचे रुहेला क्षेत्र को आग और तलवार से तहस-नहस कर दिया गया। रुहेलों को स्थाई रूप से परेशान करने के लिए कोल (अलीगढ़) से लेकर कोराह जहानाबाद तक का इलाका मराठों[6] को जागीर के रूप में देकर उनके लिए एक काँटा बो दिया गया। उसने बादशाह को अपनी अफगानों के ऊपर विजय के उपरान्त 9 जमादा, II, 1164 हिजरी (24 अप्रैल, 1751) को अभिवादन

भेजा (*वाका,* पृ. 62)। इससे स्पष्ट है कि यह अभियान संक्षिप्त परन्तु तेज था और उसे समाप्त होने में केवल तीन महीने लगे।

वजीर के राजधानी से चले जाने के एक महीने बाद, साम्राज्य के ऊपर एक महान् विपदा आ पड़ी। अहमदशाह अब्दाली ने पंजाब पर आक्रमण कर दिया, 3 रबी, II, 1164 हिजरी (सोमवार, 18 फरवरी, 1751) को उसने लाहौर में प्रवेश किया तथा दिल्ली की ओर कूच करने की धमकी दी। सूरजमल को आदर के तौर पर बादशाह ने 3000 जात और 2000 घोड़े का मनसब प्रदान किया, रतन सिंह को 'राव' का खिताब तथा जवाहर सिंह को 1000 जात और 1000 घोड़ों का मनसब दिया, (29 मार्च, 1751) यह उसके पहले की श्रेणी के अतिरिक्त था, इस प्रकार अब वह 4000 जात और 3500 घोड़ों का मनसबदार था (*वाका,* पृ. 70)। दिल्ली तुरन्त आने के लिए वजीर को बार-बार तथा अत्यावश्यक सन्देश भेजा गया और उससे कहा गया कि वह अपने साथ मल्हारराव होल्कर तथा अन्य मराठा सरदारों को लेकर आये। वजीर की अनुपस्थिति में हरम की एक महिला, एक हिजड़ा और एक चापलूस षड्यन्त्रकारी ने सम्राट के कमजोर मस्तिष्क पर पूरा नियन्त्रण कायम कर रखा था। उन्होंने उसे आक्रमणकारी दुर्रानी के साथ सन्धि करने की प्रेरणा दी, दुर्रानी ने यह आश्वासन दिया कि लाहौर और मुल्तान के सूबों के मिल जाने के बाद वह वापस चला जाएगा। राजधानी वापस लौटने पर वजीर ने उसकी अनुपस्थिति में उससे परामर्श बिना की गई अपमानजनक सन्धि पर न्यायोचित रोष व्यक्त किया। वह इस बुरे काम को करने वालों को दण्ड देने पर आमादा था। हिजड़ा वजीर के क्रोध का पहला शिकार बना। वजीर के घर में जावेद खाँ को एक दावत से आमन्त्रित किया गया और वहाँ उसकी हत्या कर दी गई।

राजमाता तथा तूरानी गुट से सम्बद्ध सामन्तों द्वारा भड़काये जाने पर बादशाह अहमद शाह ने नवाब सफदर जंग को वजीर के पद से हटा दिया, उसकी जागीरें छीन लीं तथा अवध और इलाहाबाद के वाइसराय के पद से च्युत कर दिया। उनके बीच अब गृह-युद्ध छिड़ गया। भूतपूर्व वजीर अपने स्वामी की कृतघ्नता से हक्का-बक्का था, वह निर्जीव की भाँति आत्म-समर्पण करने को तैयार नहीं था, अतः उसने राजधानी का घेरा डाल दिया और राजा सूरजमल जाट को बुलवा भेजा।[XVI] अफगानों ने जो सफदर जंग के स्वाभाविक शत्रु थे, गाजीउद-दीन

XVI. घासेरा के अभियान में व्यस्त सूरजमल को वजीर सफदरजंग की ओर से सहायतार्थ आग्रहपूर्ण बुलावा प्राप्त हुआ था। कानूनगो ने घासेरा के बहादुरसिंह बड़गूजर के विरुद्ध सूरजमल के अभियान (फरवरी 1753-अप्रैल 1753) की पूर्णतः अवहेलना की है। विस्तार के लिए देखें, *सूदन, सुजान चरित्र,* पृ. 103-140, 146; संक्षिप्त विवरण के लिए देखें, *तारीख-ए-अहमशाही,* 47अ;—सम्पादक।

इमाद-उल-मुल्क के नेतृत्व में शाही सेना का साथ दिया। क्रोधित नवाब द्वारा भड़काए जाने पर जाटों की पुरानी दिल्ली और उसके पड़ोस को इतनी बुरी तरह लूटा कि लोग उसे अभी भी जाट-गर्दी[7] कहकर याद करते हैं, इस प्रकार की दिल्ली के लोगों ने दो और लूटमारें देखी थीं—शाह-गर्दी जो अहमद शाह अब्दाली की लूट के साथ जुड़ी हुई है और भाओ-गर्दी जिसका सम्बन्ध पानीपत की लड़ाई से पूर्व मराठों द्वारा दी गई लूट के साथ है। परन्तु उसकी सेवा में जितने भी मुगल थे, उन्होंने नवाब वजीर का साथ छोड़ दिया और वे गाजी-उद-दीन के नेतृत्व में लड़ने वाले अपने तूरानी भाइयों से मिल गए। अब उसकी आशा केवल राजा सूरजमल पर केन्द्रित थी और आवश्यकता की इस घड़ी में जाट उसके लिए टूटा हुआ सरकंडा नहीं सिद्ध हुआ। उसे उच्च सम्मान के सपने दिखाए गए, बदले में धमकियाँ दी गयीं, परन्तु इस निष्ठावान सरदार ने दोनों में से किसी पर ध्यान नहीं दिया, वह अपने मित्र के लिए अन्त तक युद्ध करने के लिए कृत-संकल्प था, यद्यपि स्पष्टतः उसके मित्र की पराजय सुस्पष्ट दिखाई पड़ रही थी। उसको आंतकित करने के लिए गाजी-उद-दीन ने दक्षिण से मल्हारराव होल्कर को बुलवाया। परन्तु इसका भी कोई वांछित परिणाम नहीं निकला। चतुर राजा सूरजमल ने नए वजीर इन्तजाम-उद-दौला और उसके महत्त्वांकाक्षी भतीजे गाजी-उद-दीन के बीच चली आ रही ईर्ष्या का पूरा लाभ उठाया, इन्तजाम-उद-दौला को अपने भतीजे के उद्देश्यों के सम्बन्ध में सन्देह था तथा उनकी योग्यता से उसे डर लगता था। सूरजमल की कूटनीतिक चाल इतनी सफल हुई कि जब तक मराठा आ पाते, बादशाह की ओर से उसके पास सन्धि का प्रस्ताव आ गया। महाराजा माधोसिंह कछवाहा जो 1753 के अन्त में दिल्ली आए थे, उनसे मध्यस्थता करने को कहा गया। जाट राजा अपनी तलवार को म्यान में रखने के लिए उस समय तक तैयार नहीं था, तब तक बादशाह सफदरजंग को यदि वजीर के पद पर फिर से नियुक्त नहीं करता, तो कम-से-कम उसे अवध और इलाहाबाद की गवर्नरी वापस नहीं कर देता। अन्त में इन शर्तों पर सन्धि कर ली गई और नवाब अपने सूबे पर शासन करने के लिए चला गया।[XVII] सूरजमल ने अपने मित्र की उसके अवश्यम्भावी विनाश से रक्षा की थी और ऐसा करने से उसने गाजीउद्दीन के साथ कठोर शत्रुता मोल ली थी, जिसके परिणाम उसे बहुत शीघ्र भुगतने पड़े।[8]

XVII. उक्त गृह-युद्ध से सम्बन्धित स्रोतों के आलोचनात्मक विवरण के लिए देखें, द्विवेदी, *जाट और मुगल साम्राज्य,* पृ. 166-177;—सम्पादक।

सन्दर्भ–

1. कहानी इस प्रकार है कि बलराम ने यह वायदा किया था कि यदि उसके पिता को रिहा कर दिया जाएगा तो वह एक बड़ी रकम नकद देगा। पूर्व निश्चित शर्तों के अनुसार चरनदास पहरे में बल्लमगढ़ के निकट एक तालाब के पास लाया गया। जब खजाने से भरी गाड़ी वहाँ आ पहुँची, चरनदास को छोड़ दिया गया। वह एकदम अपने घोड़े पर चढ़कर भाग गया। जो झोला वहाँ पड़ा हुआ पाया गया उसमें केवल ताँबे के सिक्के थे। *देहली गजेटियर,* फुटनोट, पृ. 213
2. यह बलराम बल्लमगढ़ अथवा बल्लबगढ़ के दुर्ग का निर्माता है। वह अपने नामरासी सूरजमल की पत्नी हाँसिया का भाई नहीं है। इस बलराम को 29 नवम्बर 1753 को एक अकीबत-महमूद खाँ ने मार दिया था जैसा *वाक्या-ए-शाह-आलम-सानी* की निम्न प्रवष्टि से (पृ. 83) स्पष्ट है–2 सफर 1167 हिजरी को अकीबत महमूद खाँ बल्लू जाट (बलराम) के पास अपनी जागीर का मामला सुलझाने के लिए गया, जाट से उसकी कुछ कहा-सुनी हो गई। उसने उक्त जाट का सिर काट डाला और वह उस सिर को बादशाह सलामत (अहमद शाह) के पास ले गया। यह अकीबत-महमूद-मुर्तजा खाँ का बेटा था जिसकी हत्या बलराम ने की थी। तथापि बल्लमगढ़ और फरीदाबाद सूरजमल के अधिकार में रहे जिसने बलराम के पुत्र किशनसिंह और बिशनसिंह को बल्लभगढ़ का किलेदार और नाजिम नियुक्त किया था। ये पद उनके पास 1774 तक रहे (देखिए, *देहली गजेटियर,* पृ. 213) अन्य तिथियों की भाँति गजेटियर की यह तिथि भी सन्देहपूर्ण है।
3. *वाका,* पृ. 57-58; हरचरनदास, *इमाद,* पृ. 49
4. *इमाद,* पृ. 49; *सियर,* पृ. 295; *गुलिस्तान-ए-रहमत* के लेखक ने लिखा है कि रुस्तम खाँ अफरीदी को वास्तव में सूरजमल ने मारा था तथा अहमद खाँ ने अपने अनुचरों से यह समाचार छिपाया था।
5. *इब्रतनामा,* पृ. 41; *बयान-ओ-वाका,* पृ. 26; *वाका-ए-आलमशानी,* पृ. 61
6. *वाका,* पृ. 62, इस अभियान में मराठों की गतिविधियों का अच्छा विवरण सर देसाई के *मराठी रियासत, पानीपत प्रकरण,* पृ. 10-14 पर देखें।
7. *इमाद,* पृ. 63
8. इस गृह-युद्ध के ब्यौरेवार वर्णन के लिए देखिए–*तारीख-ए-मुज्जफरी,* पृ. 65-75; *बयान-ओ-वाका,* पृ. 270-280। हर चरनदास ने भी पाँच पृष्ठों में इसका वर्णन किया है। *तारीख-ए-मुज्जफरी* का बयान अधिक प्रामाणिक है।

5

सूरजमल का मराठों से संघर्ष

भरतपुर पर मराठा आक्रमण

1749 में जाटों और मराठों के बीच पहली मुठभेड़ हुई थी, परन्तु उस समय महाराजा सवाई जयसिंह की मृत्यु के उपरान्त कछवाहा उत्तराधिकार के युद्ध में दोनों एक-दूसरे की प्रतिपक्षी सेना में सहायक की भूमिका अदा कर रहे थे। तीन वर्ष पूर्व (1752) राजा सूरजमल तथा मल्हारराव होल्कर ने रुहेला अफगानों के विरुद्ध युद्ध में नवाब सफदर जंग के भाड़े के मित्रों के रूप में एक-दूसरे के साथ मिलकर संघर्ष किया था। सम्राट अहमद शाह और भूतपूर्व वजीर सफदरजंग के बीच 1752 में हुए गृह-युद्ध में, गाजीउद्दीन इमाद-उल-मुल्क ने राजा सूरजमल और नवाब सफदरजंग के विरुद्ध मराठों से सहायता का अनुरोध किया था। अक्टूबर 1753 में रघुनाथ राव ने सुविख्यात सरदारों के नेतृत्व में एक बड़ी सेना के साथ उत्तर-भारत की ओर अपने पहले अभियान पर कूच किया। उसका मुख्य उद्देश्य सम्पन्न जाट राज्य को लूटना था, जो उसने अभी तक नहीं देखा था। राजा सूरजमल ने उन्हें उत्तेजना देने के लिए कुछ भी नहीं किया था, जिसके आधार पर युद्ध को उचित ठहराया जा सके। उन्होंने धौलपुर के घाट पर चम्बल पार करके भरतपुर की प्रादेशिक सीमा में प्रवेश किया। जाट राजा ने अपने पुरोहित रूपराम कटारी को रघुनाथ राव के पास सन्धि के लिए बात करने को भेजा और इस बीच उसने जल्दी से भरतपुर, रामगढ़ (आधुनिक अलीगढ़) तथा अन्य किलों की प्रतिरक्षा को मजबूत किया और वहाँ रसद तथा अन्य सामग्री की व्यवस्था की। उसने अपनी मुख्य सेना का जमाव डीग और भरतपुर के बीच में स्थित कुम्हेर में किया, जो उसके राज्य की सुरक्षा के लिए सर्वोत्तम स्थान था। रघुनाथ राव ने एक करोड़ रुपया रक्षाशुल्क (ramsom) के तौर पर माँगे, रूपराम ने कहा कि अधिक-से-अधिक चालीस लाख रुपए दिए जा सकते हैं। मराठों ने आगे बढ़ना जारी रखा और दूत यह कहकर वापस लौट आया कि इस सम्बन्ध में वह अपने स्वामी से बात करके उत्तर देगा। सूरजमल ने रघुनाथ को लिखा कि या तो शान्तिपूर्वक चालीस लाख स्वीकार कर लो, अन्यथा युद्ध की तैयारी करो। पत्र के साथ उसने पाँच

तोप के गोले और कुछ बारूद भी जाट देश में उसे मिलने वाले आतिथ्य के नमूने के रूप में भेज दिए। जनवरी 1754 में आक्रमणकारी कुम्हेर के सामने उपस्थित हुए और उस दैत्याकार दुर्ग की त्यौरी चढ़ी आकृति ने उनके भ्रम को तोड़ दिया। रघुनाथ राव ने अपने लालच में निशाना आवश्यकता से अधिक ऊँचा लगाया था; अब उसे अपनी अविवेकी माँग पर पछतावा आया। कुछ निरुत्साहित होने के बाद भी उसने तोपखाने को किले के विरुद्ध खड़ा करने का आदेश दिया। शाही रिसाला और तोपखाने के साथ गाजीउद्दीन[1] मराठा-सेना में शामिल हो गया और उसने घेरने वालों के खेमे के उत्साह में वृद्धि की।

कुम्हेर का घेरा (जनवरी 1754–मई 1754)

मराठा तोपखाने का कुम्हेर की दीवालों पर कोई प्रभाव नहीं पड़ा तथा उनकी मुख्य सेना को दृढ़ शत्रु ने प्रभावहीन कर दिया। एक दिन मल्हारराव का एकमात्र पुत्र खाण्डेराव होल्कर[2] भोजन के उपरान्त दुर्भाग्य से आगे की पंक्ति में खड़े तोपखाने के निकट पहुँच गया तथा जाट जजैल से निकली एक गोली के लगने से वह मर गया।[XVIII] बदले की भावना से मराठा बाजुओं में हरकत पैदा हो गई और जाटों को उसका अनुभव होने लगा। इस प्रकार तीन महीने व्यतीत हो गए और प्रत्येक दिन सूरजमल के लिए पहले दिन की अपेक्षा अधिक भारी पड़ रहा था। हिन्दुस्तान में इस समय कोई भी शक्ति ऐसी नहीं थी जो इतनी बहादुर हो कि वह खुलकर मराठों के विरोध में उसकी सहायता के लिए उँगली भी उठा सके। राजपूताना उनके चरणों में पड़ा हुआ था; हिन्दुस्तान का सम्राट उसके खिलाफ था परन्तु शक्तिहीन था, और यहाँ तक कि मित्र सफदरजंग मराठा शक्ति से इतना भयभीत था कि वह अकेला उसका साथ नहीं दे सकता था। ऐसी स्थिति में सूरजमल का विनाश कुछ थोड़े समय की ही बात प्रतीत होती थी।[XIX] राजपूत की भाँति जाट भी

XVIII. कानूनगो के द्वारा संदर्भ दो में दी गई मृत्यु तिथि (27 फरवरी) ठीक न मानकर कुछ विद्वानों के अनुसार खाण्डेराव की मृत्यु तिथि 17 मार्च 1754 है। चांदावत, *महाराजा सूरजमल और उनका युग,* पृ. 113, फुट नोट 6; द्विवेदी निश्चित तिथि न देकर मार्च के मध्य मृत्यु होने का संकेत देते हैं। खाण्डेराव का स्मारक कुम्हेर दुर्ग के समीप गांगरसौली गाँव में स्थित है। द्विवेदी, *जाट और मुगल साम्राज्य,* पृ. 190 फुट नोट 60;—सम्पादक।

XIX. अपने विरुद्ध युद्ध के समय शासक कूटनीति द्वारा शत्रु के सहायकों को तोड़ने का प्रयत्न करता है। कूटनीतिज्ञ सूरजमल ने भी सम्राट तथा उसके वजीर इन्तिजामु-द्दौला से इमाद-मराठा की युति के विरुद्ध पत्राचार किया। जाटों ने मल्हारराव होल्कर से सर्वविदित सम्बन्ध विच्छेद वाले सिन्धिया से भी सम्पर्क किया। गिरीश चन्द्र द्विवेदी का मत है कि *भावो-भाखर* का शेष विवरण अतिकृष्ट (दूर

उस भयानक घड़ी की प्रतीक्षा शान्ति से करने लगा, जब उसके रविवास की महिलाएँ जौहर करेंगी और उनकी अग्नि में प्रज्वलित धुआँ जब आसमान की ओर जाने लगेगा और उससे प्रेरणा लेकर वह हाथ में तलवार लेकर एक सम्मानित मृत्यु

की कोड़ी) प्रतीत होता है। सूरजमल के किलों की मजबूती या अभेद्यता के बारे में सभी समकालीन इतिहासकारों ने दिल खोलकर प्रशंसा की है। जिन किलों ने 50 साल बाद भी दो वर्ष तक ब्रिटिश-शक्ति को रोके रखा, वे होल्कर के केवल क्रोध से नष्ट होने वाले नहीं थे। साहसी सूरजमल ने अत्यन्त निराशाजनक परिस्थितियों में भी स्वभावगत धैर्य एवं सन्तुलन का परित्याग नहीं किया। सूरजमल के शब्दों में कुम्हेर का किला लगभग अभेद्य था, जिसमें एक वर्ष से अधिक के लिए खाद्य एवं युद्ध सामग्री का पर्याप्त भण्डार था। उक्त तथ्य उसकी अनुमानित बढ़ती निराशा के प्रतिकूल है। समकालीन स्रोतों से पुष्ट तथ्य यह है कि शत्रुओं के अथाह समूह के होते हुए भी जाट निरन्तर उन पर आक्रमण करते थे और इस प्रकार शत्रु को अत्यधिक आतंक में रखते थे। कोई रात ऐसी नहीं जाती थी जब उनके आकस्मिक धावे निश्चित न हो, और कोई दिन ऐसा नहीं जाता था जब शत्रु के काफिले या रक्षक दल पर आक्रमण न किया गया हो। दुर्ग के तोपखाने की आड़ में वे चारों ओर मण्डराते रहते थे। जैसे उस परिवेश में उन्हें हानि पहुँचाने वाला कोई शत्रु ही न था। मराठी पत्र और दरबारी इतिहास सामान्यतः प्रतिरक्षकों की इस निडर मनोवृत्ति का समर्थन करते हैं। इन पत्रों से ज्ञात हुआ है कि डीग से कोई जाट टुकड़ी के सामने से नारोशंकर को सुरक्षा के लिए भागना पड़ा था। दूसरे पत्र से संकेत मिलता है कि डीग से आक्रमण करने वाली टुकड़ी के साथ मराठों की भिड़न्त हुई थी। जाट टुकड़ी दत्ता जी के पहुँचने पर वहाँ से हट गई थी। पहली अप्रैल 1754 (7 जमादी, II) की रात को सूरजमल ने कुम्हेर दुर्ग के बाहर जयपुर के जनरल नतानी का साक्षात्कार किया था। उसके बाद जाट तोपचियों के दल ने बाहर निकलकर मैदान में शत्रु की खंदकों पर आक्रमण किया। युद्ध में दोनों ओर की समान हानि हुई। एक जाट दल ने पुनः 30 अप्रैल को शिवदेव पर अचानक आक्रमण कर दिया जिसमें 41 मराठा मारे गए और उनसे सम्पूर्ण 29,500 रुपए की राशि छीन ली गई। पहले भी मार्च के अन्त में वैर से बहादुर सिंह के जाट सैनिक मराठा सैन्य दल पर टूट पड़े थे और दो या तीन होल्कर परिवार की सम्भ्रान्त स्त्रियों सहित उनके धन को अधिगृहीत कर लिया था। जाटों के इस साहस पर मल्हारराव ने अपने आपको अत्यन्त अपमानित अनुभव किया था। सूरजमल ने विनम्रतापूर्वक उन नारियों को आदर के साथ वापस भेज दिया था। ये छुट-पुट उदाहरण सूरजमल की कल्पित निराशा और उसके सन्निकट विनाश को असत्य सिद्ध करने के लिए पर्याप्त हैं। द्विवेदी, *जाट और मुगल साम्राज्य,* पृ. 191-192, फुट नोट—64-69; सूरजमल के कूटनीतिक प्रयत्नों के लिए देखें, चान्दावत, *महाराजा सूरजमल और उनका युग,* पृ. 115-116;—सम्पादक

की खोज में रणभूमि में कूद पड़ेगा। यद्यपि जाटनी भी मृत्यु के प्रति उतनी ही उदासीन थी, परन्तु राजपूत महिला की तुलना में अधिक मुक्त वातावरण में पली होने के कारण, संसार के सम्बन्ध में अधिक व्यापक दृष्टिकोण रखने के कारण, तथा मानव-चरित्र में अधिक गहरी पैठ रखने के कारण, वह अधिक आशावादी और उपाय-कुशल सिद्ध हुई। हाँसिया[3] (सूरजमल की मुस्कराती हुई पत्नी) ने अपने पति के गिरते हुए मनोबल को ऊपर उठाया, उसने कहा कि वह उसका विश्वास करे तथा अपने मस्तिष्क से निराशा की भावना को दूर करे। उसने जियाजी सिन्धिया का नाम सुना था; यह बताया गया था कि वह एक उदार, निष्कपट, और विशाल-हृदय व्यक्ति है जिसका उन अन्य सभी मराठा सरदारों की अपेक्षा अधिक विश्वास किया जा सकता है, जिनकी घूस लेने की आदत से वह अपरिचित नहीं थी। शत्रु के खेमे में फूट डालने के उद्देश्य से उसने एक सेवक रूपराम के पुत्र तेजराम को सूरजमल के पत्र और पगड़ी के साथ जियाजी सिन्धिया के पास भेजा और उससे प्रार्थना की कि वह उसे सुरक्षा प्रदान करें तथा सिर की पोशाक के विनियम के द्वारा उसकी मैत्री को स्वीकार करे जियाजी ने उसका गरिमापूर्ण प्रत्युत्तर दिया; उसने सूरजमल के संकल्प को स्वीकार किया तथा बदले में उसने एक उत्सावर्धक पत्र के साथ अपनी पगड़ी उसके पास भेजी, साथ ही उसने अपने कुल-देवता बेल भण्डार को प्रतिदिन अर्पित किए जाने वाले बेल पत्रों में से एक पवित्र बेल पत्र भी भेजा, जिससे वह उसकी ईमानदारी के सम्बन्ध में पूर्ण रूप से आश्वस्त रह सके। इस घटना की सूचना सब जगह फैल गई और होल्कर निराश हो गया।[4]

स्वयं सूरजमल अपनी उत्साही पत्नी से प्रेरित होकर सम्राट और वजीर इन्तिजामुद्दौला के साथ गुप्त वार्त्ता करने लगा, जिन्हें गाजीउद्दीन और मराठों के सम्बन्ध में अनेक आशंकाएँ थीं, भीरु सम्राट गाजी-उद-दीन की तानाशाही से उतना ही भयभीत था जितना भय उसे सफदरजंग से था। एक शक्तिशाली दुरात्मा का आह्वान किया गया—ऐसी आत्मा का जो बुलाने वाले की गर्दन को भी तोड़ने में सक्षम थी। उसने सम्राट और नए वजीर दोनों को पत्र लिखे जिनमें उसने लिखा कि मराठों के साथ मैत्री करके गाजी-उद्-दीन साम्राज्य को विनाश की ओर ले जा रहा है। यदि उसकी महत्वकांक्षाओं पर अभी कोई प्रतिबन्ध नहीं लगाया गया, और उसके अनर्थकारी कार्यों पर कोई रोक नहीं लगाई गई, तो उस समय कौन उसके रास्ते में खड़ा होगा जब वह अपने वृद्ध चाचा को वजारात से धक्का देकर हटा देगा अथवा बादशाह सलामत के साथ दुर्व्यवहार करेगा? गाजीउद्दीन ने दिल्ली के किले से कुछ भारी तोपें मँगवाई थीं। इन्तिजाम-उद्दौला ने जो अपने भतीजे की सफलता नहीं चाहता था, सम्राट को उन्हें न भेजने का परामर्श दिया। उसने कहा कि यदि मराठों के युद्ध संसाधन, सूरजमल से जीती

हुई विशाल धन-दौलत और शक्तिशाली दुर्ग तथा शाही तोपखाना दुर्दान्त एवं अनैतिक गाजीउद्दीन के हाथों में चले गए, तो उसकी महत्त्वाकांक्षा कल्पना की सभी सीमाओं का उल्लंघन कर जाएगी।

सूरजमल और इन्तिजामुद्दौला मराठों और गाजीउद्दीन के चारों ओर कूटनीति का ताना-बाना बुनने में व्यस्त थे। स्वयं सम्राट अब इस षड्यन्त्र में शामिल था। शाही सील के साथ जयपुर के महाराजा माधोसिंह, मारवाड़ के राजा और सफदर जंग को पत्र भेजे गए—जिन्होंने मराठों के अत्याचार सहे थे—जिनमें उनसे कहा गया था कि वे शाही झण्डे के नीचे संगठित होकर एकता कायम करें तथा दक्षिण के इन कीड़े-मकोड़ों से हिन्दुस्तान की मुक्ति करें। इन सबसे आश्वासन प्राप्त करने के उपरान्त प्रस्तावित आक्रमण की वास्तविक योजना को तैयार करने का काम सूरजमल को सौंपा गया। उसने सुझाव दिया कि सम्राट शिकार खेलने तथा दोआब शाही भूमि को देखने के बहाने कोल (अलीगढ़) पहुँचे और वहाँ तब तक रुके जब तक नवाब सफदरजंग उसके पास न पहुँच जाएँ। अवध की सेना के आ जाने के उपरान्त वह जल्दी से आगरा के नगर की ओर कूच करे जहाँ कछवाहा और राठौर राजा अपनी-अपनी सेनाओं के साथ उससे मिले। योजना यह थी कि चम्बल के ऊपर घेरा डाल दिया जाय, ताकि शत्रु बचकर न निकल पाये। यदि मराठा कुम्हेर का घेरा उठा ले और आगरा की ओर प्रस्थान कर दें, तो उस स्थिति में सूरजमल उनके पीछे-पीछे चला आये और सम्राट की सेना के साथ मिल जाय।

सम्राट अपनी सेना, दरबार और हरम के साथ मन्द गति से सिकन्दरा[xx] के निकट पहुँच गया। नवाब सफदरजंग भी गंगा के किनारे मेंहदी घाट पर पहुँच गया और वहाँ अपने सम्राट की प्रतीक्षा में अपना डेरा डाल दिया। परन्तु सम्राट कोल जाने की और वहाँ के मजबूत दुर्ग में शरण लेने की बजाय, सिकन्दरा में रुका रहा और नये सैनिकों की भरती करता रहा। इस बीच मल्हारराव कुम्हेर के किले पर घेरा डालने वाले खेमे से 5,000 घुड़सवारों के साथ चुपचाप चला गया; उसकी इच्छा शाही शिकार पर तेजी से झपट्टा मारने तथा अकेले उसके लाभ को हथियाने की थी। शाही खेमे पर अचानक आक्रमण किया गया, उसका खजाना और सामग्री, तथा उसके हरम की कुछ स्त्रियों तथा समूचा तोपखाना मराठों के हाथों में आ गया। अल्पबुद्धि सम्राट और उसका कायर मन्त्री भेष बदलकर भाग गए। मराठों ने उनका दिल्ली तक पीछा किया तथा राजधानी का घेरा डाल

XX. कानूनगो ने भूल से उत्तर प्रदेश में बुलन्दशहर जनपद से 21 मील पश्चिम में सिकन्दराबाद कस्बे को आगरे के निकट वाला सिकन्दरा समझ लिया है जहाँ अकबर का मकबरा है। यदि सम्राट सिकन्दरा पहुँचा गया होता तो योजना ही सफल हो जाती। कुम्हेर दुर्ग के घेरे के विस्तार के लिए देखें, द्विवेदी, *जाट और मुगल साम्राज्य*, पृ. 187-194;—सम्पादक।

दिया। इन्तिजामुद्दौला ने नगर की प्रतिरक्षा का कुछ प्रबन्ध किया, तथा उसे मूर्खतापूर्ण आशा थी कि राजपूत राजे, सफदरजंग और सूरजमल उसकी सहायता को आयेंगे।[5] गाजीउद्दीन ने कुम्हेर के घेरे से अपनी सेना हटा ली और वह भी मराठों के साथ शामिल हो गया। उसे अभी भी आशंका थी कि कहीं उसके शत्रु फिर से न मिल जाएँ, इसलिए उसने रुहेला सरदार नजीबुद्दौला को सहायता देने के लिए आमन्त्रित किया तथा उसे उच्च पद और सहायता के रूप में एक बड़ी धन-राशि देने का वायदा किया।

किले (दिल्ली) पर कब्जा कर लिया गया तथा सम्राट, उसकी माँ और अन्य सम्बन्धियों को गिरफ्तार कर लिया गया। इन्तिजामुद्दौला को पदच्युत कर दिया गया तथा गाजीउद्दीन के आदेश से सम्राट को अन्धा कर दिया गया। वह स्वयं वजीर बन गया तथा उसने अजीजुद्दीन को आलमगीर द्वितीय के नाम से तख्त पर बैठा दिया। (10 शबन, 1167 हिजरी—रविवार, 2 जून, 1754) (*वाका,* 91) अब सूरजमल के लिए स्थिति को सुधारने के लिए काफी समय बीत चुका था। सूरजमल के ऊपर गाजीउद्दीन के मित्र नजीबुद्दौला की निगरानी थी। राजूपताने के राजा भी यथावत बैठे रहे, वे देख रहे थे कि योजना विफल हो चुकी है। बादशाह की बदनसीबी के लिए सूरजमल को उत्तरदायी नहीं ठहराया जा सकता; वस्तुतः स्वयं बादशाह अपनी लापरवाही और विवेकशून्यता के कारण इसके लिए उत्तरदायी था। यदि वह कोल समय से पहुँच जाता तथा उसकी (सूरजमल के किले रामगढ़ की—सम्पादक) शक्तिशाली दीवारों के भीतर उसने पड़ाव डाल दिया होता, तो उस स्थिति में अप्रत्याशित आक्रमण की कोई सम्भावना ही नहीं रहती तथा सफदरजंग के साथ उसकी सेना का मिलन जो मेंहदी घाट पर उसकी प्रतीक्षा कर रहा था, सुगमतापूर्वक हो जाता। शाही खेमे में लापरवाही और अनुशासनहीनता इस सीमा तक थी कि जब मल्हारराव ने शत्रु की नब्ज की पहचान करने के लिए कुछ गोले फासले से फेंके; तो वहाँ से कोई भी टोह लगाने के लिए बाहर नहीं निकला। इससे भी बुरी बात यह थी कि वहीं बैठे-बैठे उन्होंने यह अन्दाजा लगा लिया कि गाजीउद्दीन के एक लेफ्टीनेंट अकीबत महमूद ने किसी गाँव में आग लगा दी होगी। वे सन्तुष्ट होकर आराम करने चले गए, परन्तु थोड़ी देर में वहां चोर घुस आए और बहादुर सामन्तों और राजाओं को आमने-सामने की लड़ाई के लिए बाध्य होना पड़ा। जो भी हो, सूरजमल की तात्कालिक कूटनीति का उद्देश्य कुम्हेर के किले से मराठों को हटाना था और इसमें उसे पूर्ण सफलता प्राप्त हो गई। दिल्ली की इस अप्रत्याशित विजय ने मराठों के सम्मुख आक्रमण के वह दृश्य उपस्थित किए जिनसे उनके मनोबल को बढ़ावा मिल सकता था। महान् मुगल के सिंहासन के पीछे खड़े होकर, मराठा-राष्ट्र के हृदय में एक उत्कृष्ट भावना धड़कने लगी और सुदूर सिन्धु नदी की चमकीली लहरों पर उनकी निगाह

पड़ने लगी। जब मल्हारराव और गाजीउद्दीन ने अपनी सेनाएँ सिकन्दरा (बाद—संपादक) की ओर रवाना कर दी थी, घेरा व्यावहारिक दृष्टि से हट चुका था। मराठा सेना (कुम्हेर के—संपादक) पड़ोस के देहात की सभी खाद्य-सामग्री निबटा चुकी थी, अतः अब घिरे हुए लोगों की अपेक्षा घेरने वालों को अभाव अधिक सता रहा था। वे छोटे-छोटे झुण्ड बनाकर वहाँ से इधर-उधर चले गए तथा जियाजी अप्पा सिन्धिया को कुम्हेर पर छोड़ गए। मल्हारराव और गाजीउद्दीन के समक्ष इतनी कठिनाइयाँ थी कि वे पुरानी शत्रुता को भूल गए और उन्होंने सूरजमल जैसे अटल मित्र और दुर्जेय प्रतिपक्षी को अपनी ओर मिलाने का प्रयत्न किया। सिन्धिया की मध्यस्थता से एक सन्धि की गई जिसमें यह शर्त रखी गई कि जाट राजा 60 लाख रुपए का हरजाना देगा। मराठों ने जाट प्रदेश खाली कर दिया, रघुनाथ राव अपने घर की ओर रवाना हो गया और जियाजी सिन्धिया मारवाड़ चला गया।[6]

सन्दर्भ—

1. उसने होडल से मथुरा के बीच का 22 कोस का फासला एक दिन में तय किया। (15 रबी 11, 1167 हिजरी—फरवरी 1754) देखिए *वाका,* पृ. 85
2. उसकी आयु उस समय लगभग 30 वर्ष थी। *वाका* की एक प्रविष्टि के अनुसार उसकी आयु मृत्यु 4 जमादा 1, 1167—बुधवार फरवरी 27, 1754 को हुई थी। भाऊ बखर के अनुसार 'घेरा आरम्भ होने के डेढ़ महीने बाद' उसकी मृत्यु हुई थी जो इससे मेल खाती है।
3. भाऊ बखर के सम्पादक ने इस नाम का संस्कृतीकरण करके उसे अनसूया बताया है तथा अनावश्यक रूप से उसके साथ भाषा-वैज्ञानिक विवेचना जोड़ी है। एक जाट लड़की के लिए यह बहुत अधिक पाण्डित्यपूर्ण और काव्यात्मक नाम है—ऐसा नाम जो देहात के लोगों के लिए बोधगम्य नहीं है।
4. *भाऊ बखर*, पृ. 6
5. गाजीउद्दीन के विरुद्ध इस प्रति षड्यन्त्र तथा दोनों पक्षों की तिड़कमों का सबसे अच्छा वर्णन *तारीख-ए-मुज्जफरी* में मिलता है (पांडुलिपि—84-94) और वह *सियर* से काफी भिन्न हैं (मूल पाठ, II, पृ. 48-49)।
6. *भाऊ बखर,* पृ. 10, संधि मे निर्दिष्ट धनराशि अदा की गई थी—यह संदेहास्पद है। इस बात का उल्लेख पर्सियन इतिहासकारों और फ्रेंच पांडुलिपि में नहीं है।

6

जाटों के विरुद्ध अहमदशाह दुर्रानी का अभियान

(नवम्बर 1756–अप्रैल 1757)

अब्दाली के साथ सूरजमल का संघर्ष

दिल्ली की नई सरकार ने सूरजमल के साथ लगभग एक वर्ष तक कोई छेड़खानी नहीं की, क्योंकि इस समय गाजीउद्दीन और मराठा पंजाब में व्यस्त थे। अफगानों को सिन्धु नदी के उस पार भगा दिया गया और यह प्रान्त पुनः साम्राज्य का एक भाग बन चुका था। थोड़े दिनों बाद वजीर गाजीउद्दीन और नजीबुद्दीन (अमीर-उल-उमरा) के बीच संघर्ष की स्थिति उत्पन्न हो गई थी, क्योंकि नजीबुद्दौला को वजीर की तानाशाही से शिकायत थी। क्योंकी बादशाह आलमगीर द्वितीय एक नगण्य व्यक्ति था, अतः उसकी गतिविधियाँ उसके रक्षक के द्वारा संचालित होती थीं। ऐसी स्थिति में शाही खेमे में समान से महत्त्वाकांक्षी और शक्तिशाली अभिमानी दो व्यक्तियों के लिए कोई स्थान नहीं था। नजीबुद्दौला को मराठों और गाजीउद्दीन के गठबन्धन से खतरा था क्योंकि किसी भी क्षण गाजीउद्दीन मराठों की सहायता से उसके मंसूबों को मिट्टी में मिला सकता था। उसने दुर्रानी शाह की ओर से संरक्षण के लिए देखा तथा उसके साथ विश्वासघाती बातचीत आरम्भ कर दी। गाजीउद्दीन ने रुहेला सरदार के अलगाव को निष्फल बनाने की दृष्टि से राजा सूरजमल के साथ मैत्री कर ली। आलमगीर के शासनकाल के दूसरे वर्ष में अहमदशाह दुर्रानी ने दूसरी बार सिन्धु नदी पार की (रबी 1, 1169 हिजरी=नवम्बर 1756) और उसने बड़ी द्रुतगति के साथ गाजीउद्दीन को दण्डित करने के लिए राजधानी की ओर प्रस्थान किया। अन्ता जी मन्केश्वर तथा अन्य मराठों ने जो वजीर की सेवा में थे, अफगान लुटेरों का पूर्वानुमान करके पुराने किले तथा राजधानी के बाहर स्थित इलाकों को खूब लूटा और फिर वे आधी रात के करीब भाग गए। स्वयं गाजीउद्दीन ने नरेला में शाह के सम्मुख अपना आत्म-समर्पण कर दिया। दिल्ली आने पर उसको डटकर लूटा गया। वजीर को एक करोड़ रुपया देना पड़ा और अपना वजीर का पद छोड़ना पड़ा। अहमदशाह दिल्ली के तख्त पर बैठ गया तथा उसने अपने नाम के सिक्के चलवाये (8 जमाद 1 = शनिवार, 29

फरवरी, 1757)। चूँकि विद्रोही सरदारों में राजा सूरजमल सबसे निकट था, इसलिए शाह का क्रोध अपने रुके हुए समूचे जोश के साथ, उनके ऊपर उबल उठा।[XXI] सूरजमल का पुत्र जवाहरसिंह पाँच या छः हजार सैनिक टुकड़ी के साथ बल्लमगढ़[1] से अफगान सेना की गतिविधियाँ देख रहा था। उसने अफगानों की लूटमार करने वाली एक सैनिक टुकड़ी को, जो फरीदाबाद की ओर गई थी, काट डाला। शाह क्रोध से आग-बबूला हो गया और उसी रात उसने अब्दुल समद खाँ को निर्देश दिया कि वह काफिरों को घात लगाकर धोखे से पकड़ ले। जाट राजकुमार शत्रु के घुड़सवारों का उनके छिपने के ठिकानों तक पीछा करते-करते शत्रु के जाल में लगभग फँस गया था। परन्तु अपने कुछ साथियों तथा लूट के कुछ माल को छोड़कर वह वहाँ से बच निकलने में सफल हो गया। अफगानों ने कुछ गाँव लूटे और वे जितने लोगों को पकड़ सके, उनके सिर धड़ से अलग कर दिये। (22 जमाद I = शनिवार 12 फरवरी, 1757) को अहमदशाह दिल्ली से जाटों के विरुद्ध अभियान पर डीग, कुम्हेर और भरतपुर को जीतने के दृढ़ संकल्प के साथ रवाना हुआ। जहान खाँ (दुर्रानी सेनापति) और नजीबुद्दौला के नेतृत्व में सेना की एक शक्तिशाली डिवीजन उसके आगे इस निर्देश के साथ भेजी गई—

> *अभिशप्त जाट की सीमाओं में प्रवेश करो और उसके अधीन प्रत्येक नगर और जिले में लोगों का कत्ल करो और लूटो। मथुरा का नगर हिन्दुओं का पवित्र नगर है और मैंने सुना है कि सूरजमल वहाँ है, उस पूरे नगर को तलवार के घाट उतार दो। अपनी समूची शक्ति के साथ उस राज्य और देश में कुछ भी मत छोड़ो। अकबराबाद (आगरा) तक कुछ भी खड़ा मत छोड़ो।*

अपने सेनापतियों को दिए गए इस निर्देश से सन्तुष्ट न होकर शाह ने अपने दण्डधारियों को यह निर्देश दिया कि वे सेना को यह सामान्य आदेश दें कि—

> *वह जहाँ पहुँचे वहाँ लूटमार करें तथा लोगों की हत्या करें। इस प्रकार लूटा हुआ माल उन्हें मुफ्त में इनाम के तौर पर दे दिया जाएगा। जो भी व्यक्ति किसी काफिर का सिर काटकर लाए, वह उसे मुख्यमन्त्री के खेमे के सामने फेंक दे, जिससे एक ऊँची मीनार बनाई जा सके। एक खाता बनाया जाएगा और पाँच रुपया प्रति हिसाब से सरकारी खजाने से उन लोगों को दिया जाएगा जो सिर काटकर लाएँगे।*

XXI. प्रतिकूल टिप्पणी के लिए देखें, द्विवेदी, *जाट और मुगल साम्राज्य*, पृ. 220-221। द्विवेदी का निष्कर्ष है कि अफगान अभियान का मुख्यकारण जाटों की धन-सम्पत्ति को हथियाना था;—सम्पादक।

वस्तुतः यह कोई युद्ध नहीं था, यह तो बड़े पैमाने पर खोपड़ी जमा करने का अभियान था जो किसी रेड इण्डियन सरदार को शोभा दे सकता था।

अभियान बल्लभगढ़[2] के घेरे के साथ आरम्भ हुआ, क्योंकि जवाहरसिंह ने दो मराठा सरदारों शमशेर बहादुर और अन्ता जी मन्केश्वर के साथ वहाँ की चौकी सँभाल ली थी। दो दिन तक उन्होंने बहादुरी के साथ किले की रक्षा की। तीसरी रात को सूरजमल का पुत्र और मराठा सरदार भेष बदलकर वहाँ से चले गए; जो कुछ थोड़े से लोग किले में लड़ाई का मुखौटा बनाए रखने के लिए छोड़े गए, उन्हें अफगानों ने मौत के घाट उतार दिया। 12 हजार रुपये, कुछ घोड़े और कुछ ऊँट विजेताओं के हाथ लगे। अहमदशाह ने बचकर जाने वालों की तलाश के लिए तत्काल समीपस्थ स्थानों पर दल भेज दिए। परन्तु जवाहरसिंह और मराठा नेताओं ने फारसी पोशाक पहनी हुई थी; उन्होंने एक भूमिगत प्रकोष्ठ के माध्यम से किले की खाई में प्रवेश पा लिया था, शाह की सेनाओं के बीच में से अपनी राह बनाने के बाद वे जमुना की खादर में पहुँच गए थे। दो दिन और दो रात वे नदी से पानी पीने के लिए भी बाहर निकलकर नहीं आए।

शाह वहाँ दो दिन तक रुका और उसने कत्लेआम और लूट का आदेश दिया। एक प्रत्यक्षदर्शी सैयद ने जो अफगान खेमे में था, इन हमलों का वर्णन इस प्रकार किया है—

मध्य रात्रि में खेमे के लोग हमला करने के लिए गए। इसका प्रबन्ध इस प्रकार किया गया था; एक घुड़सवार घोड़े पर बैठता था और वह दस से लेकर बीस आदमियों को घोड़े की पूँछ से बाँधकर ले आता था जिस प्रकार ऊँटों को रस्सी से बाँधकर लाया, ले जाया जाता है। जब सूर्योदय के बाद का एक घण्टा बीत चुका था, मैंने उन्हें वापस आते देखा। प्रत्येक घुड़सवार ने अपने-अपने घोड़ों को लूटे हुए माल से भर रखा था और उसके ऊपर उनके साथ बन्दी लड़कियाँ और दास भी थे। कटे हुए सिर कपड़ों में ऐसे रखे गए थे जैसे वे अनाज की गठरियाँ हों और उन्हें बन्दियों के सिरों पर रखा गया था, और इस प्रकार वे खेमे को वापस लौटे।...

...इस प्रकार हत्याओं और लूट का यह कार्यक्रम चलता रहा। ये हत्याएँ और इस प्रकार बन्दी बनाने का यह सिलसिला निस्सन्देह अद्‌भुत था, जो कयामत के दिन तक चला। वे सारे सिर जो धड़ों से अलग कर दिए गए थे, उन्हें मीनार के रूप में चिन दिया गया और उन लोगों से जिनके सिरों पर खून से लथपथ गठरियाँ लाई गई थीं, उनसे अनाज पिसवाया गया और फिर आखिरी दिन उनके भी सिर काट दिए गए। ये काम अकबराबाद के शहर तक पूरे रास्ते चलते रहे और इस इलाके के किसी भी भाग को बख्शा नहीं गया। (एक फारसी हस्तलिपि का इरबिन द्वारा

किया गया अनुवाद—इण्डियन एन्टीकरी, खण्ड XXXVI, पृ. 60)

जहान खाँ ने भी अपने स्वामी के निर्देशों का अक्षरशः पालन किया था। होली के दो दिन बाद 28 फरवरी, 1757 को वह एकाएक मथुरा के अभिशप्त नगर के सम्मुख उपस्थित हुआ। नगरवासियों को वसन्त के हर्ष एवं उल्लास के बीच किसी भयानक दुर्भाग्यपूर्ण अनहोनी की लेशमात्र भी आशंका नहीं थी। मथुरा के नगर की कोई किलेबन्दी नहीं थी, न तो उसके चारों ओर दीवालें थीं और न खाइयाँ; सब तरह से सुगमतापूर्वक वहाँ पहुँचा जा सकता था। सूरजमल ने वहाँ दुर्रानी सेनापतियों से नगर की रक्षा के लिए पाँच हजार सैनिक छोड़ रखे थे। यद्यपि यह आक्रमण अप्रत्याशित था, परन्तु इन सैनिकों ने अपने अदम्य शौर्य का परिचय दिया। एक कठिन युद्ध के उपरान्त जिसमें तीन हजार जाटों ने नगर की रक्षा में अपने प्राण न्यौछावर किए, इस पवित्र नगर पर अफगानों का अधिकार हो गया और उसके बाद में भयंकर रक्तपात हुआ। शाह की सेनाओं की एक टुकड़ी ने मथुरा के दक्षिण में स्थित गोकुल पर आक्रमण कर दिया। चार हजार नागा संन्यासी जो अपने धर्म की रक्षा के लिए प्राणोत्सर्ग के लिए हमेशा तत्पर रहते हैं, वहाँ एकत्रित हुए और उनमें से दो हजार अफगानों को मारकर युद्ध में खेत रहे। गोकुल की रक्षा हो गई;[3] जंगजू हिन्दू कट्टरवाद से आतंकित होकर मुसलमान लौट गए। परन्तु वृन्दावन में उन्हें किसी प्रतिरोध का सामना नहीं करना पड़ा, जो एक स्त्रैण सम्प्रदाय तथा ब्रह्मचारियों की आश्रयस्थली थी। अपेक्षाकृत अधिक दृढ़ विश्वास वाले सम्प्रदाय के सदस्यों के द्वारा उनको कठोर यातनाएँ दी गईं।

उस वर्ष दुर्रानियों ने हिन्दुओं के रक्त से जो दुबारा होली खेली, उससे मथुरा का समूचा नगर ऐसी उत्सवाग्नि से जल उठा जैसी सोल्लास चाँदनी रात में होली के अवसर पर कभी नहीं जलाई गई थी। बलात्कार से अपमानित स्त्रियों की चीख-पुकार, उन माताओं का क्रन्दन जिनके बच्चों को शैतान सैनिक हत्या करने के लिए ले गए थे, इन सबकी प्रतिध्वनि जलते हुए नगर की गलियों में गूँजती रही। कवि की कल्पना में निहित यमुना की नीलीधारा सात दिन तक खून से लाल रही और इसके बाद के सात दिनों में वह पीली रही। पतित वैष्णव धर्म के अनुयायियों को जो नदी के किनारे लता-कुंजों में निवास करते थे, जो दैवी गोपाल के आमोद-प्रमोद के स्वप्न देखते थे तथा जो उसकी मन्त्रमुग्ध करने वाली बाँसुरी के श्रवण की कल्पना करके आनन्द-विभोर हो उठते थे, उन्हें अपनी नपुसंकता का उचित प्रतिफल मिल गया। विनम्र बाबाजिओं के गले उसी प्रकार काट दिए गए, जिस प्रकार मुसलमान कसाई अपने देश में काटते हैं।[4] प्रत्येक झोंपड़ी में एक बैरागी का धड़ से अलग किया हुआ सिर पड़ा था और उसके मुँह से एक गाय का सिर लगा दिया गया था जिसे एक रस्सी के द्वारा उसके

गले में लटकाकर उसके सिर से बाँध दिया गया था (*इण्डियन एन्टीकरी*, खण्ड 36, पृ. 62)।

नगर के मुसलमान निवासियों को भी अपने सहधर्मियों से अच्छा सलूक नहीं मिला। उनके सिर तो बच गए, परन्तु वे अपना सम्मान और सम्पत्ति नहीं बचा सके। शाह के सैनिकों ने इतनी कर्तव्यनिष्ठा के साथ उसके आदेशों का पालन किया कि जिन्होंने अपने को मुसलमान घोषित किया, उन्हें अपने को नंगा करना होता था और यह दिखाना होता था कि उनका खतना हो चुका है; इसके बाद ही उन्हें छोड़ा जाता था। हत्याकाण्ड के 14 दिन बाद एक बिल्कुल नंग-धड़ंग व्यक्ति खण्डहरों के एक ढेर में निकला और मीर साहब के सन्मुख खड़ा हो गया। उसने खाने के लिए थोड़े-से भोजन की याचना की और अपना यह डरावना बयान लिखकर दिया—

> *मैं एक मुसलमान हूँ, मैं सोने-चाँदी का व्यापार करता हूँ, मेरी बहुत बड़ी दुकान थी। हत्याकाण्ड के दिन एक—एक घुड़सवार हाथ में तलवार लिए मेरे पास आया और उसने मुझे मारने का प्रयास किया। मैंने उसे बताया कि मैं मुसलमान हूँ। उसने मुझे कपड़े उतारने को कहा। मैंने कपड़े उतार दिए। उसने कहा, 'जो कुछ नगदी तुम्हारे पास है, वह मुझे दे दो ताकि मैं तुम्हारी जान बख्श सकूँ।' मैंने उसे चार हजार रुपये दे दिए। एक दूसरा व्यक्ति आया और उसने तलवार से मेरे पेट पर प्रहार किया। मैं भागकर एक कोने में छिप गया (वही, पृ. 62)।*

वृन्दावन को तो इससे भी बड़ी बदकिस्मती का सामना करना पड़ा जैसा मीर साहब के वर्णन से स्पष्ट है—

> *जहाँ भी निगाह पड़ती थी, लाशों के अम्बार दिखाई पड़ते थे। बड़ी संख्या में लाशों के पड़े होने तथा बड़ी मात्रा में खून के बिखरे हुए होने के कारण रास्ता निकालना कठिन कार्य था। एक स्थान पर हमने लगभग दो सौ मृत बच्चों का ढेर देखा। इन मृतकों में से किसी के सिर नहीं था...हवा में दुर्गन्ध इतनी तेज थी कि मुँह खोलना अथवा साँस लेना कष्टदायक था। सभी ने अपनी नाक बन्द कर रखी थी और बोलते समय वह अपने मुँह को रुमाल से बन्द कर लेता था (वही, पृ. 62)।*

मार्च के मध्य में अहमदशाह मथुरा पहुँचा और अपने सेनापतियों द्वारा किए गए कारनामों को देखकर वह बहुत सन्तुष्ट हुआ। नजीबुद्दौला और जहान ख़ाँ को खिल्लत के इनाम के द्वारा सम्मानित किया गया और उन्हें आदेश दिया गया कि वे "अकबराबाद की ओर आगे बढ़ें जहाँ बहुत से सम्पन्न लोग हैं जो जाटों की प्रजा थे।" आगरा का नगर भी कत्लेआम के द्वारा उजाड़ हो गया, किला घेर लिया गया। भाग्य से शाह की सेना में एक महामारी फैल गई जिसके

फलस्वरूप 150 लोग प्रतिदिन मरने लगे। एक सेर इमली खरीदने के लिए 100 रुपए की आवश्यकता थी। शाह ने अपने देश को वापस जाने का निर्णय लिया। जहान खाँ को आगरा के किले के घेरे से वापस बुला लिया, गया। 27 मार्च को प्रत्यावर्तन आरम्भ हुआ और 29 मार्च तक जाट-प्रदेश शत्रुओं से खाली हो गया (*इण्डियन एन्टीकरी,* खंड XXXVI, पृ. 64-65)।

सैनिक दृष्टि से अहमदशाह का अभियान असफल रहा; महाराजा सूरजमल की शक्ति लगभग अक्षत ही रही। डीग और भरतपुर पर उसका अधिकार नहीं हो सका और न उनके गर्वीले स्वामी को वह झुकाने में सफल हो सका। केवल दो या तीन अरक्षित नगरों को वह अपने कब्जे में ले पाया तथा वहाँ के असैनिक नागरिकों का उसने नर-संहार कर दिया। वह सूरजमल को बाहर निकालने तथा उसे लड़ने के लिए बाध्य करने में असफल रहा। सूरजमल की रणनीति यह थी कि उस समय तक प्रतीक्षा करो जब तक हिन्दुस्तान के मैदानों की गरमी से परेशान होकर अब्दाली यह इलाका छोड़कर चला जाए या मराठा वहाँ उपस्थित हो जाएँ, जो उस समय तक नर्मदा के तट तक आ चुके थे। जब शाह ने मथुरा से कुम्हेर की ओर कूच करने की धमकी दी तो अब्दाली के दिल बहलाने के लिए उसने उसे एक करोड़ रुपया इस शर्त पर पेशकश के तौर पर देने का प्रस्ताव किया कि वह अपनी कूच को स्थगित कर दे। शाह की मुसीबतों ने सूरजमल के हौंसले बुलन्द कर दिए। कुछ दिन बाद रूपराम कटारी के परामर्श से उसने उसे स्पष्ट शब्दों में लिखा, "मैं पेशकश के तौर पर दस लाख से अधिक नहीं दे सकता। आप इसे स्वीकार कर ले इससे हमारे और आपके बीच शान्ति और सद्‌भावना स्थापित हो जाएगी, अन्यथा युद्ध की स्थिति बनी रहेगी।"[5] शाह ने इस छोटी रकम को भी स्वीकार कर लिया, क्योंकि उसके सैनिक सैकड़ों की संख्या में प्रतिदिन मर रहे थे। दस लाख रुपए देने का एक लिखित समझौता सूरजमल ने कर लिया और दुर्रानी की सेना दिल्ली वापस चली गई। परन्तु इस रकम में से जाट राजा ने एक पैसा भी नहीं दिया।

गाजीउद्दीन और मराठों के साथ महाराजा सूरजमल की मैत्री

उत्तरी तूफान मुश्किल से ही कम हो पाया था कि दक्षिण से एक जल-प्रलय आ गई, जिसने समूचे हिन्दुस्तान को अपनी लपेट में ले लिया। इस जल-प्रलय का अन्त हिमालय के चरणों और सिन्धु तट पर जाकर ही हुआ, उसने कुछ समय के लिए दुर्रानी विजय के समस्त अवशेषों को बहा दिया तथा उसमें उत्तरी भारत के सभी मुस्लिम-राज्य डूब गए। शाह की विजय गाजीउद्दीन के प्रतिद्वन्द्वी रुहेला सरदार नजीबुद्दौला की विजय थी, जिसे विजेता अपना डिप्टी बनाकर यहाँ छोड़ गया था और जिसे नाममात्र के सम्राट आलमगीर द्वितीय तथा शाही नगर की

देख-रेख का काम उसकी ओर से सम्पादित करना था। वजीर का पद उससे ले लिया गया था और वह उसके षड्यन्त्रकारी चाचा इन्तजामुद्दौला को सौंप दिया गया था। गाजीउद्दीन सम्राट, वजीर और अमीर-उल-उमरा के विरुद्ध बदले की आग से जल रहा था और उस आग को सन्तुष्ट करने के लिए उसने मराठों को पुनः आमन्त्रित किया। रघुनाथ-राव दूसरी बार हिन्दुस्तान आया। (नवम्बर 1756—अक्टूबर 1757) और उसने निराश मराठा सरदारों में एक नए जीवन का संचार किया। दिल्ली पर फिर से अधिकार कर लिया गया तथा गाजीउद्दीन की पुनः वजीर के पद पर नियुक्ति कर दी गई। नजीबुद्दौला अपने विजयी प्रतिद्वन्द्वी के भयानक प्रतिशोध से बचने के लिए भागकर मल्हारराव होल्कर की शरण में चला गया जिसे वह अपना धर्म पिता कहने लगा था। रघुनाथ ने पंजाब को फिर से जीत लिया, उसने दुर्रानी के सेनापति जहान खाँ को तथा उसके पुत्र तैमूर शाह को पराजित किया तथा उन्हें सिन्धु के उस पार भगा दिया। इस प्रकार समूचे उत्तर भारत में वस्तुतः मराठा आधिपत्य स्थापित हो गया।

राजा सूरजमल बड़ी सावधानी के साथ इस राजनीतिक वातावरण से गुजर रहे थे। उनको अब्दाली और मराठों के बीच में चुनाव करना था; एक ओर उनके धर्म का शत्रु था और दूसरी ओर उनके अनैतिक सहधर्मी। उसका अखिल हिन्दू-आदर्श मराठों का साथ देने के लिए प्रेरित करता था, परन्तु उनका आचरण ऐसा नहीं था जो उनमें विश्वास रखने की प्रेरणा देता। किन्तु वह इतने बुद्धिमान थे कि उन्होंने उनके आक्रामक अभियानों में शामिल होकर अपने संसाधनों को नष्ट नहीं किया तथा अपने मुस्लिम पड़ोसियों को अपना शत्रु नहीं बनाया। यह जाट-मराठा-मैत्री केवल अनौपचारिक थी और वह विदेशी अफगान आक्रमणकारियों के विरुद्ध रक्षात्मक सन्धि थी। इस महान् जाट सरदार द्वारा अनेक अवसरों पर अभिव्यक्त राजनीतिक विचार प्रशंसनीय हैं और यदि मराठा सरकार ने उन पर आचरण किया होता, तो हिन्दुस्तान में उनकी वास्तविक प्रभुसत्ता बहुत समय तक बनी रहती। सूरजमल सर्वप्रथम गद्दार नजीबुउद्दौला को समाप्त करना चाहते थे तथा इसके पहले दुर्रानी उनकी सहायता के लिए यहाँ आने का समय निकाल पाता, वह रुहेला अफगानों के उपनिवेशों का पूर्ण रूप से दमन करना भी चाहते थे। संक्षेप में वह देश के भीतर के गद्दारों द्वारा अफगानिस्तान से आने वाले आक्रमणकारियों को दी जाने वाली समस्त सहायता को काट देना चाहते थे। रघुनाथ राव और दत्ता जी सिन्धिया भी इसी विचार के थे, और उन्होंने नजीबुद्दौला को मार भी दिया होता, किन्तु मल्हारराव होल्कर के अविवेकी एवं निजी स्वार्थमूलक हस्तक्षेप के कारण ऐसा न हो सका। द्वितीय, सूरजमल गाजीउद्दीन के स्थान पर नवाब शुजाउद्दौला को वजीर बनवाना चाहते थे। इस इच्छा के मूल में उनके कोई निजी पूर्वाग्रह काम नहीं कर रहे थे। गाजीउद्दीन उत्तरी भारत में एक प्रभावहीन

व्यक्ति था, न तो उसका कोई प्रादेशिक प्रभाव था और न पारिवारिक, उसकी स्थिति अत्यन्त दुर्बल थी। दूसरी तरफ नवाब शुजाउद्दौला व्यावहारिक रूप से एक बड़े और सम्पन्न राज्य का स्वतन्त्र एवं वंशानुगत शासक था। इससे वजारत के सम्मान को कायम रखने के लिए अपेक्षित शक्ति स्वतः प्राप्त हो जाती तथा इसके लिए मराठों पर आश्रित रहने की आवश्यकता भी न होती। क्योंकि उसका परिवार फारस से सम्बन्ध रखता था और वह शिया मत का अनुयायी था, इसलिए रुहेला अफगानों की भाँति अब्दाली के साथ किसी भी प्रकार राज्यक्षेत्रातीत लगाव भी नहीं था, जिससे उसे नजीब खाँ की भाँति खतरनाक और दुर्जेय माना जाता।[6]

अवश्यंभावी धमाका दो वर्ष बाद हुआ। नजीबउद्दौला एक वर्ष तक शुक्रताल पर घिरे रहने के बाद भी अपराजित रहा। ऐसा इसलिए हो सका क्योंकि होल्कर तथा अन्य मराठा नेताओं के बीच शत्रुता थी और जिस पर अब कोई पर्दा नहीं रह गया था। हफीज रहमत खाँ और दुन्दी खाँ तथा अन्य रुहेला नेताओं की नजीबउद्दौला और अब्दाली के साथ अफगानीय होने के नाते सहानुभूति थी। परन्तु वे अभी तक नवाब शुजा-उद-दौला के भय के कारण कुछ भी कर नहीं सके थे। अब अवध के विरुद्ध होल्कर के मनसूबे सर्वविदित हो चुके थे। फलतः नवाब अत्यधिक भयभीत था और उसे नजीब-उद-दौला के साथ मैत्री करने के लिए विवश होना पड़ा, हालाँकि उसे काबुल से शाह को आमन्त्रित करने के प्रस्ताव से सख्त विरोध था। दुखी सम्राट आलमगीर द्वितीय को अपने पूर्वजों का सिंहासन गाजीउद्दीन की अपमानजनक तानाशाही के अधीन नरम-से-नरम कुर्सी की तुलना में भी बुरा लग रहा था। उसने अब्दाली के पास इस आशय से गुप्त पत्र भेजे कि वह उसे क्रूर वजीर के बन्धनों से मुक्त कराए तथा उसे सर्वश्रेष्ठ जेलर नजीबउद्दौला को पुनः वजीर नियुक्त कराए। अपने पुराने अपमान को धो डालने तथा अपने पुत्र और सेनापतियों की पराजय का बदला लेने के लिए शाह ने चौथी बार सिन्ध नदी पार की। (बृहस्पतिवार, 25 अक्टूबर, 1759)।[7] वजीर ने अपने चाचा इन्तिजामुद्दौला और सम्राट को मरवा डाला क्योंकि उनके ऊपर आक्रमणकारी के साथ गुप्त सम्बन्ध रखने का सन्देह था, उसने दूसरे राजकुमार को शाहजहाँ द्वितीय के नाम से गद्दी पर बैठा दिया (8 रबी 2, 1173 हिजरी=बृहस्पतिवार 29 नवम्बर, 1759)। शाह सन्तुलित रूप से नजीब खाँ के प्रदेश की ओर बढ़ता रहा, जहाँ रुहेला सरदारों तथा नवाब शुजाउद्दौला की सेनाएँ उसके साथ मिल गईं। परन्तु मराठा खेमे में मतैक्य का अभाव था। उन्हें अनेक छोटी-छोटी मुठभेड़ों में पराजय का सामना करना पड़ा, फलतः उनमें घबराहट फैल गई। दत्ता जी सिन्धिया ने शुक्रताल का घेरा 11 दिसम्बर, 1759 को उठा लिया और वह दिल्ली आ गया। सब जगह बेचैनी और निराशा फैल रही थी, शाही राजधानी उजाड़ लग रही थी। जिनके पास खोने

के लिए कुछ भी था—सम्मान अथवा धन, वे दक्षिण की ओर जाटों के प्रदेश में भाग गए—जो हिन्दू मुसलमान दोनों प्रकार के भगोड़ों के लिए आतिथ्य प्रदान करने वाली शरणस्थली बन गया था। मराठा सरदार ने भी अपनी स्त्रियों तथा बच्चों को सूरजमल के संरक्षण में भेज दिया और उनके साथ ही हिन्दुस्तान के वजीर का हरम भी वहाँ आ पहुँचा जिसे अपने उदार शत्रु सूरजमल के संरक्षण में अपनी स्त्रियों के सम्मान को सुपुर्द करने में कोई संकोच नहीं था। जब मराठाओं का भाग्य बुलन्दी पर था, सूरजमल सन्देहात्मक अलगाव का रवैया अपनाता रहा था, परन्तु इस संकट के अवसर पर वह अब्दाली से भयभीत होकर, मराठों के साथ आगे बढ़ने, उनकी मदद में उनके साथ खड़े होने से हटने वाला भी नहीं था। कुम्हेर के घेरे के समय जयाजी अप्पा सिन्धिया ने उसके लिए जो अच्छा काम किया था, उसे जाट राजा भूला नहीं था, और ऐसे अवसर की प्रतीक्षा में था, जब वह उस अनुग्रह का बदला चुका सके। जब दत्ता जी सिन्धिया शुक्रताल के किले पर ही था तथा दिल्ली में पर्याप्त संख्या में मराठा सैनिक नहीं थे, सूरजमल ने 5000 जाट सैनिकों को वहाँ के लोगों को आश्वासन देने तथा नगर की रक्षा करने के लिए भेज दिया था।[XXII] शत्रु की अत्यधिक श्रेष्ठता देखकर सभी ने दत्ता जी को आश्वासन दिया कि वह चम्बल के उस पार तक अपनी सेना वापस ले जाए तथा कुमुक के आ पहुँचने की प्रतीक्षा करें। परन्तु उस श्रेष्ठ नेता को अपनी नई भूमिका में निहित उत्तरदायित्व का अहसास था। उसने खुले मैदान में यह प्रदर्शित करने का निश्चय किया कि महाराष्ट्र भारत पर अधिकार बनाए रखने के लिए रक्त बहाकर भी कीमत अदा करने में सकोच नहीं करेगा। वह 3 जनवरी, 1760 को दिल्ली पहुँचा और उसने जनकोजी सिन्धिया से कहा कि वह स्त्रियों को लेकर घर जाएँ। परन्तु जनकोजी ने ऐसा करने से साफ इन्कार कर दिया और कहा कि वह अपने सरदार के साथ उसके भाग्य में सहभागी बनेगा। रूपराम कटारी ने इन स्त्रियों को सुरक्षापूर्वक सूरजमल के प्रदेश तक पहुँचा दिया। दिल्ली से आठ मील दूर

XXII. सूरजमल के लिए सिन्धिया के आमन्त्रण पर कानूनगो कोई टिप्पणी नहीं करते। रूपराम कटारिया के अधीन 5000 जाट सैनिक 8 नवम्बर, 1759 को सुक्करताल पर न की दिल्ली में सिन्धिया से जा मिले थे। 8 दिसम्बर को सिन्धिया ने सुक्करताल का निरर्थक घेरा उठा लिया था। 20 दिसम्बर 1759 ई. को उसने अपना परिवार भारी सामान और अपाहिज शिविर निवासियों को जाटों की निगरानी में दिल्ली ले जाने के लिए सौंप दिया था। 4 जनवरी, 1760 को रूपराम कटारिया उनको लेकर जाट प्रदेश के लिए रवाना हो गया था। *राजवाड़े,* I, 143, 144, 147, 150; *एस. पी.डी.* II, पृ. 110; द्विवेदी द्वारा *जाट और मुगल साम्राज्य* में पृ. 234-135 पर उद्धृत।—सम्पादक

बादली के मैदान में दत्ता जी ने 1773 हिजरी के जमाद II के प्रथम सप्ताह में अब्दाली के साथ टक्कर ली।[8] युद्ध लम्बा और घमासान हुआ। अपने बहादुर नेता से अनुप्राणित होकर जीवन की चिन्ता न करते हुए मराठों ने बड़ी वीरता और पराक्रम के साथ युद्ध किया—ऐसी वीरता के साथ जिसका इन लोगों ने हिन्दुस्तान में पहले कभी प्रदर्शन नहीं किया था। परन्तु दुर्रानी के श्रेष्ठ सेनापतित्व तथा रुहेलों के अधिक लम्बे समय तक डटे रहने की शक्ति के कारण मैदान शत्रु पक्ष के हाथ में रहा। युद्ध में मराठों के कम-से-कम दस हजार सैनिक मारे गए। जाट सरदार घायल और अपाहिज जनकोजी तथा अन्य बचे हुए लोगों को कुम्हेर के किले में ले गए।

वजीर गाजीउद्दीन इमाद-उल-मुल्क, यह सोचकर कि क्या होने वाला है, युद्ध आरम्भ होने से पूर्व ही दिल्ली छोड़कर चला गया था।[XXIII] किस्मत से ठोकरें खाकर वह सूरजमल के किले पर शरण के लिए खड़ा था, जिसकी उसे विजेता शाह के क्रोध के विरुद्ध कहीं अन्यत्र मिलने की आशा न थी। यह वही गाजीउद्दीन था जिसने, जैसा फादर वैंदेल तथा गुलामअली *(इमाद-उस-सादात* के लेखक) ने हमें बताया है, थोड़े ही दिन पहले समूचे हिन्दुस्तान को इसलिए शस्त्र सज्जित किया था ताकि सूरजमल को नष्ट किया जा सके। जिस किले को वह उसके कठोर शत्रु के रूप में नष्ट करना चाहता था, अब वह उसी की शरण पाने का प्रयास कर रहा था। राजा सूरजमल ने बाहर निकलकर अपने सम्मानित अतिथि का स्वागत किया, वह उसे अन्दर ले गया तथा "उसके पद के अनुरूप उसने उसका सत्कार किया।"[9] हमें बताया गया कि उसने उसके रहने के लिए भरतपुर में अपने सबसे अच्छे महल को तैयार करवाया तथा उसके और उसके परिवार के आराम, सुरक्षा तथा सम्मान के लिए पर्याप्त व्यवस्था की और उसके साथ ऐसा बर्ताव किया जैसे वह स्वामी हो और जो अपने नौकर के घर आया हो। इस बीच शाह ने अपने को राजधानी का स्वामी बना लिया था; उसने सूरजमल से, उसके निष्ठाहीन आचरण के लिए, एक करोड़ रुपया जुरमाने के तौर पर देने की माँग की। जाट राजा इतना बुद्धिमान था कि एक भारी रकम देकर, अपने शत्रु को युद्ध-संचालन करने की अधिक ताकत देने के पक्ष में नहीं था। उनको मालूम था कि उसकी अगली माँग भागकर शरण में आए मराठा तथा मुस्लिम सरदारों के समर्पण की होगी। उसने विश्वासघाती आक्रमणकारी के साथ

XXIII. अली मुहम्मद खान के अनुसार दत्ता जी की 9 जनवरी, 1760 को बरारी घाट पर हुई पराजय के बाद वजीर इमाद सूरजमल के कुम्हेर दुर्ग में सुरक्षा के लिए भाग गया था। वजीर ने पहले ही नवम्बर 1759 में अपने परिवार के सदस्यों को वहाँ भेज दिया था। *मीरात-ए-अहमदी*, पृ. 905; चान्दावत द्वारा *महाराजा सूरजमल और उनका युग*, पृ. 159, फुट नोट-2 में उद्धृत; —सम्पादक।

सन्धि करने का विचार ही अपने मस्तिष्क से निकाल दिया और यह निश्चय कर लिया कि वह इस राशि को रक्षात्मक युद्ध के संचालन में प्रयुक्त करेगा। समूचा भारत मराठों के पतन से प्रसन्न था और इस प्रसन्नता में सहभागी हिन्दू भी थे, क्योंकि मुसलमानों की अपेक्षा उनको मराठों ने अधिक लूटा था। उनके चरित्र एवं आचरण ने, उत्तर भारत के लोगों में विश्वास की भावना नहीं जगाई थी। उन्होंने सबके विरुद्ध अपने हाथों को प्रयुक्त किया था और अब उनके हाथ उनके विरुद्ध उठ रहे थे। उनके हाथों राजपूताने ने इतना सहा था कि आमेर के माधोसिंह और मारवाड़ के विजयसिंह जैसे राजाओं ने अब्दाली की विजय का उतना ही स्वागत किया था जितना उनके अभागे उत्तराधिकारियों ने 40 वर्ष बाद उसी मूलवंश के लोगों पर लार्ड लेक की विजय पर प्रसन्नता व्यक्त की थी।[10]

परन्तु राजा सूरजमल ने स्थिति का अवलोकन दूसरे प्रकार से किया, यद्यपि मराठों के हाथ उन्होंने भी इतना ही सहा था, जितना अन्य लोगों ने। फलतः उच्चतर राजनीतिक लक्ष्यों की प्राप्ति के लिए, उसने अधिक दूरदृष्टि से काम किया। इस संकट-काल में उनके आचरण को निर्धारित करने में केवल जियाजी अप्पा सिन्धिया के प्रति कृतज्ञता की भावना की ही भूमिका नहीं थी। उसकी दृष्टि में मराठों के हर वर्ष होने वाले हमले, एक नए वंश—दुर्रानी की अधीनता में एक शक्तिशाली मुस्लिम-साम्राज्य के पुनरुत्थान की अपेक्षा, बुराई में कम थे। राजा सूरजमल उत्तर भारत में मराठों की उपस्थिति को राजनीतिक आवश्यकता समझते थे क्योंकि उसके माध्यम से विदेशी आक्रमणकारियों को देश से बाहर रखा जा सकता था तथा हिन्दू और मुसलमान शक्तियों के बीच सन्तुलन कायम रखा जा सकता था। वह एक व्यावहारिक राजनीतिज्ञ थे। भाऊ की तरह अदूरदर्शी नहीं, जो एक बहिष्कारवादी एवं असहिष्णु हिन्दू-स्वराज की कल्पना में सदा डूबा रहा। मुगल साम्राज्य के सिंहासन की गरिमा को बनाए रखने के सम्बन्ध में महाराजा सूरजमल से अधिक कोई दूसरा व्यक्ति जागरूक नहीं था, जैसा इसके बाद और भी अधिक स्पष्ट हो जाएगा। वह उसे नवोदित हिन्दू एवं मुस्लिम राज्यों के बीच एकता का एकमात्र साधन मानते थे। जहाँ तक अपने पड़ोसी राज्यों के सम्बन्ध में उनकी नीति का सम्बन्ध है, उनका उद्देश्य मुगल-सम्राट की अधीनता में अनेक व्यावहारिक दृष्टि से स्वशासी राज्यों के परिसंघ की स्थापना करना था। इन राज्यों की मुगल-सम्राट् के प्रति केवल संकट के समय, उसके झण्डे के नीचे एक हो जाने तक ही मर्यादित हो सकती थी, इससे अधिक नहीं। वह मुगल-साम्राज्य को नव-जीवन देने की इच्छा भी रखते थे, नए सिरे से शक्ति प्रदान करने की नहीं। अकबर और औरंगजेब के समय की जैसे अजेय शक्ति वाले मुगल साम्राज्य की परम्परा के द्वारा सभी उदीयमान छोटे-छोटे राज्यों को कुचल दिया जाता था। वह जानते थे कि इस दिशा में कोई प्रयास केवल उस

समय किया जा सकता था, जब जाट-शक्ति पूर्ण रूप से नष्ट हो जाए, उसकी योजना में सम्राट को एक सम्मानित आलंकारिक पद के रूप में कायम रखा जाना था; पहल और नेतृत्व का काम वजीर के हाथों में होना चाहिए था, परन्तु उसे इतना अधिक शक्तिशाली न बनने देना चाहिए, जिससे वह परिसंघ से सम्मिलित इकाइयों के समर्थन से मुक्त हो जाए अथवा तैमूर के परिवार से गद्दी छीन ले। इस परिसंघात्मक साम्राज्य के संवैधानिक वजीर के पद के लिए वह अवध के बुद्धिमान और सहिष्णु शासक शुजाउद्दौला को सबसे अधिक उपयुक्त व्यक्ति मानते थे।

दिल्ली के मामलों को एक सीमा तक व्यवस्थित करके अहमदशाह दुर्रानी ने 2 फरवरी, 1760 को (14 जमाद II, 1173 हिजरी) राजा सूरजमल के विरुद्ध अभियान आरम्भ किया और 7 फरवरी को उसने डीग के किले पर घेरा डाल दिया। परन्तु ऐसा लगता है कि यह केवल प्रदर्शन मात्र था, क्योंकि 27 फरवरी (*वाका,* 170-171) को उसने मेवात की ओर कूच कर दिया था। महाराजा सूरजमल भी अपने किले के बाहर निकल आए और उन्होंने दोआब में आक्रमण आरम्भ कर दिया। जाटों ने आधे कोल (वर्तमान अलीगढ़) को लूट डाला तथा नगर के किले पर धावा बोल दिया।(17 मार्च, 1760) *वाला-ए-शाह आलम सानी* में दुर्रानियों, जाटों और मराठों की गतिविधियों के सम्बन्ध में उल्लिखित दैनिक प्रविष्टियों से उनकी रणनीति के सम्बन्ध में कुछ जानकारी प्राप्त हो जाती है। जब दुर्रानी डीग के सामने था, एक मराठा टुकड़ी ने रेवाड़ी की तरफ से आगे बढ़ना आरम्भ किया ताकि अफगानों को वहाँ से हटाया जा सके। अहमदशाह ने मेवात के रास्ते से उनका पीछा किया, परन्तु वे रेवाड़ी के आगे रेगिस्तान में गायब हो गए और मराठों की दूसरी टुकड़ी बहादुरगढ़ (दिल्ली से लगभग 20 मील पश्चिम में स्थित) में उपस्थित हो गई। जब शाह ने दिल्ली की ओर कूच किया तो उन्होंने यमुना नदी को पार करके मेरठ और सिकन्दरा[XXIV] में लूटमार आरम्भ कर दी। अब्दाली ने उनका पीछा किया और उन्हें मथुरा और आगरा की ओर भगा दिया। जाट फिर दुआब में गए और उनका लूट और विजय का कार्यक्रम चलता रहा; संक्षेप में वे अवशिष्ट मराठा सेना के साथ मिलकर, बुद्धिमत्ता पूर्वक नियोजित भाग-दौड़ की लड़ाई को चलाते रहे (*वाका,* 173)।

आपत्ति के दबाव ने होल्कर और सूरजमल को अपनी शत्रुता को भुलाने के लिए विवश किया था। अब वे दोनों मित्र थे। मल्हारराव जो सम्भवतः चाहता था कि उसके प्रतिद्वन्द्वी दत्ता जी को दुर्रानी को पराजित करने का श्रेय न मिले, बादली की पराजय के बाद, मन्द गति से घटना-स्थल पर उपस्थित हुआ और उसने राजा सूरजमल से अफगानों के विरुद्ध युद्ध में उसका साथ देने को कहा।

XXIV. सिकन्दरा को बुलन्दशहर जनपद का सिकन्दराबाद समझें;—सम्पादक।

परन्तु सूरजमल ऐसा करने तक के लिए तैयार नहीं थे, जब तक पेशवा के यहाँ से कुमुक नहीं आती। एक बार होल्कर अब्दाली सेनापति शाह पसन्द खाँ के दोआब में सिकन्दरा के स्थान पर किए गए आक्रमण से इतना हतप्रभ हुआ कि उसकी एक टुकड़ी पूर्णतः नष्ट हो गई और उसे एक घोड़ी पर बैठकर केवल शरीर पर धारण किए हुए वस्त्रों के साथ भागना पड़ा (*सियर,* III, 381) उसने फिर कभी डीग के किले से बाहर निकलने का साहस नहीं किया, जहाँ उसने अब्दाली के भय के कारण शरण ले रखी थी।

शाह को हिन्दुस्तान में अपने ऊपर आने वाले खतरे का आभास था। उसने सुन रखा था कि दक्षिण में मराठा उसके विरुद्ध युद्ध की तैयारी कर रहे हैं। अतः उसने भी दक्षिण के इन लुटेरों से पीड़ित उत्तर भारत के सभी हिन्दू और मुसलमान शासकों का एक गठबन्धन तैयार किया। उसने उन्हें यह समझाने का प्रयास किया कि उसका उद्देश्य मराठा महामारी से उनकी रक्षा करना है, न कि विजय के द्वारा उनके ऊपर नई गुलामी को थोपना। वह मराठों के साथी राजा सूरजमल और गाजीउद्दीन की मैत्री को तोड़ना चाहता था और इस उद्देश्य की प्राप्ति के लिए उसने सम्मानित रुहेला सरदार हफीज रहमत खाँ को शान्ति के प्रस्तावों के साथ भेजा (*तारीख-ए-हुसैनी,* 537)।[11] दुर्बल मस्तिष्क का गाजीउद्दीन ढुल-मुल तरीके से आचरण करता रहा, सूरजमल ने अपने अतिथि को अपनी इच्छानुसार काम करने की छूट दे रखी थी। 19 फरवरी (2 रजब, 1173 हिजरी) को दिल्ली में यह समाचार पहुँचा कि शाह और गाजीउद्दीन इमाद-उल-मुल्क के बीच एक सन्धि हो गई है जिसके अनुसार गाजीउद्दीन की पुनः वजीर के पद पर नियुक्ति कर दी गई है (*वाका,* 173)।

1760 के सम्पूर्ण घटनाक्रम में राजा सूरजमल ने शाह के विरुद्ध न केवल शस्त्रों से युद्ध किया, अपितु उसने इस युद्ध के संचालन में कूटनीति और दुरभिसन्धि जैसे परिष्कृत हथियारों को प्रयुक्त किया। दुर्रानी मुगल साम्राज्य की लाश पर अपने और मराठों के बीच में एक घृणित संघर्ष को प्रतिष्ठापित करना चाहता था, इस संघर्ष को अधिक आकर्षक बनाने के लिए वह यह दिखाना चाहता था कि भारत पर अधिकार जमाने के लिए वह हिन्दू और मुसलमान के बीच संघर्ष है। राजा सूरजमल को इस बात के लिए श्रेय दिया जाना चाहिए कि उन्होंने अफगान-कूटनीति को विफल कर दिया। उसने इसका प्रतिकार करने के लिए अपने पुराने मित्र अवध के नवाब शुजाउद्दौला के पुत्र से बात चलाई। नवाब अवध भारत में दुर्रानी शक्ति की स्थाई रूप से स्थापना के विरुद्ध थे, क्योंकि इससे उसके स्वाभाविक शत्रु अफगानों की शक्ति बहुत बढ़ जाती और उससे उसकी स्वयं की सुरक्षा खतरे में पड़ जाती। राजा सूरजमल अपने लक्ष्य में लगभग सफलता प्राप्त कर चुके थे, परन्तु भाग्य ने अब्दाली का साथ दिया। जिन्होंने

इस समय की अवध के नवाब की कूटनीति तथा गतिविधियों के जटिल तानों को समझने का प्रयास किया है, वे इस निष्कर्ष पर अवश्य पहुँचेंगे कि नवाब और शाह का मिलन एक शुद्ध रूप से आकस्मिक घटना थी (काशी राय, *एशियाटिक रिसर्चेज*, खण्ड, III)। राजा सूरजमल ने पहले तो गाजीउद्दीन को शाह के लालच में फँस जाने दिया, परन्तु बाद में उसके भय को जाग्रत करके उसे अस्वीकार करने के लिए तुरन्त विवश कर दिया। यद्यपि गाजीउद्दीम एक शरणार्थी था। वह गरीब और शक्तिहीन भी था, तथापि दोनों पक्ष उसकी मैत्री के इच्छुक थे, कारण यह है कि उसके साथ मित्रता में एक बड़ा नैतिक मूल्य अन्तर्निहित था और इसीलिए राजा सूरजमल मराठों के लिए उसे प्राप्त करने की योजना में उतनी ही बड़ी कीमत चुकाने को तैयार थे, जितनी स्वयं शाह। उन्होंने पूरी गम्भीरता के साथ, उसे यह आश्वासन दिया कि अफगानों के भगाए जाने के बाद, उसकी वजीर के पद पर दुबारा नियुक्त करा दी जाएगी। गाजीउद्दीन ने शाह के साथ नव-रचित सन्धि को तोड़ दिया तथा भाऊ के आगमन की प्रतीक्षा करने लगा।

सन्दर्भ–

1. वर्तमान एटलस में बल्लभगढ़ को बल्लबगढ़ कहा गया है, वह दिल्ली से 22 मील दक्षिण-पश्चिम में जी.आई.पी. (अब सेन्ट्रल) रेलवे पर है, फरीदाबाद दिल्ली से 16 मील दूर दक्षिण-पश्चिम में है।
2. शाह की यह योजना नहीं थी। यह घेरा गाजीउद्दीन के कहने पर डाला गया था।
3. देखिए सरदेसाई–*मराठी रियासत, Vol. IV, पानीपत प्रकरण* (मराठी) पृ. 77
4. *भाऊ बखर*, पृ. 34
5. *भाऊ बखर*, पृ. 38, दूसरे विवरण के लिए देखिए, *वैंदेल*, पृ. 39 "उसके भाग्य ने ऐसा चाहा कि उसने जो कुछ देने का वायदा किया था, उसमें से उसे एक पैसा भी नहीं देना पड़ा।"
6. मल्हारराव होल्कर ने इससे विपरीत नीति की वकालत की। उसकी नीति थी कि उसके धर्मपुत्र नजीब खाँ की शक्ति को कायम रखा जाए और उसकी सहायता से शुजाउद्दौला का दमन किया जाए और अवध के राज्य को जीता जाए। उसका विचार था कि ऐसा करने से अटक से रामेश्वरम् तक का समूचा भारत पेशवा के छाते की छाया में आ जाएगा। (*पानीपत प्रकरण*, पृ. 103) दूरदर्शिता एवं कूटनीति के अभाव से ग्रस्त ऐसे नेताओं के साथ कोई भी राष्ट्र वह कितना ही बहादुर क्यों न हो, युद्ध में विजयी नहीं हो सकता और न उससे एक स्थाई साम्राज्य के निर्माण की अपेक्षा की जा सकती है।
7. तीसरी रबी, I, 1173 हिजरी, *वाका*, पृ. 135
8. सभी फारसी इतिहासों में जिनमें *'सियर'* शामिल है लिखा है कि युद्ध

जमादी-उल-आखिर के महीने में हुआ था जो, 20 जनवरी, 1760 से आरम्भ होता है। *वाका* में किसी सुनिश्चित तिथि का उल्लेख नहीं है। वह जनवरी के अन्तिम सप्ताह में हुआ था।

9. *वैंदेल,* 51, *इमाद,* 73
10. इस स्थिति का सटीक वर्णन समकालीन मराठा पत्रों में किया गया है : *मराठ्याचा हर्ष उड़न गेला, बहुत फिकिरीत पेडले, काल फिरला, जेरीस् आले जाटमाये जियाजी शिन्दाचा कुम्भरील डपकार स्मरून वरचेवर साह्यकरीत हाते वाकी सर्व रजुपत सुहाँ मराठाँबर उड़न आंचा वदनक्ष ह्यालाबद्दल आनन्द मांनु लगले।*
11. 1173 हिजरी के शवाल के महीने में हाफिज रहमत खाँ जाट राजा और गाजीउद्दीन के साथ समझौता वार्ता करने मथुरा गया। 23 शवाल (8 जून, 1760) को जाट राजा ने वार्ता उस समय भंग कर दी जब मराठा कुमुक आ पहुँची (*वाका,* 175)। यह वर्णन *तारीख-ए-हुसैनी* के वर्णन से मिलता-जुलता है। *तारीख-ए-हुसैनी* एक मात्र फारसी ऐतिहासिक पुस्तक है जिसमें हफीज-उल-मुल्क के दूतत्व का उल्लेख है।

7

सूरजमल की महान् निराशा

पानीपत की भूमिका

वर्ष 1760 के अन्तिम छः महीनों में भारत कष्टदायक असमंजस में अपनी साँस रोके रहा। जिन दो शक्तिशाली युद्ध के बादलों ने राजनैतिक क्षितिज को अभी तक आच्छादित किया हुआ था, वे अब अपेक्षाकृत अधिक बड़ा आघात पहुँचाने के लिए बल का संचय कर रहे थे। उत्तर भारत में प्रभाव स्थापित करने के लिए विदेशी अफगान आक्रमणकारी तथा मराठों के बीच संघर्ष को दुर्रानी और पेशवा ने महान् साम्प्रदायिक और धार्मिक युद्ध का रूप दे रखा था। अफगान शासक का दावा था कि उसे आक्रामक हिन्दू प्रतिक्रियावाद के विरुद्ध सभी मुसलमानों का समर्थन प्राप्त है क्योंकि वह ह्रासोन्मुख इस्लाम का हिमायती है; इसके विपरीत मराठा-नेता ने यह घोषणा की थी कि उसका उद्देश्य दमनकारी मुस्लिम शासन के अन्तर्गत वर्षों से चली आ रही दासता से अपने समान धर्मावलम्बियों को मुक्त कराना था। पेशवा के दूत राजपूताना के प्रत्येक हिन्दू-शासक के दरबार में गए थे, परन्तु उन्हें वहाँ अभीष्ट सत्कार प्राप्त नहीं हुआ और उत्तर भी ऐसे मिले जिन्हें टालू कहा जा सकता है। इन नरेशों का तर्क था कि यदि मुगल सिंहासन की छाया में मराठों के पुनरावर्तनशील आक्रमण उनके लिए विनाश और कष्ट का कारण बन सकते थे, तो अब्दाली के भय से मुक्त इन दक्षिण-वासियों की निर्विरोध प्रभुसत्ता के अन्तर्गत उनके भाग्य का क्या होगा? किसी भी राजपूत नरेश ने पेशवा की अपील का वांछित प्रत्युत्तर नहीं दिया। उनमें उनके हिन्दू मित्रों की इतनी कम आस्था थी कि राजा सूरजमल की भाऊ के खेमे में जाने की उस समय तक हिम्मत नहीं हुई, जब तक कि होल्कर और सिन्धिया ने उसकी सुरक्षा का दायित्व अपने ऊपर नहीं ले लिया।

पेशवा बालाजी बाजीराव ने अपने चाचाजात भाई सदाशिव भाऊ और अपने पुत्र विश्वासराव को एक लाख सैनिकों के साथ भारत पर अधिकार स्थापित करने के लिए भेजा था। वस्तुतः इतनी बड़ी और सुसज्जित सेना ने इसके पूर्व नर्मदा नदी को कभी पार नहीं किया था। अपने चाचा के पुत्र से चलते समय उसने कहा

था, "अपने इस भतीजे को अपने साथ हिन्दुस्तान ले जाओ तथा साम्राज्य के सभी गैर-अफगान सामन्तों को अपने पक्ष में मिला लो। मैं एक दूसरी शक्तिशाली सेना के साथ जल्द तुम्हारे पीछे आऊँगा; भगवानजी के आशीर्वाद से मैं कन्धार को सभी जीवित प्राणियों से रहित कर दूँगा तथा पृथ्वी पर अफगान जाति का बीज भी नहीं रहने दूँगा। इसके बाद भुगतने के लिए केवल एक या दो मुसलमान बचेंगे जैसे शुजाउद्दौला और जफर अली खाँ (बंगाल का मीर जाफर)। यदि वे शत्रुता प्रदर्शित करेंगे, तो उनका अस्तित्व भी मिटा दिया जाएगा; यदि वे आत्म-समर्पण कर देंगे तो हम उन्हें पंख-विहीन कबूतरों की भाँति रखेंगे, *मानन्द कबूतरान पर बुरीदाह।* इसके उपरान्त विश्वास राव को दिल्ली के तख्त पर बिठाकर मैं तीर्थयात्रा पर चला जाऊँगा" (*इमाद,* 78)। ये लम्बी-चौड़ी तथा ऊँची आशाएँ किस सीमा तक पूरी हो सकीं, यह भारत के इतिहास के विख्यात तथ्य हैं।

चम्बल के तट पर आने के बाद, भाऊ ने एक पत्र लच्छेदार भाषा में, राजा सूरजमल को लिखा जिसमें उसने सूरजमल से अनुरोध किया था कि वह अविलम्ब मराठा खेमे में आ जाए और उनसे मिल जाए (*इमाद,* 78, 178)। मल्हारराव होल्कर और सिन्धिया ने उसे आगरा में भाऊ से मिलने के लिए राजी कर लिया, सूरजमल मराठा खेमे में गया। भाऊ एवं अन्य मराठा सेनापतियों ने सम्मानपूर्वक उसका सत्कार किया। आगरा से वे मथुरा की ओर रवाना हुए जहाँ अब्दुलनबी की मस्जिद को देखकर भाऊ का क्रोध भड़क उठा। सूरजमल की ओर मुड़कर उसने कहा, "तुम अपने को हिन्दू कहते हो, परन्तु इस मस्जिद को तुमने इतने समय तक कैसे खड़ा रखा है?" सूरजमल का विनम्र उत्तर था—

> *पिछले कुछ समय से हिन्दुस्तान की शाही किस्मत वेश्या के अनुग्रह की भाँति ढुलमुल-सी रही हैं, आज वह एक व्यक्ति की गोद में है और दूसरे दिन किसी दूसरे के बाहुपाश में है। यदि मैं इस सम्बन्ध में आश्वस्त होता कि मैं जीवनपर्यन्त इन प्रदेशों पर शासन करूँगा तो मैं इस मस्जिद को जमीन में मिला देता। परन्तु इसका क्या लाभ होगा कि मैं इस मस्जिद को नष्ट कर दूँ और कल को जब मुसलमान यहाँ आएँ और वे महान् मस्जिद को नष्ट हुआ देख करके इस एक मस्जिद के स्थान पर चार मस्जिदें खड़ी कर दें। चूँकि अब महामहिम आप इस प्रदेश में आए हैं, इसलिए यह निर्णय अब आपके हाथ में है।*

भाऊ का प्रत्युत्तर था, "अफगानों को परास्त करने के बाद मैं प्रत्येक मस्जिद के खण्डहर पर एक मन्दिर का निर्माण करूँगा।" परन्तु दिल्ली को जीतने के बाद, यमुना में एक पवित्र स्नान कर लेने पर उसका क्रोध ठण्डा हो गया; जामा मस्जिद के फकीरों ने ब्राह्मणों के साथ उसकी दानवीरता में अपना हिस्सा बँटाया (*वाका,* 178)।

कुछ समय तक सब कुछ ठीक-ठाक चलता रहा, मराठों और जाटों के बीच प्रेम और सद्भाव को सर्वत्र देखा जा सकता था। परन्तु अब्दाली के विरुद्ध अभियान की योजना के सम्बन्ध में मतभेद होने के कारण इस प्रेम में शीघ्र ही ठण्डापन आने लगा। मराठा सेनाध्यक्ष ने आगरा में एक युद्ध-परिषद् का आयोजन किया, जहाँ उसने सूरजमल से कहा कि आगामी अभियान को चलाने का समुचित तरीका क्या होना चाहिए? इस सम्बन्ध में वह अपनी राय बताए। जाट सरदार ने उत्तर दिया—

> *मैं तो केवल जमींदार हूँ और महामहिम एक बड़े राजा; हरेक अपनी क्षमता के अनुसार अपनी योजना तैयार करता है। जो मेरी राय में वांछनीय है, उसे मैं निवेदित करता हूँ, यह एक महान् सम्राट के विरुद्ध संघर्ष है, जिसे सभी इस्लाम के सरदारों का समर्थन प्राप्त है। यद्यपि शहंशाह हिन्दुस्तान में केवल प्रवासी है, परन्तु उसके अनुयायी इसी देश के रहने वाले हैं और वे बड़ी रियासतों के स्वामी हैं। यदि आप चतुर हैं, तो शत्रु आपसे भी अधिक चतुर है—निस्सन्देह आपके लिए यही उचित है कि आप इस युद्ध के संचालन में अधिक सावधानी और विचार से काम लें। यदि विजय की हवा गाय की पूँछ पर (आपका ध्वज) अपना प्रभाव डालती है, तो आप समझें कि उसे भाग्य ने अपनी कलम से आपके शुभ मस्तिष्क पर लिखा है। परन्तु युद्ध तो किस्मत का खेल है, जिसमें केवल दो विकल्प होते हैं—बुद्धिमानी की बात यह है कि इस सम्बन्ध में बहुत अधिक आश्वस्त न रहा जाए और न बहुत अधिक शान्ति से आराम किया जाए। यह उचित होगा कि आप अपनी महिलाओं, अनावश्यक सामान और बड़ी-बड़ी तोपों को जिनकी युद्ध में बहुत कम उपयोगिता है, उन्हें चम्बल के पार झाँसी या ग्वालियर के किले में भेज दें और आप स्वयं हल्के हथियारों से सुसज्जित सेना के साथ शाह का सामना करें। यदि विजयश्री आपके हाथ लगती है तो उस स्थिति में हमारी टाँगे (स्त्रियों तथा अन्य रुकावटों से बँधी न होकर) हमें निर्बाध रूप से भागने में सक्षम रखेंगी। यदि आप उन्हें बहुत दूर भेजने के विरुद्ध हैं अथवा उसे अव्यवहारिक मानते हैं, तो मैं अपना कोई भी एक मजबूत दुर्ग जिसे आप उचित समझते हैं, खाली कर दूँगा जहाँ आप अपनी स्त्रियों और सामान को रख सकते हैं, जहाँ इसी प्रकार की सामग्री और रसद रखी जा सकती है, जिसके निर्णायक कार्यवाही के समय, आपके दिल पर कोई बोझ न रहे और आपके हाथ आपकी महिलाओं के सम्मान की रक्षा की चिन्ता से मुक्त रह सकें और इस दुर्भिक्ष के समय में अनाज की पूर्ति का मार्ग खुला रहे, ताकि अनाज का अभाव सेना के लिए किसी कठिनाई का कारण*

न बन सके। मैं अपने सैनिकों के साथ रकाब पर प्रतीक्षा करूँगा, और क्योंकि मेरा देश शत्रु की लूटमार से मुक्त रहा है, इसलिए वहाँ से सामग्री प्राप्त की जा सकती है—यह बुद्धिसंगत होगा कि शाह के विरुद्ध हल्की अश्व-सेना के साथ, अनियमित युद्ध लड़ा जाए (जंग-ए-कज्जकाना) और राजाओं तथा सम्राटों की भाँति जमकर लड़ाइयाँ न लड़ी जाए (जंग-ए-सुल्तानी)। जब वर्षा ऋतु आएगी तो दोनों पक्ष अपने-अपने स्थानों से हटने में असमर्थ हो जाएँगे और फिर आखिर में शाह की स्थिति हमारी तुलना में अधिक असुविधाजनक हो जाएगी, अतः फिर वह परेशान होकर स्वदेश लौट जाएगा। इस प्रकार अफगानों का जब मनोबल गिर जाएगा, तब वह आपकी शक्ति के आगे झुक जाएँगे (इमाद 179-180)।

भाऊ को परामर्श देते हुए आपने आगे कहा कि—

सेना की एक डिवीजन को पूर्व की ओर भेजा जाए और दूसरी को लाहौर की तरफ, ताकि इन क्षेत्रों को तहस-नहस किया जा सके और दुर्रानी की सेना को प्राप्त होने वाली रसद को रोका जा सके।[1]

इस समय राजा सूरजमल तथा मराठों का अब्दाली के प्रबल शत्रु सिखों और बनारस के राजा बलवन्त सिंह के साथ पत्र-व्यवहार चल रहा था। राजा बलवन्त सिंह की अब्दाली के मित्र शुजाउद्दौला के साथ शत्रुता थी। स्पष्टतः इस पत्र व्यवहार का प्रयोजन अवध और पंजाब से अब्दाली की सेना को प्राप्त होने वाली रसद को रोकना था तथा आक्रमणकारी की सेना के पिछले तथा बाएँ बाजू के भाग में भटकाव उत्पन्न करना था।

सब मराठा सरदारों ने इस योजना की प्रशंसा की तथा एक स्वर में कहा कि यह उनकी भी राय है। "हम स्वयं अपहरण प्रिय लड़ाकू (*कज्जाख*) हैं, इसलिए युद्ध के इस तरीके को अपनाने से हमारे ऊपर कोई दोष नहीं आता। हमारी कुशलता भागने में है, यानी मार से बचने में है। यदि शत्रु को छलबल से पराजित नहीं किया जा सकता, तो यह विवेकपूर्ण बात नहीं होगी कि हम अपने आपको कठिन परिस्थिति में फँसा लें और अपने को विनष्ट होने दें।" परन्तु घमण्डी भाऊ को युद्ध करने का यह तरीका उस जैसे राजा के लिए अनुपयुक्त प्रतीत हुआ; आखिर वह पेशवा का चाचा जात भाई था, जिसके नौकरों और एजेंटों ने हिन्दुस्तान में गौरवपूर्ण उपलब्धियाँ हासिल की थीं, उसने इस परामर्श को होल्कर तथा अन्य वृद्ध सरदारों के सठियायेपन और जाट की मूर्खता का फल माना—जाट जिसे कुछ दिन पूर्व ही गौरवपूर्ण स्थिति प्राप्त हुई थी। इस प्रकार सभी सरदार निराश और अपमानित होकर यह कहते हुए बाहर चले गए कि कोई बड़ी पराजय से ही इस जोशीले और उतावले नेता में अक्ल आएगी और उसके बाद ही वह अपने सहायकों के परामर्श पर ध्यान देना आरम्भ करेगा (*इमाद,* 180-181)। अपने मराठा मित्रों

के सम्बन्ध में राजा सूरजमल का उत्साह एक सीमा तक ठण्डा पड़ गया और यदि उनके बीच कोई घातक गलतफहमी पैदा नहीं हुई तो उसका कारण दूसरे मराठा सरदारों का व्यवहार-कौशल था। उन्होंने भाऊ को समझाया कि उसे जाट सरदार के प्रति अधिक विचारशील होना चाहिए, क्योंकि इस युद्ध में सफलता के लिए उसका उनके साथ बना रहना बहुत अधिक महत्त्वपूर्ण है।

गाजीउद्दीन के साथ मिलकर राजा सूरजमल 8000 जाटों के साथ भाऊ की सेना में शामिल हो गया।[2] जुलाई 1760 में यह मित्र-सेना दिल्ली पहुँची और उसने नगर का घेरा डाल दिया। स्वयं गाजीउद्दीन अपनी विशिष्ट कर्म-शक्ति एवं साधन-सम्पन्नता के साथ नगर पर अधिकार स्थापित करने के काम में जुट गया। जब शाही राजधानी का पतन हो गया, उसने मुगलों (अब्दालियों) से पूरा प्रतिशोध लिया तथा मराठों ने खुलकर लूटकार की, इस प्रकार उनके हाथों में लूट का इतना माल आया कि उनमें से कोई निर्धन नहीं रहा (सरदेसाई, *पानीपत प्रकरण*, पृ. 162)। गाजीउद्दीन ने शाही अन्तःपुर से एक राजकुमार निकालकर उसे गद्दी पर बैठा दिया, नगर में व्यवस्था स्थापित की और कुछ दिन तक वजीर की हैसियत से काम किया, जो लोगों के विश्वास के अनुसार स्वाभाविक रूप से उसके पास आ गया था। परन्तु अचानक भाऊ ने उसे वजीर के रूप में मान्यता प्रदान करने में अपनी अनिच्छा व्यक्त की, उसने नौरोशंकर को राजाबहादुर का खिताब दिया, उसे राजधानी का गवर्नर तथा किले का कमान्डेंट बनाया तथा औपचारिक रूप से उसे वजीर का पद भी दे दिया। इस प्रकार राजा सूरजमल द्वारा दिए गए वचन की अवहेलना कर दी गई; उसने जोरदार शब्दों में भाऊ से कहा कि नई नियुक्ति अन्यायपूर्ण और अविवेकपूर्ण है। उसने गाजीउद्दीन की पुनर्नियुक्ति की प्रार्थना की। होल्कर और सिन्धिया ने राजा की बात का समर्थन किया। परन्तु घमण्डी भाऊ को उसकी जिद से कोई भी विचलित नहीं कर सका। इन निराश सरदारों ने गम्भीर चिन्ता व्यक्त करते हुए कहा, "हिन्दुस्तान में हमारी प्रतिष्ठा का अन्त हो चुका है। अब यह सबकुछ हमें कहाँ ले जाएगा?" सूरजमल अपने गुरु, पुरोहित एवं राजनीतिज्ञ रूपराम कटारी के पास आया और उससे कहा कि भाऊ ने उनके संयुक्त-ज्ञापन की पूर्णरूप से उपेक्षा की है और गाजीउद्दीन को वजीर के पद पर पुनः नियुक्त करने से इन्कार कर दिया। यहाँ ठहरे रहना उचित नहीं है; कोई भी दुर्घटना हो सकती है। बुद्धिमानी की बात यह होगी कि हम प्रत्येक सम्भव तरीके से अपने आपको इस स्थिति में से निकाल लें। परन्तु होल्कर और सिन्धिया के खेमे में बहुत नजदीक थे, उनके निकलने का कोई रास्ता नहीं था। इस चिन्ता से उसका मस्तिष्क बहुत परेशान रहा।

भाऊ की मूर्खता और मस्तिष्क की विकृतता का यही अन्त नहीं हुआ। दीवान-ए-आम की छत पर चाँदी के पटाव ने जिस पर हीरे-जवाहरात जड़े हुए

थे, इस गँवार दक्षिण भारतीय की लालची आँखों को अपनी ओर आकर्षित किया। अपने मन में उसने सोचा, "यहाँ यह छतगीरी है; मैं इसे उतार दूँगा और उसे जलाकर अपने सैनिकों को वेतन दे दूँगा और उसके स्थान पर मैं लकड़ी की छतगीरी बनवा दूँगा।" इस प्रकार पहले निर्णय करने के उपरान्त उसने सिन्धिया, होल्कर और सूरजमल को इस सम्बन्ध में उनकी राय जानने के लिए बुलाया। राजा सूरजमल के हृदय की विशालता को समझने के लिए, उसके द्वारा भाऊ से शाही वैभव के इस अन्तिम अवशेष की रक्षा करने की अपील से अधिक श्रेष्ठ कोई दूसरा उदाहरण नहीं है। उसने कहा—

> *भाऊ साहब! सम्राट के सिंहासन का यह कमरा सम्मान और आदर का स्थान है, नादिरशाह और अहमदशाह अब्दाली ने भी जिन्होंने इस महल की अनेक बहुमूल्य वस्तुओं को अपने अधिकार में ले लिया था, इस छतगीरी पर हाथ नहीं लगाया था। सम्राट और अमीर अब आपके हाथों में है। हम अपनी आँखों से उसे कुरूप होते नहीं देखेंगे। उससे हमें कोई श्रेय नहीं मिलेगा, केवल निष्ठाहीनता की बदनामी ही मिलेगी।[3] आज मैंने आपसे जो विनम्र प्रार्थना की है, उस पर कृपा करके ध्यान दें। यदि आपके पास धन की कमी है, आप मुझे आदेश दें। मैं छतगीरी पर हाथ न लगाने के लिए आपको पाँच लाख रुपया देने को तैयार हूँ।*

भाऊ ने इन शब्दों की ओर ध्यान नहीं दिया, उसका विचार था कि छतगीरी को गलाकर उसे अधिक धन प्राप्त हो जाएगा। लूट के हृदयहीन कार्य को उसके आदेश के अधीन निष्पादित किया गया, छतगीरी गिरा दी गई और उसे तौला गया, परन्तु उसे यह जानकर निराशा हुई कि चाँदी का मूल्य कुल तीन लाख रुपया था। राजा सूरजमल अब अपने आपको रोक नहीं सका, वह भाऊ के पास गया तथा अपने वास्तविक क्रोध को व्यक्त करते हुए उसने कहा—

> *'भाऊ साहब, आपने सिंहासन की पवित्रता को उस समय नष्ट किया है जब मैं यहाँ उपस्थित हूँ और इस प्रकार इस कुकृत्य में मुझे भी साझीदार बनाया है। जब-जब मैंने आपसे किसी मामले में प्रार्थना की है, आपने उसकी उपेक्षा की है। हम दिल से अपने को हिन्दू होने का दावा करते हैं। क्या आप यमुना के जल को इतना महत्त्व देते हैं, जिसका स्पर्श आपने मेरे साथ मैत्री का एक पवित्र प्रमाण बताया था।*

अक्टूबर 1760 में भाऊ ने कुंजपुरा (दिल्ली से 78 मील उत्तर में स्थित) के नवाब के विरुद्ध कूच करने का निश्चय किया। (नवाब जमुना तट पर स्थित एक किले का स्वामी था।) कूच करने से पूर्व उसने परामर्श के लिए अपने सरदारों—होल्कर, सिन्धिया, सूरजमल तथा अन्य को बुलाया। सूरजमल ने इस अवसर पर अपनी कटु भावनाओं को बड़े स्पष्ट शब्दों में व्यक्त किया—

आपने हमारी इच्छा के विरुद्ध चाँदी की छतगीरी को निकाला है। उसे उसके पुराने स्थान पर पहुँचाइए। गाजीउद्दीन को वजीर का पद फिर से दीजिए, जो न्यायपूर्ण तरीके से उसी का है। सिन्धिया, होल्कर और मुझे सभी को इस कारण परेशानी हुई है तथा इससे हमारे सम्मान और अच्छे नाम पर प्रतिकूल प्रभाव पड़ा है। आज से आगे आप हमारी छोटी-छोटी प्रार्थनाओं पर कुछ अधिक ध्यान देने की कृपा करें। उस स्थिति में आप मुझे और मेरे सभी संसाधनों को जैसे चाहे प्रयुक्त करें। मैं पहले की ही भाँति आपकी सहायता करता रहूँगा और आपको रसद भिजवाने की व्यवस्था करता रहूँगा। आप दिल्ली न छोड़ें, यही से आप अपनी योजनाओं को पूरा करें। कुंजपुरा के मामले में फँसना उचित नहीं है।

परामर्श के ये हितकारी परन्तु अप्रिय शब्द उसके कानों में इस प्रकार पड़े, जिस प्रकार घी की बूँदे सुलगती हुई आग पर पड़ती हैं। भाऊ ने अपनी गर्वपूर्ण घृणा के साथ कहा, *"क्या मैं दक्षिण से तुम्हारी शक्ति पर भरोसा रखकर आया हूँ। मैं वह करूँगा जो मैं चाहता हूँ। तुम चाहो यहाँ ठहरो और या अपने स्थान पर वापस चले आओ। घिलचा (अब्दाली) को पराजित करने के बाद मैं तुमसे निपट लूँगा।"* इन कठोर शब्दों को सुनने के बाद सिन्धिया और होल्कर घबराकर निस्तब्ध एवं गूँगे से बैठे रहे।

महाराजा सूरजमल ने निराश और अपमानित होकर बैठक छोड़ दी और वह अपने स्थान पर वापस आ गए; वह बराबर मराठा खेमे में शामिल होने की अपनी मूर्खता को कोसते रहे। यथार्थ में, इस समय वह एक बन्दी के रूप में थे और वह एक खतरनाक स्थिति में होकर भी गुजर रहे थे। सिन्धिया और होल्कर ने उसे सुरक्षा का वचन दिया था और उन्हीं की निष्ठा पर उसे निकल भागने का रास्ता मिल सकता था। इन दोनों सरदारों को अब बड़ी चिन्ता थी, वे गुप्त तरीके से मिले और उन्होंने आपस में विचार-विमर्श किया, "हम जाट को अपना वचन देकर यहाँ लाए हैं, भाऊ की नीयत बहुत खराब है। बलवन्त राव और भाऊ ने गुप्त रूप से राजा सूरजमल को गिरफ्तार करने की योजना बनाई है, उसे कैद में डालकर वे उसके खेमे को लूटना चाहते हैं। राजा सूरजमल को अब किसी प्रकार से सुरक्षा के साथ भेज देना चाहिए, ताकि निष्ठाहीनता के आरोप से हम मुक्त रह सकें। इस काम के लिए स्वामी हमें जो चाहे दण्ड दें।" इस प्रकार विचार करने के उपरान्त उन्होंने जाटों के वकील रूपराम कटारी को बुलाया और उसे यह परामर्श दिया, "इस स्थान से किसी भी प्रकार आज रात्रि में भाग जाओ। भाऊ का खेमा कुछ फासले पर है, उसके बिना जाने यहाँ से चुपचाप खिसक जाओ। इस प्रकार हमारे और तुम्हारे बीच में जो प्रतिज्ञाएँ हुई थीं, उनसे हम मुक्त हो जाएँगे और इसके बाद तुम हमसे एक भी शब्द

न कहना।" इन शब्दों को कहने के बाद इन दोनों सरदारों ने पश्चाताप में अपने कान पकड़कर खींचे और मूक रूप से यह शपथ ली कि वे अपने सम्मान के साथ कभी समझौता नहीं करेंगे तथा ऐसे अभिमानी और विश्वासघाती स्वामी के लिए फिर कभी अपने को कठिन परिस्थितियों में नहीं फँसने देंगे।

रूपराम कटारी जाट खेमे में वापस आ गया और उसने अपने स्वामी को पूरी स्थिति से अवगत कराया। राजा सूरजमल इस समय बड़े असमंजस में थे, एक तरफ भाऊ था और दूसरी तरफ दुर्रानी। उसने रूपराम से कहा, "यदि भाग्य से आज रात हम भाग निकलते हैं तो हमें भाऊ से शत्रुता लेनी पड़ेगी। यदि किस्मत से वह दुर्रानी को परास्त करने में सफल होता है, तो मेरा विनाश अवश्यम्भावी है। यदि मैं यहाँ भविष्य के डर से बना रहता हूँ तो मैं बन्दी बन जाऊँगा। दोनों विकल्प कठिनाइयों से भरे पड़े हैं। मुझे अब क्या करना चाहिए?" रूपराम ने उत्तर दिया, "आपको यह कहावत मालूम है—जन्मपत्री के एक बुरे नक्षत्र के संयोजन से बच निकलने का अर्थ है जिन्दगी में बारह वर्षों की बढ़त। भाऊ और दुर्रानी दोनों समान रूप से शक्तिशाली हैं और दोनों समान रूप से कठोर शत्रु। किसे मालूम है कि इन दोनों में से कौन विजयी होगा? कब तक हम अपने स्थान पर साँस रोककर चुपचाप बैठे रहेंगे। आप अपने आपको भविष्य की चिन्ता से (जो अनिश्चित है) क्यों परेशान करते हैं? जो भी बाद में होगा, वह होता रहेगा। हमें आज रात भाग जाना चाहिए।" रूपराम के ठण्डे मस्तिष्क और सुस्पष्ट दृष्टिकोण ने राजा सूरजमल का मार्ग निश्चित कर दिया, क्योंकि उसकी अनिश्चितता इस संकट की घड़ी में उसके सिर पर बहुत बड़ी विपत्ति ला सकती थी।

जब रात के केवल तीन घण्टे शेष रह गए थे। जाटों ने अपने तम्बू उखाड़े अपना समान बाँधा तथा सिन्धिया और होल्कर के गुप्त सहयोग से दिल्ली से 22 मील दक्षिण में स्थित निकटतम जाटबहुल स्थान बल्लभगढ़ की ओर प्रस्थान किया। जब सूरजमल ने चार कोस का फासला तय कर लिया तो मल्हारराव ने, जिसकी नीति एक ही साथ खरगोश के साथ दौड़ने और शिकारी कुत्तों के साथ शिकार खेलने की थी, अपने दीवान गंगोबा तान्तिया को भाऊ के पास भेजकर उसे सूचित किया कि सूरजमल किसी को बताए बिना चला गया है तथा उसने अपने सैनिक उसका पीछा करने के लिए भेजे हैं और वह भी अपने सैनिक उसे पकड़ने के लिए भेज दे। सूरजमल बल्लभगढ़ सुरक्षित रूप से पहुँच गया, जो मराठा सैनिक उसका पीछा करने के लिए गए थे कुछ बाजारों को लूटकर वापिस आ गए। भाऊ ने गुस्से में अपने होठ काटते हुए सार्वजनिक रूप से यह कहा, *"भगवान ने चाहा, यदि दुर्रानी पराजित हो जाता है, तो क्या जाट का मामला उससे भी अधिक भारी हो सकता है।"*[4]

पानीपत और उसकी उत्तरकथा

पानीपत में मराठों की पराजय कोई आकस्मिक घटना नहीं थी, परन्तु वह एक सुनिश्चित निष्कर्ष था। पानीपत में शस्त्र-परीक्षा के कई महीने पहले शाह उसे कूटनीति की लड़ाई में परास्त कर चुका था। गैर-अफगान मुस्लिम सामन्तों को अपनी ओर मिलाने की बात तो दूर, जैसा निर्देश उसे पेशवा ने दिया था, भाऊ ने एक एकमात्र शक्तिशाली हिन्दू राजा को भी अपना शत्रु बना लिया जो निष्ठा के साथ उसकी सेवा करने के लिए आया था और जिसने अपने समस्त संसाधन मराठों के द्वारा प्रयुक्त करने के लिए समर्पित कर दिए थे। सूरजमल को अपने साथ रखने का मूल्य भाऊ ने शायद ही समझा हो, परन्तु जाट राजा से, एक दिन की शत्रुता ने, उसकी अकल ठिकाने लगा दी। "राजा सूरजमल गाजीउद्दीन इमाद-उल-मुल्क के साथ तुगलकाबाद चला आया, दिल्ली में अनाज बहुत महँगा हो गया, और दूसरे दिन मराठा इमाद-उल-मुल्क और सूरजमल से समझौता करने और उन्हें प्रसन्न करने के लिए गए (*वाका,* 179)।"[5] दिल्ली के इर्द-गिर्द का एक बड़ा भाग निरन्तर होने वाली लूटमारों से इतना तहस-नहस हो चुका था कि दुर्रानी को अपनी सेना के लिए रसद पाने के लिए रुहेलाओं के राज्य पर निर्भर होना पड़ रहा था और मराठा अपनी रसद सूरजमल के राज्य से पा रहे थे। भाऊ की मूर्खता और विश्वासघात ने उसे इस स्रोत से वंचित कर दिया था। अतः यह कोई आश्चर्य की बात नहीं थी मराठों को भूखे पेट पानीपत में युद्ध करना पड़ा।

राजा सूरजमल की स्थिति इतनी विशिष्ट थी और उसका दृष्टिकोण इतना महत्त्वपूर्ण था कि दोनों पक्ष उसकी तटस्थता को भी मूल्यवान समझते थे। उसे मराठों के खेमे में दुबारा जाने के लिए राजी नहीं किया जा सकता था। उसने अपने भाग्य और अपने पुरोहित रूपराम कटारी की बुद्धि को अपने हाल में बच निकलने के लिए धन्यवाद दिया। जागरूक अब्दाली ने इस अवसर का लाभ उठाकर सूरजमल को अपनी ओर मिलाने का प्रयास किया। वह जानता था कि उसके लिए मराठा सेना को परास्त करना अधिक सुगम है, परन्तु जाट-दुर्गों को जीतना आसान नहीं है तथा वह अपने शत्रुओं को निर्णायक रूप से तब तक पराजित नहीं कर सकता, जब तक वह उन्हें सूरजमल के राज्य जैसे अमोघ आधार के अभियानों से वंचित नहीं करता। उसने पहले भी अनेक बार जाट राजा को मराठों से अलग करने का प्रयास किया था। उसने नवाब शुजाउद्दौला के माध्यम से जाट राजा के साथ नए सिरे से बातचीत आरम्भ की। "राजा देवीदत्त, अलीबेग (ज्योर्जिया का) तथा अन्य शुजाउद्दौला की ओर से जाट राजा के पास समझौते की शर्तों पर बात करने के लिए आए। जाट राजा समझौता करने को राजी हो गया, उसने शुजाउद्दौला और शाह द्वारा भेजे गए, 'खिलत' को पहन लिया

तथा शपथों का विनियम हुआ।" इस सन्धि का व्यावहारिक प्रयोजन महाराजा सूरजमल की तटस्थता को पुख्ता कराना था, अफगानों की तरफ से उसकी सक्रिय सहायता प्राप्त करना नहीं। भाऊ के दुर्व्यवहार के बावजूद सूरजमल की सहानुभूति मराठों के साथ थी। उसने अब्दाली के साथ यह सन्धि संकट के समय के लिए कुछ व्यवस्था करने की खातिर की थी तथा इसलिए भी क्योंकि तत्कालीन भारत में जो राजनीतिक परिस्थिति पाई जाती थी, उसमें किसी भी राज्य के लिए पूर्ण रूप से अलगाव अत्यधिक जोखिमपूर्ण था।

सूरजमल ने पानीपत के मराठा शरणार्थियों को शरण दी

पानीपत में शानदार मराठा-सेना के भयानक पराभव (14 जनवरी, 1761) के उपरान्त, युद्ध में बचे हुए लोग दक्षिण की ओर भागे। उनके दुर्भाग्य की इस घड़ी में किसानों ने उनके हथियार, धन और कपड़े छीन लिए। निर्वस्त्र असहाय मराठा सैनिक जब जाटों के देश में पहुँचे तो उनके लिए उन्होंने अपने अतिथि-सत्कार के दरवाजे खोल दिए तथा उनकी सहायता के लिए उन्होंने औषधि, वस्त्र और भोजन की व्यवस्था की। यदि महाराजा सूरजमल ने मराठों द्वारा उसके साथ किए गए दुर्व्यवहार को न भुलाया होता और इस विपत्ति के समय उनके साथ मित्रता का व्यवहार न किया होता तो उनमें से बहुत थोड़े नर्मदा पार करके पेशवा को अपनी दुःखपूर्ण कहानी सुना पाते और यह काम उसने अब्दाली की आसन्न शत्रुता का जोखिम उठाकर किया; उसने इस काम को करने के लिए अपने जीवन एवं भाग्य की बाजी लगा दी। वस्तुतः यह काम एक पवित्र एवं श्रेष्ठ भावना के आवेश में किया गया था—ऐसी भावना जिसकी प्रेरणा राजपूताना के लोगों को उसके शौर्यपूर्ण दिनों में सम्मान प्रदान कर सकती थी। समस्त मुस्लिम लेखकों[6] ने सूरजमल की उदारता की प्रशंसा की है, मराठा इतिहासकारों ने उसको स्वीकार किया है, "मथुरा में उन्होंने जाटों के प्रदेश में प्रवेश किया। हिन्दू धार्मिक भावना से प्रेरित होकर सूरजमल ने उनकी रक्षा के लिए अपने सैनिक भेजे तथा प्रतिदिन उनमें भोजन और वस्त्र बाँटकर हर प्रकार से उनके कष्ट का निवारण किया। जाट रानी ने जो भरतपुर में थी, भागकर आए सैनिकों के प्रति अत्यधिक उदारता का परिचय दिया। 30 से 40 हजार आदमियों को आठ दिन तक भोजन कराया गया, ब्राह्मणों को दूध, पेड़ा और अन्य प्रकार के मिष्ठान खिलाए गए। आठ दिन तक सभी का आराम के साथ अतिथि-सत्कार किया गया। एक मुनादी की गई कि सभी नागरिक भागकर आए हुए लोगों के लिए अपनी सुविधा के अनुसार आवास और भोजन की व्यवस्था करें। किसी को किसी प्रकार का कष्ट न होने दें। इस प्रकार जाट राजा ने कुल दस लाख रुपये खर्च कर दिए। बहुत से लोगों की इस प्रकार जीवन रक्षा हो गई। शमशेर बहादुर[7] कुम्हेर के किले

१. घायल होकर आया, राजा सूरजमल ने बहुत सावधानी के साथ उसकी देखभाल की, परन्तु वह भाऊ के शोक में मर गया (सरदेसाई, *पानीपत प्रकरण*, 205)। उसकी कठिनाई को दूर करके तथा उनके हृदयों को सन्तुष्ट करके सूरजमल के प्रत्येक साधारण सिपाही को एक रुपया नकद, एक कपड़े का टुकड़ा और एक सेर अनाज दिया तथा उन्हें ग्वालियर भेज दिया (*बयान*, हस्तलिपि, 293)।

क्या सूरजमल ने नारो शंकर को लूटा था?

सम्भवतः मुन्नालाल के आधार पर फ्रेंकलिन ने इस मामले का पूर्णतः गलत विवरण दिया है जो झूठा आरोप है, "यह कहा जाता है कि (मराठा गवर्नर नारो शंकर को) सूरजमल के आदेश से रास्ते में रोक लिया गया, उसे उस धन से वंचित कर दिया गया जिसे उसने गलत तरीके से कमाया था तथा उसे परेशानी और भय के माहौल में अकबराबाद जाने दिया गया" (*शाह आलम*, 23)। यह सुनी-सुनाई बात सत्य के बिल्कुल विपरीत है जैसा हमें नारो शंकर के साथ भागकर जाते हुए एक मराठा सैनिक के पत्र से विदित होता हैः नारोशंकर और बालाजी पलाने 4 हजार सैनिकों के साथ दिल्ली से पहले ही भाग आए थे। रास्ते में उन्हें मल्हारराव होल्कर मिला, उसके पास आठ या दस हजार सैनिक थे। हम सब ग्वालियर में होल्कर के साथ ठहरे थे। भरतपुर में सूरजमल ने हमारी सुरक्षा और आराम का पूरा ध्यान रखा। हम वहाँ 15 या 20 दिन ठहरे। उसने हमें बड़ा सम्मान दिया और हाथ जोड़कर यह कहा, "मैं आपके अपने परिवार का हूँ, आपका चाकर हूँ, यह राज्य आपका है और ऐसे ही अन्य शब्द। अफसोस, उस जैसे लोग बहुत कम हैं। उसने ग्वालियर तक हमें पहुँचाने के लिए सैनिक भेजे" (सरदेसाई, *पानीपत प्रकरण*, पृ. 193)। एक दूसरे पत्र में नाना फड़नवीस ने लिखा, "सूरजमल के आचरण से पेशवा के हृदय को बहुत सान्त्वना मिली" (वही, पृ. 193)। जाट शासक की स्मृति पर लगाए गए इस अन्यायपूर्ण कलंक को धो डालने के लिए इन तथ्यों के उल्लेख से अधिक किसी अन्य प्रमाण की आवश्यकता नहीं है। मराठों के इस सर्वसम्मत दृढ़संकल्प की उपस्थिति में फ्रेंकलिन का विश्वास करना ऐतिहासिक साक्ष्य के नियमों के प्रतिकूल आचरण करना है।

पानीपत में विजय प्राप्त करने के उपरान्त अहमदशाह ने विजयोल्लास के साथ दिल्ली में प्रवेश किया तथा उसने सूरजमल के विरुद्ध अभियान करने के सम्बन्ध में विचार किया क्योंकि उसने मराठों को शरण दी थी। अब्दाली के क्रोध को ठण्डा करने के लिए जाट राजा ने नागरमल को उसके पास भेजा तथा उसकी अधीनता स्वीकार करने का प्रस्ताव रखा। सूरजमल को अच्छी तरह मालूम था कि युद्ध से थके हुए अफगान भारत में दूसरी ग्रीष्म ऋतु व्यतीत करने के लिए तैयार नहीं होंगे। अतः वह शान्ति को प्राप्त करने के लिए बहुत अधिक त्याग करने को तैयार नहीं था।

बातचीत मार्च से मई 1761 तक लम्बी खिंची। परन्तु इस बीच पानीपत के विजेता की दिल्ली में उपस्थिति की उपेक्षा करके वह सूरजमल साम्राज्य की दूसरी राजधानी आगरा को मुसलमानों से छीनने के प्रयास में लगा रहा। बीस दिन के घेरे के उपरान्त नगर पर अधिकार कर लिया गया। सूरजमल ने नगर की लूट से 50 लाख रुपया प्राप्त किया (*वैंदेल,* हस्तलिपि, 46-47)। दिल्ली से शाह के प्रस्थान के पाँच दिन पूर्व "समाचार प्राप्त हुआ कि सूरजमल के अकबराबाद के किलेदार को किला खाली करने पर विवश कर दिया है और वह किले में प्रवेश पा चुका है" (11 शावाल, 1174—16 मई, 1761, *वाका,* 185)। शाह की सन्तुष्टि के लिए उसने उसे एक लाख रुपया दिया तथा पाँच लाख रुपया बाद में देने का वायदा किया, जो कभी नहीं दिए गए। 1757 में सूरजमल ने जो पाँच लाख रुपया देने का वायदा किया था, उसका वादा चुपचाप छोड़ दिया गया। वर्षा ऋतु आ पहुँची थी तथा पृष्ठभाग में सिखों ने अपना सिर उठानां आरम्भ कर दिया था, शाह हठी जाट से इतना भर पाकर प्रसन्न था। 16 शावाल (21 मई, 1761) को वह शालीमार बाग[8] (दिल्ली से बाहर) से अपने देश के लिए रवाना हुआ, अब सूरजमल आक्रमण की अपनी महत्त्वाकांक्षी योजनाओं को दण्ड की सम्भावना रहित वातावरण में कार्यान्वित कर सकता था।

सन्दर्भ–

1. *बयाना-ओ-वाका* (हस्तलिपि, पृ. 284) के लेखक अब्दुल करीम कश्मीरी ने इस कथन की पुष्टि की है कि सूरजमल की सम्मति "कि दुर्रानी की सेना जिसमें हिन्दुस्तान के सभी अमीर आ मिले हैं, से जमकर लड़ाई न लड़ी जाए।" वह कहता है कि सूरजमल ने भाऊ से सामान को अकबराबाद छोड़ने की सलाह दी थी।
2. *तारीख-ए-मुज्जफरी* (हस्तलिपि, पृ. 180) में भाऊ के आने की तिथि 9 जिहिजा 1173 हिजरी=बुधवार 23 जुलाई बताई गई है, *वाका* के अनुसार यह तिथि 10 जिहिजा है (पृ. 178)।
3. सूरजमल, यद्यपि आवश्यकतावश एक स्वाभाविक विद्रोही था, तथापि अपने समय के अन्य वास्तविक रूप से स्वतन्त्र शासकों की भाँति अपने आपको मुगल सम्राट की प्रजा मानता था।
4. ये रोचक एवं पूर्णतः सही विवरण *"भाओ साहिब ची बखर"* (मराठी, पृ. 114-121) में से लिए गए हैं, उपर्युक्त चित्रण उसका स्वतन्त्र अनुवाद है। विद्वान् मराठा इतिहासकार सरदेसाई ने काशीराय के आधार पर जाटों के अपसरण के चार कारण बताए हैं—1. मराठा परिवारों को ग्वालियर नहीं भेजा गया, 2. मीर शिहाबुद्दीन (यानी गाजीउद्दीन) को वजीर का पद नहीं दिया गया, 3. दरबार के कक्ष में चाँदी की छतगीरी को हटाना, 4. दिल्ली का प्रबन्ध उन्हें नहीं दिया गया (*पानीपत प्रकरण,* पृ. 166)। पहला कारण निर्विवाद रूप से सही है। दूसरे कारण का उल्लेख स्पष्ट रूप से केवल मराठा इतिहासों में है, परन्तु फारसी के इतिहासों में नहीं है, उनमें

कुछ विवरण अवश्य ऐसे हैं, जिनसे इसकी पुष्टि होती है। हम इसका उल्लेख आगे करेंगे। जहाँ तक तीसरे कारण का सम्बन्ध है, *'सियर'* के लेखक ने लिखा है, "जाट राजा को जिस बात से सबसे अधिक कष्ट था, वह यह थी—मराठों ने शाही दरबार की छतगीरी को जो चाँदी की थी और उसे सुरुचिपूर्ण तरीके से लगाया गया था, उसे उतारकर टकसाल में भेज दिया था तथा उन वस्तुओं के प्रति बिना कोई आदर दिखाए जिन्हें लोग पवित्र मानते हैं, उन्होंने अपने गन्दे हाथ उन सोने और चाँदी के बर्तनों पर भी लगाए थे जिन्हें सन्त निजामउद्दीन के पवित्र चरणों को समर्पित कर दिया गया था, उन्होंने मौहमम्द शाह के मकबरे को भी नहीं बख्शा था, जहाँ से उन्होंने सोने के धूप-बत्तीदान, झाड़-फन्नूस, लैम्प तथा बर्तनों को उठाकर टकसाल भेज दिया" (*सियर,* III, पृ. 385-386)। अन्तिम कारण के सम्बन्ध में सरदेसाई ने किसी प्रामाणिक अधिकारी का हवाला नहीं दिया है तथा भाऊ के विश्वासघात पर मौन साध लिया है, जिसका फारसी एवं मराठी इतिहासकारों ने उल्लेख किया है। *इमाद-उस-सादात* (फारसी पाठ, पृ. 181) का लेखक कहता है कि भाऊ ने सूरजमल से 2 करोड़ रुपये माँगे थे तथा उस पर निगरानी रखनी आरम्भ कर दी थी तथा जाट राजा मल्हारराव की सहायता से मुक्ति पा सका था।

5. इस तिथि के सम्बन्ध में अनिश्चितता है। वह सफर 14 और रवी I, 15, 1174 हिजरी यानी सितम्बर 25 एवं अक्टूबर 25, 1760 के बीच में है।
6. *इमाद*, पृ. 203; *बयाना-ओ-वाका,* (हस्तलिपि), पृ. 293
7. वह पेशवा बाजी राव I का एक मुस्लिम रखैल पुत्र था, वह इस्लाम को मानता था। *इमाद* के लेखक ने बताया है कि सूरजमल ने उसकी कब्र पर एक मस्जिद और घर बनवाया था (फारसी पाठ, पृ. 203)
8. शालीमार दिल्ली से 9 मील उत्तर-पश्चिम में बादली के निकट है।

8

सूरजमल का शासन

सूरजमल की हरियाणा विजय

पानीपत के युद्ध के बाद, देश में कुछ समय के लिए अपेक्षाकृत थकान के बाद की शान्ति का वातावरण बना रहा, उत्तर-भारत कम-से-कम कुछ समय के लिए अफगानों और मराठों के बीच की रण-स्थली अब नहीं रह गया था। द्रुतगति से उदित होने वाला सिख-राज्य अब्दाली आक्रमण के विरुद्ध युद्ध-व्यवधान की भूमिका अदा कर रहा था और दक्षिण में हैदर अली और निजाम मराठों को फँसाए हुए थे। साम्राज्य में इस समय यदि अराजकता नहीं थी तो वह स्थिति अवश्य थी जो एक सम्प्रभु के निधन और दूसरे के सिंहासनारोहण के बीच पाई जाती है। दिल्ली के नजीबुद्दौला एक रिक्त सिंहासन और विधवा राजधानी की चौकीदारी कर रहा था। सम्राट शाह आलम द्वितीय अपने ही राज्य में निर्वासित का जीवन व्यतीत कर रहा था, वह शुजाउद्दौला का आश्रित था, अपने जीवन-यापन के लिए वह उससे पेंशन पा रहा था। अवध के शासक की निगाह बिहार के सूबे पर थी और वह बंगाल के नवाब मीर कासिम के साथ जो अंग्रेजी शासन के जुए को उतार फेंकने की तैयारी कर रहा था, षड्यन्त्र रचने में व्यस्त था। विजयी मुस्लिम गठबन्धन शुजाउद्दौला और अफगान सरदारों की कभी शान्त न होने वाली शत्रुता के कारण टूटने लगा था। पानीपत ने केवल मराठों के उच्छृंखल स्वप्न को तोड़ा था, परन्तु उससे इस्लाम को स्थायी शान्ति प्राप्त नहीं हुई थी। जैसे ही मराठों का पराभव हुआ, जाटसत्ता का प्रवेश प्रारम्भ हो गया, उसने विजेता को चुनौती दी और वह थकान से चकनाचूर होकर संघर्ष से अलग हो गया तथा सिन्ध के पार चला गया था। दृढ़ जाट साहस ने, धराशायी हिन्दू मस्तिष्क में, विश्वास का संचार किया और इस्लाम को पुनः प्रतिरक्षात्मक स्थिति पर आने के लिए बाध्य होना पड़ा।

महाराजा सूरजमल अपने शत्रुओं के विश्राम के इन चन्द क्षणों को अपने दो उद्देश्यों की प्राप्ति के लिए जिन्हें वह लम्बे समय से संजोए हुए था, प्रयोग में लाना चाहता था—प्रथम, एक ठोस जाट—परिसंघ की स्थापना जिसका विस्तार

रावी से यमुना तक हो और जो अब्दाली और रुहेलाओं के प्रदेशों के बीच में स्थित हो, द्वितीय नजीबउद्दौला का दिल्ली से निष्कासन तथा अपने आश्रित भूतपूर्व वजीर गाजीउद्दीन को उसकी पुरानी स्थिति एवं शक्ति वापस दिलाना, ताकि उसके माध्यम से वह साम्राज्य की नीतियों को नियन्त्रित कर सके। साथ ही, उसने दिल्ली पर पहले आक्रमण न करने का निश्चय किया, परन्तु उसने अपने सुविचारित अभियान के दौरान उसे आच्छादित अवश्य किया। सिख-राज्य और उसके अपने राज्य के बीच हरियाणा का क्षेत्र था जिस पर शक्तिशाली मुस्लिम जागीरदारों का प्रभुत्व था। यह क्षेत्र एक खतरनाक खालीपन को व्यक्त करता था। दक्षिण और पश्चिम में राजपूतों की प्रधानता उसकी शक्ति को मर्यादित करती थी और पूर्व में रुहेला शक्ति।[1] अतः उसने अपने राज्य के विस्तार के लिए दिल्ली के इर्द-गिर्द के जिलों और इस क्षेत्र को चुना, जिसमें मुख्यतः जाटों की बहुलता थी।

यह कदम अनेक कारणों से उचित ठहराया जा सकता था। यमुना तट के जाट पाँच नदियों के जाटों की ओर मूलवंशी नैसर्गिक वृत्ति के द्वारा आकर्षित थे। एक शक्तिशाली धारा की दो शाखाएँ जो सिन्ध में, पुरातन काल के अन्धकार में एक दूसरे से अलग हो गई थीं, अब वे पुनः रक्त-सम्बन्धों की समानता और साथ ही में समान राजनीतिक एवं धार्मिक हितों से प्रेरित होकर, एक-दूसरे से मिल रही थीं। दिल्ली में रुहेला प्रभुत्व के शक्तिशाली होने में जो खतरा निहित था, जाट शासक उससे भली-भाँति अवगत था; उसे यह भी मालूम था कि उसके फलस्वरूप उसके उत्तर में स्थित मेवात में दूसरे रुहेलखण्ड का उदय हो जाएगा और जो उसके अपने प्रादेशिक सीमान्तों और सिख-प्रदेश के बीच एक खतरनाक दरार पैदा करेगा। इस क्षेत्र पर आधिपत्य स्थापित होने के बाद जाट और सिख विश्वास के साथ अब्दाली और रुहेलाओं के विरुद्ध युद्ध कर सकेंगे, उस स्थिति में दोनों ही की पीठ एक-दूसरे से सटी रहेगी। सूरजमल ने अपने ज्येष्ठ पुत्र जवाहर सिंह को हरियाणा की विजय के लिए भेजा, तथा एक दूसरी सेना अपने सबसे छोटे पुत्र नाहरसिंह के नेतृत्व में दो-आब में अपनी सत्ता को स्थापित करने तथा पूर्व के रुहेला सरदारों की गतिविधियों पर निगरानी रखने के लिए भेजी। जवाहर सिंह ने फर्रुखनगर पर आक्रमण किया, जिस पर उस समय शक्तिशाली बलूच सरदार मुसावी खाँ का आधिपत्य था। परन्तु जब वह उसे जीतने में सफल न हो सका तो सूरजमल स्वयं वहाँ अपने दल-बल और बड़े तोपखाने के साथ आया और उसने वहाँ घेरा डाल दिया। दो माह गुजर गए और मुसावी खाँ ने परेशान होकर इस शर्त पर समर्पण करना स्वीकार कर लिया कि "सूरजमल गंगाजल की शपथ खाएगा कि वह उसके वहाँ से निकलने में बाधा नहीं डालेगा।[2] परन्तु इस अवसर पर जाट राजा ने गंगा की पवित्रता का उसी प्रकार से बेईमानी के साथ प्रयोग किया जैसा कुछ मुस्लिम शासकों ने कुरान के सन्दर्भ में किया था।

बलोच सरदार को बन्दी बनाकर भरतपुर भेज दिया गया। कुछ समय तक पाप इसलिए फलता-फूलता रहा ताकि बदले को अधिक भयानक और हृदय दहलाने वाला बनाने के लिए मार्ग प्रशस्त हो सके। रेवाड़ी, गढ़ी हरसारू और रोहतक सूरजमल के अधिकार में पहले ही आ चुके थे।[3] अब उससे दिल्ली से 12 कोस दक्षिण में स्थित बहादुरगढ़ के विरुद्ध अपने हथियार उठाए, यह स्थान एक दूसरे शक्तिशाली बलोच सरदार बहादुर खान के अधिकार में था। अपने संकट के समय में बलोच सरदार ने नजीबुद्दौला से सहायता की याचना की, परन्तु उसने अब्दाली के आगमन के पूर्व सूरजमल से लड़ाई मोल लेना अनुपयुक्त समझा।

सूरजमल की मृत्यु

परन्तु सूरजमल और नजीबुद्दौला के बीच दरार अवश्यम्भावी थी। इसी समय सूरजमल के सबसे छोटे पुत्र नाहरसिंह, बलराम तथा अन्य प्रख्यात सेनापतियों के नेतृत्व में एक दूसरी जाट डिवीजन दो-आब में युद्ध कर रही थी और उसने मुगल शासन के अनेक महत्त्वपूर्ण स्थानों को छीन लिया। अपनी सफलता की सम्भावनाओं को अधिक जानकर सूरजमल नजीबुद्दौला के साथ टक्कर लेने के लिए लालायित था, जबकि नजीबुद्दौला की नीति यह थी कि वह इस मामले को उस समय तक टाले जब तक अब्दाली उसकी सहायता को न आ जाए। रुहेला सरदार पाखण्ड करने लगा, उसने विनम्रता का ढोंग रचा, परन्तु चतुर जाट इस अवसर को हाथ से नहीं जाने देना चाहता था, उसने निश्चय किया कि वह अपने शत्रु पर उसकी दुर्बलता के क्षण में ही प्रहार करेगा। ''नजीबुद्दौला के सावधानी पूर्ण आचरण से जाट राजा ने यह अनुमान लगाया कि वह युद्ध से भयभीत है, अतः वह अधिक साहसी हो गया और उसने माँग की कि गिर्द अथवा सरकिट (राजधानी के इर्द-गिर्द के जिलों) की उसे गवर्नरी दे दी जाए'' (*सियर,* IV, पृ. 30)।

नजीबउद्दौला को इस माँग का अर्थ मालूम था, यह तो एक वैसी ही माँग थी जैसे कि शत्रु को गढ़ के बाहरी प्रवेश मार्ग ही समर्पित कर दिए जाएं। यदि राजधानी के चारों ओर की पट्टी पर सूरजमल का आधिपत्य स्थापित हो गया तो दिल्ली उसके लिए और तैमूर के वंशजों के लिए एक विशाल बन्दीगृह बन जाएगा।[4]

''अफगान सरदार इस समय मामले को इस सीमा तक बढ़ाने के लिए तैयार नहीं था कि बात ही टूट जाए। अतः उसने याकूब अली खाँ (अहमद शाह अब्दाली के वजीर शाहवली खाँ के भाई) को दूत बनाकर उसके पास भेजा ताकि विनम्र शब्दों के द्वारा मामले को शान्त किया जा सके और अशान्ति तथा युद्ध के बीजों को नष्ट किया जा सके।'' वह अपने साथ उपहार के रूप में दो सुन्दर मुल्तानी छींट के टुकड़े ले गया था जो पीले और गुलाबी रंगों में रंगी

हुई थीं। यदि हम 'सियर' के लेखक का विश्वास करें तो शान्ति के सन्देश की अपेक्षा उपहार अपेक्षाकृत अधिक स्वीकारणीय सिद्ध हुआ।[5] याकूब अली 10वीं जामादा II को जाट के पास गया था, परन्तु चार दिन की अनुपस्थिति के उपरान्त असफल लौट आया (17 जमादा II, 1177 हिजरी=23 दिसम्बर, 1763; *वाका*, पृ. 199)।

जाट राजा की अन्यायपूर्ण माँगों से विवश होकर नजीबुद्दौला को शत्रुता के लिए तैयार होना पड़ा, फलतः उसने दस हजार घुड़सवार और पैदल सेना के साथ, जिसमें उसके दो पुत्र अफजल खाँ, जबीता खाँ तथा महमूद खाँ बंगश जैसे कुछ अन्य प्रसिद्ध रुहेला सरदार शामिल थे, जमुना नदी को घमण्डी हिन्दू के साथ लड़ाई लड़ने के लिए पार किया। सूरजमल कुछ समय पूर्व विजित प्रदेशों की देखभाल के लिए अपने पुत्र जवाहर सिंह को फर्रुखनगर में छोड़कर यमुना पहले ही पार कर चुका था। अब दोनों सेनाएँ हिण्डन के किनारे पर (यमुना की एक सहायक नदी, दिल्ली से 7 कोस पूर्व) एक दूसरे के सामने खड़ी थीं। जाट सेना ने हिण्डन के पूर्वी तट पर अपनी स्थिति सँभाल ली और अपनी तोपों को खड़ा किया। दिन के आरम्भ में अनेक छोटी-मोटी झड़पें हुई जिनमें जाटों का पलड़ा भारी रहा। दिन के अन्त में सूरजमल ने हिण्डन पार की तथा मुस्लिम पंक्तियों पर आक्रमण किया। जो लड़ाई हुई, उसमें एक हजार सैनिक मारे गए। युद्ध जब अपनी चरम-सीमा पर था सूरजमल जाट तीस घुड़सवारों के साथ मुगलों और बलूचों के बीच में कूद पड़ा और वह मारा गया (19 जामादा II, 1177=रविवार, दिसम्बर 25, 1763; *वाका*, पृ. 199)।

जाट सेना का अनुशासन इतना प्रशंसनीय था कि यद्यपि सैनिकों को सूरजमल की मृत्यु का पता लग चुका था, तथापि एक भी सैनिक अपने स्थान से नहीं हिला। वे अपनी-अपनी स्थिति पर वैसे ही डटे रहे जैसे कुछ हुआ ही नहीं था, जबकि मुस्लिम सेना टूट गई और उसने अपने खेमे में जाकर शरण ली। उसके उपरान्त जाट सेना ने विजेता के आधिपत्य के साथ रण-क्षेत्र छोड़ दिया (*सियर*, IV, 32)। यह एक ऐसी घटना थी जिसका शत्रु के लिए विश्वास करना भी कठिन था। "उसका शव उनके हाथ में नहीं लगा। उस समय मृत्यु की पुष्टि भी नहीं की गई। नजीब खाँ अपनी सेना की सुरक्षा के लिए रात भर वहाँ खड़ा रहा। आधी रात्रि को जाट सेना ने हिण्डन के दूसरे तट के पीछे हटना आरम्भ किया जब वहाँ एक भी जाट सैनिक नहीं रहा, तभी सूरजमल के निधन के समाचार पर विश्वास किया जा सका।[6] नजीब खाँ राजधानी को लौट गया" (*बयान*, हस्तलिखित, पृ. 303)।

"जाट जाति की नेत्र-ज्योति और उसका प्रकाशमान दीपक, पिछले 15 वर्षों में हिन्दुस्तान का सबसे अधिक दुर्जेय राजा," सूरजमल इस प्रकार रंगमंच

से अपने काम को अधूरा छोड़कर चला गया। उसका व्यक्तित्व बुलन्द था और उसकी प्रतिभा अनुभवातीत और उसे 18वीं शताब्दी के प्रत्येक इतिहासकार ने अपनी श्रद्धांजलि अर्पित की है। फादर वैंदेल ने लिखा है, "वह एक शब्द में बुद्धिमान, नीतिकुशल, बहादुर और महान् था, वह अपने जन्म से ऊपर था तथा विदेशी जहाँ उसकी प्रशंसा करते थे, वे उससे डरते भी थे" (*फ्रेंच* पांडुलिपि, 51)।

सन्दर्भ–

1. पूर्व में सूरजमल के राज्य की प्रादेशिक सीमाएँ रुहेलों के प्रदेश, कोल (अलीगढ़) के जिले को स्पर्श करती थीं। जलेसर और एटा उसके राज्य के भाग थे। "जमुना के इस ओर दिल्ली के दरवाजे से लेकर चम्बल तक उसके शासन के अतिरिक्त कोई दूसरा शासन नहीं था, तथा गंगा की तरफ भी स्थिति ऐसी ही थी। आगरा के किले को जीतने के उपरान्त उसे दक्षिण में अपने राज्य का विस्तार करने के लिए और कुछ करना शेष नहीं रह गया था। उसने तब दिल्ली के पश्चिम की ओर निगाह डाली। उसने यह भी सोचा कि वह उस देश में (हरियाणा) अपने पुत्र जवाहर सिंह का राज्य बनाएगा (*वैंदेल,* पृ. 45-48)।"
2. *वैंदेल,* पृ. 49 और *वाका,* पृ. 198 में उल्लेख है कि नजीब खाँ, मुसाबी खाँ की सहायता के लिए आ रहा था। परन्तु 19वीं जमाद 1, 1177 हिजरी (नवम्बर 25, 1763) को सफदर जंग में यह समाचार प्राप्त हुआ कि "सूरजमल जाट ने धोखे से (अज-राहे-दगा) मुसावी खाँ बलोच को गिरफ्तार कर लिया है तथा फर्रुखनगर की गैरिजन से उसे खाली कराके आधिपत्य स्थापित कर लिया है। इसका अर्थ यह हुआ कि मुसावी खाँ दुर्ग के विजित होने से पूर्व ही बन्दी बना लिया गया था।
3. ये सभी स्थान इस परिवार के अधिकार में उस समय तक रहे जब तक उन्हें मिर्जा नजफ खान ने सम्राट शाह आलम द्वितीय के लिए राजा नवल सिंह जाट को परास्त करके दुबारा जीत नहीं लिया। यह कहा जाता है कि गढ़ी हरसारू पर आक्रमण के समय सूरजमल का हाथी दुर्ग के एक लकड़ी के दरवाजे को तोड़ने में असफल रहा, उसने थककर उसकी ओर से पीठ मोड़ ली। जब जाट नायक सरदार सीताराम ने ये देखा तो उसने आगे बढ़कर अपनी कुल्हाड़ी से बड़ी कुशलता के साथ इस दरवाजे को काट डाला। उसके उत्तराधिकारी जो अभी भी कोटमान के ध्वस्त किले में रह रहे हैं, उसकी शक्ति से सम्बन्धित अनेक प्रसंगों में से इस एक प्रसंग का स्मरण करते हैं।
4. *बयान-ओ-वाका* के लेखक अब्दुल करीम कश्मीरी ने लिखा है, "मुसावी खाँ तथा अन्य बलोच सरदारों को गिरफ्तार करने और उन्हें डीग" भेजने के बाद, उसने नजीबुद्दौला के पास सन्देश भेजा कि वह राजधानी से चला जाए और मुख्य दो-आब उसे दे दे। यद्यपि आवश्यकता से बाध्य होकर नजीबुद्दौला उसे सिकन्दरा (बाद,

सम्पादक) तथा अन्य परगने देने को तैयार हो गया लेकिन इससे राजा सूरजमल सन्तुष्ट नहीं हुआ" (*बयान,* हस्तलिपि, पृ. 302)।

5. *सियर* के अनुसार, अपने आगमन के ठीक दिन सहसा याकूब अली को बर्खास्त कर दिया गया। "यह कहा गया था कि वह सिर्फ सुलह के लिए आया है तो अच्छा होता वह न आता (*सियर,* IV, 31)। इसमें कोई सत्य नहीं है, क्योंकि वह *वाका* की निश्चित तथा प्रामाणिक प्रवृष्टि से सिद्ध होती है। फिर भी इसमें कोई सन्देह नहीं है कि नजीबुद्दौला की तरफ सूरजमल का व्यवहार सख्त तथा अटल था और उसकी माँगे अधिक थीं। (फादर वैंदेल का संक्षेप में कथन है–"लेकिन सूरजमल ने युद्ध माँग लिया"...(*फ्रेंच पाण्डुलिपि,* 49)।
6. नजीब खाँ की सावधानी सम्भवतः देहात में प्रचलित इस लोकोक्ति के द्वारा उचित ठहरती है, "जाट को मरा हुआ तब तक न मानो जब तक उसकी तेरहवीं (श्राद्ध) न हो जाए।"

9

सूरजमल की विरासत

राजा सूरजमल और उसका परिवार

अपनी मृत्यु के समय सूरजमल की आयु 55 वर्ष की थी। बदन सिंह के पूर्व और बाद में राज्य का प्रबन्ध लगभग 20 वर्ष तक उन्हीं के द्वारा सम्पादित होता रहा। अपनी चार पत्नियों से उनके पाँच पुत्र[1] थे—जवाहर सिंह, रतन सिंह, नवल सिंह, रणजीत सिंह और नाहर सिंह। पहले दो पुत्र एक उस महिला से हुए थे जो राजपूतनी कही जाती थी, सम्भवतः वह गौरुआ जाति की थी। तीसरा पुत्र एक मालिन से पैदा हुआ था और अन्तिम दो का जन्म उसी की जाति की महिलाओं से हुआ था।[2] परन्तु वृद्ध राजा का सर्वाधिक प्रेम उस पत्नी के प्रति था जिससे उसके कोई सन्तान उत्पन्न नहीं हुई और जो रानी किशोरी के नाम से अथवा रानी हंसिया के नाम से प्रख्यात थी। जवाहर अपने को उस महिला के द्वारा गोद लिए जाने के कारण अपने को भाग्यशाली समझ सकता था, क्योंकि उसके प्रभाव और स्नेह के कारण इस उद्दण्ड युवक की अपनी पिता के क्रोध एवं प्रभाव से रक्षा होती रही। मुगल दरबार में उसे और उसके भाई को ऊँचा मनसब प्राप्त हुआ। परन्तु रतनसिंह को अपनी युवावस्था के प्रारम्भ में ही कुछ व्यसनों की लत पड़ गई थी; फलतः बड़े होने पर वह एक ऐय्याश का जीवन व्यतीत करने लगा, शक्ति अथवा सैनिक-ख्याति उपार्जित करने की उसमें कोई चाह नहीं थी। नवल सिंह और रणजीत सिंह औसत दर्जे की क्षमताओं वाले युवक थे और उनके पिता के जीवन-काल में उनके विषय में कभी कुछ अधिक नहीं सुना गया। सबसे छोटा पुत्र नाहर सिंह जिसे सूरजमल अपना उत्तराधिकारी बनाना चाहता था और जिसे जाट सरदार ने राज-काज में प्रशिक्षित करना भी आरम्भ कर दिया था, एक सुस्त और संकीर्ण दृष्टिकोण तथा दुर्बल बुद्धि का युवक था। उसका नाम था नाहर यानी शेर, परन्तु उसका चरित्र मेमने जैसा था और वह अपने बड़े भाई से स्वभाव में बिल्कुल भिन्न था। वह एक 'प्रतिनिधिक' अच्छा लड़का था, जो अपने पिता की इच्छा का सदैव पालन करता था, जो अपने से बड़ों के प्रति सम्मानपूर्ण था, धर्म का पालन करने वाला था तथा ब्राह्मणों

के प्रति श्रद्धालु था। उसके चरित्र में कहीं कोई बनावट नहीं थी और वह विनम्र स्वभाव का व्यक्ति था। वह तूफानी समय में मनुष्यों और राज्य को शासित करने के अतिरिक्त अन्य सभी कामों के लिए उपयुक्त था। जवाहर सिंह को न मनुष्य से डर लगता था और न ही भगवान से तथा वह अपनी महत्त्वाकांक्षा और बदला लेने के काम को पूरा करने के लिए दोनों का उल्लंघन कर सकता था। महान् सैनिक गुणों से तथा प्रशासकीय क्षमताओं से सम्पन्न वह कुशाग्र, क्रियाशील, निर्भीक तथा जन्मजात नेता था, तथापि राजा सूरजमल ने उसके सम्बन्ध में यह ठीक ही सोचा था कि उसका यह पुत्र जाटों के नाश का कारण बनेगा।

महाराजा सूरजमल और जवाहर के बीच सम्बन्ध कभी भी सद्‌भावपूर्ण नहीं रहे। वे वैसे ही थे जो एक स्व-निर्मित कंजूस लखपति और उसके मनचले युवक पुत्र के बीच होते हैं जो अपने पिता को चिड़चिड़ा तथा दबंग कारिन्दा से अधिक मानने को तैयार नहीं होता और जो उसकी फिजूलखर्ची पर आरोपित हितकारी प्रतिबन्धों की शिकायत करता है। उनकी मनोवृत्तियाँ दो भिन्न प्रकार की थीं जो एक-दूसरे को समझने में असमर्थ थीं। अपनी पूर्व की स्थिति में परिवर्तन तथा अपार धनराशि के संग्रह के बावजूद राजा सूरजमल ने जहाँ तक उसके अपने रहन-सहन का प्रश्न था, अपनी जाति की परम्परागत सादगी को नहीं छोड़ा था। परन्तु उसने अपने मापदण्ड के अनुसार, अपने पुत्र के लिए अत्यधिक उदार रूप से इतनी व्यवस्था कर दी थी, जो उसके विचार से उसके पुत्र के लिए प्रतिष्ठा और सम्पन्नता का जीवन व्यतीत करने के लिए पर्याप्त थी। परन्तु युवक जवाहर फिजूलखर्ची था और वह अपने पिता पर हमेशा इस बात के लिए दबाव डालता था कि वह उसे अधिक धनराशि दे। शीघ्र ही उसने अपनी एक मण्डली बना ली थी, उसका अपना एक दरबार बन गया, जिसका खर्च उस राशि से कहीं अधिक था जो उसे पिता सूरजमल से प्राप्त होती थी। यद्यपि उसका लालन-पालन कृषक परिवेश में एक प्रान्तीय कस्बे के ऐसे वातावरण में हुआ था जो सभ्यता से बहुत दूर था, तथापि उसकी सज्जा, उसका फैशन और मनोरंजनों से यह संकेत मिलता था कि वह साम्राज्य का एक बड़ा अमीर है, उसके हावभाव में दिल्ली के दरबार की औपचारिकताएँ अवलोकित की जा सकती थीं, जिन्हें देखने और समझने में उसने कोई चूक नहीं की थी। राजा सूरजमल उससे बहुत कुपित था तथा अनेक प्रकार से उसने अपने पुत्र को यह समझा दिया था कि वह उसके आचरण से सख्त नाराज है। पिता की ओर से उलाहनें जितने अधिक होते गए उतनी ही अधिक जवाहर की आत्मा खट्टी होती गई। अपनी छोटी आयु में ही जवाहर की आशाएँ बुलन्द हो गई थीं, वह क्रोध भरे कथनों और जोखिमपूर्ण शौर्य का प्रदर्शन भी करने लगा था। सूरजमल ने अनेक अभियानों में उसके सैनिक गुणों को प्रयुक्त किया था, जिनमें उसने अत्यधिक ख्याति अर्जित की थी। उसने अपने

पुत्र को डीग का कमाण्डेंट इस आशा के साथ नियुक्त किया था कि उससे वह सन्तुष्ट हो जाएगा परन्तु जो हुआ, वह इस आशा के विपरीत था। उसके इर्द-गिर्द एक ऐसी मण्डली एकत्रित हो गई जो उसके पिता के दरबार के प्रभावशाली सरदार बलराम, मोहनराम आदि के विरुद्ध थी, और इस मण्डली के प्रभाव में आकर वह यह समझने लगा कि बलराम का गुट उसके पिता को उसके विरुद्ध भड़का रहा है। राजा सूरजमल ने ऐसे दुष्ट परामर्शदाताओं से मार्ग-दर्शन लेने के लिए अपने पुत्र को डाँट लगाई और उससे कहा कि यह उसके हित में है कि वह उन्हें पदच्युत कर दे। परन्तु पिता के इन उलाहनों की उसने लेशमात्र भी चिन्ता नहीं की। इससे भी बुरी बात यह थी कि उसने सशस्त्र विद्रोह की तैयारी कर दी।

जवाहर सिंह ने यह निश्चय किया कि वह डीग में एक स्वतन्त्र शासक के रूप में काम करेगा तथा अपनी इस स्थिति की वह अपने पिता के विरुद्ध आखिरी दम तक रक्षा करेगा। अपने निराशोन्मत्त सहकर्मियों की सहायता से उसने नगर पर अधिकार कर लिया तथा वह काम किए जो वास्तव में युद्ध जैसे थे। अपने काम पर लौटाने के जब सूरजमल के सभी प्रयास विफल हो गए, तो उसके पास इसके अतिरिक्त कोई दूसरा विकल्प नहीं था कि वह स्वयं जाकर अपने पुत्र के विरुद्ध घेरा डाले। अपने पुत्र के साथ झगड़े को शीघ्रता से निपटाने के लिए, उसने उसके अनुचरों की पत्नियों और बच्चों के विरुद्ध सख्ती बरतने की धमकी दी। जवाहरसिंह ने कड़ा प्रतिरोध किया। अपने पिता के प्रयत्नों के विरुद्ध डीग की रक्षामात्र से सन्तुष्ट न होकर, उसने मैदान में आकर विवाद को निपटाने का निश्चय किया। उसने बाहर आकर अपने पिता की सेना पर आक्रमण किया; किले की दीवाल के नीचे घमासान लड़ाई हुई। कुछ समय के बाद विद्रोही पीठ दिखाने के लिए बाध्य हो गए, परन्तु उनका नेता यथावत् लड़ता रहा। जवाहर उस स्थान पर कूद पड़ा जहाँ बहुत तीव्र संघर्ष हो रहा था, वह बहुत बड़ी बहादुरी और साहस के साथ लड़ा जो किसी अच्छे कार्य के लिए किए जाने वाले युद्ध के लिए उपयुक्त होता। अन्त में घायल अवस्था में उसे नीचे गिरा दिया गया—उसको एक घाव तलवार से हुआ था, एक भाले से और एक बन्दूक से। सूरजमल जो अपने पुत्र को खोने की अपेक्षा डीग को खोना अधिक पसन्द करता; एकदम भागकर उसे उन लोगों से बचाने को गया तो पिता के मना करने और चीखने-पुकारने के बावजूद उसे जान से मारने पर आमादा थे। उसका जीवन बच गया, परन्तु तीन घावों के कारण उसकी दाहिनी भुजा कमजोर हो गई और बाद के जीवन में वह और अधिक अशक्त हो गई (*वैंदेल*, पृ. 34-36)।[3]

महाराजा सूरजमल के मस्तिष्क पर एक काला बादल छाया हुआ था। उनको आशंका थी कि उसके निधन के उपरान्त, परिवार की फूट के कारण, कहीं दूसरा

गृहयुद्ध न छिड़ जाए। इसके कारण उसने अपने जीवन के अन्तिम दिन अत्यन्त दुःख में काटे। उसने बड़ी घबराहट के साथ बलराम, मोहनराम तथा अन्य शक्तिशाली सरदारों के नेतृत्व में गठित एक मजबूत पार्टी के उदय को देखा था जो जवाहर सिंह के राज्यारोहण का विरोध करने के लिए आवश्यकता पड़ने पर हथियारों के प्रयोग के लिए भी तैयार थे। वह अपने लोगों के चरित्र से अवगत था, जिसकी उसके पुत्र को कोई जानकारी नहीं थी और न वह उसे जानना चाहता था। जवाहर को अपने कुलीन होने पर नाज था और वह अपने निकटतम भाई-बन्धुओं और सम्बन्धियों को यह जताने से भी कभी नहीं चूकता था कि वह उनसे श्रेष्ठ है तथा जन्म के आधार पर उसे उन पर शासन करने का अधिकार है। जाट के लिए इससे अधिक अपमानजनक कोई दूसरी बात नहीं हो सकती थी, वह अफगान की ही भाँति किसी भी इस प्रकार का दावा करने वाले से उसके मुँह पर बिना किसी भय के यह कह सकता था, "तुम क्या हो जो मैं नहीं हूँ? तुम क्या बन सकते हो जो मैं नहीं बन सकता?" इसके अतिरिक्त राजकुमार का चरित्र भी लोगों में उसके प्रति विश्वास पैदा नहीं कर सकता था। वह कठोर, निर्दयी, प्रतिशोधी तथा एक सीमा तक कपटी था। एक सहानुभूतिपूर्ण पर्यवेक्षक उसे दूसरे 'मिहिर कुल'[4] से अधिक नहीं बता सका, यानी ऐसा आदमी "जिसे सबसे अधिक सन्तोष उस समय मिलता है, जब वह किसी के विरुद्ध युद्ध कर रहा हो, यानी जब वह दूसरों को दुःखी कर रह हो तथा अपनी आँखों के सामने मनुष्य के खून की नदियाँ बहा रहा हो" (*वैंदेल*, हस्तलिपि, 34)। उसने किसी चोट अथवा अपमान को कभी क्षमा नहीं किया और कभी बदला लेने से चूका भी नहीं। जितने भी पुराने सरदार थे, वे सब उसके शासनकाल में अपने पदों, सम्पत्ति तथा जीवन के सम्बन्ध में आशंकित थे। जवाहरसिंह के सिंहासनारोहण के मार्ग को सुगम बनाने के लिए अपने मन्त्रिमण्डल तथा रणक्षेत्र के शक्तिशाली सहयोगियों के दमन का अर्थ सूरजमल के लिए यह था कि वह अपने सम्पूर्ण जीवन के कार्य पर पानी फेर दे। अतः उसने निश्चय किया कि वह अपने पुत्र को उसके जन्म-सिद्ध अधिकार से वंचित रखेगा, वह जाट शक्ति को नष्ट नहीं होने देगा, हालाँकि वह मौन रूप से जवाहर सिंह की दृढ़ संकल्पता तथा वीरता का आदर करते थे और उस अकेले को ही उसके पश्चात् राज्यारोहण के लिए सबसे अधिक उपयुक्त मानते थे।

परन्तु जवाहर सिंह से यह आशा करना व्यर्थ था कि वह चुपचाप बैठा रहेगा तथा खामोशी से इस अन्याय के समक्ष झुक जाएगा और उत्तराधिकार से वंचित हो जाएगा। अतः राजा सूरजमल ने अपने वंशगत राज्य से बाहर उसके लिए एक दूसरे राज्य की स्थापना का प्रस्ताव रखा, अपने पारिवारिक प्रदेश के लिए उसने अपने सुयोग्य पुत्र नाहरसिंह को चुना। हरियाणा की विजय तथा

एक अन्तस्थ राज्य की स्थापना की योजना तैयार की गई जहाँ जवाहरसिंह की प्रचुर ऊर्जा और सैनिक प्रतिभा रुहेलों और अब्दाली के बीच अपने अधीन राज्य को कायम रख सके। निस्सन्देह यह एक विवेकपूर्ण नीति थी और इस सुविचारित राज्य के लिए जो स्थान चुना गया था, वह बहुत उपयुक्त था। हरियाणा मूलवंशीय दृष्टि से पहले भी और अभी भी एक जाट प्रदेश है, उसने बड़ी तत्परता के साथ, महाराजा सूरजमल के शासन को स्वीकार कर लिया था तथा मुस्लिम-सैनिक कुलीनतन्त्र के अनियन्त्रित अत्याचारों से छुटकारा मानकर उसका स्वागत किया था।

महाराजा सूरजमल की मृत्यु के समय जाटों के अधिकार में आगरा, धौलपुर मैनपुरी, हाथरस, अलीगढ़, एटा,[4] मेरठ, रोहतक फर्रुखनगर, मेवात, रेवाड़ी, गुड़गाँव, और मथुरा के जिले थे—भरतपुर का मूल-राज्य इनके अतिरिक्त था। "गंगा का दाहिना तट उसके (जाट-राज्य के) पूर्वी सीमान्तों की रचना करता है तथा चम्बल दक्षिणी सीमान्तों की, जयपुर नरेश की प्रादेशिक सीमाओं में शामिल आगरा का सूबा उसके पश्चिम में स्थित है तथा दिल्ली का सूबा उसके उत्तर में; पूर्व से पश्चिम तक वह 100 कोस लम्बा है तथा उत्तर से दक्षिण तक उसकी लम्बाई 70 कोस है (*लॉ नॅबाब रेने मेडेक*, सेक्शन 45)। जहाँ तक राज्य की वित्तीय स्थिति का सम्बन्ध है, फादर वैंदेल ने लिखा है, "सूरजमल ने अपने उत्तराधिकारी के लिए कितना खजाना और सम्पत्ति विरासत में छोड़ी, इस प्रश्न पर मतैक्य नहीं है। कुछ ने 9 करोड़ रुपए का अन्दाजा लगाया है और कुछ ने कम का। मैंने उसकी वार्षिक आय और व्यय के सम्बन्ध में उन लोगों से जानकारी प्राप्त की जो उनका प्रबन्ध करते थे; जो अधिक विश्वसनीय जानकारी मैं हासिल कर सका कि उसका वार्षिक व्यय 65 लाख से अधिक और 60 लाख से कम कभी नहीं हुआ तथा अपने शासनकाल के कम-से-कम अन्तिम 5 अथवा 6 वर्षों में उसकी वार्षिक आय 175 लाख से कम कभी नहीं हुई। उसने अपने पूर्वजों के कोष में 5 करोड़ से 6 करोड़ की चाँदी की वृद्धि की। आज (जवाहर सिंह के राज्यारोहण के पश्चात्) जाटों के खजाने में 10 करोड़ रुपए हैं...बहुत-सा धन गड़ा हुआ है—यह पता नहीं कहाँ। सूरजमल ने डीग में बदनसिंह के खजाने का पता लगाने के लिए एक बड़े भूभाग में निष्फल खुदाई करवाई। इससे नगर को एक सरोवर प्राप्त हो गया तथा नागरिकों को जल की सुविधा मिल गई।[5] जाटों के खजाने के सम्बन्ध में जन-साधारण की राय के बावजूद मैंने हमेशा यह विश्वास किया है कि उनके हाथों में बहुत अधिक धन नहीं है" (*वैंदेल*, 51-52)। वर्षों के बीत जाने के बाद भी भरतपुर के राज परिवार की अपार धन-सम्पत्ति के सम्बन्ध में जन-साधारण के विश्वास पर कोई प्रभाव नहीं पड़ा—इसके विपरीत उसमें वृद्धि ही हुई। उसके खजाने के गुप्त तहखानों में, कहा जाता है, ऐसी दुलर्भ वस्तुएँ तथा दिल्ली और आगरा से लूट में लाया गया वह माल जिसको देखने की आशा

भी थोड़े ही लोग कर सकते हैं।

कोश के अतिरिक्त, सूरजमल ने अपने उत्तराधिकारी को 5000 घोड़े, 60 हाथी, 15000 घुड़सवार, 25000 से भी अधिक पैदल (उनके अतिरिक्त जो दुर्गों में स्थित थे), 300 से भी अधिक तोप और उसी अनुपात में बारूद छोड़ा था (*वैंदेल*, 55)। *सियर* के लेखक ने लिखा है–"उसके (सूरजमल के) अस्तबल में 12000 घोड़े और उतने ही घुड़सवार जिनको उसने स्वयं घोड़े की पीठ पर बैठकर गोली चलाने तथा फिर चक्कर काटकर सुरक्षा या ओट में कारतूस भरने का प्रशिक्षण दिया था। ये लोग लगातार नित्य के अभ्यास से इतने फुर्तीले और खतरनाक निशानेबाज बन गए थे और इसके अतिरिक्त वे अपने काम में इतने विशेषज्ञ थे कि समूचे भारत में इस क्षेत्र में कोई भी सैनिक ऐसे नहीं थे जो उनके सानी होने का दम्भ कर सकें। न ऐसे राजा के विरुद्ध लाभ की प्राप्ति के लिए युद्ध करना सम्भव माना जाता था" (*सियर*, IV, 287)। फ्रेंच फ्रीलान्स कैप्टेन जीन लॉ के संस्मरणों से ज्ञात होता है कि सूरजमल अपनी सेना की पैदल रेजीमेंटों को यूरोपियन अनुशासन में प्रशिक्षण देने के लिए यूरोपीय लोगों की तलाश में थे।[6] एम.लॉ के दल पर राजा दुर्जनसिंह (सूरजमल का सम्बन्धी) ने 10000 घुड़सवारों के साथ 23 मार्च, 1758 को आक्रमण कर दिया, उस समय वह कालिनी नदी के पूर्वी तट पर कैम्प में था। राजा दुर्जन सिंह इस समय दोआब में स्थित अतरौली के छोटे प्रान्त[XXV] का कमाण्डेंट था। इस आक्रमण के पीछे दुर्जनसिंह की इच्छा यूरोपियन लोगों को पकड़कर सूरजमल के पास बन्दी के रूप में भेजने की थी जो लम्बे समय से इन लोगों को अपनी सेवा में रखना चाहता था। भाग्य से ये लोग बच निकले और सूरजमल की इच्छा पूरी नहीं हो सकी।

XXV. अतरौली कभी भी छोटा या बड़ा प्रान्त नहीं रहा है। अकबर के समय से 18वीं शताब्दी तक आगरा सूबे के कोल जनपद का एक महाल या उप-सम्भाग रहा है। 19वीं सदी में अतरौली अलीगढ़ जिले के उप-सम्भाग की तहसील बनाई गई। जे. एम. सिद्दीकी, *अलीगढ जिला: एक ऐतिहासिक सर्वे*, पृ. 113, फुटनोट 7; –सम्पादक।

सन्दर्भ–

1. *वैंदेल* ने उसके चार पुत्र बताए हैं, परन्तु इतिहास का यह एक सामान्य तथ्य है जिसका फारसी के इतिहासकारों ने पुष्टि की है कि राजा नवलसिंह के उपरान्त गद्दी पर बैठने वाला रणजीत सिंह भी सूरजमल का पुत्र था। इससे उसके पुत्रों की संख्या पाँच हो जाती है। वैंदेल का विवरण यद्यपि समकालीन होने के कारण अत्यधिक मूल्यवान है तथापि उसमें कुछ जाने-पहचाने तथ्यों के बारे में अशुद्धियाँ पाई जाती हैं।

2. कर्नल टॉड ने लिखा है कि जवाहरसिंह और रतन सिंह कुर्मी परिवार की एक पत्नी से उत्पन्न हुए थे। (यह जाति जाटों से नीची है।) परन्तु फादर वैंदेल ने जो जवाहर सिंह के दरबार में रहा था और उसे निकट से जानता था, लिखा है कि वे गोर जाति की पत्नी से पैदा हुए थे (*फ्रेंच*, पाण्डुलिपि, 51)। दूसरे स्थान पर वह कहता है कि कुछ लोग अधिकारपूर्वक कहते हैं कि गोर जाति जाटों से कुछ ऊपर है तथा वह उन राजपूतों की ही एक किस्म है जो नीचे गिर गए थे (वही, पृ. 74)। यह विवरण गौरुआ जाति से मिलता-जुलता है जिन्हें ईलियट ने 'राजपूतों की एक हीन जाति' (*मैमोअर्स ऑफ द रेसिस*, I, 115) कहकर पुकारा है। *इमाद-उस-सादात (पृ. 56)* के लेखक ने जवाहर की माँ को राजपूतनी बताया है। यह कहा जाता है कि मथुरा और गुड़गाँव जिलों के गौरुआ वे राजपूत हैं जो अपने बड़े भाई की विधवा के विवाह कर लेते हैं (गजे. न. बे. प. ओल्ड सीरीज, Vol. VIII, I, p. 73)।
3. जवाहरसिंह के साथ न्याय करने के लिए फादर वैंदेल के निम्न कथन को उद्धृत करना उचित होगा, "यद्यपि यह बात सत्य के अतिरिक्त और कुछ नहीं है कि इस गन्दे मामले में जवाहरसिंह आंशिक रूप से स्वयं अपने मनोभाव के कारण फंसा था और आंशिक रूप से उन लोगों के परामर्श के कारण जिन्हें उसने अपने इर्द-गिर्द इकट्ठा किया था—तथापि यह निश्चित है कि सूरजमल का उसके प्रति अलगाव तथा उसके पिता की कृपणता के कारण अथवा उन लोगों की दुष्टता के कारण जो उसके पिता के आदेश पर उसे उसके जीवनयापन के लिए धन की व्यवस्था करते थे, वह दरिद्रता की स्थिति पर कभी-कभी आ जाता था और उसे अपने साथियों के समक्ष हीनता का अनुभव करना पड़ता था इन कारणों ने भी उसे विद्रोह के लिए प्रेरित किया था। विद्रोह 1755 में अहमदशाह अब्दाली के आक्रमण के पूर्व हुआ था।
4. एटा-अगरा डिवीजन जो उत्तर में गंगा नदी से मर्यादित है तथा दक्षिण में मैनपुरी जिले से, उसके उत्तर में बदायूँ का जिला है और पश्चिम में आगरा जिले का जलेसर परगना।
5. *'इमाद-उस-सादात'* ही एकमात्र फारसी इतिहास है जिसमें संयोग से सूरजमल की दौलत का संकेत मिलता है। लेखक गुलामअली को सूचना प्रदान करने वाले राव राधा कृष्ण ने, जो एक समय सूरजमल का विश्वासपात्र अनुचर था, कहा है कि सूरजमल ने पानीपत की तीसरी लड़ाई के सम्बन्ध में उससे भविष्यवाणी की थी और बातचीत के दौरान उससे कहा था कि; "मेरे पास इतने प्रदेश हैं जिनसे मुझे डेढ़ करोड़ की वार्षिक आय प्राप्त होती है तथा मेरे कोष में 5 या 6 करोड़ रुपए हैं।" मुझे उससे (भाऊ से) अलग होने के लिए बाध्य होना पड़ा है (*इमाद*, फारसी पाठ, 72)। यह मूलतः सही अनुमान है।
6. देखिए, एल्फ्रेड मार्टिनो द्वारा सम्पादित *मेमोअर ऑफ जीन लॉ*, 312-313। कालिनी वस्तुतः गंगा की एक सहायक नदी है, वह अतरौली तहसील में बहती है। अतरौली अलीगढ़ से उत्तर-पूर्व में 16 मील दूर है।

10

महाराजा सवाई जवाहर सिंह 'भारतेंद्र'

(1764-1768)

जवाहर सिंह का सिंहासनारोहण

सूरजमल के देहान्त के पश्चात् रानी हंसिया के भाई बलराम के नेतृत्व में सामन्तों के दल ने स्वर्गीय राजा की इच्छानुसार नाहर सिंह को भरतपुर की गद्दी पर बिठाने का प्रयत्न किया। परन्तु जवाहर सिंह की नीति के एक वीरतापूर्ण और सुनिर्णीत कदम ने परिस्थिति में नाटकीय परिवर्तन उपस्थित कर दिया। उसने फर्रुखनगर से एक दूत अपने भाई और सामन्तों को एक कठोर चेतावनी के साथ भेजा, जिसमें उसने उन पर' कायर और लाभ के लिए अवांछनीय झगड़ा करने का आरोप लगाया। उससे कहा गया कि यह अवसर उस महान् स्वर्गीय आत्मा का उत्तराधिकारी बनाने का नहीं है परन्तु उसके हत्यारे के खून से उसको सन्तुष्ट करने का है। उसने कहा कि इस समय वह अपने जन्म-सिद्ध अधिकार का दावा प्रस्तुत नहीं करेगा, परन्तु जो थोड़ी-सी सेना उसके पास है, उसको लेकर वह शत्रु पर चढ़ाई करेगा और बाद में देखेगा कि उसके पिता का उत्तराधिकारी बनने के लिए कौन सबसे अधिक उपयुक्त है? इस धमकी ने सरदारों को भयभीत कर दिया और नाहर सिंह जो स्वभाव से ही भीरू और कायर था, इतना घबड़ा गया कि वह दूसरी रात वहाँ से भाग गया। अपने परिवार और पक्षधरों के साथ वह धौलपुर चला गया। सूरजमल के समय में धौलपुर उसे गुजारे के लिए दिया गया था। जहाँ वह अपनी विरासत को प्राप्त करने के लिए अच्छे अवसर की प्रतीक्षा करने लगा। बलराम सिंह ने सिंहासन पर नाहर सिंह के दावे का प्रतिरोध करने की समस्त आशाएँ त्याग दीं और उसने यही बुद्धिमत्तापूर्ण बात समझी कि वह आत्म-समर्पण कर दे। जवाहर सिंह डीग वापस आ गया और वह जाट-प्रदेश के स्वामी और सम्प्रभु के रूप में गद्दी पर बैठा दिया गया।

जवाहर की स्थिति की दुर्बलता

परन्तु उसकी स्थिति अभी भी खतरे और अनिश्चिय में थी। पुराने सरदारों का समर्पण उसके पद की अनिच्छुक मान्यता से अधिक कुछ नहीं था। वे अपनी जागीरों को वापस चले गए, नई सरकार के काम में भाग लेने की उनकी कोई इच्छा नहीं थी। सबसे महत्त्वपूर्ण सरदार, अश्वारोही सेना के जनरल तथा भरतपुर के गवर्नर (जहाँ राज्य का खजाना था) बलराम ने राजा जवाहर सिंह के समक्ष किले का दरवाजा बन्द करा दिया तथा राजा सूरजमल के अन्य स्थानों पर स्थित खजानों की सूचना देने से इन्कार कर दिया। धौलपुर में नाहर सिंह अपने भाई को अपदस्थ करने के प्रत्येक षड्यन्त्र में सहायता देने को तैयार था और सूरजमल के भाई प्रताप सिंह का पुत्र बहादुर सिंह ने जो वैर के किले का स्वामी था, नए राजा की सत्ता को मानने से इंकार कर दिया था और वह स्वयं को स्वतन्त्रता का दावा करने की तैयारी करने लगा था। केवल एक बड़ी सैनिक सफलता ही लोगों की कल्पना शक्ति को प्रभावित कर सकती थी और वही राज्य में विघटनकारी शक्तियों पर रोक लगा सकती थी तथा जवाहर सिंह के शासन को पुख्ता बना सकती थी।

उसने कुछ समय के लिए, यह दिखाया कि उसने अपने पिता के सामन्तों द्वारा उसके विरुद्ध किए गए कामों को अनदेखा कर दिया है तथा इस कारण उन्हें क्षमा कर दिया है कि उन्होंने उसके सिंहासनारोहण में सहायता की थी। भावुकता और स्वार्थ दोनों ही यह माँग करते थे कि सूरजमल की मौत का बदला लेने के लिए नजीबुद्दौला के विरुद्ध आक्रमण किया जाए। भूतपूर्व वजीर गाजीउद्दीन जो 1760 से भरतपुर में जाटों के पेन्शन लेने वाले के रूप में रह रहा था, इस आशा के साथ जवाहर सिंह की क्रोधाग्नि को पंखा दे रहा था कि दिल्ली में दूसरी क्रान्ति हो जाएगी और उसे वजीर का पद दुबारा मिल जाएगा। परन्तु किसी भी जाट सरदार ने इसका अनुमोदन नहीं किया और उसे सामान्य रूप से अस्वीकृत कर दिया गया। जवाहर सिंह अपने सामन्तों की सैनिक-शक्ति को बहुत अधिक मूल्य नहीं देता था, उसे आवश्यकता केवल धन की ही थी। उसके उपद्रवी एवं कृतघ्न स्वभाव के बावजूद, रानी हंसिया अपने दत्तक पुत्र जवाहरसिंह को कृपालु माँ की भाँति अपनी समस्त कोमलता और हार्दिकता के साथ प्यार करती थी। वह जवाहरसिंह के आग्रह का प्रत्युत्तर न दे, यह सम्भव नहीं था, उसने अपने भाई बलरामसिंह को बिना बताए, आक्रमण के व्यय के लिए, प्रचुर धन-राशि की व्यवस्था कर दी।

प्रतिशोध का युद्ध

अक्टूबर[1] 1764 के अन्त में दिल्ली के दरवाजे पर एक शक्तिशाली हिन्दू-सेना उपस्थित हुई—ऐसी सेना जो 1760 में हिन्दुस्तान पर आधिपत्य स्थापित करने

के लिए महाराष्ट्र द्वारा भेजी गई सेना के बाद महत्त्व में दूसरे स्थान पर आती थी। इस सेना का प्रयोजन महाराजा सूरजमल के खून का प्रतिशोध लेना था तथा पानीपत के युद्ध में मुस्लिम विजय के परिणामों को नष्ट करना था। जवाहर सिंह इस युद्ध में अपने साथ अपने 60 हजार सैनिक और 100 तोपें लाया था; इसके अतिरिक्त उसने युद्ध में तुरन्त विजय प्राप्त करने के उद्देश्य में मल्हारराव होल्कर के 25 हजार मराठा सैनिक तथा 15 हजार सिखों को भाड़े के मित्रों[XXVI] के रूप में अपनी सेना में शामिल कर लिया था। युद्ध के परिणामों के सम्बन्ध में संदिग्ध होते हुए भी बहादुर रुहेला सरदार अन्त तक लड़ने के लिए कृत-संकल्प था। उसने बुद्धिमत्ता के साथ अपने परिवार और खजाने को सहारनपुर[XXVII] जिले

XXVI. नजीबुद्दौला के विरुद्ध दिल्ली के घेरे के समय जवाहर सिंह ने जिन मराठा, सिख और नागा गोसाइयों के सैनिकों को भाड़े पर लिया था, इतिहासकारों ने उनके भिन्न-भिन्न आँकड़े दिए हैं। विस्तार के लिए देखें, राजपाल सिंह, *राइज ऑफ जाट पावर*, पृ. 163-264, फुटनोट 27-34;—सम्पादक।

XXVII. सक्करताल (सुक्करताल) अब मुजफ्फर नगर जिले में है। अकबर के राज्य काल में यह सम्पूर्ण जनपद सहारनपुर सरकार का हिस्सा था। इसमें से केवल कांधला परगना दिल्ली सरकार के नियन्त्रण में था। उस समय वर्तमान मुजफ्फरनगर क्षेत्र सरबत और खतोली सैयद मुजफ्फर खान को उपहार में दिए गए थे और उनके सम्मान में मुजफ्फरनगर कस्बे की नींव रखी गई थी। मुजफ्फरनगर में उप-कलेक्टरी स्थापित होने से सन् 1824 में यह जिला बना। सन् 1826 में उप-कलेक्टरी को स्थाई जिला बना दिया गया। मेरठ के कुछ गाँवों को 1838-1840 और 1860-1868 के बन्दोबस्त में मुजफ्फरनगर में स्थानान्तरित कर दिया गया था *द इन्साइक्लोपेडिक डिस्ट्रिक गजेटियर ऑफ इण्डिया*, सैन्ट्रल जोन (संयुक्त प्रान्त), खण्ड-6, सम्पादक—एन. सी. भट्ट, पृ. 875; सरवत स्थान के लिए देखें, इरफान हबीब, *एन एटलस ऑफ द मुगल एम्पायर*, मेप (पॉलीटिकल) 8 अ।

नजीबुद्दौला को 21 नवम्बर, 1753 को सहारनपुर का फौजदार नियुक्त किया गया था। उसने चारों ओर के स्थानीय जमींदारों को बेदखल कर दिया। नजीब के विरुद्ध जवाहरसिंह के अभियान के समय 1765 में सुक्करताल नजीब की जागीर में था। नजीब ने नजीबाबाद में पथरगढ़ (1755), मुजफ्फरनगर से 17 मील पूर्व में सुक्करताल और मुजफ्फरनगर से 22 मील उत्तर-पश्चिम में गौसगढ़ (1765) में तीन दुर्गों का निर्माण कराया। सोलानी नामक एक छोटी सहायक नदी सुक्करताल के पास गंगा में गिरती है। इस प्रकार सुक्करताल के तीन ओर गंगा के कष्टदायक तंग एवं गहरे खड्ड हैं। चौथी ओर भूमि इतनी उबड़-खाबड़ है कि वर्षा ऋतु में नजीब की रक्षा-पंक्ति तक पहुँचना अत्यन्त कठिन था। सुक्करताल दुर्ग की सामरिक महत्व की स्थिति के कारण नजीब को अपने परिवार के सदस्यों को वहाँ भेज दिया था। सुक्करताल के उक्त प्राकृतिक परिवेश ने दुर्ग की शक्ति को बढ़ा दिया था। अतः

में सक्करताल[2] के मजबूत किले में पहले से ही भेज दिया था तथा दिल्ली नगर के चारों ओर खाइयाँ खुदवाकर एक लम्बे घेरे के लिए वह तैयार हो गया। उसने अन्य रुहेला सरदारों को अपनी सहायता के लिए बुलवाया तथा अब्दाली के पास आवश्यक अनुरोध भेजा और उसे दिल्ली में वर्तमान खतरनाक स्थिति से अवगत कराया। दिल्ली उस समय सभी तरफ से घिरी हुई थी, नगर के उत्तर में मराठा थे, दक्षिण-पश्चिम में सिख, जबकि जवाहर सिंह ने नदी के पूर्वी तट पर अपनी सेना का कुछ भाग तैनात कर रखा था तथा शेष दिल्ली और अजमेरी दरवाजों पर। जोशीले और अधीर जाट ने नजीब खाँ को बाहर आने के लिए ललकारा और कहा कि एक कोने में छिपने के बजाय उसे खुले में युद्ध करने के लिए आना चाहिए। उसने विशाल हृदयता का परिचय देते हुए अपनी सेना को फरीदाबाद (दिल्ली से दक्षिण की ओर 16 मील के फासले पर स्थित) की ओर 5 या 6 कोस दूर तक हटा लिया ताकि अफगानों के साथ कोई छेड़खानी न हो। क्रोध में आकर नजीबुउद्दौला बाहर आ गया तथा उसने जाटों के साथ युद्ध किया (15 नवम्बर, 1764), परन्तु जाट अधिक शक्तिशाली सिद्ध हुए; उन्होंने अफगानों को नगर की ओर पीछे धकेल दिया; उभय पक्ष के घायल और मृतकों की संख्या लगभग एक हजार थी। होल्कर तथा अन्य सरदारों के साथ जवाहर सिंह ने जमुना नदी को पार किया तथा शाहदरा को लूटा और जमुना के इस तरफ तोपें खड़ी कीं (17 नवम्बर)। शाहदरा की लूट के दूसरे दिन शत्रु भारी गोलाबारी के कारण नजीब की सेना किले के सामने पड़ी रेती को छोड़कर किले के अन्दर चली गई; गोले नगर में पड़ने शुरू हो गए (19 नवम्बर)।[3] तीन महीने इसी प्रकार मुसीबत और कठिनाइयों में गुजर गए। घेरे को तोड़ने के अफगानों के सभी प्रयास विफल रहे। 12वीं शबान 1178 हिजरी (4 फरवरी, 1765) नजीब ने जाटों और सिखों से दूसरी लड़ाई नखास (पशु बाजार) और सब्जी-मण्डी के निकट लड़ी। लड़ाई बन्दूक से छोड़ी गई भारी गोलाबारी के साथ आरम्भ हुई इसमें बहुत से लोग मारे गए और घायल हुए; इस बार पुनः अफगानों को पीछे हटना पड़ा (*वाका,* 204)। अब उसके सामने भुखमरी अथवा आत्म-समर्पण के अतिरिक्त और कोई दूसरा विकल्प नहीं था; दुकानें बन्द हो गईं और सरकार के अधिकतम आश्वासन देने पर भी लोगों को दिलासा नहीं मिली। अगले ही दिन पुराने और नए शहर के लोग जाट-खेमे में पहुँच गए और वे भुखमरी से बचने के लिए अनाज की भीख माँगने लगे। यह नगर का एक प्रकार का समर्पण था—नगर की रक्षा करने वाले किले के भीतर घुस गए।[4] किसी भी स्रोत से सहायता के

मराठे भी 1759 में नजीब को पराजित नहीं कर सके थे। इकबाल हुसैन, *द राइज एण्ड डिक्लाइन ऑफ रुहेला चीफटेन्सीज़ इन* 18th *सेन्चुअरी इण्डिया,* पृ. 96, फुटनोट, 32, तथा 215; इकबाल, *तारीखे शाकिरखानी,* पृ. 84 ब, में उद्धृत; —सम्पादक

आने की कोई सम्भावना नहीं थी; सिख सहारनपुर तथा नजीबुउद्दौला के अन्य इलाकों में लूटमार मचाए हुए थे, तथा अब्दाली के आने की कोई सूरत दिखाई नहीं पड़ रही थी।[5]

मल्हारराव का विश्वासघात

जब सफलता पकड़ के भीतर दृष्टिगोचर होने लगी थी, राजा जवाहर सिंह को अपने विश्वासघाती मित्र मल्हारराव के आचरण से जिसके सम्बन्ध में फादर वैंदेल ने लिखा है कि *उसने अपने आलस और नजीब खाँ के प्रति लगाव के कारण सारे मामले को बिगाड़ दिया*। उसने सन्धि का प्रस्ताव उस समय रखा जबकि रुहेलाओं के लिए बिना शर्त समर्पण को टालना सम्भव नहीं था और आखिर में उसने जवाहर सिंह को उस पर सहमत होने के लिए बाध्य कर दिया (*फ्रेंच* पाण्डुलिपि, पृ. 59)। नजीब खाँ ने शान्ति के लिए बात चलाई—"सुजान मिश्र, राजा चेतराम तथा रूपराम[6] (भरतपुर राजा का कुल पुरोहित) का भतीजा मल्हारराव से शान्ति के सम्बन्ध में बात करने गए और लौट आए (14वीं शबान, 6 फरवरी, 1765)। सूर्यास्त से दो घड़ी पहले नवाबजबीता खाँ ने जमुना तक जाना आरम्भ कर दिया, वह अपने साथ गंगाधर तात्याँ और रूपराम को नजीबुद्दौला के पास ले आया (*वाका,* पृ. 201)। दोनों पक्षों ने स्पष्टतः समझौता स्वीकार कर लिया, परन्तु यह नहीं मालूम कि समझौते की शर्तें क्या थीं? 17वीं शाबान (9 फरवरी) को नजीबुद्दौला मल्हारराव के खेमे में उससे मिलने गया और उसके बाद वे दोनों जाटों के खेमे में गए और सूर्यास्त के करीब वहाँ से अनाज से लदे घोड़ों के साथ नगर को वापस लौट आए (*वाका,* पृ. 201)। 20वीं शबान (12 फरवरी) को जवाहर सिंह दिल्ली से 5 मील दूर ओखला को कूच कर गया (*वाका,* पृ. 202)। मल्हारराव को अपने मित्र के साथ विश्वासघात करने का पारितोषिक मिला। 21वीं शाबान (13 फरवरी) को उसने नजीबुद्दौला से भेंट की और उसने उसे एक हाथी, दो घोड़े और आभूषणों से भरी नौ प्लेटें तथा उसके साथियों को 129 सम्मानपूर्ण पोशाकें भेंट की (उपर्युक्त, 202)। 22वीं शाबान (14 फरवरी) को जवाहर सिंह से मिलने के लिए जबीता खाँ आया और उसने युवराज जवां बख्त की तरफ से उसे एक हाथी और सम्मान प्रदर्शित करने के लिए एक पोशाक भेंट की (वही)।" उपर्युक्त मामला यहीं समाप्त हो गया। वह इस समझौते से सन्तुष्ट नहीं था और वह उसके ऊपर अविश्वसनीय मराठा सरदार के द्वारा थोपा गया था, यह बात इस तथ्य से स्पष्ट हो जाती है कि वह राजधानी से नजीबुद्दौला से मिले बिना, जैसे शिष्टता का तकाजा था, चला गया। वह मल्हारराव के विरुद्ध कटुता को लेकर डीग चला आया, वह जानता था कि मल्हारराव के कारण 160 लाख रुपया खर्च करना पड़ा था और जिसके एवज में उसे कोई लाभ नहीं मिला

था। जैसा फादर वैंदेल ने लिखा है, "इस अभियान से उसे कोई लाभ नहीं हुआ। सिवाय इसके कि सेवक तथा सरदारों पर उसका प्रभुत्व स्थापित हो गया और अपनी प्रजा के बीच में उसका आदर बढ़ गया"[7] (*फ्रेंच* पाण्डुलिपि, पृ. 59)।

जवाहरसिंह द्वारा विद्रोही सरदारों का दमन

दिल्ली के विरुद्ध अभियान से लौटने के पश्चात् (मार्च 1765) राजा जवाहरसिंह ने यह उचित समझा कि वह बाहर विजय की बात सोचने के पूर्व अपने आपको अपने घर का स्वामी बनाए। उसे सन्देह था तथा यह सन्देह निराधार भी नहीं था कि उसके असन्तुष्ट सरदारों तथा मल्हारराव के बीच गुप्त सम्बन्ध है; यथार्थ में यदि ये सरदार उसके साथ दिल्ली गए थे, तो उन्होंने ऐसा अनमने रूप से भय एवं लज्जा के कारण किया था। दो पुराने सरदार, अश्वसेना का कमाण्डर बलराम तथा तोपखाने का जनरल मोहन राम का राज्य में समूची शक्ति पर एकाधिकार था, सूरजमल का खजाना और सेना उसके हाथों में थी तथा उसके सम्बन्धी राज्य में महत्त्वपूर्ण सार्वजनिक पदों पर आसीन थे। इसके अतिरिक्त, उसके मस्तिष्क में पुरानी शिकायतें भी थीं, इन लोगों ने उसे उत्तराधिकार से वंचित रखने का षड्यन्त्र रचा था; फिर इन सोने की मुर्गियों को मारकर वह एकदम धनी हो सकता था, कुख्यात जर्मन कैप्टन समरू जिसने शुजाउद्दौला का साथ छोड़ दिया था, अब भरतपुर के दरबार में सेवा करने तथा सुरक्षा प्राप्त करने के लिए आया था (अप्रैल 1765)। यह एक ऐसा आदमी था, जो जवाहरसिंह के लिए उपयोगी सिद्ध हो सकता था, वह एक योग्य सैनिक था तथा अन्तरात्मा नाम की कोई भी वस्तु उसके पास नहीं थी; अतः वह बिना किसी संकोच के अपने वेतनदाता के कहने पर कोई भी कुकृत्य दक्षतापूर्वक सम्पूर्णता के साथ निष्पादित कर सकता था। भरतपुर की दौलत की ख्याति ने दिवालिया, राजाओं की सेनाओं से निकले हुए अनेक पुराने विदेशी भाड़े के सैनिकों को आकर्षित किया था। उसने विदेशियों का एक शक्तिशाली दल भर्ती कर लिया और जाटों की अपेक्षा वह इस दल पर अधिक भरोसा कर सकता था। इसके उपरान्त राजा जवाहरसिंह ने अपने विरोधी सरदारों के विरुद्ध कार्यवाही की प्रक्रिया आरम्भ की (जुलाई, 1765)।

"इन सहायकों को प्राप्त करने के पश्चात् वह यह सोचने लगा कि वह इतना अधिक शक्तिशाली एवं सुरक्षित है कि वह उन लोगों से सन्तोष प्राप्त करने की माँग कर सकता है, जिन्हें बन्दी बनाने की इच्छा को वह एक लम्बे समय से संजोए हुए हैं। सम्भवतः वह इसी योजना के साथ आगरा आया था, वहाँ उसने उन लोगों को बुलाया जिन्हें वह पकड़ना चाहता था, उसने अपने विदेशी सैनिकों को सड़कों की अच्छी तरह से निगरानी करने का आदेश दिया,

उसने बलराम तथा अन्य लोगों को विभिन्न स्थानों से गिरफ्तार करवाया और उसी दिन उन लोगों को भी बन्दी बना लिया जो उनसे सम्बंधित थे। बलराम तथा एक-दूसरे सरदार ने, जो कुछ उनके साथ हुआ था उससे घृणा और लज्जा से भरकर तथा सम्भवतः और अधिक लज्जित होने से बचने के लिए अपनी तलवारों से एक-दूसरे के सामने अपना गला काट लिया। अन्य को बन्दी बनाकर मजबूत पहरे में भरतपुर भेज दिया गया, जहाँ उन्होंने राजा सूरजमल के हिसाब में से फिरौती की रकम देकर, जो उनसे माँगी गई थी अपने को रिहा करवा लिया। कुछ सरदारों ने धन देने की बजाय अपने को मरवाना अधिक पसन्द किया, हालाँकि उनके सम्बन्ध में यह कहा जाता था कि उनके पास बहुत रुपया है और उन पर प्रशासन में भ्रष्ट आचरण का भी आरोप था। बलराम और उसकी सम्पन्नता की बात तो दूर है, अकेले मोहन राम पर 80 लाख रुपया नगद बताया जाता था, इसमें उसकी अन्य सम्पत्ति शामिल नहीं है—"उसने अनेक यातनाओं और ज्यादतियों को सहने के पश्चात् उन्हें अपना सिर काटने दिया, लेकिन उसने अपनी सम्पत्ति में से जो उसके पास वास्तव में थी, एक भाग भी देने से इन्कार कर दिया" (*फ्रेंच* पाण्डुलिपि, पृ. 61-62)। इस प्रकार जवाहरसिंह ने पिता के पुराने सरदारों से अपना बदला लिया। यह रक्तरंजित कार्य एक महान् गलती सिद्ध हुआ, इससे उसे सूरजमल के खजाने को प्राप्त करने में भी असफलता मिली। "उसे बहुत गलत परामर्श दिया गया था। एक धीमा और सुहावना तरीका रुपया निकालने के लिए सम्भवतः अधिक उपयोगी सिद्ध होता। जवाहरसिंह को इस तरीके से केवल 15 या 20 लाख रुपया प्राप्त हो सका" (वही)। यह एक राजनीतिक भूल भी थी, क्योंकि वह अन्ततोगत्वा भरतपुर के राजपरिवार के पतन का कारण बनी। फादर वैंदेल ने लिखा है कि "जवाहरसिंह के इस काम से उसके सम्बन्धियों में बेचैनी पैदा हो गई तथा सामान्य रूप से सभी जाटों में निराशा की लहर दौड़ गई तथा उसके व्यक्तित्व के साथ उसका लगाव भी पूर्णतः समाप्त हो गया। यद्यपि राज्य से सम्बंधित अनेक कारणों से वह इस प्रकार का आचरण करने के लिए बाध्य था, तथापि यह काम बहुत उतावलेपन में किया गया था और वह अविवेकपूर्ण भी था" (वही, 62)।

इसके बाद जवाहर सिंह के विद्रोही चाचाजात भाई बहादुर सिंह की बारी थी जिसके पास वैर[8] के किले का आधिपत्य था; उसके सम्बन्ध में फादर वैंदेल ने लिखा है कि "वह इतना विनम्र मनुष्य था जिसकी उसके मूलवंश के अधिकांश लोगों में कल्पना भी नहीं की जा सकती।" उसने अपने चाचा सूरजमल की बड़ी निष्ठा के साथ सेवा की थी और इसके लिए उसकी जागीर में अनेक बढ़ोत्तरियों के द्वारा उसे पुरस्कृत भी किया गया था। वह धनाढ्य और शक्तिशाली था, उसके पास अच्छी और अनेक तोपें थीं और वह एक बड़ी सेना का स्वामी था। महाराजा

सूरजमल की मृत्यु के उपरान्त बहादुर सिंह यह सोचने लगा कि जाटों के राज्य पर शासन करने का उसका अधिकार भी उतना ही है जितना सूरजमल अथवा जवाहर सिंह का। उसने अपने कामों के आचरण से यह प्रदर्शित भी कर दिया कि वह वैर पर शासन एक स्वामी की तरह से करना चाहता है, दूसरे के प्रसाद के आधार पर नहीं। "और इसके बावजूद कि जवाहर सिंह ने उसे अपनी अप्रसन्नता का संकेत दे दिया था, वह उन स्थानों को दुर्गीकृत करता रहा जो पहले से ही भली प्रकार दुर्गीकृत थे, वह अपनी सेना, युद्ध सामग्री तथा रसद में वृद्धि करता रहा तथा किसी भी आक्रमण के विरुद्ध अपनी प्रतिरक्षा के लिए अपने को तैयारी की स्थिति में तैयार करता रहा। जवाहर सिंह ने वर्षा ऋतु में (अगस्त 1765) वैर के विरुद्ध आक्रमण के लिए कूच किया तथा उसे अब सब तरफ से घेर लिया। तीन महीने तक बहादुर सिंह ने बहादुरी के साथ अपनी रक्षा की, घेरा डालने वालों को बड़ी कठिनाई का सामना करना पड़ा, क्योंकि उस वर्ष वर्षा बहुत अधिक हुई थी। कुछ तो झूठे शान्ति-प्रस्तावों के कारण और कुछ किले के भीतर के सरदारों के विश्वासघात के कारण, किले पर अधिकार कर लिया गया तथा बहादुर सिंह को बन्दी बनाकर भरतपुर ले जाया गया। (नवम्बर 1765), जहाँ से उसे फर्रुखनगर के मुसावी खाँ के साथ सूरजमल के पोते[9] के जन्म पर रिहा किया गया। परन्तु उन दोनों राजपूतों को जिन्होंने बहादुर सिंह को जवाहर सिंह के विरुद्ध युद्ध करने के लिए उकसाया था तथा जिन्होंने उसे समझौता न करने की सलाह दी थी, उन्हें जवाहर सिंह के आदेश के अन्तर्गत भरतपुर की सड़क पर फाँसी से लटका दिया गया—जाटों द्वारा फाँसी देने का यह तरीका अभी तक व्यवहार में नहीं लाया गया था। वस्तुतः यह दूसरों के लिए एक चेतावनी थी" (वैंदेल, *फ्रेंच* पाण्डुलिपि, पृ. 63-64)।[10]

इस अभियान में जवाहर सिंह को 30 लाख से अधिक रुपया व्यय करना पड़ा, यह रोजकोष के ऊपर एक बड़ा बोझ था। परन्तु यह अन्तिम नहीं था।[XXVIII]

XXVIII वैर के घेरे के लिए देखें वैंदेल के वृत्तलेख, *हिन्दुस्तान में जाट सत्ता,* पृ. 183-185; उपेन्द्रनाथ शर्मा, *महाराजा जवाहर सिंह और उनके उत्तराधिकारी,* अध्याय 3 का उपशीर्षक 4;—सम्पादक

सन्दर्भ–

1. *फारसी रिकार्ड,* I, 352 यह सूचना दिल्ली से कलकत्ता 16 दिनों में (11 नवम्बर, 1764) को लाई गई।
2. यह सुक्करताल भी कहलाता है जो सोलानी और गंगा नदियों के संगम पर स्थित है।
3. युद्ध, लूट और गोलेबारी जमाद, I, 1178 के पहले छब्बीस दिनों में बृहस्पतिवार, शनिवार और सोमवार को हुई (*वाका,* 198-199)।
4. फारसी में पत्र-व्यवहार, I, 372। 9 जनवरी, 1765 की तिथि स्पष्टतः गलत है।
5. अब्दाली ने सिन्ध अक्टूबर 1765 में पार की थी, यानी नजीब खाँ और जवाहर सिंह के बीच सन्धि होने के सात महीने के बाद। अतः यह रिपोर्ट कि जाटों ने उसके डर के कारण सन्धि कर ली, गलत है।
6. सूरजमल के शासनकाल में भी रूपराम का नाम मुख्य रूप से आता है। मराठी इतिहास में भी कटारी उपाधि के साथ उसका वर्णन आता है। 18वीं सदी के पूर्वार्द्ध में उसने पण्डित के रूप में ख्याति प्राप्त की और भरतपुर, सिन्धिया और होल्कर का पुरोहित बन गया। उसने उक्त रजवाड़ों से प्राप्त दान की प्रभूतराशि से ब्रजभूमि में स्थित बरसाना तथा पवित्र स्थानों की साज-सज्जा की।
7. उपर्युक्त विवरण फादर *वैंदेल* और *वाका* पर आधारित है। *चहार गुलजार-ए-शुजाई* के लेखक हरचरन ने लिखा है कि नजीब खाँ ने आरम्भ में ही समझौते के लिए प्रस्ताव रखे थे, परन्तु जवाहर सिंह ने अपने पिता के खून से उत्पन्न शत्रुता को याद करके उन्हें ठुकरा दिया। इसके उपरान्त उसने मल्हारराव से सम्पर्क स्थापित किया और उसकी मध्यस्थता से सन्धि हो गई। नजीब खाँ ने जवाहर सिंह के खेमे में जाकर उससे क्षमा याचना की।
8. वैर भरतपुर की प्रादेशिक सीमाओं में है। वह बयाना से 12 मील उत्तर पश्चिम में स्थित है।
9. जिस पोते का उल्लेख है वह जवाहर सिंह के छोटे भाई रतन सिंह का पुत्र खेरी सिंह (केहरी सिंह–सम्पादक) है। जवाहर सिंह के क्योंकि कोई पुत्र नहीं था और न होने की कोई आशा थी। इसलिए उसने उसे गोद ले लिया था। इसी मौके पर इन राजनैतिक बन्दियों को छोड़ा गया था। खेरीसिंह के जन्म की सही तिथि अज्ञात है। *वाका* की एक प्रविष्टि के आधार पर इसको 23 जिकाद, 1179 (मई 3, 1766) समझा जा सकता है। इसी दिन नजीब के पुत्र अफजल खाँ ने नवाब मुसावी खान के साथ भेंट की थी (*वाका,* 208) सम्भवतः उसकी मुक्ति के बाद। इस प्रकार बालक पैदा हुआ और वे बन्दी मुक्त हुए, सम्भवतः अप्रैल, 1766 में।
10. मूल पांडुलिपि में वैर के घेरे और पतन का लम्बा विवरण है, यहाँ उसे संक्षिप्त कर दिया गया है।

11

राजा जवाहरसिंह का शासन

नाहरसिंह का अन्त

जब जवाहर सिंह वैर के घेरे में (जुलाई-नवम्बर 1765)[XXIX] व्यस्त था, राजा सूरजमल का सबसे छोटा पुत्र नाहर सिंह धौलपुर में बैठा भरतपुर की गद्दी को हथियाने की तैयारियाँ कर रहा था। यह स्पष्ट था कि यदि जवाहर सिंह को बहादुरसिंह का दमन करने में सफलता मिल गई तो अगली बारी में उसका नाम भी आना सुनिश्चित था। इस समय मल्हारराव होल्कर चम्बल के दूसरे तट पर था और वह वहाँ से जाटों के दूसरे राज्य गोहाद[1] के विरुद्ध शत्रुतापूर्ण कार्यों को सम्पादित कर रहा था। नाहर सिंह ने मराठा समर्थन प्राप्त करने के लिए होल्कर के साथ पत्र-व्यवहार आरम्भ किया। राजा जवाहर सिंह और मल्हारराव के बीच 1764 के दिल्ली अभियान के समय में ही मनमुटाव था। चालाक मराठा ने जाट से धन लेकर और साथ ही उसे इस चालाकी के लिए पश्चाताप करना पड़ा; जवाहर सिंह कोई सन्त नहीं था, उसने उसे पूर्व निश्चित 22 लाख रुपए की आधी राशि जिसका भुगतान अभी तक नहीं किया गया था, देने से स्पष्ट शब्दों में यह कहकर इन्कार कर दिया कि उसने उसके साथ विश्वासघात किया है। मल्हारराव ने अपने दावे को वसूल करने के लिए इस अवसर का लाभ उठाया तथा नाहर सिंह के प्रस्ताव को स्वीकार कर लिया। उसने नाहर सिंह को अपना धर्मपुत्र मान लिया क्योंकि वह अपने इस पितृसुलभ ढोंग के लिए अच्छी रकम देने की क्षमता रखता था।

मल्हारराव ने अपनी सेना को चम्बल के पार भेज दिया तथा नाहर सिंह के आदमियों के साथ मिलकर धौलपुर के किले में सेना तैनात कर दी। जवाहर सिंह ने अपनी सहायता के लिए पंजाब के अपने बन्धु सिखों को बुलाया तथा शत्रु के विरुद्ध युद्ध करने के लिए वह शीघ्र ही चम्बल के तट पर पहुँच गया।

XXIX. वैर के अभियान की निश्चित तिथियाँ उपलब्ध नहीं है। यह अगस्त 1765 के मध्य आरम्भ हुआ और वर्षा ऋतु के तीन माह बाद नवम्बर 1765 के प्रथम सप्ताह में समाप्त हुआ था। उपेन्द्रनाथ शर्मा, *महाराजा जवाहर सिंह और उसके उत्तराधिकारी*, अध्याय-3;—सम्पादक।

(दिसम्बर, 1765) मराठा सेना की एक टुकड़ी जो जाट प्रदेश में घुस गई थी, घेर ली गई और उसे बन्दी बना लिया गया। इसके उपरान्त धौलपुर पर घेरा डाला गया और जब उस पर जवाहर सिंह का अधिकार हो गया, तो अनेक मराठा सरदार जिन्होंने पीछे हटकर वहाँ शरण ले रखी थी, युद्ध-बन्दी बना लिए गए। इस सफलता से उत्तेजित होकर जवाहर सिंह मल्हारराव का पीछा करना चाहता था तथा मालवा तक मराठों का सफाया करना चाहता था। परन्तु सिखों ने ऐसा करने से इन्कार कर दिया, क्योंकि ग्रीष्म ऋतु आरम्भ हो चुकी थी और उन्हें असह्य गरमी तथा जल की कमी के कारण बहुत अधिक कठिनाई का सामना करना पड़ रहा था। "नाहर सिंह को जो मल्हारराव की सेना में पहले से ही शरण ले चुका था, अपनी जागीर से हाथ धोना पड़ा, बाद में मराठों ने भी उसे छोड़ दिया जिनको वह अपना देश देना चाहता था...उसने करौली से भी आगे एक छोटे राजपूत राजा के चोपोर? (श्योपुर) में स्थित किले में शरण ली, जहाँ उसने निराश होकर जहर खाकर अपने प्राणों का अन्त कर लिया। उसका परिवार जयपुर के संरक्षण में चला गया जहाँ वे अभी भी हैं। (यानि 1768)[2] वे अपने साथ अपना अधिकांश धन ले गए थे और सम्भवतः उसके पास राजा सूरजमल के खजाने के अधिकांश भाग का पता भी था जो सूरजमल के भावी उत्तराधिकारी होने के नाते उसे विश्वास में लेकर बताया गया होगा" (*फ्रेंच* पाण्डुलिपि, 65)।

जवाहर सिंह और रघुनाथराव का युद्ध, 1767

राजा सूरजमल का एक सपना अधूरा रह गया था; वह चम्बल से रावी तक के समूचे उत्तरी भारत में एक जाट-परिसंघ की स्थापना करना चाहते थे। वह सपना लगभग पूरा हो चुका था—जवाहर सिंह और सिक्खों के बीच घनिष्ठ सम्बन्ध थे, उनकी संयुक्त शक्ति से, होल्कर के नेतृत्व में गठित मराठा शक्ति के ऊपर कुछ ही दिन पूर्व विजय प्राप्त की थी तथा सिखों ने अब्दाली के विरुद्ध सफल प्रतिरोध किया था। इस सफलता ने जवाहर सिंह के लिए आक्रमण हेतु नए दृश्य प्रस्तुत कर दिए थे, वह अब इस परिसंघ के सीमान्तों को और आगे तक बढ़ाने की बात सोचने लगा था ताकि उसमें उत्तरी मालवा के जाट भी शामिल हो जाएँ और मराठा आक्रमण के विरुद्ध अधिक शक्तिशाली अवरोधक खड़ा किया जा सके। गोहद का वीर राणा छतरपाल एक वर्ष से मराठों के विरुद्ध बहादुरी से संघर्ष कर रहा था। मालवा में भी जाट-मूलवंश का दुर्दम्य साहस और अजेय शौर्य पंजाब अथवा भरतपुर से कम उज्जवल नहीं था। परन्तु वे प्रतिदिन कुछ-न-कुछ खो रहे थे; बहादुर होने के बावजूद वे दक्षिण की टिड्डियों की तुलना में संख्या में बहुत कम थे। जवाहर सिंह को बहुत अच्छी तरह पता था कि यदि गोहद के राजा को परास्त करने में मराठों को सफलता प्राप्त हो गई, तो उनकी समूची

शक्ति उसके विरुद्ध प्रयुक्त होगी। "मल्हार के ऊपर विजय से अपने को गौरवान्वित समझकर जवाहर सिंह ने स्वयं यह निश्चय किया कि वह अपने जाट मित्र राणा छतरपाल की सहायता करेगा और इस प्रकार वह चम्बल के पार तथा अपने देश के बाहर मराठों का सफाया करेगा" (वैंदेल, *फ्रेंच पाण्डुलिपि*, पृ. 65)।

पेशवा माधवराव को इस अजेय गठबन्धन के उदय पर चिन्ता थी और उसने 1766 की शरद ऋतु में हिन्दुस्तान में मराठा सेनाओं की प्रतिष्ठा को पुनः कायम करने के लिए भेजा। होल्कर की सेना को मिलाकर उसकी सेना में 60,000 अश्व सैनिक और 100 से भी अधिक तोपें थीं। रघुनाथ राव ने गोहद पर घेरा डाल दिया तथा जवाहर सिंह के समक्ष कुछ गर्वपूर्ण माँगे रखीं; इस समय जवाहर सिंह एक खतरनाक बीमारी से पीड़ित था। जैसे ही वह बीमारी से ठीक हुआ उसने "मराठों के खिलाफ नए सिरे से कूच किया; यदि मराठों ने उसके विरुद्ध किए गए दावों को वापस न लिया होता तो उसका इरादा उन पर आक्रमण करने का था। परन्तु उसके खेमे में विश्वासघात झाँकने लगा था जिसके कारण उसे अपने लक्ष्य की प्राप्ति में सफलता नहीं मिल सकी। रघुनाथराव ने उसके दो प्रमुख सरदारों—अनूप गिरि गोसाईं तथा उमराव गिरि गोसाईं (नागाओं के नेता) को जाट राजा के प्रति निष्ठा से हटा लिया था। गद्दारों ने यह वायदा किया था कि वे जवाहर सिंह को उसके खेमे में बन्दी बनाकर उसे मराठों को सौंप देंगे तथा इसके बदले में उन्हें कालपी की ओर स्थित कुछ प्रदेश पुरस्कार के रूप में दिए जाएँगे। जवाहर सिंह के गुप्तचरों ने अपने स्वामी को इस षड्यन्त्र की समय से सूचना दे दी थी। अर्धरात्रि को जवाहर सिंह ने अपने सैनिकों को तैयार किया तंथा अचानक गोसाइयों के खेमे पर हमला बोल दिया। गद्दारों को कठिनाई के साथ बच निकलने में सफलता मिल गई, परन्तु उनके अनुचर बड़ी संख्या में बन्दी बना लिए गए तथा उनके खेमे को अच्छी तरह लूटा गया। लगभग 1400 घोड़े, 60 हाथी 100 तोपें तथा अन्य बहुमूल्य सामग्री जवाहर सिंह के हाथ लगी। इन दोनों गोसाइयों के आश्रितों तथा उनकी सम्पत्ति को जो आगरा, डीग और कुम्हेर में थे, एक स्थान पर ले आया गया तथा उनको निगरानी में रखा गया (*चहार गुलजार-ए-शुजाई*, पाण्डुलिपि)।[3] इसी समय अहमदशाह अब्दाली को पंजाब में कुछ प्रगति करने में सफलता मिल गई और वह दिल्ली पर आक्रमण करने की धमकी दे रहा था। रघुनाथ और जवाहर सिंह दोनों अब्दाली को हिन्दुस्तान से बाहर रखना चाहते थे, इसलिए इस खतरे के सन्दर्भ में उन्होंने अपने झगड़े को निबटा लिया। उन्होंने मैत्रीपूर्ण वातावरण में एक-दूसरे से भेंट की तथा अपने दावों को समायोजित कर लिया। सन्धि की शर्तें निम्न प्रकार थीं—

1. भरतपुर में स्थित मराठा बन्दियों को रिहा कर दिया जाएगा।
2. जवाहर सिंह मल्हार राव के प्रति 15 लाख रुपए की पहली देनदारी

को अदा करने के लिए एक नया समझौता करेगा। परन्तु इसके पूर्व मराठा मूल अनुबन्ध की शर्तों को पूरा करेंगे।

3. रघुनाथ राव ने राजा जवाहर सिंह के राज्य के समीप स्थित राजपूतों के प्रदेश का एक छोटा टुकड़ा 5 लाख रुपया वार्षिक किराए पर देना स्वीकार कर लिया (*फारसी पत्र-व्यवहार,* II, 4-7)।

यह सन्धि केवल काम-चलाऊ व्यवस्था थी। इसके उल्लंघन से, किसी बड़े लाभ मिलने की स्थिति में, सन्धि से सम्बद्ध कोई भी पक्ष इसको सम्मान देने को तैयार नहीं था। 1767 के मध्य में अब्दाली का भय भी नहीं रहा था, क्योंकि इस समय तक सिखों को अपने प्रदेश में अपनी खोई हुई प्रतिष्ठा पुनः प्राप्त हो चुकी थी। वर्षा ऋतु में जवाहर सिंह ने एक अभियान की योजना बनाई। "अटेर[4] और भाँट के राजा का प्रदेश पहले मराठाओं को खिराज दिया करता था।...मराठों को कमजोर देखकर जवाहर सिंह ने सोचा कि उसे भी इसे प्राप्त करने का उतना ही अधिकार है, जितना मराठों को है। अतः उसने केवल इसी कारण से प्रेरित होकर उसे जीतने का निश्चय किया। इस अभियान से उसे जो मिला, वह उससे कहीं अधिक था जो उसने सोचा था। वह श्रेष्ठ सेना के साथ उस तरफ गया था, अतः उसे वर्षा ऋतु में (जुलाई-सितम्बर, 1767) मराठों के सभी प्रदेशों तथा कालपी तक सभी छोटी जमींदारियों पर अधिकार स्थापित करने में सफलता मिल गई। यदि उसमें इन विजित प्रदेशों को अपने अधिकार में रखने की उतनी ही कुशलता होती, जितनी उन्हें जीतने की थी, तो इस अभियान के लिए उसकी प्रशंसा की जाती तथा उसके इस प्रयास को वैभवपूर्ण माना जाता; परन्तु इसमें यानी बुद्धि और सहिष्णुता के मामले में वह पूर्णतः असफल रहा" (*फ्रेंच पाण्डुलिपि,* 66)।

राजा जवाहर सिंह और अंग्रेज

इस बीच बंगाल में एक बड़े आकार की क्रान्ति सम्पन्न हुई थी; यह क्रान्ति अंग्रेजों के रूप में नई विदेशी शक्ति के उदय के माध्यम से हुई जो कालान्तर में उत्तरी भारत की राजनीति में सबसे अधिक शक्तिशाली कारक सिद्ध हुआ। घेरिया और उदय नाला के स्थान पर उन्होंने बंगाल के राज्य पर अधिकार रखने के लिए, जिसे उन्हें प्लासी (1757) में उसके विश्वासघाती पुत्रों ने भेंट कर दिया था, अपना रक्त देकर उसकी अपेक्षित कीमत चुका दी थी। एक तेजस्वी एवं योग्य शासक ने अपने कर्तव्य का पालन करने का प्रयास किया था, इस इंग्लिश ईस्ट इण्डिया कम्पनी के व्यापारिक लालच का शिकार बन गया। मीर कासिम अपने खोए हुए राज्य से अवध भाग गया। उसके नए संरक्षक नवाब वजीर शुजाउद्दौला ने विजेताओं के विरुद्ध लूटे हुए माल में हिस्सा बँटाने के लिए रणक्षेत्र का सहारा लिया। बक्सर

के युद्ध के दूसरे दिन इंग्लिश व्यापारिक कम्पनी भारत के आश्चर्यचकित लोगों और शासकों के सम्मुख शाही राज-दण्ड के साथ प्रस्तुत हुई। साम्राज्य का वजीर उसके समक्ष नतमस्तक हो गया तथा उसे उसके खोए हुए प्रदेशों को वापस दे दिया गया तथा उसके उदार शत्रुओं ने उसे संरक्षण का आश्वासन दे दिया। गृहविहीन सम्राट ने उदीयमान शक्ति को मान्यता प्रदान कर दी तथा इलाहाबाद के किले में उसने एक निरानन्द दरबार की इस आशा से स्थापना कर ली कि वह कम्पनी के उधार लिए हुए प्रकाश में कुछ चमक सकेगा।

परन्तु बंगाल के नए शासक तब तक चैन से नहीं बैठ सकते थे, जब तक मीर कासिम उनकी पकड़ से बाहर रहकर रुहेलाओं के बीच अपनी शरणस्थली से उनके विरुद्ध षड्यन्त्र रचता रहेगा। उसने अहमदशाह अब्दाली के पास अपने वकील इस अनुरोध के साथ भेजे थे कि वह अंग्रेजों के विरुद्ध उसकी सहायता करे। इसी के साथ नजीबुद्दौला ने भी जो इस समय जाटों और सिखों के दो पाटों के बीच में पिस रहा था, अब्दाली के पास सहायता के लिए अति आवश्यक प्रार्थना भेजी थी। बंगाल की सरकार को अपने विरुद्ध एक बड़े अब्दाली आक्रमण की आशंका थी, जिसकी परिणति उनके प्रदेश के सीमान्तों पर दूसरे पानीपत के द्वारा होती। रुहेला अपने हितों तथा मूलवंशीय सहानुभूति के कारण अब्दाली से बँधे हुए थे। शुजाउद्दौला पर विश्वास नहीं किया जा सकता था, क्योंकि अवध का शासक बंगाल में अंग्रेजी शक्ति के उन्मूलन से सबसे अधिक लाभान्वित होता। मराठा उससे भी अधिक अविश्वसनीय थे, क्योंकि उनके लिए यूरोपियन सौदागरों की प्रादेशिक आकांक्षाएँ उत्तर एवं दक्षिण दोनों जगह उनकी राष्ट्रीय महत्त्वाकांक्षाओं की पूर्ति के मार्ग में सबसे बड़ी बाधा थी। बंगाल की सरकार ने यह समझने में कोई गलती नहीं की कि हिन्दुस्तान में केवल एक ही सुसंगठित सरकार है जिसकी अपनी शक्तिशाली सेना है और वह सरकार भरतपुर के जाटों की है, जो उनके पक्के मित्र बन सकते है, क्योंकि इन दोनों शक्तियों की अवस्थिति जिस प्रकार की थी, उसके अनुसार उनमें से किसी एक के नाश से दूसरे को लाभ मिलने वाला नहीं था, इसके दूसरी ओर दुर्रानी और मराठों की शक्ति को मर्यादित करना चाहते थे। राजा जवाहर सिंह एक से अधिक तरीके से अंग्रेजों के लिए उपयोगी हो सकता था। प्रथम, वह सिखों का समर्थन करके अब्दाली को पंजाब में फँसा रख सकता था। द्वितीय, यदि आक्रमणकारी अंग्रेजों के विरुद्ध चढ़ाई करने की धमकी देता तो वह उसके पृष्ठ भाग को विचलित कर सकता था अथवा उसे जाट दुर्गों पर घेरा डालने के लिए आकर्षित कर सकता था और इस प्रकार अंग्रेजों के प्रतिरोध को संगठित करने का समय मिल सकता था। तृतीय, वह अंग्रेजों की सहायता से शाह आलम को दिल्ली के सिंहासन पर बैठा सकता था, मुगलों की राजधानी के सिंहासन पर एक मित्र सम्राट का आरोहण

और एक शक्तिशाली मित्र का इर्द-गिर्द के इलाके पर आधिपत्य का अर्थ था समूचे साम्राज्य पर अंग्रेजों का प्रभाव। यदि सम्राट ब्रिटिश संरक्षण को छोड़कर अंग्रेजों के विरुद्ध हो जाए, तो उस स्थिति में राजा जवाहर सिंह उसके ब्रिटिश विरोधी मंसूबों को अवरोधित कर सकता था। जाटों और अंग्रेजों की मैत्री से ये महान् सम्भावनाएँ थीं।

परन्तु अंग्रेजों ने जब इस मैत्री का पहली बार प्रस्ताव प्रस्तुत किया तो जाट राजा ने उसके प्रति कोई उत्साह प्रदर्शित नहीं किया। बंगाल के गवर्नर ने 19 अगस्त, 1765 को राजा जवाहर सिंह को एक पत्र लिखा जिसमें उससे यह अनुरोध किया गया कि वह कुख्यात समरू को जिसने उसके यहाँ शरण ले रखी थी तथा जो उसके यहाँ सेवा कर रहा था, पदच्युत कर दे; इस शर्त के पूरे होने पर प्रतिरक्षात्मक सन्धि की सम्भावना का लालच दिखाया गया (*फारसी पत्र-व्यवहार,* I, पृ. 427)। राजा जवाहर सिंह ने जब समरू को अपने यहाँ शरण दी थी, उस समय अंग्रेजों के विरुद्ध काम करने की उसकी कोई इच्छा नहीं थी; उसने तो उसे अपने यहाँ इसलिए रखा था क्योंकि उसे अपनी पैदल सेना को प्रशिक्षित करने के लिए एक यूरोपियन कप्तान की आवश्यकता थी। उसे गवर्नर के पत्र में निहित आदेशात्मक संकेत पसन्द नहीं आया और क्योंकि उसके दरवाजे पर कोई शत्रु नहीं था, इसलिए उसने उस पत्र को गम्भीरतापूर्वक भी नहीं लिया। क्लाइव ने अब्दाली और मराठों के विरुद्ध एक परिसंघ निर्मित करने की आवश्यकता का अनुभव किया था—ऐसा परिसंघ जिसमें जाटों और रुहेलों को शामिल किया जाए तथा अंग्रेजों के लिए लाभप्रद एक प्रतिरक्षात्मक सन्धि की रचना की जाए। उसने छपरा के सम्मेलन में इस योजना को प्रस्तुत किया था, परन्तु बहुमत को यह योजना इसलिए मान्य नहीं थी क्योंकि उससे बंगाल की सरकार के ऊपर उत्तरदायित्वों का भारी बोझ आ पड़ता। 1767 के आरम्भ में दुर्रानी राजा ने सिखों के उन्मूलन और उसके पश्चात् मीर कासिम को बंगाल के सिंहासन पर बैठाने के दृढ़ संकल्प के साथ पंजाब पर आक्रमण किया था। उसने सिखों को अनेक लड़ाइयों में पराजित किया, वह सतलुज तक पंजाब के भीतर घुस आया और दिल्ली पर चढ़ाई करने की धमकी देने लगा। उसकी सेना की प्रगति ने सभी हिन्दुस्तानी शक्तियों के बीच खलबली पैदा कर दी। तथा उससे सबसे अधिक घबराहट बंगाल की सरकार को हुई, क्लाइव ने जिस संकट को पहले से ही देख लिया था, वह अब सामने था। उसके उत्तराधिकारी वेरेल्सट ने वजीर से जिसका अपने पिता के एक समय के मित्र जाटों पर कुछ प्रभाव था, कहा कि वह उनके साथ नए सिरे से बातचीत आरम्भ करें।[5]

इस समय राजा जवाहर सिंह भी अंग्रेजों के साथ मैत्री का इच्छुक था क्योंकि उसे इस समय यदि एक ओर अब्दाली से खतरा था तो दूसरी ओर रघुनाथ राव

से। अतः उसने बड़ी तत्परता के साथ अब्दाली के विरुद्ध संयुक्त प्रतिरोध की योजना में शामिल होना स्वीकार कर लिया।

अंग्रेज के अपने वायदों के प्रति निष्ठा से प्रभावित होकर जवाहर सिंह ने इस रक्षात्मक सन्धि को और मजबूत बनाने के उद्देश्य से उनके साथ आक्रमणात्मक एवं प्रतिरक्षात्मक दोनों प्रकार की सन्धियों का प्रस्ताव किया। उसने मुहम्मद रजा खाँ के माध्यम से उनके साथ सम्पर्क स्थापित किया तथा अपने एक आश्रित श्री कृष्ण के द्वारा उसके पास एक पत्र भेजा जिसमें उससे यह प्रार्थना की गई थी कि..."वह कलकत्ता के भद्र पुरुषों पर अपना प्रभाव डालकर लेखक (जवाहर सिंह) के साथ गठबन्धन एवं मैत्री को पुख्ता करें जिससे वह शाह के विरुद्ध युद्ध को सफलतापूर्वक लड़ सके और उसमें विजय प्राप्त कर सके तथा भगवान के लोगों को शान्ति की उपलब्धि करा सके तथा हिन्दुस्तान के मसलों को निबटा सके।...(लेखक ने) यह कहा कि उसे अंग्रेजों के साथ अनिवार्य रूप से सम्बद्ध माना जाए, वह उनके साथ एक ऐसी मैत्री करने के लिए कृत संकल्प है जो कभी भी असफलता का मुँह नहीं देखेगी।...यदि वह उचित समझा गया तो लेखक शाह आलम को दिल्ली के सिंहासन पर बैठा देगा तथा गाजीउद्दीन खान को वजीर घोषित कर देगा, लेखक पहले से ही एक प्रस्ताव प्रस्तुत कर रहा है कि रणथम्भौर का किला उसे दे दिया जाए" (वही, पृ. 87, पत्र संख्या 296, 12 अप्रैल, 1767)। इसके उत्तर में बंगाल के गवर्नर ने खान को लिखा कि "राजा जवाहर सिंह को सूचित किया जाए कि यदि वह अंग्रेजों के साथ मैत्री के सम्बन्ध में वास्तव में ईमानदार है, तो वह अपना एक विश्वासपात्र वकील बनारस भेजे जहाँ लेखक (गनर्वर) जा रहा है और वहाँ मामले पर पूरी तरह से विचार कर लिया जाएगा" (वही, पृ. 91, संख्या 315, 20 अप्रैल 1767)। अतः जवाहर सिंह ने डॉन पेड्रो डी सिल्वा को अपना वकील नियुक्त कर दिया (उपरोक्त, पृ. 129)। वजीर के गवर्नर को सूचित किया कि वह "रुहेलाओं पर विश्वास नहीं करता, परन्तु एक सीमा तक जवाहर सिंह का विश्वास किया जा सकता है। लेखक (वजीर) का विश्वास है कि वह (जवाहर सिंह) हमारे साथ मैत्री को प्रसन्नतापूर्वक स्वीकार कर लेगा। यदि जवाहर सिंह सन्धि और अनुबन्ध के लिए तैयार है तथा इंग्लिश कम्पनी की सेवा के लिए अपनी तलवार उठाने की दृढ़ प्रतिज्ञा करता है तथा यदि लेखक और अंग्रेज उसके प्रदेश पर शाह के आक्रमण की स्थिति में उसे सहायता का आश्वासन देते हैं, तो उसके इस काम का प्रत्युत्तर उसे किस प्रकार दिया जाएगा। आशा है कि गवर्नर इस प्रश्न पर विचार करेंगे तथा लेखक को अपनी भावनाओं से अवगत कराएँगे, ताकि वह उनके अनुसार काम कर सके" (उपरोक्त, पृ0 99, पत्र संख्या 346, अप्रैल 25, 1767)। जवाहर सिंह ने शाह के प्रति निष्ठा तथा उसके आदेश पालन

की शपथ खाकर उसे प्रसन्न कर रखा था।

17 फरवरी, 1767 उसका वकील शाह से मिला तथा राजा जवाहर सिंह के मुख्य मुंशी याह्या खाँ के पुत्र करीमुल्ला उसके विशिष्ट दूत की हैसियत से अनेक प्रकार की भेंटों के साथ शाह के खेमे में आ गया (*फारसी पत्र-व्यवहार,* II, 26, 32)। जाट राजा की ईमानदारी का इससे बड़ा कोई दूसरा प्रमाण नहीं हो सकता कि अंग्रेजों के साथ मैत्री की बात चलाने के बाद (12 अप्रैल), उसने शाह के साथ कोई पत्र व्यवहार नहीं किया, जिससे उस पर बदनीयती का आरोप लगाया जा सके।

अब्दाली के विरुद्ध अंग्रेजों की सहायता का आश्वासन पाने के बाद जवाहर सिंह को मराठों से शत्रुता को भड़काने में संकोच नहीं हुआ। इस सन्धि के सम्पन्न होने के तुरन्त बाद उसने मराठों के अल्पकालिक अपसरण का लाभ उठाकर कुछ स्थानों पर आधिपत्य स्थापित कर लिया। गवर्नर ने वजीर को लिखे एक पत्र में अपने नए मित्र के आचरण पर चिन्ता व्यक्त की और उससे कहा कि जब जवाहर सिंह उन जिलों पर अपने दावों को कार्यान्वित करने का प्रयत्न करे, जिन्होंने एक समय मराठों की सत्ता को स्वीकार कर लिया था तो उन बेचैन लोगों (मराठों) की गतिविधियों पर निगाह रखे (वही, पृ. 145)।

इसी समय दक्षिण में अंग्रेज सरकार और हैदरअली के बीच युद्ध छिड़ गया; इस युद्ध में अंग्रेजों के एक समय के मित्र हैदराबाद के निजाम ने हैदरअली का साथ दिया। जब मराठों ने देखा कि मद्रास की सरकार पर उसके शत्रुओं का भारी दबाव है, तो उन्होंने भी अंग्रेजों के विरुद्ध शत्रुतापूर्ण कार्यवाही की बात सोची। राजा जानोजी भोंसला ने बंगाल के गवर्नर से कुछ ऐसी माँगे रखी, जो क्रोध उत्पन्न करने वाली थीं। बंगाल के गवर्नर ने बड़े साहस के साथ इन माँगों पर अपनी नाराजगी व्यक्त की तथा जानोजी के दूत को एक पत्र लिखा जिसमें उसने कहा कि वह अपने स्वामी को सूचित कर दे कि "उसे यह समझने में कठिनाई नहीं होनी चाहिए कि अंग्रेज जहाँ ईमानदार मित्र हैं, वहाँ वे दुर्जेय शत्रु भी है" (वही, पृ. 152, पत्र संख्या 583, सितम्बर 27, 1767)।

क्योंकि अब्दाली, सिखों से एक प्रकार से परास्त होने के बाद अपने देश को वापस चला गया था, अतः मराठा हिन्दुस्तान को दुबारा जीतने की बात सोचने लगे। यह अफवाह फैल गई कि राजा जानोजी और रघुनाथ राव ने हिन्दुस्तान पर आक्रमण करने के लिए अपनी-अपनी सेनाओं को मिला लिया है। पेशवा माधो राव ने भी अपने वकील के माध्यम से वजीर की नब्ज को पहचानने का प्रयत्न किया। वकील ने एक पत्र के द्वारा अपने स्वामी को सूचित किया, "यहाँ यह अफवाह है कि यूरोपियनों के वजीर के साथ मधुर सम्बन्ध नहीं हैं तथा वे उसे अनेक प्रकार की कठिनाइयाँ दे रहे हैं। यदि ऐसा है...तो श्रीमन्त (रघुनाथ

राव)[6] तथा लेखक के स्वामी माधो राव के लिए पत्र लिखकर उसे अनुगृहीत करेगा। वकील ने वजीर से कहा है कि वह अपनी सील के साथ एक समझौता करे जिसके द्वारा बंगाल का सूबा मराठों के हवाले कर दिया जाए तथा वे वहाँ मालगुजारी वसूलें" (वही, पृ. 181, पत्र संख्या 667, नवम्बर 1767)।

वजीर ने गवर्नर को पत्र अग्रसारित कर दिया तथा मराठों के वकील को लिखा कि ब्रिटिश सरकार और उसकी सरकार के बीच पूर्ण सद्भाव है। हिन्दुस्तान पर मराठा आक्रमण की आशंका के कारण अब्दाली के विरुद्ध जो प्रतिरक्षात्मक सन्धि हुई थी, उसे अब अंग्रेजों ने मराठा-विरोधी स्वरूप प्रदान कर दिया। जाटों ने अपनी शत्रुता पहले से आरम्भ कर रखी थी तथा वजीर दृढ़तापूर्वक अंग्रेजों के साथ था। हिन्दुस्तान में अपने इस अलगाव से निरुत्साहित होकर मराठों ने अपने आक्रमणात्मक मनसूबों को त्याग दिया। राजा जवाहर सिंह को गवर्नर के पत्र मिले जिनमें यह कहा गया कि नई परिस्थितियों का सामना करने के लिए वे अपनी पुरानी सन्धि को समायोजित करे तथा मराठों समेत सभी शत्रुओं के विरुद्ध हिन्दुस्तान की शान्ति को कायम रखने के लिए एक अधिक ठोस परिसंघ की रचना करें। राजा ने अंग्रेजों के साथ अपनी मैत्री के महत्त्व को स्वीकार किया तथा "गवर्नर को अपने हृदय के रहस्यों से अवगत कराने के लिए" पैड्रे डॉन पैड्रो को कलकत्ता भेजा (वही, पृ. 171; पत्र संख्या 642, अक्टूबर 31, 1767)।

जवाहर सिंह की पुष्कर की तीर्थयात्रा (नवम्बर-दिसम्बर,1767)

राजा जवाहर सिंह शानदार विजयों के अनुक्रमों के माध्यम से अपनी शक्ति के शिखर पर पहुँचा था। उसे अपनी सेना और अपनी दौलत पर घमण्ड था; अब वह सोचने लगा कि वह अपने पड़ोसियों को अपमानित और पीड़ित कर सकता है, जिसके लिए उसे कहीं से भी दण्डित होने की आशंका भी नहीं थी। आखिर उसके पड़ोसी उसकी दृष्टि से नगण्य बौने थे। क्रुद्ध विधाता ने शीघ्र ही उसे भाग्य की ऊँची चोटी से नीचे गिरा दिया तथा उसके गर्व को चूर कर दिया। फादर वैंदेल ने लिखा है कि "वह अब उन सब परेशानियों से मुक्त था जो मराठा उसे दे सकते थे, एक सीमा तक वह उनसे ऊपर था, रुहेला उससे डरते थे, और लोग उसे उसके दावों से अधिक सम्मान देते थे, वह एक सम्पन्न देश का स्वामी था, परन्तु उसे यह पता नहीं था कि वह अपने सौभाग्य के लाभों का देर तक किस प्रकार उपभोग करे अथवा सम्भवतः उसी ने यह सोचा हो कि वह स्वयं ही उसका क्रम भंग करे तथा अपने ही हाथों से अपनी किस्मत को, जिसने उसके प्रयत्नों के बावजूद उसका अभी तक साथ नहीं छोड़ा था, उल्टा कर दे (*फ्रेंच पांडुलिपि*, 67)।

जवाहर सिंह का दुर्भाग्य उस समय आरम्भ हुआ जब उसका जयपुर के

महाराजा माधो सिंह के साथ झगड़ा हुआ जिसको उसने अकारण खड़ा कर लिया था। समीप के पड़ोसी होने के नाते भरतपुर और जयपुर के शासकों के बीच झगड़ों के लिए काफी गुंजाइश थी। जयपुर नरेश से यह अपेक्षा नहीं की जा सकती थी कि वह सन्तोष के साथ नवजात जाट शक्ति के विकास को मूकदर्शक की भाँति देखता रहे—ऐसी शक्ति जो उसके राज्य के लिए स्थाई खतरा प्रस्तुत करती हो। यह सही है कि अपनी शैशवास्था में भरतपुर का राज्य महाराजा सवाई जयसिंह के संरक्षण की अनुपस्थिति में न तो जीवित रह सकता था और न उन्नति कर सकता था तथा इस सत्य को जवाहर सिंह के पिता और पितामह ने अनुग्रह के साथ स्वीकार कर लिया था। इन्होंने जयपुर के शासक परिवार को वही सम्मान और श्रद्धा प्रदान की थी, जो एक श्रेष्ठ पुरुष तथा संरक्षक को प्रदान की जाती है और ऐसा करते समय वह किसी भय से अनुप्राणित नहीं थे, यह तो उनके चरित्र में निहित श्रेष्ठ गुणों से प्रेरित था। परन्तु माधो सिंह के सिंहासनारोहण के बाद जिसके विरुद्ध राजा सूरजमल ने ईश्वरी सिंह की ओर से युद्ध किया था, इन दोनों राज्यों के सद्भावनापूर्ण सम्बन्धों में बिगाड़ उपस्थित हो गया। नए शासक के घमण्ड ने जाट राजा के स्वाभिमान को चोट पहुँचाई थी और उसने दशहरा पर जयपुर दरबार में उपस्थित होना बन्द कर दिया। जैसा मानव स्वभाव है, संरक्षक उस समय शत्रु हो जाते है, जब उसके संरक्षण की आवश्यकता नहीं रहती, फलतः जवाहर सिंह के गद्दी पर बैठने के बाद सम्बन्धों की यह शीतलता कालान्तर में शत्रुता में बदल गई; आखिर अब घमण्ड की टक्कर घमण्ड के साथ थी। राजा जवाहर सिंह अपनी प्रख्यात यादव व्युत्पत्ति पर गम्भीरता के साथ विश्वास करता था। अपने पूर्वजों से भिन्न जिन्हें अपने जन्म के कम उच्च कुलीन होने का बोध था और जिसके कारण उत्पन्न आत्मसंशय ने उन्हें सूर्यवंशी और चन्द्रवंशी राजपूत राज परिवारों के साथ समानता का दावा करने का साहस नहीं हुआ, राजा जवाहर सिंह को गर्व था कि उसका जन्म एक यादव परिवार में हुआ है। यह कहा जाता है कि उसके कुछ परामर्शदाताओं ने उसे परामर्श दिया कि उसे जयपुर के महाराजा के प्रति कम-से-कम इसलिए सम्मानपूर्ण होना चाहिए क्योंकि वह उस राम के परिवार से सम्बन्ध रखता है, जिसने समुद्र पर पुल का निर्माण किया था। उसके उत्तर में जवाहर सिंह ने कहा कि "यदि उसके पूर्वज ने समुद्र पर सेतु निर्माण किया तो मेरे पूर्वज (श्री कृष्ण) ने अपनी छोटी उँगली पर सात दिन तक गोवर्धन पहाड़ी को उठाकर रखा था।" उसके पिता और पितामह को अपने को 'बृजराज' सम्बोधित कराना पसन्द था। परन्तु जवाहर सिंह ने जयपुर नरेश को चिढ़ाने के लिए अपने लिए 'महाराजा सवाई जवाहर सिंह भारतेन्द्र (*फ्रेंच पाण्डुलिपि*, पृ. 71) की उच्च उपाधि धारण की तथा शान-शौकत में अपने पड़ोसी से टक्कर लेते हुए उसने अपने दरबार को उसकी

अपेक्षा अधिक वैभवपूर्ण बना लिया। जैसा कि *(शाहआलम नामा,* पृ. 3) का लेखक गुलाम अली कहता है—संक्षेप में जवाहर सिंह ने महाराजा माधो सिंह के कद के बराबर अपना सिर उठा लिया था। जयपुर नरेश में इसका विरोध करने की क्षमता नहीं थी, अतः वह चुपचाप इस अपमान को बर्दाश्त करता रहा। परन्तु उसके आक्रामक प्रतिद्वन्द्वी ने उसे अपने परिवार के सम्मान तथा आमेर की धरती की पवित्रता की रक्षा के लिए अंत में उसे हथियार उठाने के लिए विवश कर दिया।

18वीं शताब्दी के इतिहास की कोई घटना ग्रामीण क्षेत्र के लोगों के स्मृति-पटल पर इतनी सजीव नहीं है और राष्ट्रीय पूर्वग्रहों से इतनी विकृत नहीं हुई है जितनी वह घटना जिसका सम्बन्ध जयपुर की प्रादेशिक सीमाओं में से गुजरकर जवाहर सिंह की पुष्कर तीर्थ-यात्रा; तथा मावंडा-मंढौली युद्ध और उसके लज्जाजनक पश्चगमन के साथ है। जाट इस दुर्घटना के लिए अलवर राज्य के संस्थापक राव राजाप्रताप सिंह द्वारा रचे गए षड्यन्त्र को उत्तरदायी मानते हैं। प्रताप सिंह का अपने स्वामी जयपुर नरेश माधो सिंह से झगड़ा हो गया था। अतः वह संरक्षण के लिए भाग कर सूरजमल के पास आ गया था। बाद में उसने जवाहर सिंह को अपने अधिपति के विरुद्ध भड़काना आरम्भ कर दिया। यह कहा जाता है कि उसने विश्वासघातपूर्ण तरीके से जवाहर सिंह का साथ छोड़ दिया तथा जयपुर की सेना को यह निर्देश दिया कि जाटों पर उस समय आक्रमण करे, जब वह दुर्गम दर्रे में फँसे हों। इस सम्बन्ध में राजपूतों का यह कहना है कि जवाहर सिंह ने नाहर सिंह की पत्नी के समर्पण की माँग की थी, जिसे महाराजा जयपुर ने इसलिए अस्वीकार कर दिया क्योंकि महिला को जवाहर सिंह के हाथों दुर्व्यवहार की आशंका थी। बाद में उसने विष खाकर अपनी इहलीला समाप्त कर ली[7] ताकि उसके संरक्षक पर उसके कारण कोई विपत्ति न आ पड़े। वीर नरुका सरदार, जिसकी देशभक्ति ने जाट के अतिथि-सत्कार की कृतज्ञता पर विजय प्राप्त कर ली थी, अब जयपुर की सेना में शामिल हो गया तथा उसने अपने देश के सम्मान की रक्षा के लिए युद्ध किया; फादर वैंदेल के निष्पक्ष वर्णन से बढ़कर इस घटना का कोई दूसरा प्रमाणिक वर्णन नहीं मिलता, जिसे उसने उसके घटित होने के बारह महीनों के भीतर उसे लिख दिया था।

"बहुत वर्षों से जाटों का जयपुर के राजा के साथ डीग के पास भूमि के एक छोटे से टुकड़े[8] पर झगड़ा था, जहाँ उनके बीच वैसे ही गलतफहमियाँ थी जैसी आमतौर पर विभिन्न प्रदेशों के सीमान्तों के सम्बन्ध में उत्पन्न हो जाती हैं। अन्त में इस स्पष्ट विवाद से मामला इस सीमा तक पहुँच गया कि उसके कष्टप्रद परिणाम सामने आने लगे। यह मामला ऐसा लगता था कि समझौते से तय हो जाएगा। परन्तु जवाहर सिंह को अपनी सेना[9] तथा अपनी दौलत

पर घमण्ड था तथा उसने अपनी अभी तक की विजयों के गर्व के कारण राजाओं के साथ गर्वपूर्ण आचरण करना बन्द नहीं किया, उसका आचरण एक प्रकार से धृष्टतापूर्ण भी था जिसका न तो कोई औचित्य था और न वह शालीनता की सीमा के अन्तर्गत आता था। एक बार उसके मस्तिष्क में यह इच्छा जाग्रत हुई कि वह अजमेर के निकट मारवाड़ प्रदेश में पुष्कर झील की तीर्थ-यात्रा करे तथा वहाँ के राठौर राजा से, जिसके साथ उसने सीमित मैत्री आरम्भ कर दी थी, भेंट करे। इस उद्देश्य से इसके बाद उसने अपनी समस्त सेनाओं को एकत्रित किया, जिसकी कोई आवश्यकता नहीं थी, ऐसा करने से उसका प्रयोजन केवल दिखावा करना था। वस्तुतः लोगों ने उसे ऐसा न करने का परामर्श भी दिया था। इस प्रकार अपने देश के बाहर 70 कोस की यात्रा एक बड़ी सेना[10] के साथ आरम्भ की; ऐसा लगता था मानो वह समस्त राजपूतों के विरुद्ध युद्ध करने तथा उनके प्रदेशों को जीतने के लिए जा रहा था'' (*फ्रेंच पाण्डुलिपि*, पृ. 67)।

ध्वज लहराते हुए और ढोल पीटते हुए जाटों ने गर्व के साथ आमेर की धरती पर अपने चरण रखे तथा राजपूत प्रदेश को बड़ी क्षति पहुँचाते हुए विजय उल्लास के साथ पवित्र झील की ओर आगे बढ़े। क्षणिक विस्मय की भावना ने कछवाहा के मस्तिष्क को अभिभूत कर लिया, परन्तु मानसिंह और मिर्जा राजा जयसिंह का उत्तराधिकारी लम्बे समय तक शत्रु के अवज्ञाकारी तुरही-नाद को सहन नहीं कर सकता था। आमेर राज्य का समूचा कृषक और सामन्त उसके सम्मान की रक्षा के लिए अपने पैरों पर खड़ा हो गया। महाराजा माधोसिंह जिसका गर्म सिसौदिया रक्त वृद्धावस्था और दुर्भाग्य से ठण्डा हो चुका था, उसे उसके सामन्त सरदारों ने अपने सम्मान की रक्षा-हेतु खड़े होने के लिए प्रेरित किया। उन्होंने उससे क्रोध और दुःख के साथ कहा, ''क्या आप उस व्यक्ति द्वारा अपमान सहन करेंगे जिसके पिता और पितामह आपके परिवार के आसामी रहे हैं और जो आपके पूर्वजों के सामने हाथ जोड़कर खड़े हुआ करते थे।'' राजा ने उत्तर दिया, ''किसी भी प्रकार नहीं जब तक पृथ्वी पर कछवाहों का बीज रहेगा।'' आमेर में सब पर कर लगाने का आदेश दिया गया। दलेल सिंह तथा अन्य राजपूत सरदारों ने 20,000 अश्व सैनिकों तथा उतने ही पैदल सैनिकों के साथ उस सड़क को घेर लिया, जिस पर होकर जवाहर को वापस लौटना था।

राजा जवाहर सिंह पवित्र स्थल पर पहुँच चुका था तथा वहाँ अपना प्रक्षालन समाप्त करके वह कुछ दिन के लिए वहाँ रुका तथा राजा विजय सिंह राठौर के साथ, जो उससे वहाँ मिला था, उसने पगड़ियों का विनियम करके, उसके साथ अपनी मैत्री को सुदृढ़ बनाया; राजपूत उसके प्रत्यावर्तन पर निगरानी रखे हुए थे; परन्तु क्योंकि उसकी सेना बड़ी और शक्तिशाली थी उन्होंने उसके साथ जमकर युद्ध नहीं किया। जवाहर सिंह ने सीधे मार्ग पर चलकर जयपुर से 30

मील उत्तर में स्थित तोदनावती के पहाड़ी मार्ग से अपना मार्ग बनाने का निश्चय किया। राव राजा प्रताप सिंह जो कई वर्षों तक भरतपुर में शरणार्थी बनकर रहा था, अब जवाहर सिंह का साथ छोड़कर जयपुर की सेना में शामिल हो गया। उसने यह परामर्श दिया कि जाट सेना पर उस समय आक्रमण किया जाए, जब वह तंग रास्ते से होकर गुजर रही हो। 14 दिसम्बर, 1767 को मावंडा का सुप्रसिद्ध युद्ध लड़ा गया।

अनेक उत्साहवर्धक चारण गीत इस युद्ध के सम्बन्ध में लिखे गए; प्रत्येक पक्ष ने युद्ध में अपनी विजय का दावा किया है तथा अपने-अपने सरदारों के सम्बन्ध में प्रशस्तियाँ लिखी हैं। इस पुराने झगड़े की याद दोनों पक्षों के लोगों के हृदय में चुभन पैदा करती है। एम. मेडक ने, जो राजा जवाहर सिंह के साथ पुष्कर गया था और जिसने उसकी ओर से युद्ध में भाग भी लिया था, घटना का निम्न वृतान्त लिखा है, "जयपुर के राजा ने अपमान से दुःखी होकर अपनी सेना के साथ जाटों का वापसी पर पीछा किया। उसके पास 16,000 अश्व सैनिक थे। जयपुर के निकट जाटों को एक तंग रास्ते से होकर गुजरना था। उन्होंने अपने सामान को इस प्रकार आगे जाने दिया जिससे वे छिप सकें। उन्हें आशा थी कि वे अपने शत्रुओं का पीछा करने से बच जाएँगे, जब उनकी स्थिति बिल्कुल लाभप्रद नहीं थी, उन पर आक्रमण कर दिया गया। जाटों ने प्रति-अभियान से उन्हें भगा दिया। आक्रमणकारियों के तोपखाने और पैदल सेना बहुत सुस्त थे। जाटों ने तंग रास्तों में घुसने के लिए इसका लाभ उठाया तथा अपने सामान को नौ मील के फासले पर रखा। जयनगर के राजा ने उनका पीछा किया तथा मध्य में उनको पकड़ लिया गया। जाटों ने आधा मुड़कर उनसे लड़ाई लड़ी। वे दोपहर तक युद्ध करते रहे शत्रु की अश्व-सेना ने आरम्भ में ही जाटों को भागने के लिए बाध्य कर दिया। जाटों ने अपने सामान के माध्यम से अपनी राह बनाई। आसपास के किसानों ने उनके सामान का एक बड़ा हिस्सा लूट लिया। परन्तु मेडेक और जर्मन समरू ने, बड़ी वीरता और महान् सैनिक—विवेक के साथ युद्ध किया था। अन्त में उन्होंने जाटों को विजयश्री दिलवाई और जयनगर के राजा को परास्त किया। दोनों सेनाओं के लगभग 10,000 लोग मारे गए तथा शत्रु की सेना के लगभग सभी सेनापति युद्ध में खेत रहे। अपने सामान से वंचित होने के बाद, जिनका उन्हें टुकड़ा भी नहीं मिला था, विजेताओं को भी बड़ी कठिनाई का सामना करना पड़ा। सड़क के खराब होने के कारण उन्हें अपने तोपखाने[11] का भी एक हिस्सा छोड़ना पड़ा (*लॉ नवाब रेने मेडेक,* पृ. 49-50)।

उस निर्णायक दिन, जवाहर सिंह ने अपने स्वाभाविक पराक्रम एवं दृढ़ता के साथ युद्ध किया तथा वह अपने स्थान पर उस समय तक डटा रहा जब तक रात्रि के अँधकार ने उसे विश्राम का अवसर नहीं दिया। जयपुर की सेना

का बहादुर सेनापति दलेल सिंह अपने उत्तराधिकारियों की तीन पीढ़ियों के साथ युद्ध में वीरगति को प्राप्त हुआ तथा जयपुर के इस सामन्ती परिवार का प्रतिनिधित्व करने के लिए केवल दस वर्ष के एक बालक को छोड़कर कोई दूसरा नहीं बचा, परन्तु आक्रमणकारी को पराजय का सामना करना पड़ा तथा इस प्रकार एक बार यह सिद्ध हो गया कि भगवान उस पर कृपा नहीं करता, जिसके पास बड़ी सेना है, जैसा अत्याचारी शासक सामान्यतः विश्वास करते हैं।

अपने अनेक शत्रुओं के साथ जवाहर का संघर्ष

अपनी शक्ति एवं वैभव से वंचित होकर महाराजा जवाहर सिंह अब एक दयनीय व्यक्ति दृष्टिगोचर होता था, उसके शत्रु अब उसकी खिल्ली उड़ाते थे तथा उसके मित्र उसका साथ छोड़ चुके थे। अब हर कोने से उसके शत्रु यह आवाज लगा रहे थे कि "अब मौका है"। उसकी पराजय के पहले समाचार पर चम्बल के पार के क्षेत्र ने उसके विरुद्ध विद्रोह का झण्डा बुलन्द कर दिया तथा यह क्षेत्र उसके हाथ से वैसे ही निकल गया जैसे उस पर आकस्मिक ढंग से अधिकार किया गया था। महाराजा माधोसिंह ने 60,000 सैनिकों के साथ जाट प्रदेश में प्रवेश किया तथा उसे लूटकर पर्याप्त मात्रा में बदला लिया। फर्रुखनगर का नवाब मुसावी खाँ बलोच (जो एक वर्ष पूर्व भरतपुर में बन्दीगृह से रिहा हुआ था) तथा रुहेला राजपूतों के साथ सहयोग करने को तैयार था। उसके सिद्धान्तहीन मित्र सिख उसके दो सीमान्त स्थित प्रान्तों को लूटने लगे (*वैंदेल*, 69; *लॉ नवाब रेने मेडेक*, पृ. 50)। महाराजा माधोसिंह ने सम्राट शाह आलम द्वितीय को या तो स्वयं आने का निमन्त्रण दिया, अथवा उसके सम्भव न होने की स्थिति में उससे यह अनुरोध किया कि वह उसकी सहायता के लिए किसी यूरोपियन सेनापति के नेतृत्व में यूरोपियन बटालियन भेज दे। उसने लिखा कि, "अब अवसर है जिसका महामहिम को लाभ उठाना चाहिए।...आपका पुराना और आनुवंशिक सेवक तथा उसके परिसंघ में शामिल अन्य राजा अपने-अपने खिराज के साथ अपनी निष्ठा प्रदर्शित करने को तैयार हैं।...अकबराबाद की शाही राजधानी महामहिम के अधिकार में होगी" (*फारसी पत्राचार*, II, पृ. 224)। सम्राट ने राजा माधोसिंह को एक शाही फरमान भेजा, जिसे उसने यद्यपि बाद में नकारा, कि वह मुसावी खाँ की सेनाओं से मिलकर जिसे दिल्ली से कूच करना था, "आगे बढ़े और आगरा के किले पर कब्जा कर ले" (वही, पृ. 234)।

प्रत्येक व्यक्ति ने जवाहर को यह परामर्श दिया कि वह राजपूतों के साथ समझौता कर ले, परन्तु जाट राजा ने झुकने के स्थान पर टूटना पसन्द किया। उसे युद्ध में दाँव लगाना पसन्द था, अपने विजेता शत्रु के साथ सन्धि की शर्तों पर बात करना पसन्द नहीं था। उसने सिखों को खरीदकर युद्ध को जारी रखने

का निर्णय लिया। उसने उन्हें सात लाख रुपए इसलिए दिए ताकि वे उसके प्रदेश में लूटमार न करें तथा अपनी सेना में 20 लाख सिखों की भर्ती करने के लिए उनसे बातचीत आरम्भ की। पिछली पराजय से उत्पन्न आलस्य से मुक्ति पाकर युद्ध जैसी तैयारियाँ आरम्भ कर दी गईं। एम. मेडेक के मासिक भत्ते में 5000 रुपए की बढ़ोत्तरी कर दी गई ताकि वह अपने अधीन सैनिकों की संख्या में वृद्धि कर सके।

इस बीच नवाब शुजाउद्दौला, राजा जवाहर सिंह की शक्ति को कुचलने का षड्यन्त्र रचने लगा था। वजीर ने सम्राट को एक व्यापक एवं कपटपूर्ण योजना का सुझाव दिया, जिसकी कार्यान्विति जाट-शक्ति को सदा के लिए नष्ट कर सकती थी। उसने सम्राट से कहा कि वह सर्वप्रथम सिख सरदारों को जवाहर सिंह की सहायता न करने को कहे और इसके लिए वह माधोसिंह की तरफ से उन्हें उतनी ही आर्थिक सहायता का वायदा करे, जितनी उन्हें जवाहर सिंह से मिल रही है तथा साथ ही उन्हें शाही अनुग्रह का भी वचन दे। द्वितीय, किसी शाही परिवार से सम्बद्ध राजकुमार को रुहेला सरदारों के पास इन फरमानों के साथ भेजे कि वह उसके नेतृत्व में एकता के सूत्र में बँध जाएँ तथा राजा जवाहर सिंह के उन प्रदेशों को जीत लें जो यमुना के बाएँ तट पर और रुहेलाओं के प्रदेश के निकट स्थित हैं—यह भी कहें कि ये प्रदेश रुहेलाओं के ही अधिकार में रहेंगे ताकि उनकी निष्ठा बनी रहे। वजीर ने जवाहर सिंह के विरुद्ध इस योजना को कार्यान्वित करने के लिए बड़े उत्साह के साथ अपनी सेनाओं को अर्पित करने का प्रस्ताव प्रस्तुत किया। उसने लिखा, "जब महामहिम इस लेखक (शुजाउद्दौला) को आदेश देना उचित समझें, वह जो कुछ कह चुका है उसे कार्यान्वित करने को तत्पर है" (*फारसी पत्राचार*, II, पृ. 234, 235, पत्र संख्या 835, दिनाँक 2 मार्च, 1768)।

संक्षेप में जवाहर सिंह के शत्रु उसके इर्द-गिर्द जाल बिछा रहे थे, जिसको तोड़ना उसके लिए कठिन प्रतीत हो रहा था। इस संकट की घड़ी में बंगाल सरकार का दृष्टिकोण निर्णायक बन चुका था। सक्रिय शत्रुता की बात को यदि हम मस्तिष्क से निकाल भी दें, तो यह मानना पड़ेगा कि यदि अंग्रेजों ने गुप्त रूप से भी इस योजना को समर्थन दे दिया होता और उस स्थिति में शुजाउद्दौला, नजीब खाँ, सम्राट तथा समस्त रुहेला सरदारों ने जवाहर सिंह के विरुद्ध अभियान प्रारम्भ कर दिया होता, तो उस समय सिख भी उसकी रक्षा करने में असमर्थ हो जाते, परन्तु बंगाल की सरकार ने उस ईमानदारी एवं दृढ़ता के साथ जो 18वीं शताब्दी की राजनीति में दुर्लभ थी, जवाहर सिंह के साथ अपनी मैत्री के दायित्व को पूरा किया तथा पूरी शक्ति के साथ शत्रुओं के विरोधी मनसूबों को क्रियान्वित होने से रोका। सम्राट और शुजाउद्दौला में बंगाल के गवर्नर की स्वीकृति के बिना

कुछ करने का साहस नहीं था। जब माधोसिंह ने देखा कि उसे किसी भी कोने से कोई प्रत्युत्तर नहीं मिल रहा है तथा सिख, जवाहर सिंह की सहायता के लिए आ रहे हैं तो उसने जाटों से समझौता कर लिया और इसके पहले पंजाब के खूँखार घुड़सवार आ पहुँचते, वह अपने देश को वापस चला गया।

जवाहर सिंह की मृत्यु

पराजय भी राजा जवाहर सिंह के दृष्टिकोण को संयमित बनाने में असफल रहीं। संघर्ष उनकी साँसों में था और उसकी अनुपस्थिति में उनके लिए जीवन में कोई आकर्षण नहीं था। ''माधोसिंह की तरफ से यदि युद्ध का अन्त हो गया तो वह दूसरी तरफ आरम्भ हो गया। जाट राजा ने मेडेक को एक-दूसरे किले को घेरने के लिए भेजा, जहाँ एक दूसरी राजपूत जाति के लोगों का अधिकार था। डेढ़ महीने में मेडेक को एक बुर्ज तक पहुँचने में सफलता मिल गई, परन्तु वह उसे इसलिए छोड़नी पड़ी क्योंकि भारतीय सैनिक दुर्ग के रक्षकों की भयंकर गोलाबारी से बहुत अधिक डर गए थे। वह दूसरे आक्रमण के लिए उसके पास डटा रहा। भय से गैरीजन ने अन्त में आत्म-समर्पण कर दिया'' (*लॉ नवाब रेने मेडेक,* पृ. 50)।

राजा जवाहर सिंह की अथक शक्ति एवं दुर्दम्य इच्छा के उज्ज्वल स्वरूप की अभिव्यक्ति जितनी चमक-दमक के साथ राजपूताना में उसकी पराजय के 6 या 7 महीनों के भीतर हुई, उतनी कभी नहीं थी। उसने बड़ी तेजी के साथ एक कठिन परिस्थिति पर काबू पा लिया तथा उसे सामान्य बना लिया था। हाल की पराजय से उसे बहुत कम क्षति पहुँची थी और वह पुनः अपने बलबूते पर खड़े हो गए थे। उनकी भुजाओं में उनकी अभ्यस्त चमक फिर से लौट रही थी तथा उनके द्वारा शासित प्रदेशों में पुनः सम्पन्नता का प्रत्यावर्तन हो रहा था। वह बड़े जोश के साथ अपनी सेना को पुनर्गठित भी करने लगे थे, विशेषतः उन्होंने उसमें यूरोपियन सैनिकों और तोपखाने में वृद्धि की। उसकी सत्ता उसके प्रदेश में फिर से कायम हो गई तथा उसके नाम का लोग आदर करने लगे। प्रदेश से बाहर लोग उसके नाम से डरते थे। उसके पड़ोसी उनके क्रोध के तूफानी विस्फोट की आशंका से भयभीत थे, उनके भाग्य से किस्मत के हाथों ने इस अविस्फोटित ज्वालामुखी को खामोश कर दिया।

राजा जवाहर सिंह की हिंसात्मक मृत्यु (जुलाई 1768) की कहानी निम्न प्रकार है : ''यह कहा जाता है कि जवाहरसिंह की एक सिपाही से मित्रता हो गई थी और वह मैत्री इतनी गहरी हो गई थी कि वह उचित सीमाओं का उल्लंघन करके उसे सम्मान और आदर देने लगा था तथा उसने उसे निम्न श्रेणी से उठाकर उच्च श्रेणी में बैठा दिया था। राजा के साथ मैत्री सम्बन्धों ने उसे अन्य दरबारियों

की अपेक्षा अधिक श्रेष्ठ बना दिया। इत्तिफाक से इस आदमी के द्वारा कुछ गलत काम हो गए तथा जवाहर सिंह ने उसको निजी स्थान यथा–शयनगृह में न आने की मनाही कर दी, उसको इन कामों के लिए उसने लज्जित एवं अपमानित किया तथा उसे अपनी एवं आम लोगों की दृष्टि में तिरस्कार के योग्य बना दिया। इस आदमी में जब आत्म-सम्मान की भावना जागी तो उसने किसी भी प्रकार से जवाहर सिंह की हत्या करने की बात सोची। एक दिन जवाहर सिंह एक छोटे से दल के साथ, शिकार के लिए गया। इस सिपाही ने उस अवसर पर एक घोड़ा लिया तथा तलवार और ढाल लेकर वह उस स्थान पर पहुँचा जहाँ जवाहर सिंह कुछ व्यक्तियों के साथ असावधानी के साथ खड़ा था। वहाँ उसने जवाहर सिंह पर आक्रमण करके उसे नीचे गिरा दिया और चिल्लाकर यह कहा, "यह मुझे अपमानित और दण्डित करने का दण्ड है।" यह घटना 1182 हिजरी सफर (जून-जुलाई, 1768)[12] के महीने में घटी।

ग्राउज द्वारा लिपिबद्ध लोक-कथाओं में जवाहर सिंह की हत्या के लिए उसके शत्रु जयपुर के महाराजा माधोसिंह की उत्तेजना को उत्तरदाई ठहराया गया है। (*मथुरा,* 25) जयपुर के राजा के साथ झगड़े के आठ महीने के भीतर जवाहर सिंह की आकस्मिक मृत्यु ने जिसने निस्सन्देह जयपुर नरेश को लाभ पहुँचाया था, सम्भवतः इस अन्यायपूर्ण मिथ्यावाद को रंग दिया है, परन्तु इसमें कोई सच्चाई नहीं है। जहाँ तक जवाहर सिंह की हत्या की बात है, '*सियर*'[13] के लेखक ने लिखा है। "उसने 'सदा' नामक एक चोबदार को सरदारों के समूचे निकाय के ऊपर सर्वाधिक सत्ता प्रदान कर रखी थी और इसके कारण सभी सरदार अत्यधिक पीड़ित थे–उन्होंने एक को जवाहर सिंह की हत्या के लिए उकसाया। अपने पिता के सिंहासन पर आरूढ़ होने के कुछ समय बाद उसकी धोखे से हत्या कर दी गई" (फारसी पाठ, *सियर,* IV, पृ. 34)। एम. मेडेक ने जो जवाहर सिंह की मृत्यु के समय उसकी सेवा में था, इस सम्बन्ध में किसी पर दोषारोपण नहीं किया है; उसने केवल यह लिखा है कि एक अज्ञात व्यक्ति ने तलवार के एक प्रहार से उसका सिर कलम करके उसकी हत्या कर दी (*लॉ नवाब रेने मेडेक,* पृ. 50)।

राजा जवाहर सिंह का चरित्र और नीति

राजा जवाहर सिंह में न तो अपने पिता के सैनिक गुणों का अभाव था और न उनकी प्रशासकीय क्षमता का। स्पष्ट रूप से वह युद्ध के खेल में बहुत अधिक व्यस्त था, परन्तु नागरिक प्रशासन की ओर उसने कभी लापरवाही नहीं बरती और न वह कभी शान्तिकालीन कलाओं की अभिवृद्धि के सन्दर्भ में उदासीन रहा। उसका दरबार वैभवपूर्ण और शानदार था; एक सैनिक के पराक्रम, एक वास्तुकार की कला[14] तथा एक देशी चारण की चाटुकारितापूर्ण वाणी के लिए हिन्दुस्तान में उससे अच्छा

कोई दूसरा स्थान नहीं था। वह अपने सैनिकों को अपने पिता की अपेक्षा अधिक नियमित रूप से तथा अधिक उदारता के साथ वेतन देता था तथा ऐसा कोई अवसर नहीं आया, जब उसने अच्छी सेवाओं के बदले में अच्छा पुरस्कार न दिया हो। "उसकी वित्तीय व्यवस्था ठीक थी तथा उसकी प्रजा पर देश के अन्य प्रदेशों की अपेक्षा करों का भार सबसे कम था तथा उसके राजनीतिक विचार यूरोपियन सेनापति को बहुत अधिक बुद्धिमतापूर्ण प्रतीत होते थे (*लॉ नवाब रेने मेडेक,* पृ. 51)। उसने उत्तराधिकार में उपद्रवी तथा बागी सेनापतियों का झुण्ड नहीं छोड़ा था, जिस सेना को अपने उत्तराधिकारी के लिए छोड़ा था, वह संख्या में बहुत बड़ी थी तथा वह पूर्णतः अनुशासित थी, जिसे निष्ठावान अधिकारियों का नेतृत्व प्राप्त था और जिन्होंने निष्ठा के साथ उसके रतन सिंह जैसे घिनौने एवं कामुक उत्तराधिकारी के आदेशों का भी पालन किया। उसकी दया के ही कारण उसके छोटे भाइयों को जीवन-दान प्राप्त हो सका, यद्यपि उसे पता था कि वे उसके गोद लिए हुए नाबालिक पुत्र के मार्ग में काँटे की भूमिका अदा करेंगे। कभी-कभी वह उदारता की इस सीमा तक पहुँच जाता था कि वह अपने सबसे प्रबल शत्रु को भी क्षमा कर देता था, जैसा कि उसने अपने भतीजे के जन्म के अवसर पर, बहादुर सिंह तथा नवाब मुसाबी खाँ बलोच जैसे खतरनाक, राजनीतिक बन्दियों को रिहा करके किया था। मित्र उसे ऐसे शूरवीर के रूप में याद करते थे जो बहादुर, वैभवपूर्ण और खुले हाथ वाला था तथा शत्रुओं के लिए उसकी छवि स्वेच्छाचारी, जिद्दी, संकीर्ण कट्टरतावादी तथा रक्त-पिपासु अत्याचारी शासक के रूप में कायम थी—भारत के राजनीतिक क्षितिज पर उसकी स्थिति एक पुच्छल तारे के समान थी।

अपने पिता से सर्वथा भिन्न राजा जवाहर सिंह को अपने क्रोध पर किसी प्रकार का नियन्त्रण नहीं था, प्राचीनता तथा परम्परा के लिए कोई आदर भाव नहीं था और न उसमें हृदय की उदारता थी। जो भी हो, परम्परा के अनुसार, जो निस्सन्देह पूर्वग्रहों से ग्रसित है, उसका नाम मुगल-साम्राज्य के शाही वैभव के अवशेषों को खत्म करने के साथ जुड़ा हुआ है। यह कहा जाता है कि वह सम्राट जहाँगीर के काले संगमरमर के सिंहासन पर बैठ गया—ऐसा करके उसने महान् मुगल के गर्वित स्थान को अपवित्र कर दिया जिससे चिढ़कर, ऐसा प्रतीत होता है, उस सिंहासन में एक दरार पड़ गई जिसे आज भी देखा जा सकता है। सम्भवतः जवाहर सिंह के शासन काल में ही जो जाट राजाओं में सबसे अधिक शक्तिशाली और बदला लेने वाला था, "आगरा की महान् मस्जिद को बाजार में बदल दिया गया तथा अनाज के व्यापारियों से कहा गया था कि वे अपने माल को वहाँ लोगों को दिखाकर बेंचे। कसाइयों की दुकानें बन्द कर दी गईं। उन्होंने (जाटों ने) बैलों, गायों और बछड़ों की हत्या पर कड़े प्रतिबन्ध लगा दिए। इस्लाम धर्म की सभी सार्वजनिक

अभिव्यक्तियों पर निषेधादेश लगा दिए गए थे, जिसके उल्लंघन पर कड़े दण्ड की व्यवस्था थी। 'मुआजिनों' से कहा गया था कि वह अपना काम बन्द कर दें। एक व्यक्ति ने 'अजान' दी, परन्तु आगरा के शासक ने उसकी जिह्वा निकलवा दी।''[15] यह ठीक है कि बदला लेना मानव-प्रकृति में निहित है, परन्तु महाराजा सूरजमल के पुत्र के लिए ऐसा करना निस्सन्देह अशोभनीय था, उसके पिता ने एक मुस्लिम शरणार्थी–शमशेर बहादुर की अस्थियों का डीग में उनके ऊपर मस्जिद का निर्माण कराकर सम्मान किया था (*इमाद*, पृ. 203)।

जवाहर सिंह ने एक जातीय परिसंघ को एक केन्द्रीकृत राज्य में समय से पहले ही तथा बहुत अधिक हिंसात्मक तरीके से बदल दिया तथा भाड़े के सैनिकों की सहायता से अपने को एक निरंकुश राजा बना लिया। उसने राज्य और उसमें रहनेवाले लोगों को निर्जीव कर दिया। राज्य अपने आप विकास नहीं कर सकता था तथा उसके निवासी अपनी जीवन-शक्ति और पराक्रम को भाड़े के सैनिकों द्वारा दबाए जाने तथा द्वितीय श्रेणी के प्रजाजन बन जाने के कारण खो चुके थे। सूरजमल ने एक ऐसी संरचना का निर्माण किया जो उनके लोगों की राजनीतिक भावना और परम्परा को ईमानदारी के साथ प्रतिबिम्बित करती थी। परन्तु जवाहर सिंह की दृष्टि में यह अत्यधिक प्राचीन थी, उसमें शान-शौकत का अभाव था, उसमें सहानुभूति और सुसंगता की कमी थी, वह एंक राजा के लिए अनुपयुक्त थी, भले ही वह एक जाट के लिए आरामदेह हो सकती थी। जिस प्रकार अपने सामाजिक जीवन में जवाहर सिंह ने अपने जीवन को उस समय के राजकुमारों तथा अमीरों में प्रचलित फैशन के अनुसार ढाला था तथा अपने पिता के सादा जीवन के आदर्श को ठुकराया था, उसी प्रकार राजनीति में भी वह साम्राज्यवादी दिल्ली के वातावरण में ही साँस लेना पसन्द करता था। लोग भी एक बड़ी सीमा तक राजा के फैशनों की नकल करने लगे तथा अब कोई भी डीग, कुम्हेर और भरतपुर के निकट दिल्ली का (वहाँ की बुराइयों, मुहावरों तथा शिष्टाचार) अवलोकन कर सकता था, जैसे आज हमारे कुछ देशवासी बम्बइ और कलकत्ता में लन्दन को अवलोकित करते हैं। इन स्थानों पर नए समाज की स्थापना के उपरान्त जाटों[16] में रीति-रिवाज, पोशाक, इमारतों, भाषा तथा सामान्यतः सभी बातों में बदलाव आ गया। जवाहर सिंह जब अपने सामन्ती परिसंघ को युगल शासनतन्त्र जैसे केन्द्रीकृत एवं निरंकुश शासन में परिवर्तित कर रहा था, उस समय ऐसा प्रतीत होता था कि वह समय के अनुकूल ही कार्य कर रहा था। परन्तु जिस प्रकार वह अपने घर का स्वामी बनने के लिए उतावला था, उसी प्रकार का उतावलापन सभी जाटों में देखा जा सकता है। उन्हें निरंकुश शासन पसन्द नहीं है, तथा बाह्य परिष्कार के बावजूद उसका अन्तर-मन वैसा ही रहता है। व्यावहारिक समझौता किए बिना, उसने अपनी दुर्दम्य इच्छा

का विरोध करने वाले सभी शक्तिशाली तत्त्वों को अपने मार्ग से दूर कर दिया और इस प्रकार उसने पर्याप्त मात्रा में राष्ट्रीय ऊर्जा एवं कार्य कुशलता को नष्ट कर दिया। यदि जाटों को प्राचीन यादवों का वंशज माना जाए तो कंस ने (श्री कृष्ण का मामा जिसने भाड़े के सैनिकों की सहायता से यादव परिसंघ पर निरंकुश शासन स्थापित किया था तथा अपने ही बन्धुओं का दमन किया था) तो महाराजा सवाई जवाहर सिंह भारतेन्द्र के रूप में उनके बीच फिर से जन्म लिया था।

सन्दर्भ–

1. गोहद ग्वालियर के उत्तर-पश्चिम में स्थित है। यह राज्य पश्चिम में ग्वालियर के राज्य से मर्यादित था; इसके पूर्व में काली सिन्धु नदी है, उत्तर में यमुना है और दक्षिण में सिरमूर की पहाड़ियाँ हैं (रेनेल्स की एटलस, देखें)।
2. *इमाद-उस-सादात* एकमाचा फारसी इतिहास है (फारसी पाठ, पृ. 56) जिसमें जहर खाकर 'अच्छे स्वभाव' के नाहर सिंह की मृत्यु का उल्लेख है। 10 दिसम्बर, 1766 को जयपुर से यह सन्देश प्राप्त हुआ कि नाहर सिंह अपनी कुछ अव्यवस्था के कारण मृत्यु को प्राप्त हो चुका है। महाराजा जवाहर सिंह को इस समाचार से अत्यन्त कष्ट हुआ। जो अधिकारी नाहर सिंह की अश्व-सेना में थे, वे जवाहर सिंह के पास यह परामर्श लेने आए कि इस अवसर पर क्या होना उचित है (*फारसी रिकार्ड,* II, 6) मृत्यु शायद 6 या 7 दिसम्बर, 1766 को हुई।
3. *चहार* के लेखक हरचरनदास ने इसकी तिथि के सम्बन्ध में कुछ भ्रान्ति पैदा की है; उसने तिथि 1179 हिजरी बताई है जबकि सही तिथि 1180 हिजरी है। उससे जवाहर सिंह को जो राशि प्राप्त हुई, उसका अनुमान दो करोड़ रुपए से भी अधिक आंका है, जबकि वैंदेल का अनुमान 30 लाख रुपया है जो अधिक सही प्रतीत होता है। इसके बावजूद हरचरन का वृतान्त बड़ी सीमा तक सही है तथा वैंदेल के वृतान्त से उसकी पुष्टि होती है (*फ्रेंच* पाण्डुलिपि, पृ. 66)।
4. अटेर ग्वालियर के उत्तर-पूर्व में तथा गोहद के उत्तर में स्थित है। भाँट की पहचान करना कठिन है। वह सम्भवतः वही स्थान है जो रेनेल की एटलस में भिण्ड के नाम से उल्लिखित है, वह अटेर के निकट उसके दक्षिण-पूर्व में है। इस राजा का प्रदेश चम्बल और काली-सिन्धु नदियों के बीच में उनके जमुना के संगम के निकट स्थित है।
5. बंगाल सरकार और वजीर के बीच के पत्र-व्यवहार से यह स्पष्ट हो जाता है कि अंग्रेज राजा जवाहर सिंह को अपनी ओर मिलाने के लिए कितने इच्छुक थे (पत्र संख्या 201, 234, 255, फारसी पत्र-व्यवहार, II, पृ. 69, 77)।
6. यह भ्रमात्मक है क्योंकि मराठा पत्र-व्यवहार में श्रीमन्त सामान्तया पेशवा के लिए प्रयुक्त होता है।
7. महाराजा सवाई ईश्वरी सिंह (हिन्दी में) वैदिक प्रेस, अजमेर, लेखक नरेन्द्र सिंह वर्मा, परिशिष्ट, पृ. 111

8. इसका संकेत डीग के 15 मील उत्तर-पश्चिम में स्थित कामा की ओर है। लम्बे समय से कामा इन दोनों राज्यों के बीच झगड़े का कारण रहा है। राजा रणजीत सिंह जाट को यह स्थान महादजो सिन्धिया से प्राप्त हुआ था और उसी समय से उस पर भरतपुर के राजाओं का अधिकार रहा है।

9. जवाहर सिंह के पास योग्य यूरोपीय सेनापतियों के नेतृत्व में बहुत बड़ी तथा सुप्रशिक्षित सेना थी। सन् 1765 में समरू उसकी सेवा में था और प्रसिद्ध फ्रेंच जनरल एम.रेने मेडेक सन् 1767 की जून अथवा जुलाई में उसकी सेवा में आ गया था (*लॉ नवाब रेने मेडेक,* पृ. 45)। राजा के मस्तिष्क की अधीरता ने अपनी सेना की परीक्षा के लिए कछवाहा की दिशा में साहसिक प्रयास को ही सुअवसर मान लिया।

10. *चहर-गुलजारे-शुजाई* का लेखक हरचरन दास जवाहर सिंह की सेना का अतिशयोक्तिपूर्ण अनुमान देता है–60,000 घोड़े, एक लाख पैदल सेना और दो सौ तोपें।

11. वैंदेल ने पराजितों की दुर्दशा का इस प्रकार वर्णन किया है–''जाटों की किस्मत के चूल्हें हिल गई और उसका परिणाम उनके लिए पूर्णतः घातक सिद्ध हुआ। वे वापस लुटे-लुटाए मूर्ख बने और तबाही की स्थिति में लौटे और जवाहर सिंह को वहाँ अपना समूचा तोपखाना (विभिन्न प्रकार की सत्तर तोपें) छोड़नी पड़ी।'' (*फ्रेंच पाण्डुलिपि,* 68) बूँदी के चारण सूरजमल ने इस घटना का इस प्रकार वर्णन किया है।

> ''तावत छत्र अरु तोप कोस लुट्टे कच्छवाहन।
> भरतनेर गए जट्ट मारवाय सिपाहन ॥
> जित्ते कुरम जोध नाग जट्टन गिनि नाहर।
> समरू बेहुन जु संगजाय पकरेहिं जवाहर ॥
> संसस्कृत भुजंग ससिमान सक 1824 हम तक यह जंग हुर।
> जयनेर विजय जट्टन भजनइ विदित आव्रज भुंव ॥

कछवाहों ने राजत्व के छत्र, बन्दूकों तथा खजानों पर अधिकार कर लिया। अपने सैनिकों को मरवाकर जाट भरतपुर भाग गया। जिस प्रकार जानवरों का राजा हाथी को अपने शिकार के रूप में देखता है, उसी प्रकार कछवाहों ने जाटों को देखा। यदि समरू उसके साथ न होता तो जवाहर को बन्दी बना लिया जाता।...युद्ध 1824 विक्रमी में हुआ। जयपुर नरेश की विजय तथा जाटों की पराजय का समाचार बृज भूमि की सुदूरस्थ सीमा तक पहुँच गया।

12. *चहार गुलजार* (पाण्डुलिपि): यह तिथि यद्यपि बहुत निश्चित नहीं है तथापि निस्सन्देह सही है। सम्राट द्वारा बंगाल के गवर्नर को लिखे गए पत्र दिनाँक 27 अगस्त, 1768 से पता चलता है कि यह घटना इस तिथि के पूर्व घट चुकी थी (*फारसी पत्राचार,* II, पृ. 299)। डॉन पेड्रो डी डिल्वा ने 7 सितम्बर, 1768 को बंगाल के गवर्नर को जवाहर सिंह की मृत्यु तथा रतनसिंह के राज्यारोहण की सूचना दी थी (वही, पृ. 304)।

13. *'सियर'* के अनुवादक ने इस बात को इस प्रकार प्रस्तुत किया है, उसने अपने हैदर नामक एक चोबदार को अपने मामलों तथा सेना की देख-रेख के लिए नियुक्त किया; इसके कारण उसे अपने सैनिकों की सहानुभूति से वंचित होना पड़ा तथा इससे उसके सेनापतियों को इतना कष्ट पहुँचा कि उनमें से एक ने उसकी हत्या करने का निर्णय ले लिया। इस व्यक्ति ने अनुकूल अवसर पाकर उसे उसकी मसनद पर ही मार दिया (अंग्रेजी अनुवाद, IV, पृ. 34)। 'सदा, सम्भवतः सबसे अधिक सही पाठ है क्योंकि *बयान-ए-वाकया'* के लेखक अब्दुल करीम कश्मीरी ने लिखा है, "जवाहर सिंह की हत्या एक पीड़ित ब्राह्मण ने की थी" (पाण्डुलिपि, पृ. 302)। परन्तु यह सम्भव है कि अनुवादक मुस्तफा ने केवल एक पाण्डुलिपि प्रयुक्त की हो और उसने अनजाने 'सदा' नाम के स्थान पर 'हैदर' नाम पसन्द कर लिया हो। परन्तु उसे मूल पाठ के प्रति निष्ठावान न होने के अपराध के लिए क्षमा नहीं किया जा सकता। जो लोग अनुवादों में पूर्ण आस्था रखते हैं, उन्हें इससे चेतावनी लेनी चाहिए।
14. जवाहर सिंह, महाराजा सूरजमल और अन्य जाट राजाओं के भवनों का विवरण आगामी खण्ड में *द जाट स्टाइल ऑफ आरकीटेक्चर* में मिलेगा।
15. *लॉ नवाब रेने मेडेक*, 47, एम. मेडेक ने लिखा है, "कुछ वर्ष पूर्व मैंने उस अभागे व्यक्ति को देखा जो भीख माँग रहा था। उसके पास आगरा की बड़ी मस्जिद के मुल्लाओं का एक पत्र था जिसमें इस बात को प्रमाणित किया गया था कि इस व्यक्ति के साथ अपने धार्मिक कृत्य को सम्पादित करने के आरोप पर मूर्ति-पूजकों ने इतनी निर्दयता के साथ व्यवहार किया था।
यह बात सन्देहास्पद है कि अजनबी के विश्वास के साथ कोई धोखा न किया गया हो, जैसा आज भी सामान्य रूप से होता है। एम. मेडेक ने जवाहर सिंह का नाम नहीं लिया है, परन्तु लिखा है, "जब जाट आगरा के स्वामी बन गए।" जवाहर सिंह का जाना-पहचाना व्यक्तित्व इस संकेत से मिलता-जुलता है।
16. वैंदेल, *फ्रेंच पाण्डुलिपि*, पृ. 40-41 में उसने आगे लिखा है कि, "साथ ही यह बात भी स्वीकार करनी पड़ेगी कि इतने परिष्कार के बावजूद भी उनके शानदार रहन-सहन के वातावरण में भी उनके जन्म-जात असांस्कृतिक रूप को देखा जा सकता था" (वही, पृ. 41)।

12

गृह-युद्ध

जाट राजा रतन सिंह (1182 हिजरी; मई 1768–अप्रैल 1769)

राजा जवाहर सिंह की मृत्यु के साथ जाटों के गौरव का अन्त हो गया था। अब उसकी जाति को एकता के सूत्र में बाँधने के लिए उसकी लौह-पकड़ का अस्तित्व समाप्त हो गया था, अतः उसके राज्य में अस्त-व्यस्तता फैलती गई। उसका छोटा भाई मूर्ख और दुश्चरित्र रतन सिंह उसके बाद गद्दी पर बैठा तथा *इमाद-उस-सादात* के लेखक के अनुसार उसने दस महीने और तेरह दिन शासन किया। उसके शासन के इन थोड़े से महीनों में कोई घटना नहीं घटी तथा यह समूचा समय हेय एवं घृणित कार्यों में व्यतीत हो गया। उसके चारों ओर 4000 नाचने वाली लड़कियाँ होती थीं, जिनके साथ अपने सिंहासनारोहण के कुछ समय बाद वह वृन्दावन गया था (मेडेक, पृ. 51) ताकि वह उनके साथ वर्षा ऋतु में रंगरलियाँ मना सके। ब्रज के दैवी-प्रेमी के इस ख्याति-प्राप्त वंशज ने पौराणिक भूतकाल के सभी दृश्यों का पुनः अभिनय किया, सम्भवतः वह मूल अभिनय की अपेक्षा अधिक चमक-दमक वाला था। वह अपनी राजधानी फिर लौटकर नहीं आया, उसकी इहलीला का रूपानन्द नामक एक गोसाईं ने वहीं अन्त कर दिया।

इस तीर्थयात्रा के समय राजा रतन सिंह के लश्कर के साथ फ्रेंच कैप्टन एम. मेडेक भी मौजूद था। वह जमुना पर उसके भव्य उत्सवों तथा उसकी खर्चीली धार्मिकता से बहुत अधिक प्रभावित हुआ था। उसने लिखा है, स्त्रियों के प्रति आकर्षण के अतिरिक्त राजा की एक और दुर्बलता थी–जादूगरों, मायावी लोगों तथा कीमियागरों के प्रति उसे अत्यधिक लगाव था। काफी समय तक एक कीमियागर ने उसे इस भ्रम में बनाए रखा कि वह एक बार सोना बना चुका है। अन्त में राजा ने उस पर सोना बनाने के लिए दबाव डाला और कहा कि यदि उसने ऐसा नहीं किया तो उसे प्राणों से हाथ धोने पड़ेंगे। धोखेबाज ने प्रतिज्ञा की कि वह उसे उसके सामने बनाएगा बशर्ते वह वहाँ अविवेकी लोगों से दूर अकेले में उससे मिले। जब राजा ने इसके लिए अपनी स्वीकृति दे दी तो जादूगर ने अपनी कटार निकालकर अपने स्वामी का पेट फाड़ दिया।[1] मरने से पूर्व राजा

ने राज्य के सबसे बड़े सरदार को बुलाया और उसके सामने अपने नाबालिग पुत्र को प्रस्तुत किया (*मेडेक,* पृ. 51)। अब्दुल करीम कश्मीरी ने भी *बयान-ओ-वाका* में इस घटना का इसी प्रकार का वर्णन किया है, "राजा रतन सिंह उसके पास गया और उससे जोर देकर यह कहा, "यदि तुमने सोने का नमूना न बनाया तो मैं तुम्हें मार दूँगा।" दरवेश ने कहा, "नमूना तैयार है, उसे रात्रि में आखिरी पहर में दिखाया जाएगा।" उत्सुकता और उतावलेपन के कारण राजा रात-भर जागता रहा। बैरागी ने सन्देश भेजा कि राजा बिल्कुल अकेला रहे और वह नमूना ला रहा है। रतनसिंह ने अपने सेवकों को बाहर जाने तथा बैरागी को भेजने का आदेश दिया। वह जब अकेला था बैरागी ने कटार के एक वार से उसकी जीवन-लीला समाप्त कर दी (*बयान पाण्डुलिपि,* पृ. 302)। हरचरन का ब्यौरा कुछ भ्रम पैदा करता है, परन्तु उसने जो घटना की तिथि बताई है, वह सही है यानी पहली जिहिज्जा, 1182 हिजरी (8 अप्रैल, 1769) जिसकी पुष्टि उससे भी अधिक प्रामाणिक पुस्तक *वाका-ए-शाह आलम, II,* (*वाका,* 225) में हुई है।

प्रतिशासन तथा गृहयुद्ध

राजा रतनसिंह की वृन्दावन में आकस्मिक मृत्यु के उपरान्त दानसाही ने, जिसे बालक उत्तराधिकारी का दायित्व सौंपा गया था, डीग में सरदारों का एक सम्मेलन आयोजित किया। बालक खेरी सिंह[xxx] को गद्दी पर बिठाया गया तथा दानसाही ने सरदारों की स्वीकृति से रीजेन्सी की जिम्मेदारी सम्भाल ली। परन्तु जैसे ही वे अपने-अपने प्रान्तों में पहुँचे, उन्होंने रीजेन्ट (प्रतिशासक) की सत्ता को स्वीकार करने से इन्कार कर दिया, क्योंकि उनकी समझ थी कि उन्हें भी शासन करने का उतना ही अधिकार है जितना उसे। जब एम. मेडेक जो प्रतिशासक दानसाही को अपना समर्थन दे रहा था, प्रान्तों में विरोध का दमन करने के लिए डीग

XXX. महाराजा सूरजमल के पोते और राजा रतन सिंह के पुत्र का नाम केहरी सिंह है, न कि खेरी सिंह। फादर वैंदेल ने (अंग्रेजी, पृ. 93) उसका नाम न देकर केवल जवाहर सिंह का भतीजा लिखा है। प्रो. काननूगो ने अपने उक्त ग्रन्थ में छः स्थानों पर इस पुत्र का नाम स्पष्ट रूप से खेरी सिंह लिखा है। सम्भवतः यह फारसी और विदेशियों के द्वारा 'क' वर्ण के लिए 'ख' जैसे उच्चारण के कारण (Kehri Singh से *(Kheri Singh)* हो गया।

पहली अगस्त 1769 C.P.C, II, पत्र 1499 में स्पष्ट रूप से केहरी सिंह का उल्लेख है। परन्तु C.P.C, II, पत्र 1389 में इसको केशर सिंह भी लिखा गया है। अन्यत्र फारसी, फ्रेंच तथा पत्राचार में सभी स्रोत केहरी सिंह नाम देते हैं। विस्तार के लिए देखें, उपेन्द्र नाथ शर्मा, *महाराजा जवाहर सिंह और उनके उत्तराधिकारी,* पृ. 96, फुटनोट 1-3; —सम्पादक।

से बाहर गया हुआ था, तब दो भाइयों ने विद्रोह करके रीजेन्सी का तख्ता पलट दिया। परन्तु प्रतिशासक बनने के लिए उनमें भी झगड़ा हो गया। नवल सिंह का जो आयु में बड़ा था, यह कहना था कि ज्येष्ठ होने के नाते प्रतिशासक उसी को बनना चाहिए, परन्तु छोटा भाई इसका निर्णय तलवार के द्वारा कराना चाहता था। उपद्रवी सामन्तों ने जो अपनी स्वतन्त्रता को प्राप्त करना चाहते थे, अपने-अपने गुट बना लिए तथा गृह-युद्ध की चिनगारियों को भड़काने लगे (1770 ई. का आरम्भ)। लघु भ्राता रणजीत सिंह ने जब यह देखा कि वह अपने बड़े भाई का मुकाबला करने में असमर्थ है, तो उसने अपने परिवार के साथ गद्दारी करके सिखों से अपने भाई का दमन करने के लिए सहायता खरीद ली।

एम. मेडेक ने बड़े भाई का साथ दिया और उसने रणजीत सिंह के विरुद्ध, जिसने कुम्हेर के किले में अपने को बन्द कर रखा था, एक सेना का नेतृत्व किया। उसने उसका घेरा उस समय डाला जब रणजीत सिंह द्वारा आमन्त्रित 70,000 सिख उसकी सहायता के लिए आ चुके थे (*मेडेक,* पृ. 52)। उसने सिखों का मुकाबला करने के लिए घेरा उठा लिया। एक दिन प्रातःकाल मेडेक 500 सैनिकों, दो बन्दूकों के साथ हाथी पर चढ़कर शत्रु की स्थिति का पता लगाने के लिए गया तथा असावधानी से वह बहुत आगे निकल गया। उसे सिखों ने घेर लिया (वही, पृ. 52) तथा उसकी रक्षा जाट कुमक के पहुँचने के कारण ही हो सकी। नवल सिंह ने सिखों को परास्त किया (*फारसी पत्राचार,* III, पृ. 43) परन्तु मराठों के आगमन की आशंका के कारण उसने सिखों को बड़ी रकम देकर खरीद लिया। सिख, गद्दार को उसके भाग्य पर छोड़कर अपने देश को वापस चले गए (मार्च, 1770)।

गृह-युद्ध में मराठा हस्तक्षेप

पानीपत की तीसरी लड़ाई के एक दशक के भीतर मराठा उस महान् दुर्घटना के आघात से सँभल चुके थे। परन्तु उससे उन्होंने कुछ सीखा नहीं था, फलतः वे पहले की अपेक्षा कुछ अधिक बुद्धिमान हो गए थे, ऐसा नहीं माना जा सका। 1769 के अन्त में विसाजी पण्डित, रामचन्द्र गणेश, तुकीजी होल्कर, महादजी सिन्धिया तथा अन्य लोगों ने एक बड़ी सेना के साथ हिन्दुस्तान में अपने प्रभुत्व को दुबारा जमाने के उद्देश्य से नर्मदा नदी को पार किया। अपने पूर्वजों की ही भाँति इन सरदारों की क्षमता और उत्साह गोहद के राणा को परेशान करने तथा दुर्बल राजपूत शासकों को दुःखी करने में अधिक प्रयुक्त हो रही थी, अपने से अधिक शक्तिशाली प्रतिपक्षियों से युद्ध करने में नहीं। हिन्दुस्तान के युद्ध-रत लोगों तथा राजाओं के बीच शक्तिशाली शान्ति-निर्माता की श्रेष्ठ भूमिका अदा करने की बजाए उन्होंने अनिष्टकारियों, विश्वासघात एवं संघर्ष को भड़काने वालों की भूमिका अदा कीं जब सूरजमल के पुत्र प्रतिशासन पर अपने दावों के लिए तलवार की सहायता

से युद्ध कर रहे थे, मराठा करौली में बैठकर जहाँ से वे जयपुर नरेश के विरुद्ध अपनी कार्यवाही का संचालन करते थे, बड़े सन्तोष के साथ इस संघर्ष को देख रहे थे। जब बड़ा और वैध दावेदार नवलसिंह अपने छोटे भाई रणजीत को परास्त करके तथा सिखों को प्रसन्न करके गृह-युद्ध को समापन के पास ले आया था, तब मराठों ने जाट-प्रदेश में प्रवेश किया एवं भरतपुर के आसपास के इलाके को लूटना आरम्भ कर दिया तथा छोटे भाई रणजीत को युद्ध फिर से आरम्भ[2] करने के लिए उकसाया (मार्च 1770 का मध्य)। वे इस प्रकार कार्य कर रहे थे जैसे इस बार महाराष्ट्र ने उन्हें अपने पुत्रों की हत्या और पुत्रियों के अपमान का प्रतिकार करने के लिए नहीं, परन्तु उन लोगों को नष्ट करने के लिए भेजा था जिन्होंने उसके भागते हुए बच्चों को बचाने तथा उनके कष्ट को कम करने के लिए अपना सब कुछ दाँव पर लगा दिया था। उन्होंने नजीबुद्दौला को, जो उनके दुर्भाग्य एवं लज्जा का निर्माता था, जाटों का हमेशा के लिए दमन करने के लिए आमन्त्रित किया। रुहेला सरदार जिसने महाराजा जवाहर सिंह तथा उसके मित्र सिखों के भय से भागकर नजीबाबाद के सुरक्षित स्थान में शरण ली थी, इस अवसर का लाभ उठाकर एक काँटे से दूसरे काँटे को निकालने की योजना बनाई तथा वह एक शक्तिशाली सेना के साथ दोआब में सिकन्दराबाद तक पहुँच गया। भगोड़े मराठा ब्राह्मणों को दूध एवं मिठाई खिलाकर रानी किशोरी ने जो पुण्य अर्जित किया था, उसका प्रतिफल शीघ्र प्राप्त हो गया।

मराठों ने जाट-प्रदेश के एक बड़े भाग में लूटमार की तथा उन्होंने सब स्थानों पर रणजीत सिंह के नाम पर अधिकारियों की नियुक्ति कर दी। समरू और एम. मेडेक के नेतृत्व में गठित सेना की उपस्थिति के कारण नवल सिंह की सेना से खुलकर टक्कर लेने से कतराकर मराठों ने डीग से 13 मील की दूरी पर स्थित कुम्हेर के किले पर ही अपनी समूची शक्ति केन्द्रित कर दी। नवलसिंह ने जो डीग के कस्बे से कुछ दूरी पर था शत्रु को उससे टक्कर लेने के लिए असफल प्रयास किया। 9वीं जिहिज्जा (5 अप्रैल, 1770) को उसने "मराठों को एक चुनौती भेजी कि वे किले की दीवाल के सहारे ली हुई अपनी स्थिति को छोड़कर युद्ध करने के लिए सामने आएँ। मध्याह्न में उसे यह समाचार प्राप्त हुआ कि "तुको जी होल्कर तथा जयराम नजीबुद्दौला से मिलने के लिए चल पड़े हैं।" तीसरे पहर खेमों को बढ़ने के आदेश दे दिए गए, डीग से 6 कोस दूर गोवर्धन में सामान पहले से भेज दिया गया तथा नवल सिंह ने अपनी सेना के साथ उसी दिशा में प्रस्थान किया। यह निर्णय एकदम अचानक लिया गया था, मुश्किल से कोई रिसाला उसके लिए तैयारी की स्थिति में था तथा अनेक सैनिकों को अपनी आवश्यकता की वस्तुओं को लेने के लिए डीग जाना पड़ा।

डीग और कुम्हेर से दो समानान्तर मार्ग पश्चिम से पूर्व की ओर जाते हैं, उनके बीच का फासला धीरे-धीरे कम होता जाता है और अन्त में मथुरा पहुँचकर वे एक-दूसरे से मिल जाता है। नवल सिंह की सेना उत्तरी मार्ग से आगे बढ़ रही थी, जबकि मराठा दक्षिणी मार्ग से पूर्व की ओर बढ़ रहे थे। इन दोनों मार्गों को जोड़ने वाला एक मार्ग जो गोवर्धन से सोंख की ओर जाता है और जिसका फासला 5 मील से अधिक नहीं है। इन दोनों स्थानों के बीच में कहीं ये दोनों विरोधी सेनाएँ एक-दूसरे के इतने निकट आ गई कि उनके बीच केवल 3 कोस का अन्तर रह गया। उस समय तक नवलसिंह का उसी दिन युद्ध करने का कोई विचार नहीं था, परन्तु शत्रु के सामीप्य ने उसके दो सरदारों ने युद्ध करने के लिए लालायित कर दिया। उनमें से एक नवलसिंह का साला दानसाही था जो अश्व-सेना का एक निर्भीक अधिकारी था तथा जिसे राजपूतों एवं भदौरियाओं से निर्मित अपने रिसाले पर बहुत अधिक गर्व था; दूसरा अविवेकी नागा संन्यासियों का बहादुर नेता गुसाईं बालानन्द था। परन्तु समरू और एम. मेडेक ने इस प्रस्ताव का इस आधार पर विरोध किया कि विलम्ब बहुत हो चुका है तथा रात्रि समीप है। नवल सिंह ने दानसाही के जोशीले उकसावे में आकर आक्रमण करने का आदेश दे दिया। सौंख के किले के पास मराठों ने हमले का मुकाबला करने के लिए अपनी सेना को तैयार किया। रात्रि हो जाने के बाद भी इन दोनों सेनाओं के बीच घमासान युद्ध हुआ। दानसाही ने 2000 उत्तम अश्वों के साथ आक्रमण का नेतृत्व किया, परन्तु इसके पूर्व, कि उसकी प्रभावी रूप से सहायता हो पाती मराठों ने अपने तोपखाने से उसे भारी क्षति पहुँचाकर पीछे हटने के लिए बाध्य कर दिया। कुछ देर तक दोनों पक्षों के बीच तोपों के साथ लड़ाई हुई और फिर वे तलवारों की लड़ाई पर उतर आए। गंगा प्रसाद तथा जुदराज ने प्रतिशासक की निजी कमान में गठित डिवीजन का नेतृत्व किया। परन्तु नवल सिंह ने युद्ध में अपना सिर और हृदय दोनों खो दिए। हाथी से उतरकर वह घोड़े पर सवार हुआ तथा समरू के सैनिकों की दुर्भेध्य पंक्ति में पहुँच गया। परन्तु यहाँ भी वह अपने जीवन के लिए काँप रहा था, उसने अपने राजस्व के चिह्न को फेंक दिया, जिससे शत्रु उसे पहचान न सके तथा गोवर्धन के किले में भाग गया। युद्ध से सम्बद्ध प्रश्न अभी भी अनिर्णित था; अनेक प्रतिष्ठित सरदार अपने दुर्बल-हृदय स्वामी की दुर्ग में खोज करने लगे तथा उन्होंने उससे आग्रह किया कि वह रण-क्षेत्र में अपने सैनिकों को अपनी शक्ल दिखाए, परन्तु उनके इस आग्रह का कोई वांछित परिणाम नहीं निकला। उन्होंने उससे कहा कि उसके रण-क्षेत्र में पहुँचने पर युद्ध का पासा पलट सकता है। परन्तु कोई भी आश्वासन उसे प्रोत्साहित करने में विफल रहा। वास्तविक जाट ने अच्छा युद्ध किया, परन्तु मराठों ने रात्रि के अँधकार में अधिक अच्छा युद्ध किया। समरू

तथा एम. मेडेक की सेनाओं ने शत्रु के बार-बार के आक्रमण का वीरतापूर्वक प्रतिरोध किया। थकी हुई तथा अपने डरपोक स्वामी के द्वारा त्यक्त नवल सिंह की सेना का धैर्य टूट गया और वह भाग खड़ी हुई। किसी भी युद्ध में इससे अधिक सरदार न तो मारे गए थे और न घायल हुए थे। जहाँ तक निम्न स्तर के सैनिकों का प्रश्न है, यह अनुमान लगाया गया है कि 5000 अश्व तथा पैदल सैनिक घायल हुए और 2000 युद्ध में खेत रहे। दो तोपों को छोड़कर जिन्हें समरू अपने साथ ले आया था, सभी युद्ध-क्षेत्र में छोड़ दी गईं। सेना इतनी अस्त-व्यस्त हो गई कि अनेक सैनिक युद्ध-क्षेत्र से सात कोस के इलाके में मारे-मारे फिरते रहे। प्रत्यावर्तन के समय मेडेक और समरू का यदि निर्भीक आचरण न होता तो सम्भवतः एक भी व्यक्ति मराठों की तलवार से बचकर न निकल पाता (*फारसी पत्राचार,* II, पृ. 52-53)[3]। नवल सिंह ने डीग के फाटक पर बैरीकेड खड़े करके घेरे का सामना किया। मराठों ने जिन्होंने युद्ध में काफी सैनिक गँवाए थे, किले की बन्दूकों के रेंज के पार से उसे देखकर ही सन्तोष कर लिया।

अब जाट-शक्ति का पूर्णरूपेण उन्मूलन करने के लिए एक दुर्जेय गठबन्धन को तैयार किया गया। नजीबुद्दौला मराठों से मिल गया तथा उनकी सहायता से दोआब में जाट अधिकृत प्रदेशों को जीतने लगा। गाजीउद्दीन खाँ[4] फर्रुखाबाद के अपने शरण स्थान से जल्दी से लौट आया और उसने भी मराठों से मैत्री कर ली। शाह आलम II को बार-बार इस आशय के अनुरोध भेजे गए कि वह अपनी राजधानी को वापस लौट आए, परन्तु वारेन हेस्टिंग्स के विरोध के कारण वह ऐसा नहीं कर सका। इस प्रकार जाट दूसरी बार अपने अंग्रेज मित्रों की मूक और निष्ठावान सेवाओं के कारण अपने निष्ठुर शत्रुओं के गठबन्धन से पूर्णतः विनष्ट होने से बच गए। मराठों ने मथुरा को अपना मुख्यालय बनाया तथा रुहेलों के साथ मिलकर उन्होंने मुहर्रम के महीने में 1184 हिजरी (मई 1770) जाट प्रदेश को सुव्यवस्थित रूप से जीतना आरम्भ किया। नजीबुद्दौला ने शिकोहाबाद, सादाबाद[5] अन्य जाट अधिकृत क्षेत्रों को जीत लिया (*वाका,* पृ. 230)। उसके उपरान्त वह कोल (अलीगढ़) की ओर बढ़ा तथा वहाँ उसने सम्राट के नाम पर जाट प्रदेशों पर अधिकार कर लिया (वही, पृ. 230)। नवलसिंह की इस बार रक्षा इसलिए हो सकी क्योंकि उसके शत्रुओं में उनकी प्रथम विजय के उपरान्त फूट पड़ गई। स्वयं मराठा भी दो गुटों में बँट गए, एक गुट के नेता तुकोजी होल्कर और विसाजी पण्डित थे और दूसरे गुट का नेता महादजी सिन्धिया था। तुकोजी नजीबुद्दौला के साथ मैत्री के पक्ष में था, परन्तु सिन्धिया तथा अन्य को उस पर विश्वास नहीं था। मराठा खेमें में गाजीउद्दीन की उपस्थिति तथा सिन्धिया द्वारा उसके समर्थन के कारण सम्राट और नजीबुद्दौला के मस्तिष्क में कुछ आशंकाओं का उदय होने लगा था। नवलसिंह ने इस स्थिति का लाभ उठाया तथा उसने

रुहेला सरदार के पास उससे पृथक गुप्त सन्धि की बात चलाने के लिए अपने वकील भेजे। जमादा, I, 1184 हिजरी (अगस्त 1770 का अन्तिम सप्ताह) को नजीब ने गुप्त रूप से जाटों के साथ अपना विवाद समाप्त कर लिया। (*वाका,* पृ. 232)। नवल सिंह के भाग्य से नजीबुद्दौला द्वारा हफीज रहमत खाँ रुहेला को लिखा गया एक पत्र लोगों के हाथ लग गया, जिसमें मराठों के बारे में उसने अपने विचारों को व्यक्त किया था, फलतः नजीबुद्दौला तथा रामचन्द्र गनेश के बीच सम्बन्धों में शीतलता आ गई। मराठों ने मैत्री का मुखौटा ओढ़कर उसे अपने खेमे से बाहर नहीं जाने दिया तथा नवल सिंह जाट के वकील को समझौते की बात चलाने के लिए बुलाया। 17वीं *जमादा,* I, 1184 हिजरी[6] (सितम्बर 8, 1770) को दोनों पक्षों के बीच शान्ति सन्धि हुई जिसमें निम्न शर्तें थीं–

(i) नवल सिंह 65 लाख रुपए दे, इसमें नजीब और मराठा द्वारा विजित जाट प्रान्तों का राजस्व शामिल नहीं है।

(ii) इन 65 लाख रुपयों में से वह 10 लाख रुपए की अदायगी 20 दिन में कर देगा, 15 लाख दो महीने में दे देगा, 7 लाख 50 हजार वह फागुन के महीने में अदा कर देगा तथा शेष आधा धन वह तीन साल में दे देगा।

(iii) वह मराठों को 11 लाख रुपए का वार्षिक नजराना देगा।

(iv) रणजीत सिंह के लिए 20 लाख रुपए की जागीर की व्यवस्था की जाएगी (*फारसी पत्राचार,* III, 97-98)

सन्दर्भ–

1. पहली अगस्त 1769 को राजा परसुधराय के द्वारा लिखे गए एक पत्र से यह पता चलता है कि 'रतनसिंह जाट की एक कीमियागर ने हत्या कर दी तथा उसके बाद उसका डेढ़ वर्ष का बालक *खेरीसिंह* (केहरी सिंह–सम्पादक) गद्दी पर बैठा। दानसाही को प्रतिशासक नियुक्त किया गया (*फारसी पत्राचार,* II, पृ. 386)। इससे फ्रेंच संस्मरणों की बात की पुष्टि होती है। रतनसिंह की मृत्यु सम्भवतः अप्रैल 1769 में हुई, क्योंकि वजीर ने 11 मई 1769 को लिखे पत्र में गवर्नर को इसकी सूचना दी थी (*फारसी पत्राचार,* II, पृ. 357) *वाका* में लिखा है कि 5वीं जिहिज्जा, 1182 हिजरी (12 अप्रैल, 1769) को यह समाचार प्राप्त हुआ कि राजा रतनसिंह जाट की श्री वृन्दावन में उसके खेमे में गुसाईं रूपानन्द ने कटार मारकर हत्या कर दी। सदा सुख और कुशल राय ने गुसाईं का सिर काट दिया (*वाका,* 255)। इस प्रकार 10 महीने और 11 दिन का *इमाद* में उल्लिखित शासन-काल लगभग सही है।
2. मराठों ने रणजीत सिंह से पत्र-व्यवहार किया–फलतः कुम्हेर से कुछ दूर वह उनसे मिला (फारसी पत्राचार, III, पृ. 41)।
3. मेडेक की डिवीजन तो लगभग समाप्त हो गई। उस अकेले के 1400 आदमी युद्ध

में वीरगति को प्राप्त हुए, घायलों की संख्या इससे भी अधिक थी (*मेडेक*, सेक्शन 56)। इससे यह संकेत मिलता है कि अंग्रेज संवाददाताओं ने मरने वालों की जो संख्या बताई है, वास्तविक संख्या उससे कहीं अधिक है।

4. जवाहर सिंह के व्यवहार से तंग आकर गाजीउद्दीन भरतपुर छोड़कर भाग गया था (*वैंदेल)*।
5. शिकोहाबाद ई.आई.आर. (अब उत्तर रेलवे) पर स्थित मैनपुरी जिले में एक परगना है। मथुरा से 28 मील दूर दक्षिण में स्थित सादाबाद मथुरा की एक तहसील है।
6. *वाका-ए-शाह आलम,* II, में लिखा है—यह समाचार प्राप्त हुआ कि 17 जमादा, I, 1184 हिजरी (सितम्बर 8, 1770) को नजीबुद्दौला ने दिन-रात दरबार लगाकर जाटों की मराठा सरदारों के साथ झगड़े को निबटा लिया, मराठा सरदारों को खिल्लत दी तथा नवाब जबीता खाँ को उनके खेमे में छोड़कर उनसे रुकसत ले ली (*वाका,* 232)।

13

नवल सिंह का प्रतिशासन

नवलसिंह की कठिनाइयाँ

गृह-युद्ध के फलस्वरूप नवल सिंह जो वस्तुतः अब भरतपुर का राजा बन चुका था, परन्तु जो अभी भी अपने बालक भतीजे खेरी सिंह (केहरी सिंह—सम्पादक) का प्रतिशासक मात्र था, जो कुछ मिला था, वह एक कटा-छंटा राज्य, गुटबन्दी से ग्रसित सामन्त वर्ग, मनोबल से टूटी सेना, एक खाली खजाना तथा पूर्वानुमानित राजस्व। बाहर की सम्भावनाएँ भी उसके लिए समान रूप से अँधकारपूर्ण थीं। दो राजाओं के बीच का अन्तराल दिल्ली में समाप्त हो चुका था। निर्वासित सम्राट शाह आलम II ने शाही नगर में नवम्बर 1771 में प्रवेश कर लिया था। यद्यपि सम्राट दुर्बल, अक्षम और ढुलमुल था, तथापि तैमूर के वंशजों के दरबार को सुशोभित करने वाले अन्तिम महान् विदेशी मिर्जा नफज खाँ के योग्य प्रशासन साम्राज्य ने सुधार के कुछ चिह्नों को प्रदर्शित किया था। मुगल-सम्राट की वैध सत्ता से स्थापित होने के उपरान्त जाट राजा सबसे बड़ा विद्रोही एवं अपहारक प्रतीत होने लगा था। हरियाणा और दोआब के बेदखल मुस्लिम जागीरदार, मेवात के शेखजादे जिन्हें सूरजमल ने उनकी जागीरों से निकाल दिया था, अब सम्राट की ओर इसलिए देख रहे थे कि वह उनके अधिकार पुनः वापस दिला देगा। मिर्जा नजफ खाँ जाटों को दबाने के लिए एक शक्तिशाली सेना को गठित कर रहा था, मराठा भी जिनकी मैत्री एवं सहायता के ऊपर भरतपुर का नैतिक दावा था अब उसके सबसे खतरनाक शत्रुओं से भी बुरे सिद्ध हो रहे थे। यद्यपि नवल सिंह के महादजी सिन्धिया के गुट के साथ शान्तिपूर्ण सम्बन्ध थे, तथापि तुकोजी होल्कर ने जबीता खाँ के दमन के पश्चात् जिसके विरुद्ध वे अभी भी संघर्षरत थे, जाट प्रदेशों पर आक्रमण करने की अपनी योजना को बिल्कुल छिपाया नहीं था। मराठा-नेता अब पेशवा के नियन्त्रण से लगभग मुक्त थे, फलतः उनमें अब मतैक्य का अभाव था और इसलिए उनकी अब कोई समान नीति भी नहीं थी। इस स्थिति में नवल सिंह मुगलों के विरुद्ध मराठों की सहायता पर निर्भर नहीं रह सकता था। दुर्भाग्य उसके ऊपर एक के बाद दूसरा आया; पहला दुर्भाग्य उसके स्वामिभक्त फ्रेंच कैप्टन एम. मेडेक के अपसरण के रूप में व्यक्त हुआ।

एम. मेडेक द्वारा जाट-सेवा का परित्याग (1772)

स्वच्छन्द फ्रेंच कैप्टन एम. मेडेक स्वामि-भक्ति एवं श्रद्धा के साथ 1766 से भरतपुर राज की सेवा करता चला आ रहा था। प्रत्येक सैनिक कार्यवाही में उसने दृढ़ साहस तथा दक्षता का परिचय दिया था, यद्यपि यह उसका दुर्भाग्य ही था कि उसे सदा पराजय का सामना करना पड़ा तथा उसे दूसरों के अविवेक एवं कायरता के लिए खामियाजा भुगतना पड़ा। गोवर्धन के निकट अप्रैल 1770 में जो अन्तिम युद्ध हुआ था, उसमें उसकी सेना लगभग पूर्णतः नष्ट हो गई थी, उसके घोड़ों, ऊँटों, हथियारों तथा तोपखानों पर मराठों का अधिकार हो गया था। राजा नवल सिंह ने इस बहादुर कैप्टन को इस क्षति का हरजाना देकर अपनी न्याय-प्रियता को व्यक्त किया था। एम. मेडेक ने अपनी सेना को पुनर्गठित करने के लिए बड़ी तत्परता के साथ अपना काम आरम्भ कर दिया। वह मराठों से अपनी तोड़ेदार बन्दूक ले आया; उन्हें उनके प्रयोग करने की विधि का कोई ज्ञान नहीं था। उसने आगरा में 12 तोपें और एक मोर्टर बनवाई तथा वर्षा एवं शरद ऋतु में (जुलाई 1770—फरवरी 1771) नए रंगरूटों को सैनिक अभ्यास कराया। बसन्त ऋतु तक उसकी सेना पूर्णतः गठित हो गई तथा इसके उपरान्त जो शान्ति का समय चला, उसमें उसने अपने भाग्य को भी ठीक कर लिया। वह अब फ्रांस वापस लौटने की सोचने लगा था, परन्तु पाण्डिचेरी के फ्रेंच गवर्नर ने उसे ऐसा नहीं करने दिया, उसका कहना था कि उस संकटपूर्ण घड़ी में उसके भारत से चले जाने के फलस्वरूप फ्रांस के हितों पर प्रतिकूल प्रभाव पड़ेगा। 1771 के पूरे वर्ष इंग्लैण्ड के शत्रु बड़ी रुचि के साथ हिन्दुस्तान में मराठा शक्ति के उत्कर्ष को तथा वारेन हेस्टिंग्स एवं महादजी सिन्धिया के बीच महान् मुगलों की छाया पर नियन्त्रण प्राप्त करने के लिए चल रही राजनीतिक मुठभेड़ों को ध्यान से देख रहे थे।

1772 के आरम्भ में नवल सिंह ने एम. मेडेक को दोआब के जिलों से धन संग्रह का दायित्व सौंपा। वह वहाँ से अपने कार्य को सफलतापूर्वक निष्पादित करके लौटा जिसके लिए उसे उदारतापूर्वक पुरस्कृत किया गया। इसके तुरन्त बाद उसे दो किले वाले ठिकानों का दमन करने के लिए भेजा गया, जहाँ प्रतिशासक के दो निकट सम्बन्धियों ने उसकी सत्ता को स्वीकार करने से इन्कार कर दिया था।[1] एक दुर्ग का दमन करने में पन्द्रह दिन लगे तथा दूसरे पर अधिकार स्थापित करने में डेढ़ महीना लगा। किले की रक्षा करने वालों को केवल जीवन-रक्षा का आश्वासन मिला तथा उन्हें सीमाओं से बाहर कर दिया गया। परन्तु घेरा डालने वालों को इस युद्ध में एक हजार लोगों के प्राणों से हाथ धोना पड़ा। राजा नवल सिंह को यह अविवेकी उदारता महँगी सिद्ध हुई। इन गद्दारों ने, जैसा हम बाद में देखेंगे, मिर्जा नजफ खाँ से मैत्री कर ली तथा अपने ही बन्धु-बान्धवों को

गिरफ्तार करवाने में उसकी बड़ी सहायता की।

इस समय राजा नवल सिंह की सम्राट एवं मराठा दोनों के साथ ही एक प्रकार से युद्ध की स्थिति थी। मिर्जा नजफ खाँ का लेफ्टिनेंट नजफकुली खाँ हरियाणा में जाट प्रदेशों को विजित करने के प्रयास में लगा था तथा नियाज बेग खाँ दोआब में यह काम कर रहा था। मराठों[2] ने जबीता खाँ के दमन के उपरान्त नवल सिंह पर आक्रमण करने का अपना इरादा स्पष्ट कर दिया था। नवल सिंह के भाग्य से कुछ समय पूर्व से मराठों और सम्राट के बीच उसके विश्वासघाती मन्त्री हिसामुद्दीन के षड्यन्त्रों के कारण मतभेद उत्पन्न होने लगे थे; हिसामुद्दीन को दरबार में मिर्जा नजफ खाँ के उत्कर्ष से ईर्ष्या थी। जाट सरदार ने इस अवसर का लाभ उठाकर सम्राट के सम्मुख मराठों के विरुद्ध एक प्रतिरक्षात्मक गठबन्धन का सुझाव प्रस्तुत किया, क्योंकि वह न्यायपूर्ण एवं सम्मानपूर्ण शर्तों के आधार पर उनके साथ स्थाई मैत्री करने से उकता चुका था। उसने एम. मेडेक को अपना दूत बनाकर दिल्ली भेजा (अक्टूबर 1772) ताकि प्रादेशिक विवाद का शान्तिपूर्ण निबटारा हो सके तथा जाट प्रदेशों पर मराठा-आक्रमण की स्थिति में सम्राट की सहायता प्राप्त की जा सके। परन्तु शाही दरबार के वातावरण को देखकर मेडेक में मूलचूल परिवर्तन हो गया; इस समय दिल्ली दरबार ब्रिटिश-विरोधी कार्य-कलापों का केन्द्र था। उसे पाण्डिचेरी के गवर्नर एम. चेवेलियर से निरन्तर इस आशय के पत्र मिल रहे थे जिनमें उससे यह आग्रह किया जा रहा था कि वह सम्राट शाह आलम द्वितीय के यहाँ सेनाओं में शामिल हो जाए। इस समय यूरोप में इंग्लैण्ड और फ्रांस के बीच युद्ध की सम्भावनाएँ उपस्थित थीं तथा इसकी प्रत्याशा में भारत में स्थित फ्रांसीसियों के जोश से भरे मस्तिष्क अंग्रेजों को इस देश से निकालकर बंगाल की खाड़ी में फेंकने की चमकीली परन्तु निष्फल योजनाएँ तैयार कर रहे थे। एम. डुजार्डे हिन्दुस्तान के सभी देशी दरबारों में भारतीय राजाओं को यह समझाने के लिए जा रहा था कि उन्हें मुगल सम्राट के झण्डे के नीचे संगठित होना चाहिए तथा किसी सुअवसर पर जब बंगाल के ऊपर चढ़ाई हो तो उसमें सम्राट की ओर से शामिल होना चाहिए। यद्यपि एम. मेडेक को जाटों से कोई शिकायत नहीं थी, जो उसे नियमित रूप से और उदारतापूर्वक उसकी सेवाओं का प्रतिफल देते रहे थे, उसने अपने देश के आह्वान पर, उनकी सेवाओं को छोड़ने का निश्चय कर लिया। पहली शबान, 1186 हिजरी (28 अक्टूबर, 1772 *वाका,* पाण्डुलिपि, पृ. 236) को सम्राट ने उसे भेंट करने की अनुमति प्रदान की; सम्राट ने उसे सात टुकड़ों का एक खिलत, एक बंगुला (सफेद परों या बालों का गुच्छा) और एक तलवार दी। मेडेक तत्काल अपने परिवार, सम्पत्ति तथा सैनिकों को गुप्त रूप से हटाने के लिए डीग पहुँच गया। परन्तु यह कोई सुगम कार्य नहीं था। उसके भाग निकलने की अग्रलिखित कहानी रोचक और

शिक्षाप्रद है; उससे पुराने तरीके से संगठित भारतीय सेनाओं की यूरोपियन अनुशासन के समक्ष असहायता स्पष्ट हो जाती है—

"प्रतिशासक के आदेश पाए बिना ही मैं डीग वापस लौट आया। मेरे इस प्रकार लौट आने से जाटों को यह सन्देह हो गया कि मेरा सम्राट के साथ कोई गुप्त समझौता हो गया है; अतः वे मेरे ऊपर निगरानी रखने लगे। जिस दिन मैं वहाँ पहुँचा मैंने नगर के बाहर किले की तोपों की मार से दूर अपना खेमा गाड़ा। उसी दिन सन्ध्या के समय मैं 50 अश्व सैनिकों और इतने ही पैदल सैनिकों के साथ तथा अपने परिवार और सम्पत्ति को लाने के लिए अपेक्षित परिवहन के साथ भरतपुर की ओर रवाना हुआ। मैं प्रातः 6 बजे वहाँ पहुँचा तथा उस दिन मैं अपने सामान को बाँधने तथा उसे डीग तक पहुँचाने की तैयारी करता रहा। मैंने आगरा सन्देशवाहक भेजे तथा मेरे बगीचों और ग्रामों के पहरेदार सैनिकों को यह आदेश भेजा कि वे आकर मुझसे मिलें, परन्तु वे उस दिन नहीं आ सके। जब प्रतिशासक को यह पता चला कि मैं सैनिकों की एक टुकड़ी के साथ भरतपुर चला गया हूँ तो उसने यह सही निष्कर्ष निकाला कि मैं वहाँ अपने परिवार और सम्पत्ति को लेने गया हूँ। उसने सभी उपलब्ध सैनिकों को, मेरे प्रयास को अवरोधित करने का आदेश दिया, उसने भरतपुर डीग मार्ग पर स्थित सभी ग्रामवासियों को भी यह आदेश दिया कि वे हथियार लेकर मेरा विरोध करें तथा मुझे गिरफ्तार करें। यह काम इतने गुप्त रूप से नहीं किया गया कि मुझे इसका पता नहीं चलता। मैं उन सभी खतरों से अवगत था। जिनका मुझे और मेरे परिवार को सामना करना था, मुझे उन कठिनाइयों का भी पता था जिनका सामना मुझे थोड़े से सैनिकों के साथ अपनी सेना तक पहुँचने के लिए करना था। मेरे पास खोने के लिए समय नहीं था। मैंने जल्दी से अपना इन्तजाम किया तथा साँयकाल से चार घण्टे बाद (लगभग रात्रि के दस बजे) सब कुछ प्रबन्ध करने के बाद मैं अपने परिवार तथा उन सबके साथ जिनको इस संसार में मैं अपना कह सकता था, मैं अपनी यात्रा पर रवाना हुआ।

लगभग मध्याह्न के 2 बजे, जब मैं 12 मील की यात्रा पूरी कर चुका था, मुझे राजा की सेना की एक टुकड़ी मिली। जो सरदार उस टुकड़ी का नेतृत्व कर रहा था, उसने मुझसे प्रतिशासक की तरफ से बात करने की अनुमति माँगी। मैंने उसे आने दिया, उसने मुझसे कहा कि उसे मुझसे यह अनुरोध करने के लिए भेजा गया है कि मैं प्रतिशासक से बात करने के लिए जाऊँ। मैंने उसे उत्तर दिया कि मैं अपने खेमे में वापस जा रहा हूँ और अब काफी विलम्ब हो गया है। साथ ही मैंने अपने सामान को आगे बढ़ने दिया। मैं सरदार से बात करने के लिए वहीं रुका रहा। एक घण्टे के बाद मैंने सोचा कि मुझे भी अब अपने सामान के साथ होना चाहिए। मैंने राजा की सेना का साथ छोड़ दिया।

सरदार ने मुझे अपने साथ प्रतिशासक से बात करने के लिए चलने को कहा। जब उसने देखा कि मैं उसकी आज्ञा का पालन करने वाला नहीं हूँ, उसने मेरी टुकड़ी पर गोलियाँ चलानी आरम्भ कर दीं। मैंने सभी बत्तियाँ बुझवा दीं तथा गोली का जवाब गोली से देना शुरू कर दिया। पड़ोस के ग्रामवासी जिन्हें पहले से ही आदेश प्राप्त था, बन्दूकों की आवाज सुनकर इकट्ठे हो गए, दूसरे सैनिकों के आ जाने पर मैं राजा की सेना के एक समग्र भाग से एक अत्यन्त गम्भीर युद्ध की स्थिति में था। मेरे पास इस समय 100 सैनिक भी नहीं थे और मुझे अपनी खेमे की ओर से सबसे अधिक चिन्ता थी। मुझे पक्का विश्वास था कि यदि मेरी अनुपस्थिति के कारण उस पर आक्रमण होता है तो वहाँ के सैनिकों पर आन्तक छा जाएगा तथा प्रतिशासक उन्हें तितर-बितर कर देगा। इन विचारों ने मुझे जल्दी से आगे बढ़ने के लिए प्रेरित किया, ताकि मैं दिन निकलने से पूर्व वहाँ पहुँच सकूँ। इसको प्रभावी बनाने के लिए मैंने तीन तोपें, जिन्हें मैं भरतपुर से उठा लाया था तथा सामान से लदी अनेक गाड़ियाँ राजा के सैनिकों के लिए छोड़ दीं। राजा के सैनिक मेरे खेमे में प्रवेश के समय तक निरन्तर लड़ते रहे, जहाँ मैं दिन निकलने के तीन घण्टे के बाद पहुँचा था। मेरा पीछा करने वाले इसके बाद मुझे छोड़कर चले गए, मेरे पहुँचने से टूटे हुए मनोबल से ग्रस्त मेरे सैनिकों में फिर से विश्वास का उदय हुआ। मैंने नगाड़े बजवाए तथा कामा के लिए प्रस्थान कर दिया और जैसे ही मैं सड़क पर पहुँचा, राजा की समूची सेना मेरा पीछा कर रही थी और उसके साथ पड़ोस के किसान भी थे जो ऐसे अवसरों पर नियमित सैनिकों की अपेक्षा अधिक खतरनाक हो जाते हैं। वहाँ के निवासियों के सहित उस सेना में एक लाख से कम लोग नहीं थे। मैंने एक पोले वर्ग में सामान रखवाकर तथा उसके इर्द-गिर्द सेना को गठित किया तथा युद्ध करते हुए उसी प्रकार अपना आगे का अभियान जारी रखा। राजा की अश्व-सेना ने मेरे परिवार को ले जाने के उद्देश्य से मेरी बटालियन को तोड़ने के लिए आश्चर्यजनक प्रयास किए। परन्तु मेरी सतत गोलेबारी के कारण उसके प्रयास सफल नहीं हो सके। मार्ग में मुझे एक बड़े दलदल में से होकर गुजरना था; उन्होंने हर प्रकार का प्रयत्न इसलिए किया ताकि मैं उसे पार न कर सकूँ। अपने सामान को पार कराने के उद्देश्य से मैं वहाँ कुछ देर के लिए रुक गया ताकि मैं अपने तोपखाने के दो टुकड़ों को दलदल की दूसरी ओर मोड़ दे सकूँ। उस समय राजा की सेनाओं ने अपने प्रयत्नों को दुगुना कर दिया और मेरी भुजा में एक गोली लगी। मैने भयंकर गोलाबारी का आदेश दिया जिसके फलस्वरूप मेरे शत्रुओं को एक ओर हटने के लिए बाध्य होना पड़ा। जैसे ही मेरा सामान दलदल से निकल गया, मैंने भी दलदल पार कर लिया। दूसरी तरफ मैं जयनगर (जयपुर) के राजा के क्षेत्र में था। जाट राजा की सेना

वहाँ देर तक खड़ी मुझे देखती रही तथा वह साँयकाल उस समय वहाँ से हटी जब उसने मुझे कामा की दीवालों के नीचे अपना खेमा गाड़ते हुए नहीं देख लिया। इस लड़ाई में मेरी ओर से मृतकों एवं घायलों की कुल सुख्या 200 थी, इसमें कुछ ऊँट भी मारे गए। शेष सामान को बचाने में जो पहले आक्रमण के बाद बच गया था, मैं सफल रहा" (लॉ नवाब रेने मेडेक, पृ. 84-87)।

निस्सन्देह यह साहस एवं दक्षता का एक उल्लेखनीय साहसिक कार्य था। छत्तीस घण्टे से कम समय में एम. मेडेक को कम-से-कम 55 मील की यात्रा तय करनी पड़ी थी (डीग से भरतपुर 21 मील, फिर 21 मील भरतपुर से डीग तथा डीग और कामा 13 मील) तथा उसे एक शत्रु प्रदेश में से होकर एक बड़े काफिले के साथ इस यात्रा को पूरा करना था। कामा में आठ दिन विश्राम करने के उपरान्त एम. मेडेक नवम्बर 1772 के प्रथम सप्ताह में दिल्ली पहुँचा।

सम्राट के विरुद्ध नवल सिंह की मराठों तथा जबीता खाँ से मैत्री

1772 तक मराठों ने जबीता खाँ को उसी दयनीय स्थिति में पहुँचा दिया था जिसका अनुभव उसका पिता नजीबुद्दौला दो बार दिल्ली में कर चुका था—एक बार 1757 में उस पर रघुनाथ राव ने घेरा डाला था, और दूसरी बार 1764 में जाटों, मराठों तथा सिखों ने उसकी घेराबन्दी की थी। परन्तु उनके खेमे में मल्हारराव होल्कर का गोद लिया हुआ पुत्र तुकोजी होल्कर भी था जिसे मल्हार के धर्मपुत्रों की देखभाल करनी थी और इन धर्मपुत्रों में जबीता खाँ का पिता नजीबुद्दौला भी शामिल था। रुहेला सरदार ने तुकोजी होल्कर से सफल अनुरोध किया जिसके फलस्वरूप उसे मराठा नेताओं से आत्मसमर्पण के लिए बहुत अनुकूल शर्तें प्राप्त हो गईं (*इब्रतनामा,* पाण्डुलिपि, पृ. 214)। उन्होंने उसे न केवल उसके उन प्रदेशों को वापस कर दिया जिन्हें वे जीत चुके थे, अपितु उन्होंने यह भी वायदा किया कि वे सम्राट को इसके लिए बाध्य करेंगे कि वह रुहेला-प्रदेश के शाही सेनापतियों द्वारा विजित क्षेत्रों को उसे वापस कर दें, बशर्ते कि जबीता खाँ दिल्ली आक्रमण में उनका साथ देने को तैयार हो।

रुहेलों के मामले से निपटने के बाद मराठा नेताओं ने एम. मेडेक के अपनी सेना के साथ अपसरण के तुरन्त बाद जाट-प्रदेश में प्रवेश किया। नवल सिंह की सेना को अपने दुर्गों में भीतर घुसकर शरण लेनी पड़ी। यदि उसने मराठों का प्रतिरोध किया तो इसलिए नहीं कि उसे विश्वास था कि इस प्रयास में उसे सफलता मिल सकेगी, परन्तु वह इसलिए था ताकि समर्पण के लिए वह उनसे अच्छी शर्तें प्राप्त कर सकेगा। सम्राट ने इस मामले में उसकी कोई सहायता नहीं की, सिवाय इसके कि उसने मराठों को इस आशय का एक पत्र लिखा कि उन्हें जाट प्रदेश में लूटमार नहीं करनी चाहिए। इस बीच मिर्जा नजफ

खाँ ने शाही सेना की भरती एवं सुसज्जा के लिए अपने प्रयत्नों को तेज कर दिया था, फलतः मराठों को जाटों से की जाने वाली माँगों को अधिक विवेकसंगत बनाने के लिए विवश होना पड़ा। नवलसिंह प्रतीक्षा कर सकता था, परन्तु मराठा प्रतीक्षा नहीं कर सकते थे, अतः उन्होंने शीघ्रता से वह राशि स्वीकार कर ली, जो जाट देने को तैयार थे और वे दिल्ली की ओर रवाना हो गए, जहाँ उन्होंने अपने दूसरे आसामी हिसाम-उद-दीन खाँ से निपटना था। उन्होंने नवल सिंह को भी वही प्रलोभन दिया जो वे जबीता खाँ को दे चुके थे—यानी उन्हें वे सब प्रदेश वापस दिला दिए जाएँगे जिन्हें उनसे शाही अफसरों ने छीन लिया था और जिसके एवज में उन्हें सम्राट के विरुद्ध आक्रमण सन्धि करनी होगी। नवलसिंह ने यह समझने में कोई भूल नहीं की कि सम्राट की रुचि मराठों के नियन्त्रण से अपने को मुक्त कराने में उतनी नहीं है जितनी जाट शक्ति को कुचलने में हैं क्योंकि वह भी नजफ खाँ की सेना के विनाश में समान रूप से रुचि रखता था, इसलिए उसने मराठों के साथ अपने भाग्य को भी जोड़ दिया। नवम्बर 1772 के अन्त में मराठों, जाटों और रुहेलों की सम्मिलित शक्ति जिसमें एक लाख से भी अधिक (?) सैनिक थे, दिल्ली के समक्ष उपस्थित हुई। एक बड़ी सेना का मुकाबला करने के लिए मिर्जा नजफ खाँ केवल 38,000 अश्व सैनिकों तथा 8 हजार पैदल सैनिकों को ही रणक्षेत्र में उतार सका।

28 दिसम्बर, 1772 को दिल्ली की दीवालों के नीचे लगभग नौ घण्टे तक घमासान युद्ध हुआ। मराठों तथा उनके मित्रों ने दृढ़ पराक्रम का परिचय दिया तथा मिर्जा नजफ खाँ को एम. मेडेक की पंक्तियों में शरण लेने के लिए बाध्य कर दिया। जब लड़ाई आगे-पीछे चल रही थी, गद्दार हिसामुद्दीन सिपाहियों की दो रेजीमेंटों, 30 बन्दूकों तथा सम्राट के रिसाले के घोड़े के साथ गाजी-उद-द्दीन की हवेली के निकट खड़ा युद्ध में उभय पक्ष की बदलती हुई किस्मतों को देख रहा था। जैसे ही मराठों ने उसकी दिशा में आगे बढ़ने की धमकी दी, खाँ भय की अपेक्षा अधिक प्रसन्नता को लिए हुए नगर की ओर भाग गया। उसकी सेनाओं ने मराठों के साथ मिलकर एम. मेडेक के खेमे को लूटा (*लॉ नवाब रेने मेडेक,* सेक्शन 96)।

मराठी सेना ने जबीता खाँ और उसकी रुहेला अश्व-सेना, जाटों तथा समरू के तोपखाने के साथ नगर को पूर्ण वृत्त की भाँति घेर लिया। हिसाम-उद-दीन ने चतुराई से मूर्ख सम्राट के सम्मुख यह पक्ष प्रस्तुत किया कि मराठों के साथ विवादों एवं झगड़ों का मूल कारण मिर्जा नजफ खाँ है। उस निष्ठावान जनरल को तथा उसके ईरानी और तूरानी सहयोगियों को सेवा से पदच्युत कर दिया गया तथा उन्हें नगर छोड़ने का आदेश दे दिया गया। अपने प्रतिद्वन्द्वियों के पतन से दरबार के हिन्दुस्तानियों को अत्यधिक प्रसन्नता हुई, मराठों को शाही खजाने से नौ लाख रुपए मिले तथा नौ लाख उन्हें हिसाम-उद-दीन के निजी

कोष से प्राप्त हुए; उसने तुकोजी होल्कर को एक लाख रुपया और देने का वायदा इस शर्त पर किया कि वह मिर्जा को दिल्ली से हटवा दे। मराठों ने नजफ खाँ और उसके समस्त सैनिकों को अपनी सेवा में ले लिया और उसको साथ लेकर (मार्च 1773) वे नवाब शुजाउद्दौला तथा हाफिज रहमत खाँ के प्रदेशों पर आक्रमण करने चले गए (*इब्रतनामा,* पाण्डुलिपि, पृ. 219-221)। जाटों को इस बात का सन्तोष रहा कि उन्होंने मुगल प्रदेशों को लूटा तथा अपने खोए हुए अनेक अधिकृत प्रदेशों पर पुनः आधिपत्य स्थापित कर लिया था। नवल सिंह को अपनी शक्ति को पुनगर्ठित करने के लिए कुछ विश्राम मिल गया तथा नफज खाँ के भाग्य के अल्पकालिक लोप पर उसे भी उतना ही सन्तोष था जितना स्वयं हिसामउद्दीन को।

मिर्जा नजफखाँ का जाटों के विरुद्ध प्रथम अभियान

मिर्जा नजफ खाँ, जिसने हिसामउद्दीन के षड्यन्त्र के कारण सम्राट की अल्पकालिक अप्रसन्नता अर्जित की थी तथा जिसे दरबार से निष्कासित कर दिया गया था, तीन महीने बाद दिल्ली लौट आया; अब उसकी ख्याति पहले से कहीं अधिक थी; उसने अवध के नवाब तथा हाफिज रहमत खाँ के विरुद्ध अभियान में मराठा सेना में भाड़े के जनरल के रूप में काम करके अपने शौर्य एवं सैनिक क्षमता का परिचय दिया था। इसी समय हिसामउद्दीन का षड्यन्त्र रचने में शिष्य तथा एक असन्तुष्ट अधीनस्थ अधिकारी अब्दुल अहमद खाँ ने अपने स्वामी को नीचा दिखाने के लिए नजफ खाँ से मैत्री कर ली। उसके ये दोनों प्रबल प्रतिपक्षी चालाकी में उसके बराबर थे, परन्तु युद्ध कला में उससे कहीं अधिक थे। उनके समक्ष बेचारे हिसामउद्दीन का सम्राट के ऊपर प्रभाव कम होना सुनिश्चत था तथा उसके साथ दरबार में उसकी स्थिति और भाग्य दोनों पर ही संकट के बादल छा गए। सम्राट को उसे हटाने में उतना ही थोड़ा खेद हुआ जितना किसी व्यक्ति को एक टूटी हुई छड़ी को ईंधन के तौर पर जलाने में होता है। अब्दुल अहद खाँ को उसके स्थान पर नायब-वजीर बनाया गया तथा उसे मज्द-उद-दौला का खिताब दिया गया। मिर्जा नजफ खाँ को दूसरा बख्शी नियुक्त किया गया तथा उसे अमीर-उल-अमरा के खिताब से सम्मानित किया गया (5 जुलाई, 1773)।[3] मिर्जा के दिल्ली में पुनः प्रतिष्ठित हो जाने से नवल सिंह का चिन्तित होना स्वाभाविक था। अतः उसने मुगलों के विरुद्ध सिखों की सहायता प्राप्त करने के लिए उनसे बातचीत चलाई। उसने शाही प्रदेशों के विरुद्ध महत्त्वपूर्ण क्षेत्रों में एक साथ अभियान चलाने की योजना बनाई—उसकी एक डिवीजन को फर्रुखनगर[4] को आधार बनाकर दिल्ली के पश्चिम में युद्ध करना था; दूसरी डिवीजन को अलीगढ़ से आरम्भ करके दोआब में लूटमार करनी थी, जबकि मुख्य सेना को जिसकी कमान स्वयं

उसके हाथ में थी, बल्लभगढ़ से दिल्ली पर आक्रमण करना था। सिखों से यह अपेक्षा की गई थी कि वे हरियाणा और दिल्ली में जाट सेना के साथ मिलकर काम करेंगे तथा उसकी शक्ति में वृद्धि करेंगे। मिर्जा नजफ खाँ ने दिल्ली से 14 मील दूर दक्षिण में स्थित बदरपुर[5] में अपना तम्बू गाड़ा और इस प्रकार उसने दिल्ली से बल्लभगढ़ जाने वाली सड़क पर अवरोध खड़ा कर दिया। मुगल खेमे से पश्चिम की ओर लगभग 6 मील दूर पर जाट दुर्ग था, जिसे मैदानगढ़ी के नाम से जाना जाता था और जिसे सूरजमल के समय में निर्मित कराया गया था तथा जिस पर उस समय तक एक जाट गैरीजन का अधिकार था। एक दिन जाट सिर्फ अपने अक्खड़पन में मुगलों के कुछ पशुओं और घोड़ों को हाँक कर ले गए। मिर्जा नजफ खाँ ने गढ़ी पर आक्रमण करने का आदेश दिया जिस पर कई घण्टों की घमासान लड़ाई के बाद अधिकार कर लिया गया। खैर-उद-दीन ने लिखा है कि "इस विजय ने मिर्जा नजफ खाँ की विजयों के रिकार्ड के मुख्य पृष्ठ को तथा उसके भाग्य की पहली सीढ़ी को प्रमाणित कर दिया है।" (*इब्रतनामा,* पाण्डुलिपि, पृ. 212)। हम सच्चाई के साथ उसे भरतपुर[6] के राजपरिवार के दुर्भाग्य के अपशकुन का पूर्वाभास कह सकते हैं।

वर्षा ऋतु का मुश्किल से ही अन्त हुआ होगा कि शत्रुता सामने दिखाई पड़ने लगी। अभी सितम्बर का केवल आरम्भ था तथा सिख इतने जल्द युद्ध के लिए बिल्कुल तैयार नहीं थे। परन्तु नवल सिंह का अँधा क्रोध इस पराजय के बदले को टालने के लिए बिल्कुल तैयार नहीं था। उसने अपने साले दानसाही की कमान में एक शक्तिशाली डिवीजन अतरौली तथा रामगढ़ (वर्तमान अलीगढ़) के अपने गवर्नरों दुर्जनसिंह गूजर तथा चन्दू (चन्दन) गूजर की सेनाओं को और अधिक बल पहुँचाने के लिए भेजी। दानसाही तथा अन्य जाट एवं गूजर सरदारों ने लगभग 20,000 लोग अपनी कमान में संगठित कर लिए तथा उन्होंने दोआब को लूटना आरम्भ कर दिया। उन्होंने सिकन्दराबाद[7] तथा गाजियाबाद[8] तक के परगनों में लूटपाट की और वे नवल सिंह के इस आदेश का अक्षरशः पालन कर रहे थे कि "जो भी मुगल अधिकारी उसकी सत्ता का प्रतिरोध करे, उसे फाँसी लगा दो" (*इब्रतनामा,* पाण्डुलिपि, पृ. 212)। पश्चिमी क्षेत्र में शंकर जाट के नेतृत्व में दूसरी जाट सेना ने फर्रुखनगर में आधार बनाकर अपने इर्द-गिर्द के अधिकांश क्षेत्र को तहस-नहस कर दिया तथा गढ़ी हरसारू में घेरा डाल दिया। बादशाह के समर्थकों के लिए स्थिति इतनी गम्भीर हो गई कि बादशाह ने बंगाल के गवर्नर को एक पत्र[9] लिखकर उससे सहायता की याचना की। मिर्जा नजफ खाँ ने मदनपुर में अपने खेमे से हटने से इन्कार कर दिया। उसने नियाज बेग खाँ, ताज मोहम्मद खाँ तथा अन्य जैसे तूरानी और बलोच सरदारों को 500 अश्व सैनिकों के साथ दानसाही से लड़ने के लिए भेज दिया। सम्राट ने उनकी शक्ति

में वृद्धि करने के लिए लाल पलटन की एक रेजीमेंट तथा रामू कामदान कमाण्डेंट[10] के नेतृत्व में तोपखाने की कुछ टुकड़ियाँ भेज दीं। मुगल सेना के आगमन पर दानसाही सिकन्दराबाद वापस चला गया, परन्तु मुगल सेनापतियों ने 10 या 12 कोस का मार्च करके उसे तब आश्चर्यचकित कर दिया जब वह रात्रि में असावधानी के साथ कैम्प में विश्राम कर रहा था। जाट 25 मील दक्षिण-पश्चिम में दनकौर चले गए तथा उसके पड़ोस में 15 सितम्बर, 1773 को उन्होंने शत्रु से टक्कर ली। जाट सेना के कमाण्डर चन्दू गूजर ने सेना की कमान सँभाली तथा मुगलों की सिपाही रेजीमेंट तथा तोपखाने पर आक्रमण किया। मंजे हुए मुगल अश्व सैनिकों को भी आश्चर्य में डालने वाली निर्भीकता के साथ बहादुर गूजर सरदार ने शत्रु के तोपखाने पर पूरी शक्ति के साथ प्रहार करके अपने वीर अनुचरों को प्रेरणा प्रदान की। परन्तु बन्दूकों और तोपखाने की गोलियों की बौछारों ने आक्रामक सेना को भयानक रूप से तोड़ दिया, केवल थोड़े से सैनिक अपने घायल नेता के साथ सिपाहियों की पंक्तियों को तोड़कर भीतर प्रवेश करने में सफल हो सके और वहाँ से अपने शौर्य का प्रदर्शन करके संगीनों के प्रहार से घायल होकर वीरगति को प्राप्त हुए। यह लड़ाई घमासान तरीके से दो या तीन घण्टे चली; यह मनुष्य के सजातीय पराक्रम तथा विज्ञान एवं अनुशासन के विरुद्ध भयानक युद्ध था। चन्दू गूजर के दुर्भाग्य से हतोत्साहित न होकर अतरौली के गवर्नर राव दुर्जनसिंह गूजर के पुत्र ने 500 अश्व सैनिकों का अपने रिसाले के साथ आक्रमण का नेतृत्व किया तथा इस युद्ध में उसके 200 आदमी मारे गए। इसके उपरान्त अश्व-सेना के दो जाटों ने जिसमें प्रत्येक के साथ तीन सौ सैनिक थे। दृढ़तापूर्वक शत्रु पर आक्रमण किया, परन्तु इस बार भी परिणाम उतने ही अनर्थकारी थे जितने पहले थे, इसमें भी सभी लोग मार डाले गए। दानसाही, जिसके पास उस दिन दूसरी कमान थी, गम्भीर रूप से घायल हुआ और उसे एक छोटे कच्चे किले में शरण लेने के लिए बाध्य होना पड़ा, जहाँ दो दिन बाद उसकी मृत्यु हो गई। जाट सेना के अवशेष टूट गए और वे जमुना के उस पार भाग गए। रणक्षेत्र में भारी क्षति के अलावा नदी पार करते समय भी दो सौ लोगों को अपने प्राणों को गंवाना पड़ा।[11] नवल सिंह की सेना को अभी इससे भी बड़ी विपत्ति की प्रतीक्षा थी।

बरसाना की लड़ाई

दनकौर की लड़ाई (15 सितम्बर, 1773) में मुगल-विजय ने उस क्षेत्र में जाट आक्रमण द्वारा उत्पन्न खतरे को दूर कर दिया था। इसके एक पखवाड़े के बाद यह समाचार प्राप्त हुआ कि जाट गढ़ी हरसारू पर अपने गढ़ फर्रुखनगर से आक्रमण कर रहे हैं, मिर्जा नजफखाँ ने तुरन्त अपने लेफ्टीनेंट नजफ कुली की कमान

में एक शक्तिशाली सेना उस स्थान को मुक्त कराने के लिए भेजी ताकि उस क्षेत्र में जाटों का आधिपत्य सदैव के लिए समाप्त हो जाए। नवल सिंह के विरुद्ध लड़ने वाली मुख्य सेना में खालीपन को भरने के लिए उसने दो-आब से अपनी सेनाओं को वापस बुलाया। इस समय नवल सिंह, जो अपने कैम्प फतेहपुर सीकरी (बलोच)[12] बल्लभगढ़ से 5 मील दक्षिण में था, दो-आब में अपनी सेना की अनर्थकारी पराजय की सूचना से निरुत्साहित हो गया। उसने बल्लभगढ़ में अपनी एक मजबूत गैरीजन छोड़ दी और वह पहले पलवल और उसके बाद दिल्ली से 53 मील दक्षिण में स्थित होंडल चला आया। मिर्जा नजफ खाँ ने जाट सेना का पीछा किया तथा होडल से साढ़े तीन मील उत्तर में बनचारी के स्थान पर उसे पकड़ लिया (1773 के अक्टूबर का मध्य)। बल्लभगढ़ के स्वामित्वहीन उत्तराधिकारी हीरा सिंह और अजीत सिंह[13] ने मिर्जा नजफ खाँ को अपनी सेवाएँ अर्पित कर दी थीं। उसने अजीत सिंह को बल्लभगढ़ का कमांडेण्ट और गवर्नर नियुक्त कर दिया तथा किले के घेरे के लिए उसके पास एक छोटी-सी टुकड़ी छोड़ दी। हीरा सिंह मुगल सेनापति के साथ रहा और उसने अपने देश एवं लोगों के साथ गद्दार की स्वाभाविक भूमिका अदा की। दोनों सेनाओं ने एक-दूसरे से चार मील के फासले पर अपने खेमे गाड़ दिए। झुटमुट लड़ाइयों में कई दिन निकल गए जिनमें मुस्लिम सैनिकों का पलड़ा भारी रहा। एक दिन इत्तिफाक से जाट सेना आश्चर्य चकित रह गई। जमादार अलीकुली खाँ ने शत्रु के खेमे के पड़ोस के कुछ आदमियों को पकड़ लिया तथा उनसे उसे यह पता चला कि नवल सिंह भोजन कर रहा है तथा उनके सैनिक अपना भोजन पकाने में व्यस्त हैं। नजफ खाँ के खेमे में एक दल तुरन्त घोड़ों पर रवाना हुआ। "धूल का एक बादल पश्चिम की ओर से आता हुआ दृष्टिगोचर हुआ। जाट खेमे में कुछ सैनिकों ने चिल्लाकर कहा कि नजफ खाँ के सैनिक आ रहे हैं। जाट घबराकर सब दिशाओं में भागने लगे। नवल सिंह की बुद्धि भी कुछ समय के लिए हतप्रभ हो गई और फिर वह भी हाथी पर चढ़कर कोटमान की ओर भाग गया (*इब्रतनामा,* पाण्डुलिपि, पृ. 233)।

इस बीच नजफ कुली बराबर आगे बढ़ रहा था, मेवात की पहाड़ियाँ उसके दाईं ओर थीं तथा वह जाटों को पश्चिम की ओर खदेड़ रहा था। जाट सेना से जो उसकी पहली टक्कर हुई उसमें उसने जाटों से चार राहकला छीन लिए। इसके उपरान्त वह बावल[14]? पहुँचा, उस समय शत्रु 7 कोस के फासले पर था। 19 अक्टूबर को सम्राट को एक पत्र मिर्जा नजफ खाँ का लिखा हुआ प्राप्त हुआ, जिसमें उसने उसे यह शुभ सन्देश भेजा था कि "नवल सिंह भाग गया है और उसने गढ़ी (यानी कोटमान) में शरण ली है। शंकर की सेना को पराजित कर दिया गया है (नवल सिंह का फर्रुखनगर में जनरल) तथा शाही सेना ने

उसके समस्त *असबाब-ए-तोपखाना* पर अधिकार कर लिया है, नजफ कुली शत्रु का पीछा करने के लिए गया है" (*वाका*, पृ. 270)। नजफ कुली ने जाट सेना के मेवात की ओर पश्चागमन को तोड़ दिया और उसे उत्तर में फर्रुखनगर की ओर भगा दिया। उसने इस स्थान का घेरा डाला, परन्तु उसके सरदार ने उसे इसके तुरन्त बाद सहार बुला लिया। फर्रुखनगर के भूतपूर्व स्वामी नवाब मुसावी खाँ बलोच ने उसके बाद उसका स्थान ग्रहण किया।

नवल सिंह के भाग जाने के उपरान्त मिर्जा नजफ खाँ ने 17 अक्टूबर की रात्रि को अभियान की भावी योजना पर विचार करने के लिए युद्ध-परिषद् बुलाई। उसके सभी अधिकारी इस मत के थे कि अगले प्रातःकाल उन्हें भगोड़ों का पीछा करने के लिए जाना चाहिए तथा अपने खेमे को बनचारी से हटाकर उस स्थान पर ले जाना चाहिए, जहाँ पहले जाटों का खेमा था। परन्तु हीरा सिंह जाट ने नवाब से यह निवेदन किया कि नवल सिंह की सेना के विघटन के सम्बन्ध में कोई निश्चय नहीं है, नवल सिंह कोटमान दुर्ग से अपने पृष्ठभाग की सहायता से युद्ध की तैयारी कर सकता है—जिन लोगों ने भरतपुर के राजपरिवार की उदारता का उपयोग किया है, वे सुगमता से राजा का साथ नहीं छोड़ेंगे, अपितु वे लड़ाई के दिन उसके लिए अपने प्राणों का भी उत्सर्ग कर देंगे। उसने आगे कहा कि अमीर-उल-उमरा की सेना में नए रंगरूट थे, जिनके शौर्य की अभी परीक्षा भी नहीं हुई थी, उनके बलबूते पर सुदृढ़ता से चौकी पर नियुक्त सैनिकों से टक्कर लेना बुद्धिमानी की बात नहीं होगी। उसने कहा, "यह उचित होगा कि शीघ्रता से डीग की ओर आगे बढ़ा जाए, तथा शत्रु का पीछा करने की योजना छोड़ दी जाये। यदि आपकी इच्छा को जानकर नवल सिंह कोटमान से बाहर आ जाए तो आप उससे लाभ की स्थिति में लड़ाई लड़ सकते हैं, यदि यह भगवान की अनुकम्पा से अपने स्थान पर निष्क्रिय बना रहता है। तो स्वामी की अनुपस्थिति में डीग पर सुगमतापूर्वक अधिकार हो जाएगा।" मिर्जा नजफ खाँ ने हीरा सिंह के इस प्रस्ताव को स्वीकार कर लिया तथा डीग पर चढ़ाई करने का आदेश दे दिया। कोटमान को चार या पाँच मील पूर्व में छोड़कर मुगल सेना दिल्ली-आगरा के शाही मार्ग पर निरन्तर आगे बढ़ती रही। उसने कोसी[15], छाता[16] तथा मार्ग में स्थित अन्य परगनों को लूटा तथा गोवर्धन होते हुए डीग की सड़क पकड़ने के लिए वह 12 अक्टूबर को सहार[17] पहुँची। नवल सिंह ने मिर्जा नजफ खाँ की अपनी राजधानी पर कुदृष्टि का अन्दाज लगाकर अपनी सेना के साथ कोटमान को छोड़ दिया तथा छोटा मार्ग पकड़कर वह नन्दगाँव[18] होता हुआ बरसाना[19] उसी समय पहुँच गया। इस प्रकार नवल सिंह के उनकी दाईं तरफ आकस्मिक तरीके से आ जाने पर, मुस्लिम सेना का आगे की ओर बढ़ना रुक गया। डीग का घेरा भी अब सम्भव नहीं था क्योंकि जाट अपने लक्ष्य के कम-से-कम मुस्लिम

सेना की अपेक्षा एक मार्च अधिक निकट थे। नजफ खाँ ने सहार में अपना खेमा गाड़ा, परन्तु एक या दो दिन बाद उसने अपना खेमा सहार और बरसाना के मध्य में स्थित शाहपुर(?) में गाड़ दिया, ऐसा करते समय उसने अपना भारी सामान तथा अनुचर वहीं छोड़ दिए। छुटपुट लड़ाइयाँ एक सप्ताह से अधिक समय तक चलती रही। पड़ोस में रसद की कमी हो जाने के कारण नवाब के सैनिकों को कठिनाइयों का सामना करना पड़ रहा था, इस समय नवाब पर, शत्रु पर आक्रमण करने के लिए जोर पड़ रहा था।

स्थिति की कुंजी इस समय नवल सिंह के हाथों में थी। बरसाना की दुर्गीकृत पहाड़ी से उसका पृष्ठभाग सुरक्षित था तथा वह स्वयं खेमे में था, अतः वह जब तक चाहता युद्ध रुका रह सकता था, क्योंकि इस क्षेत्र के समस्त प्रसाधनों पर उसका स्वामित्व था। वह शत्रु को प्रतीक्षा करवाकर मार सकता था। जैसी मिर्जा नजफ खाँ को आशंका थी। परन्तु उसके उत्तेजनाशील चरित्र के लिए इस प्रकार की रणनीति सर्वथा अनुपयुक्त थी। 31 अक्टूबर को प्रातःकाल नजफ खाँ शत्रु की शक्ति का अन्दाजा लगाने के लिए अपने सैनिकों को साथ लेकर बाहर आ गया। नवल सिंह की जिसमें युद्ध करने की योग्यता न होते हुए भी लड़ने की आश्चर्यचकित उत्सुकता थी, उसे सुगमतापूर्वक उकसाया जा सकता था। दिन की जब पाँच घड़िया बीत चुकी थीं, युद्ध आरम्भ हुआ।

नवल सिंह ने अपनी सेना को तीन डिवीजनों में विभाजित किया तथा उन्हें एक-दूसरे से कुछ फासले पर तैनात किया। दाईं तरफ बन्दूकचियों की छः बटालियन थीं, जिनका नेता समरू था और जिन्हें यूरोपियन तरीके से ड्रिल कराई गई थी, उनके साथ में तीन बटालियनें जिन पर पलीतों के समेत कठोर बन्दूकें थीं और जिनके मोहरे पर संगीन लगी हुई थीं। इन बटालियनों का नेतृत्व भी फ्रेंच अधिकारी के पास था। साहस में तेंदुओं और शेरों के समान 12 हजार नागा बैरागी भी नवल सिंह की सहायता के लिए आए हुए राजाओं की कमान में 10 हजार अश्व सैनिक और पैदल के साथ मिलकर बाईं बाजू की रचना करते थे। सामने लोहे की जंजीरों से बँधा हुआ तोपखाना था, विश्वासपात्र सेनापतियों को पश्चभाग में तैनात किया गया था तथा स्वयं नवल सिंह केन्द्र में था, उसके चारों ओर पराक्रमी अनुचर थे। दूसरी ओर नागा बैरागियों से टक्कर लेने के लिए मुल्ला रहीम दाद खाँ को उसके रुहेलाओं के साथ तैनात किया गया था, समरू की डिवीजन के मुकाबले में रजा बेग खाँ तथा रहीम बेग खाँ को अपनी अश्व-सेना तथा बादशाह की पैदल सेना के साथ नियुक्त किया गया था, तथा नजफ कुली खाँ और अफरासियाब खाँ शत्रु के तोपखाने और नवल सिंह से टक्कर लेने के लिए केन्द्र में खड़े किए गए थे। मिर्जा नजफ खाँ घोड़े पर सवार होकर इधर-उधर घूमता हुआ अपने सरदारों का मनोबल ऊँचा करता रहा, जबकि

मासूम अली खाँ को अमीर-उल-उमरा के हाथी पर बैठा दिया गया, वस्तुतः उसमें तथा अन्य सरदारों के बीच यह विभेद खतरनाक था और इसके कारण उसे अपने प्राणों से हाथ धोना पड़ा। दृढ़ता से घमासान युद्ध आरम्भ हो गया। नवल सिंह की सेना की बाईं बाजू रुहेलाओं के दृढ़ प्रहार से टूट गई—उन्हें अपने वीर नेता रहीम दाद से प्रेरणा प्राप्त हो रही थी; जबकि समरू ने नजफ खाँ की बाईं बाजू को न केवल अवरोधित किया, उसे उसने बाद में भागने के लिए विवश कर दिया। जाटों ने अमीर-उल-उमरा के हाथी पर बहादुरी से आक्रमण किया तथा हाथी पर अधिकार करने के बाद मासूम अली खाँ को मिर्जा नजफ खाँ समझकर कटारों के प्रहार से मार डाला। ऐसा लगता था कि मुगल सेना के लिए यह दिन बिल्कुल खराब था। जब नजफ खाँ ने मध्य तक पहुँचकर नजफ अली तथा अफरासियाब को आदेश दिया कि वे नंगी तलवारों से शत्रु के तोपखाने पर आक्रमण करें नवल सिंह स्वयं हाथी पर चढ़कर भाग गया। मुस्लिम सेना पश्च भाग में सामान पर टूट पड़ी तथा लूट की तलाश में इधर-उधर बिखर गई। परन्तु समरू ने अपनी स्थिति को दृढ़ बनाकर तोपों को सामने खड़ा कर दिया तथा अपनी सिपाही बटालियनों को शत्रु का सामना करने के लिए तैयारी की स्थिति में खड़ा कर दिया। नवल सिंह का दीवान जुदराज 500 नए घुड़सवारों के साथ समरू के सैनिकों के पीछे लड़ने की तैयारी कर रहा था। मिर्जा नजफ खाँ की दहाड़ और क्रोध उसके बिखरे हुए सैनिकों को एकजुट करने में विफल रहे। क्योंकि वे लूटपाट में व्यस्त थे। अन्त में वह स्वयं क्रोध में जुदराज के घोड़े पर टूट पड़ा, उसके साथ उस समय केवल 40 सैनिक थे तथा एक घमासान लड़ाई के उपरान्त उसे उनकी पंक्ति को तोड़ने में सफलता मिल गई और उसने उन्हें भगा दिया। यह समझकर कि युद्ध जारी रहने में कोई लाभ नहीं होगा, समरू ने पश्चगमन का आदेश दे दिया और उसकी सेना व्यवस्थित रूप से पीछे हट गई। परन्तु समरू के एक फ्रेंच लेफ्टीनेंट ने पीछे हटने का आग्रह अस्वीकार किया। उन्होंने इतनी द्रुत एवं अचूक गोलाबारी की, कि मुसलमानों के होश उड़ गए। स्वयं नजफ खां ने अनेक बार आक्रमण किया, परन्तु वे दृढ़ एवं अडिग रूप से खड़े रहे। आखिर में उन पर गोलाबारी करने के लिए बन्दूकधारी तथा बन्दूक मँगवाई। भगवान की अनुकम्पा से पहला ही गोला शत्रु की बारूद की पेटी पर गिरा, दूसरा, भाग्य से फ्रांसीसी के सिर पर गिरा तथा तीसरा सैनिकों के बीच में गिरा जिससे उन्हें यह सन्देश मिल गया कि अब रणक्षेत्र को छोड़ने का समय आ गया है। सैनिक धीरे-धीरे अपनी बन्दूकों को खींचते हुए वापस चले गए। उनके जाने के बाद नजफ खाँ को जीवन वापस मिल गया तथा उस निर्णायक दिन पहली बार नजफ खाँ के चेहरे पर प्रसन्नता की मुस्कराहट दिखाई पड़ी।[20]

नवल सिंह बरसाना से डीग भाग आया था। अब्दुल अहद खाँ तथा सम्राट ने बरसाना की महान् जीत को सन्देह एवं आशंका के साथ सुना था। उन्होंने नवल सिंह को पत्र लिखकर अमीर-उल-उमरा से लड़ने के लिए प्रेरित किया। इनमें से कुछ पत्र नजफ खाँ के सैनिकों के हाथ पड़ गए। नजफ खाँ ने अपने सैनिकों को बरसाना में कई दिन का विश्राम दिया। उसने कोटमान[21] के दुर्ग का घेरा डालने के लिए रहीम दाद को भेजा, इस समय इस दुर्ग पर नवल सिंह के श्वसुर सीताराम का आधिपत्य था। अपने दुर्ग की 18 दिन तक रक्षा करके जैसा स्थानीय परम्परा में कहा जाता है, सीताराम एक रात अपनी गैरीजन के साथ भाग गया। इसी समय एक समाचार सुनने में आया कि नवाब वजीर-उल-मुल्क (शुजाउद्दौला) नवल सिंह की सहायता के लिए आ रहा है; वस्तुत उसने जाट गैरीजन से आगरा के किले का चार्ज लेने के लिए एक टुकड़ी पहले से ही भेज दी थी। नजफ खाँ ने यह जब सुना तो उसने डीग के इर्द-गिर्द जाट प्रदेश का दमन करने की अपनी योजना को त्याग दिया तथा आगरा के लिए यथार्थ में उसने एक दौड़ आरम्भ कर दी तथा वहाँ वह समय से पहुँच गया ताकि जाटों और वजीर-उल-मुल्क की सेनाओं के संगम को रोका जा सके।

अबुल मन्सूर खाँ, सफदर जंग के समय में अवध के नवाब जाटों के मित्र रहे थे। शुजाउद्दौला की कतई यह इच्छा नहीं थी कि नवल सिंह को कुचल दिया जाय तथा इसके अतिरिक्त मिर्जा नजफ खाँ की महत्त्वाकांक्षा एवं योग्यता ने उसे बेचैन कर दिया था। वह केवल इटावा तक ही पहुँच पाया था जब उसे बरसाना की विजय तथा नजफ खाँ के आगरा पहुँचने का समाचार प्राप्त हुआ। आगरा पर उसकी कुदृष्टि के प्रकाशित होने पर उसने पूर्ण कपटाचार के साथ नजफ खां को एक बधाई पत्र भेजा तथा उसे आश्वासन दिया कि देश के इस भाग में आने का उद्देश्य अमीर-उल-उमरा की सहायता करना है। इसके साथ ही टुकड़ी के सेनापति मेजर पोलियर को गुप्त रूप से यह निर्देश भेज दिया, "यदि अकबराबाद का किलेदार पहले के समझौते के अनुसार किले को हमारे हवाले कर देने को राजी हो जाता है, तो मुखौटा उतारकर एकदम हर सम्भव तरीके से किले में घुस जाओ। यदि ऐसा नहीं होता तो नजफ खाँ की कमान मे काम करो और उसके आदेशों का वैसे ही पालन करो जैसे कोई अधीनस्थ कर्मचारी अपने अफसर के आदेशों का पालन करता है।" आगरा के किले में नजफ खाँ ने मेजर पोलियर की सहायता से घेर लिया। किलेदार ने शुजाउद्दौला के सैनिकों को गुप्त रूप से किले में प्रवेश दिलाने की अनेक तिकड़में कीं। कुछ समय तक बहादुरी से उसकी रक्षा करने के उपरान्त उसने गैरीजन के जीवन और सम्पत्ति की सुरक्षा के आश्वासन पर किले को समर्पित कर दिया। वह बाहर निकल आया तथा नाहरगंज में अपना खेमा गाड़ा, परन्तु मुसलमानों में विश्वासघात की आशंका के

कारण वह अपना असवाब पीछे छोड़कर भदावर की ओर भाग गया। नजफ खाँ ने दाऊद बेग खाँ करची को आगरा के किले का कमाण्डर नियुक्त किया।[22] जाटों से आगरा को छीनने के उपरान्त नजफ खाँ के पहले अभियान का अन्त हो गया। इसके उपरान्त वह वजीर-उल-मुल्क से भेंट करने के लिए इटावा गया। कुछ महीनों के लिए उसका ध्यान रुहेलाओं के मामले में तथा अब्दुल अहद खाँ के दरबार के षड्यन्त्रों में लगा रहा।

सन्दर्भ–

1. एम. मेडेक ने इन स्थानों का नाम नहीं बताया है। उसने लिखा है, "प्रतिशासक ने इन दो नगरों की प्रतिरक्षा का दायित्व अपने दो सम्बन्धियों को सौंपा था और उन्होंने इस विश्वास के गर्व में अपने को विद्रोही बना लिया तथा अपने को इन नगरों का स्वामी घोषित कर दिया" (*लॉ नवाब रेने मेडेक,* सैक्शन 76)। सम्भवतः इनमें से एक स्थान बल्लभगढ़ रहा होगा, जिसे हमें अन्य स्रोतों से मालूम है, नवलसिंह ने नगर के संस्थापक बल्लूजाट के पोते से छीना था (दिल्ली, गजेटियर, पृ. 213)।
2. खैरुद्दीन कहता है–उनके हृदय में जाबिता खाँ और नवलसिंह को समाप्त करने की योजना उत्पन्न हुई (*फिकर* दर *अनदोखतन बुनियाद-ए-हैयत) इब्रतनामा,* पाण्डुलिपि, पृ. 214
3. मिर्जा नजफ खाँ रबी I, 1187 हिजरी को दिल्ली लौटा था। हिसाम-उद्-दीन को नायब वजीर के पद से इस महीने के पहले सप्ताह में अलग किया गया था। 14वीं रबी I, (5 जून, 1773) को नजफ खाँ को दूसरा बख्शी बनाया गया तथा उसी दिन हिसामउद्दीन को गिरफ्तार किया गया और उसे नजफ खाँ के घर में 5 वर्ष तक बन्दी बनाकर रखा गया। उसकी नौ लाख रुपए की सम्पत्ति जिसमें नकदी और सामान सभी शामिल था, जब्त कर ली गई; इसमें से एक तिहाई नजफ खाँ को बादशाह की ओर से अनुग्रह के रूप में दे दी गई तथा शेष शाही खजाने में चली गई (*वाका,* 270-373)।
4. फर्रुखनगर राजपूताना-मालवा रेलवे पर गढ़ी हरसारू जंक्शन से 10 मील के फासले पर स्थित है।
5. *वाका* में नजफ खाँ के खेमे के स्थान को बदरपुर अथवा बरनपुर बताया गया है किन्तु मानचित्र पर उसकी पहचान नहीं की जा सकती। खैर-उद्-दीन ने उसे बारह पुल बताया है। (यानी हुमायूँ के मकबरे के निकट बारह महरावों का पुल); परन्तु यह बहुत सही नहीं है। जे.एन. सरकार, *इण्डिया ऑफ औरंगजेब* XCVII में उद्धृत चहार गुलजार के अनुसार बदरपुर दिल्ली-आगरा मार्ग पर अनेक चरणों में से एक है। हम इसे मदनपुर मानते हैं जो तुगलकाबाद से दो मील उत्तर में है।
6. मैदानगढ़ी (*इब्रतनामा,* 212) तुगलकाबाद से 2 मील दक्षिण में और मदनपुर के 6 मील दक्षिण-पश्चिम में स्थित है। खैरुद्दीन के विवरण सुलिखित हैं, फिर भी सही नहीं हैं और यदा-कदा भ्रामक भी हैं। वह लिखता है कि मैदानगढ़ी पर अधिकार

और दनकौर के पास दानशाही तथा चन्दू गूजर की हार तुकोजी होल्कर द्वारा दिल्ली के घेरे से पूर्व (दिसम्बर,1772—मार्च 1773) में हुई थी। यह पूरी तरह अनर्गल है, जो अंग्रेजी तथा फारसी इतिहास के पूर्णतः विपरीत है। उसकी यह कहानी कि जाटों ने नजफ खान के घुड़सवारों पर उस समय बन्दूकें चलाई थीं, जिस समय वे कुत-उद-दीन के मकबरा की यात्रा को जा रहे थे, गलत है। *चहारे-गुलजारे-शुजाई* के आधार पर हम यह मानते हैं कि उनकी शत्रुता का उत्कर्ष जाटों द्वारा पशुओं को हाँक ले जाने के कारण हुआ था। मुझे नवल सिंह के विरुद्ध मिर्जा नजफ खान की लड़ाई के कई वर्णन *इण्डियन हिस्टोरिकल रिकार्ड* कमीशन की पाँचवी बैठक में पढ़े गए मेरे लेख में शामिल थे, इसलिए अस्वीकार करने पड़े हैं क्योंकि वे केवल खैरुद्दीन के विवरण पर आधारित थे।

7. सिकन्दराबाद लेट 28^0-25' ल. 77^0-45' (बुलन्दशहर से 12 मील पहले—सं.)
8. गाजियाबाद पूर्वी रेल पर दिल्ली से लगभग 20 मील पूर्व में है।
9. पत्र इस प्रकार है, ''जाटों ने राजधानी के चारों ओर बगावत कर दी है तथा उन्होंने अपनी सेना सिकन्दराबाद भेज दी है। यहाँ के निवासियों को उन्होंने अपमानित किया है तथा उन पर जुल्म ढाए हैं तथा वे शाही सेना का विरोध करने के लिए आगे बढ़ रहे हैं और अब वे उसके बिल्कुल निकट हैं। उन्होंने सिखों को भी अपनी सहायता करने के लिए आमन्त्रित किया है।...मेरी यह इच्छा है कि गवर्नर बहादुर अधिकारियों की कमान में एक ब्रिटिश सेना तुरन्त भेज दे।'' इस पत्र की 22 सितम्बर, 1773 कलकत्ता में प्रविष्टी है (फारसी पत्राचार, हस्तलिपि)।
10. *वाका,* पृ. 282, *इब्रतनामा,* पृ. 212 में 'सिपाहियों की 2 रेजीमेंटों' का उल्लेख है। *'चहार'* में लाल पलटन का जिक्र है। रामू कामदान कमाण्डर के नाम का उल्लेख गुलाम अली के शाहआलमनामा (पृ. 34) में है।
11. 12 अक्टूबर, 1773 फारसी पत्राचार के एक समाचार से इस युद्ध का पूरा विवरण प्राप्त हुआ है—

    मुगल विजय का समाचार दिल्ली 29वीं जमादा II 1187 हिजरी को पहुँचा। सन्देश के पहुँचने के यदि दो दिन निकाल दिए जाएँ तो यह युद्ध 27वीं जमादा II (15 सितम्बर, 1773, *वाका,* पाण्डुलिपि, पृ. 273) को हुआ था। खैर-उद्-दीन ने लिखा है कि यह लड़ाई मैदानगढ़ी को जीतने के बाद हुई थी, जो बिल्कुल सही है; परन्तु ये दोनों घटनाएँ तुकोजी और नवल सिंह द्वारा डाले गए दिल्ली के घेरे के बाद में घटी थी, उसके पहले नहीं (यानी मार्च 1773 के पूर्व)। उसने चन्दू गूजर को *'बहादुर बे-बदल'* (बहादुरी में जिसका कोई जवाब नहीं) बताया है और लिखा है कि उसे सिपाहियों की पंक्ति में उनकी संगीनों से घायल करके मार दिया गया (*इब्रतनामा,* पाण्डुलिपि, पृ. 214)। फारसी पत्राचार पाण्डुलिपि में लिखा है कि उसके सिर को ताज मौहम्मद खाँ बलौच ने काट डाला। हरचरन ने इसका सही ब्यौरा दिया है उसने जो इसकी तिथि जमादा I, 1187 हिजरी बताई है, वह सही है।
12. *चहार गुलजार* तथा मिर्जा नजफ खाँ द्वारा बंगाल के गवर्नर को लिखे गए फारसी पत्र में फतेहपुर सीकरी को उस स्थान के रूप में व्यक्त किया है जहाँ नवल सिंह

का खेमा था। एक सीकरी का उस चरण के रूप में उल्लेख है जो पिरथला तथा बल्लभगढ़ के बीच में (पिरथला से तीन मील उत्तर तथा बल्लभगढ़ से 5 मील दक्षिण) आगरा-दिल्ली मार्ग पर स्थित है (प्रो. जदुनाथ सरकार द्वारा रचित *'इण्डिया ऑफ औरंगजेब' XCVII*) इस प्रकार का कोई स्थान आधुनिक एटलस में नहीं पाया जाता। मानचित्र को देखने से पता चलता है कि जिस स्थान का उल्लेख किया जा रहा है, वह फतेहपुर बलोच है। यह स्थान भी इन स्थानों से उतने ही फासले पर है। यह आश्चर्य की बात है कि हरचरण ने इस स्थान को आगरा के निकट स्थित प्रख्यात फतेहपुर सीकरी मानकर भ्रम उत्पन्न किया है। उसने नजफ खाँ का दूसरा होल्ट धोलपुर बताया है जो गलती से होडल के लिए लिखा गया है।

13. अजीत सिंह राव किशनदास और हीरा सिंह बिशनदास का बेटा था। इनके पिताओं से राजा नवल सिंह ने अप्रैल 1774 (सफर, 1188 हिजरी, *वाका*, पृ. 277) के तीसरे सप्ताह में एक लम्बे घेरे के बाद बल्लभगढ़ छीन लिया था। नजफखान ने दोनों को राजा की उपाधि प्रदान की और अजीत सिंह को सालार जंग के खिताब से सम्मानित किया (*दिल्ली गजेटियर*, पृ. 213)
14. *'वाका'* की हस्तलिपि में पलवल का उल्लेख है जो दिल्ली से 30 मील दूर दक्षिण में स्थित है। यह सोचना बेकार है कि नजफकुली फर्रुखनगर जाने के लिए पलवल जाएगा। यह नकल करने वाले की भूल प्रतीत होती है। सम्भवतः यह स्थान बावल रहा होगा जो रेवाड़ी से 10 मील दक्षिण में स्थित है।
15. कोसी कोटमान से सात मील दक्षिण-पूर्व में है।
16. छाता कोसी से 10 मील दक्षिण-पूर्व में है तथा सहार से 11 मील उत्तर में है।
17. सहार मथुरा से 15 मील उत्तर-पश्चिम में है तथा बरसाना से 7 मील पश्चिम में है।
18. नन्दगाँव कोसी गाँव से 8 मील दक्षिण-पश्चिम में है और वह बरसाना से 7 मील उत्तर में है।
19. बरसाना मथुरा से 22 मील उत्तर-पश्चिम में है तथा डीग से 12 मील उत्तर में है।
20. *वाका-ए-शाहआलम सानी* हस्तलिपि, (पृ. 271) तथा फारसी पत्राचार, 17 नवम्बर, 1773 में प्रकाशित समाचार में एक ही तिथि यानी 14 शबान, 1187 हिजरी का उल्लेख है। पत्र में समाचार का विवरण निम्नलिखित है जो *इब्रतनामा* से कुछ भिन्न है। "नजफ कुली और ताज मोहम्मद दाईं ओर थे; नियार बेग खाँ और फतेह अली खाँ दुर्रानी बाईं ओर थे, इंग्लिश बटालियन और तोपखाना सामने था...मध्याह्न के लगभग 1 बजे नवलसिंह की सेना पर तोपखाने से आक्रमण किया गया जो पाँच बजे शाम तक चला। नवलसिंह भाग गया; समरू तथा बालानन्द ने युद्ध जारी रखा। घमासान युद्ध हुआ और अन्त में बालानन्द तथा कुछ अन्य घातक रूप से घायल हुए। शत्रु पक्ष के (जाटों के) लगभग 200 लोग मारे गए। समरू के अधिकांश सैनिक वीरगति को प्राप्त हुए, इस युद्ध में मुगलों के लगभग 2000 व्यक्ति मारे गए तथा 300 घायल हुए।

21. कोटमान (मथुरा जिले में) कोटबन के नाम से भी जाना जाता है। वह दिल्ली-आगरा ट्रंक मार्ग पर गुड़गाँव जिले की सीमा रेखा से एक या दो फर्लांग की दूरी पर स्थित है। अपनी ऐतिहासिक यात्रा के दौरान मैंने इस किले के खण्डहर को देखा है। केवल महल और कचहरी ठीक स्थिति में है; कचहरी में अब गाँव की चौपाल है। ये किले में ईंट से बने अन्दर के भाग में स्थित है, जिसका बड़ा दरवाजा कचहरी से 50 गज के फासले पर है और जो अभी भी ठीक हालत में है। फाटक के बाहर एक बड़ा पक्का तालाब है। सीताराम के वंशज अभी भी वहाँ साधारण किसान की तरह से रहते हैं। मैं उनमें से कुछ से मिला हूँ, मुझे बताया गया किले की एक बाहरी दीवार थी जो मिट्टी की बनी हुई थी जो 18 हाथ ऊँची थी तथा उसके चारों ओर खाई थी। एक गिरिवर प्रसाद नामक लम्बा, गौरवर्ण और कंजी आँखों के किसान ने मुझे बताया कि नजफ खाँ के सैनिकों ने जाटों पर किस प्रकार आकस्मिक आक्रमण किया जब वह रोटी पका रहे थे, वे किस प्रकार कोटमान आए और फिर वहाँ से बरसाना गए जहाँ उन्होंने 18 दिन लड़ाई लड़ी; संक्षेप में यह पारम्परिक कहानी लिखित इतिहास से मिलती-जुलती है। हरचरन दास ने लिखा है कि कोटमान की लड़ाई 19 दिन चली थी।

22. नजफ खाँ ने आगरा किला में 26 रमजान, 1177 हिजरी (11 दिसम्बर, 1773) को प्रवेश किया। जिकाद के महीने में 7 और 29 तारीखों के बीच में किले का पतन हुआ, (फरवरी के आरम्भ 1774) (हरचरन; *वाका,* पृ. 273)। उसने 15वीं जिहिज्जा को नवाब-शुजाउद्-दौला से मिलने को (फरवरी 27, 1774) यमुना पार की (*वाका,* पृ. 284)। उसको मूल्यवान भेंटे दी गईं तथा उसे 22वीं जिहिज्जा को शुजाउद्दौला की तरफ से नायक वजीर बना दिया गया (*वाका,* पृ. 285)। खैरुद्दीन ने आगरा किला के कमाण्डेंट का नाम दानसाही बताया है जो गलत है क्योंकि उसकी मृत्यु 7 महीने पूर्व हो चुकी थी। दनकौर की लड़ाई के दो दिन बाद उसकी मृत्यु का समाचार दिल्ली पहुँचा था (दूसरी रजब 1187 हिजरी=19 सितम्बर, 1773)। आगरा किले का रक्षक दानसाही नहीं था, बल्कि उसका भाई था जैसा हमें (*वाका,* पृ. 273) से ज्ञात हुआ है।

14

भरतपुर राजपरिवार की अवनति

नवल सिंह का मिर्जा नजफ खाँ को नए विरोध के लिए उकसाना

नवल सिंह के दुर्भाग्यों के वर्ष 1774 का मई का महीना सबसे अधिक दुर्भाग्यपूर्ण था। प्रत्येक सप्ताह उसे किसी-न-किसी महाविपत्ति की सूचनाएँ प्राप्त हो रही थीं; बल्लभगढ़ हीरा सिह जाट के हवाले कर दिया गया; फर्रुखनगर के दरवाजे मुसावी खाँ के लिए खोल दिए गए तथा जनरल समरू जो अभी तक जाटों के शत्रुओं के लिए सबसे बड़ा आतंक था, अब उसे छोड़कर शाही दरबार में शामिल हो गया। इस महीने के पहले बीस दिनों में दुर्भाग्य के ये भारी प्रहार उस पर एक के बाद एक करके होते रहे।[1] नवलसिंह ने इन सभी क्षतियों को बड़े धैर्य के साथ सहन किया। यद्यपि उसमें जाट के ठण्डे शीतल साहस और दृढ़ बल का अभाव था, तथा उसमें वह आशावाद एवं अध्यवसाय था जो हठवादिता के बहुत निकट होता है और जो उसकी जाति की एक विशेषता है।

मिर्जा नजफ खाँ जाटों के विरुद्ध अपने हाल के अभियान के परिणामों से बहुत सन्तुष्ट था। अब उसका इरादा उनके उन दुर्भेद्य किलों को घेरकर अपनी ख्याति को दाँव पर लगाने का नहीं था जिन्होंने बड़े-से-बड़े विजेता की शक्ति, दक्षता एवं प्रसाधनों को व्यर्थ कर दिया था। उसका विचार था कि जाटों के दमन का कार्य लगभग समाप्त हो चुका है और इसलिए उसने अपना ध्यान शाही सत्ता के अन्य विद्रोहियों के ऊपर केन्द्रित किया। वह रुहेलाओं के विरुद्ध अवध के नवाब के विचारित अभियान में सहयोग करने के लिए दिल्ली से चला। परन्तु जब तक वह युद्ध स्थल पर पहुँचता, शुजाउद्दौला मीरान कटरा की लड़ाई जीत चुका था। वह बिसौली की तरफ आगे बढ़ा जहाँ अफगानों और मियाँ दो-आब के प्रदेशों के बँटवारे के सम्बन्ध में नवाब वजीर के साथ सामान्य सन्धि[2] हुई थी। वह जून के अन्त तक राजधानी इस निश्चय के साथ लौट आया कि वह सन्धि की शर्तों को लागू करने के लिए तथा उसके पहले विद्रोह के लिए दण्डित करने को जबीता खाँ के विरुद्ध युद्ध करेगा। परन्तु नवल सिंह की आश्चर्यजनक मानसिक विकृति ने उसे मिर्जा के विरुद्ध नए शत्रुतापूर्ण कार्य करने के लिए प्रेरित कर

दिया। जाट सरदार ने अपने से अधिक शक्तिशाली शत्रु से अविवेकपूर्ण तरीके से उस समय युद्ध मोल लिया जबकि उसका पूर्ण रूपेण राजनीतिक अलगाव हो चुका था। सिख एक पराजित पक्ष का साथ देने के लिए तैयार नहीं थे तथा शुजाउद्दौला जो एक संदिग्ध मित्र था; अब सक्रिय शत्रु था और मिर्जा नजफ खाँ के साथ उसका गठबन्धन था। मराठा जो अपने हित में उसका साथ दे चुके थे, अब अपनी आपसी कलह में डूबे हुए थे जिनका उदय पेशवा नारायण राव की हत्या के बाद हुआ था। नवल सिंह उस जुआरी की भाँति आचरण कर रहा था, जो बार-बार हारने के बाद इस आशा में खेलता रहे कि आखिरी बाजी में उसे खोया हुआ समूचा धन दुबारा मिल जाएगा।

मिर्जा नजफ खाँ की अनुपस्थिति में राजा नवल सिंह ने अपनी खोई हुई स्थिति को पुनः प्राप्त करने का प्रयास किया। वह अपनी सेना के साथ डीग से बाहर आ गया तथा उसने मिर्जा नजफ खाँ के अमीलों को अपने प्रदेश से बाहर निकालना आरम्भ कर दिया। परन्तु वह इससे भी सन्तुष्ट नहीं हुआ और उसने दिल्ली पर आक्रमण करने की धमकी दी। नजफ खाँ ने जबीता के विरुद्ध अपना इच्छित अभियान, उस समय तक के लिए स्थगित कर दिया, जब तक जाट शक्ति का हमेशा के लिए दमन न हो जाए। जब मानसून अपने पूरे जोर पर था, उसने नवल सिंह के विरुद्ध अपना दूसरा अभियान आरम्भ कर दिया। मुगलों के आगे बढ़ने के फलस्वरूप जाट सेना पीछे हट गई और उसने शीघ्रता से संकर[3] (सुनूखर?) के किले में उस समय शरण ले ली, जब मिर्जा उनका पीछा करते-करते बरसाना तक आ गया। खान के पास शत्रु के विरुद्ध उसी स्थान पर घेरा डालने के अतिरिक्त कोई दूसरा विकल्प नहीं था, क्योंकि जाटों के पृष्ठभाग को पराजित किए बिना डीग पर आक्रमण करना अत्यधिक खतरनाक था। जाट प्रदेश की इस हृदयभूमि में शक्तिशाली दुर्गों की—सुनूखर, कामा (तटस्थ प्रदेश जिसका स्वामित्व जयपुर नरेश के पास था), डीग, कुम्हेर तथा भरतपुर—एक दुर्भेद्य श्रृंखला वर्तमान थी।

नवल सिंह को इस दुर्गीकृत शरण-स्थान से हटाना जिसका पृष्ठभाग एवं पार्श्व भाग जयपुर के तटस्थ प्रदेश से आरक्षित था, मुस्लिम सेना के लिए अत्यधिक दुष्कर सिद्ध हो रहा था। अब प्रतिशासक को अपने भाड़े के सैनिकों पर कोई गर्व नहीं था, अतः वह अपने जाटों का ही अधिक लिहाज करने लगा था। शत्रु द्वारा घिर जाने तथा अपने अस्तित्व को कायम रखने के उद्देश्य से युद्ध करने के लिए बाध्य होकर उन्होंने भी अपने स्वभाव के अनुरूप अपना साहस एवं दृढ़ता को प्रदर्शित करने में कोई कमी नहीं की। वे प्रतिदिन धावा बोलने के लिए निकलते थे तथा मुस्लिम सैनिकों के साथ छुट-पुट लड़ाइयाँ लड़ते थे तथा मुस्लिम सेना प्रत्येक लड़ाई में सफलता का दावा नहीं कर सकती थी। घेरा कई दिनों

तक खिंचता रहा तथा घिरे हुए लोगों पर उसका लेशमात्र भी प्रभाव नहीं पड़ा; उन्हें कामा के किले से गुप्त रूप से सभी प्रकार की सामग्री प्राप्त हो रही थी। राजपूत राजा भी शाही सत्ता के पुनरुज्जीवन से समान रूप से चिन्तित थे; उन्होंने यह समझने में कोई भूल नहीं की कि जाट प्रतिरोध के पराभव के उपरान्त विजयी मुगल-युद्ध को राजपूताने के हृदय तक ले जाएँगे तथा उनसे खिराज तलब करेंगे। भरतपुर राज और जयपुर के बीच की पुरानी शत्रुता घमण्डी जवाहर सिंह तथा अतिसंवेदनशील माधो सिंह की अस्थियों के साथ विस्मृति के गर्भ में विलीन हो चुकी थी। महाराजा पृथ्वी सिंह द्वितीय की अल्पायु के काल में जिस प्रतिशासक के पास जयपुर राज्य का निमन्त्रण था, उसने नजफ खाँ के विरुद्ध जाटों की सहायता का निश्चय किया। अपनी सरकार के निर्देश पर कामा का किलेदार गुप्त रूप से नवल सिंह की सेना को रसद पहुँचाता रहा। मिर्जा नजफ खाँ न तो अनेक बन्दूकों से रक्षित शत्रु की स्थिति पर आक्रमण कर सकता था और न वह किसी भी प्रकार से अपने प्रतिपक्षी को अपनी शरण-स्थली को छोड़कर उसके साथ खुला युद्ध करने के लिए प्रेरित कर सकता था। घेरा चार महीने तक चलता रहा जबकि उसे अब्दुल अहद खाँ के कुछ षड्यन्त्रों के कारण राजधानी बुला लिया गया। वह नजफ कुली को सेना की सर्वोच्च कमान सौंप कर चला गया तथा दिल्ली पहुँचकर उसने कुख्यात समरू[4] को सुनूखर पर घेरा डालने वाली सेना की सहायता करने के लिए भेजा। समरू ने जो स्थान की स्थिति से भली-भाँति अवगत था, नजफ कुली खाँ को बताया कि जब तक कामा से जाट-सेना को अनाज और चारा मिलता रहेगा, सुनूखर के दुर्ग के घेरे का सफलतापूर्वक समापन नहीं हो सकता। नजफ कुली ने कामा के किलेदार को लिखा कि उसे जाटों की सहायता नहीं करनी चाहिए। परन्तु जब यह विरोध-प्रदर्शन अप्रभावी सिद्ध हुआ, तो निर्भीक सैनिक ने अपने कार्य के राजनीतिक परिणामों पर ध्यान दिए बिना कामा पर आक्रमण करने का निश्चय कर लिया। उसने अपनी सेना का एक भाग किले का घेरा डालने के लिए भेज दिया। सुनूखर में एक शक्तिशाली गैरीजन को छोड़कर नवल सिंह डीग चला गया। अब शाही सेनाओं से टक्कर लेने के लिए कछवाहों ने जाटों के साथ खुलकर गठबन्धन कर लिया। कामा के किले की दीवालों पर नजफ कुली की बन्दूकों का कोई प्रभाव नहीं पड़ा; वे इतनी चौड़ी थीं कि दो गाड़ियाँ उसके ऊपर बिना किसी खतरे के साथ-साथ चल सकती थी। उसने वीर रुहेला सरदार मुल्ला रहीमदाद से वायदा किया कि वह किला उसको दे दिया जाएगा, बशर्ते कि वह उसे जीत ले। एक दिन रहीमदाद ने अपने दुःसाहसी सैनिकों के साथ इस बात की चिन्ता न करते हुए कि उसे इसके लिए अपने अनुचरों के कितने जीवन गँवाने पड़ेंगे, किले पर आक्रमण कर दिया। परन्तु नजफ कुली ने अपने वचन का उल्लंघन करके कामा के दुर्ग

का अधिकारी समरू को बना दिया। मुल्ला रहीमदाद ने इन दोनों के प्रति शत्रुता की शपथ ली और वह 12,000 रुहेला अश्व-सैनिकों एवं पैदल सैनिकों के साथ नवल सिंह की सेवा में चला गया (*इब्रतनामा,* पृ. 266)।

नवल सिंह ने रुहेला सरदार तथा उसके वीर अनुचरों का जोरदार स्वागत किया। उसने प्रत्येक सैनिक को उपयुक्त वेतन दिया तथा उन्हें बड़ी-बड़ी जागीरें दी—संक्षेप में उसने उनका पूरा लिहाज किया, इसका केवल एक अपवाद था—उसने अपने किसी दुर्ग के फाटक के भीतर उनका विश्वास नहीं किया। 1775 के वर्ष के आरम्भ में जाटों के लिए सम्भावनाएँ अत्यधिक आशाजनक थीं। मिर्जा नजफ खाँ को न केवल तलवार से साम्राज्य के विरोधियों से बाहर लड़ना था, अपितु उसे दरबार में अपनी स्थिति को बनाए रखने के लिए सम्राट और अब्दुल अहद खाँ जैसे उसके हितैषियों के विरुद्ध कूटनीति के सूक्ष्म हथियार से भी लड़ना था। वह दरबार के षड्यन्त्रों से अपने को निकालने में मुश्किल से सफल हो पाया था कि वह गम्भीर रूप से बीमार हो गया। यह समाचार फैल गया कि वह मर गया और इस खबर ने जयपुर दरबार को कामा के परगने पर पुनः अधिकार स्थापित करने की प्रभावशाली प्रयास करने के लिए प्रेरित किया। मिर्जा नजफ खाँ अपनी बीमारी से चंगा हो गया तथा 4 अप्रैल 1775 (सफर 2, 1189 हिजरी) को उसने जाटों और राजपूतों पर चढ़ाई करने के लिए सम्राट से विदाई ली (*वाका,* 287)। जब मिर्जा के आने के समाचार की जानकारी मिल गई राजा नवल सिंह डीग छोड़कर सुनूखर आ गया जो अभी तक अजेय था। जयपुर की सेनाओं ने भी उसका साथ दिया तथा मित्र सेना ने दुर्ग में अपना खेमा डालकर अपनी स्थिति को सुदृढ़ बना लिया। मुल्ला रहीमदाद को जो अब जाटों की सेवा में था, रुहेलों के साथ सुनूखर की दुर्ग पंक्तियों के बाहर नियुक्त किया गया। अनेक छोटी-मोटी लड़ाइयाँ हुईं जिनमें रुहेलों ने अपने पिछले साथियों के विरुद्ध घायल गर्व के बदले की भावना के अनुरूप शौर्य के साथ युद्ध किया। मिर्जा नजफ खाँ ने उन्हें अपने साथ मिलाने का असफल प्रयास किया, उसने कामा तथा उसके अतिरिक्त कई अन्य परगने जागीर के रूप में उसे देने का वायदा किया। परन्तु नवल सिंह और उसके चतुर परामर्शदाता अपने पठान मित्र के कारण शान्ति से नहीं बैठ सकते थे, क्योंकि उन्हें सन्देह था कि वह साम्राज्यवादियों के साथ मिला हुआ है। उन्हें आशंका थी कि रहीमदाद ऐसे उपयुक्त अवसर की प्रतीक्षा में था, जब वह उन पर किसी असावधानी के क्षण में आक्रमण कर देगा। अब उन्होंने एक ऐसी तरकीब सोची जिससे रुहेला सरदार से उनके सम्बन्ध भी न टूटे और वे उसकी अविश्वसनीय उपस्थिति से भी मुक्त रहें। रहीमदाद से कहा गया कि वह हिन्दुस्तान और बयाना के विरुद्ध लूटमार के अभियान पर जाए, इस लूट में जो भी सम्पत्ति मिलेगी, वह उसे मुफ्त उपहार के रूप

में दे दी जाएगी तथा जिन जिलों को, वह जीत लेगा वह उसके सैनिकों को जागीर के रूप दे दिए जाएँगे। जाटों की इच्छा पर बिना सन्देह किए वह इसके लिए तुरन्त तैयार हो गया और एकदम उन स्थानों के विरुद्ध उसने अपना प्रस्थान आरम्भ कर दिया (*इब्रतनामा,* पाण्डुलिपि, पृ. 267)।

एम. मेडेक जिसे सम्राट की तरफ से हिण्डोन और बयाना का इलाका जागीर के रूप में दे दिया गया था यह सुनकर अत्यधिक उत्तेजित हुआ कि रहीमदाद ने उस दिशा में प्रस्थान कर दिया है। उसने नजफ खाँ की स्वीकृति के बिना बरसाना में अपनी चौकी छोड़ दी तथा बहुत तेज चलकर फतेहपुर सीकरी के पड़ोस में पहुँच गया। इस स्थान से थोड़ी दूर जब उसके सैनिक एक छोटी नदी को पार कर रहे थे, उन्हें रहीमदाद तथा अम्बा जी मराठा को देखकर आश्चर्य हुआ। एम. मेडेक के सिपाहियों ने द्रुत गति से अपने को संगठित किया, परन्तु उनके कारतूसों के पानी से खराब होने के कारण उनका पहला प्रहार निरर्थक गया। जब तक वे अपनी बन्दूकों में कारतूस दुबारा भर सकते, रुहेला अपनी तलवारों के साथ उन पर टूट पड़े, जिसके फलस्वरूप कुछ तो वीरगति को प्राप्त हुए और अन्य भाग गए। भगदड़ सम्पूर्ण थी; एम. मेडेक साँस लेने के लिए तब तक नहीं रुका, जब तक वह आगरा नहीं पहुँच गया। रहीमदाद ने उस क्षेत्र में इतना हल्ला मचा दिया कि नजफ खाँ को उसके विरुद्ध मोहम्मद बेग खाँ हमदानी के नेतृत्व में जिसे आगरा का गवर्नर नियुक्त कर दिया गया था, एक बड़ी सेना भेजने के लिए बाध्य होना पड़ा।

नवल सिंह और उसके राजपूत मित्रों ने नजफ खाँ के निजी सेना पर आक्रमण करने का निश्चय किया, क्योंकि इस समय उसकी सेना, उसके दो विख्यात सरदारों—एम. मेडेक और हमदानी की अपनी सेना के साथ अनुपस्थिति के कारण, काफी कमजोर हो चुकी थी। वे अपनी सुदृढ़ स्थिति से निकल आए तथा उन्होंने मुस्लिम सेना को युद्ध के लिए 18 मई, 1775 (17 रबी, I, 1189 हिजरी; *वाका,* पृ. 287) को ललकारा। परन्तु शाही फौज, संख्या में कम होते हुए भी इसलिए कमजोर नहीं थी क्योंकि उसे मिर्जा का श्रेष्ठ सेनापतित्व प्राप्त था। जाटों और राजपूतों को युद्ध में पराजय मिली और वे डीग भाग गए।

राजा नवल सिंह की मृत्यु

युद्ध की ज्वाला को दुबारा प्रज्वलित करने की मूर्खता के लिए राजा नवल सिंह को भारी मूल्य चुकाना पड़ा—वस्तुतः वह ऐसी ज्वाला थी जो उसको भस्मीभूत करने के बाद भी शान्त नहीं हुई। अनेक विपत्तियों तथा पराजयों के बाद भी जाट सरदार पहले की ही भाँति दुराग्रही था। विजयी मुगल सेना डीग के दरवाजों पर गरज रही थी, वह माँग कर रही थी कि या तो पूर्ण आत्म-समर्पण करो अथवा अन्तिम

निर्णय तक युद्ध करो। परन्तु नवल सिंह ने अत्यन्त ठण्डे तरीके से इन दोनों माँगों ठुकरा दिया। एक भोली आशा उसके कानों में फुसफुसा रही थी कि उसे निराश नहीं होना चाहिए। अब्दुल अहद खाँ ने मिर्जा नजफ खाँ की सेना को विफल बनाने के लिए अथवा उसे विचलित करने के लिए वह सब कुछ किया जो कूटनीति तथा षड्यन्त्र के द्वारा किया जा सकता था। वह मराठों[5] को मिर्जा की शक्ति को समय रहते मर्दन करने के लिए उकसा रहा था—अंग्रेजों से उसकी मैत्री होने के कारण वह उनकी राष्ट्रीय सुरक्षा के लिए कहीं अधिक खतरनाक था; अंग्रेज, राघोबा के दावों का पहले से ही समर्थन कर रहे थे। दक्षिण में आरा की लड़ाई लड़ी जा चुकी थी (18 मई, 1775) तथा उसके परिणाम अपहारी के संरक्षकों के लिए अधिक उत्साहवर्धक नहीं थे। नवल सिंह इस सम्भावना से बहुत अधिक आशावान था कि वर्षा ऋतु की समाप्ति पर मराठा हिन्दुस्तान पर आक्रमण करेंगे, जिसके फलस्वरूप मिर्जा जाट प्रदेश को छोड़कर चला जाएगा। इससे भी अधिक आशाजनक यह समाचार था कि जबीता खाँ की सिखों से मैत्री हो गई है तथा इन दोनों ने मिलकर शाही प्रदेशों पर आक्रमण किया है। नजीबुद्दौला का पुत्र अमीर-उल-उमरा के पद तथा दिल्ली के आसपास के इलाके को अपनी विरासत मानता था, जिनसे मिर्जा नजफ खाँ और मराठों ने उसे यह कहकर वंचित कर दिया था कि वे सम्राट की सत्ता को पुनर्स्थापित कर रहे हैं। अपने पिता की ही भाँति वह भी शाही दरबार में तानाशाह की भूमिका अदा करना चाहता था; रुहेला परिसंघ के लुप्त हो जाने के कारण वह सिखों पर निर्भर कर रहा था जो इस समय मराठों के साथ संघर्ष में रत थे। सिखों ने पहाड़गंज (दिल्ली का पश्चिमी बाहरी भाग) को लूटा और जलाया और रुहेला सरदार स्वयं दो-आब में लूटपाट करता रहा। स्थिति इतनी गम्भीर और खतरनाक थी कि सम्राट ने आसफ-उद-दौला[6] को एक पत्र लिखकर उससे बागियों के विरुद्ध सहायता माँगी। मिर्जा नजफ खाँ ने अर्ध-विजित शत्रु को छोड़कर जाने से इन्कार कर दिया क्योंकि इससे उसके पृष्ठभाग का अपमान होता था तथा उसने निश्चय किया कि वह डीग को जीते बिना नहीं लौटेगा। भगवान ने जाट सरदार को अपने देश और जनता के अवश्यम्भावी सर्वनाश के साक्षी बनने के आत्म-सन्ताप से बचा दिया। राजा नवल सिंह ने सम्भवतः यह शपथ ली थी, कि उसकी मृत्यु रणभूमि में नहीं होगी; अतः उसे इस बात की प्रसन्नता रही होगी कि बृहस्पतिवार, 10 अगस्त,[7] 1775 को सूर्यास्त से दो घड़ी बाद रोग-शय्या पर उसने अन्तिम साँस ली। अपने शरीर की बनावट में वह रोगी था, कार्य-प्रणाली में वह कायर था, तथा सट्टा लगाने में उतावला था। वह गलत स्थान पर हठी था तथा अपनी वैयक्तिक सुरक्षा से सम्बंधित मामलों को छोड़कर अन्य सभी मामलों में वह बहादुर था। एक सैनिक एवं देशभक्त के रूप में उसकी तुलना डेमोस्पीन्स से की जा सकती है जो एथेंस

के मंच पर फिलिप के सैनिकों के व्यूह की चिन्ता न करते हुए फिलिपिक्स को मुक्त कर सकता था। यद्यपि उसने अपने सैनिकों एवं अधिकारियों को संकट के समय अपनी व्यर्थ की कायरता से निराश किया था, तथापि उनका यह विश्वास हमेशा बना रहा कि अगली बार उसका आचरण ठीक रहेगा। "उसमें प्रशासनिक योग्यता एवं सेना-नायक के गुण नहीं थे।"[8] तथापि, उसकी प्रजा, उसकी सौजन्यता एवं उदारता के कारण उससे प्यार करती थी तथा उसकी मृत्यु पर उन सभी ने ईमानदारी से शोक मनाया था।

रहीमदाद का विश्वासघात तथा रणजीत सिंह जाट द्वारा उसका डीग से निष्कासन

मुल्ला रहीमदाद बयाना और आगरा जिलों में सफल हमले के बाद वर्षा ऋतु के आरम्भ में डीग लौट आया तथा उसने दुर्ग की बन्दूकों की छाया में जाट सेना के अन्य कमाण्डरों के साथ अपना खेमा गाड़ लिया था। उसने अपने स्वामी के प्रति निष्ठा का प्रमाण दिया था, यद्यपि उसकी स्वामी-भक्ति को आकर्षित करने के लिए कोई बड़ा प्रलोभन नहीं था, जिस दिन नवल सिंह की मृत्यु हुई रुहेला ने विश्वासघात की एक वीरतापूर्ण तिकड़म के द्वारा अपने भाग्य को आजमाने का निर्णय किया। यह जानकर कि नगर के भीतर के लोग शोकमग्न हैं तथा उसकी प्रतिरक्षा के प्रति उदासीन हैं, रहीमदाद खाँ ने उसे उपयुक्त अवसर मानकर चार या पाँच हजार रुहेला सैनिकों को युद्ध के लिए तैयार किया। सर्वप्रथम, वह स्वयं अपने कुछ विशिष्ट साथियों के साथ नगर के द्वार तक गया जो उसके खेमे के सामने था तथा केवल टहल करने के बहाने उसने उसमें प्रवेश पा लिया। उसने उस द्वार पर अधिकार कर लिया तथा अपने अनुभवी सैनिकों की सहायता से उसने अपने को समूचे नगर का स्वामी बना लिया। उसने प्रत्येक द्वार पर उसकी निगरानी रखने के लिए रुहेलाओं को नियुक्त किया तथा जवाहर सिह के महल के द्वार पर जाकर हरम की महिलाओं से मीठे शब्द बोलकर और उन्हें धोखा देकर बालक खेरी सिंह (केहरी सिंह—सम्पादक) को अपने अधिकार में ले लिया। उसने खेरी सिंह को गद्दी पर बैठाया तथा अपने को उसका डिप्टी नियुक्त कर लिया (*इब्रतनामा*, हस्तलिपि, पृ. 270)। उसने राज्य के प्रत्येक विभाग पर अपनी सत्ता स्थापित कर ली तथा उसने डीग से उन सब अधिकारियों को निष्कासित कर दिया, जिन्होंने उसके प्रति विरोध व्यक्त किया था। रहीमदाद ने अनेक जाट सैनिकों को अपनी सेना में नियुक्त किया तथा उन्हें विश्वास में लेकर अमीर-उल-उमरा के विरुद्ध युद्ध करने की तैयारियाँ आरम्भ कर दीं। उसका दृष्टिकोण आश्चर्यजनक था, वह डीग पर बादशाह तथा राजा सूरजमल के वंशजों के विरुद्ध अपनी स्वतन्त्र सत्ता को स्थापित करना चाहता था। कुम्हेर के किले में उसके विरुद्ध एक

प्रति-क्रान्ति की योजना बनाई जा रही थी। वहाँ रणजीत सिंह ने अपनी जाति के सभी निष्ठावान सरदारों को एकत्रित किया तथा डीग में जो लोग थे, उनके साथ मिलकर सत्ता हड़पने वाले भाड़े के नेता को निष्कासित करने के लिए षड्यन्त्र किया। एक रात वह छँटे हुए सैनिकों के साथ डीग को रवाना हुआ। कुछ साथियों के साथ वह स्वयं किले में प्रविष्ट हुआ तथा ऑलिया (इग्लिया) मराठा को, जिसके पास 2000 अश्व-सैनिक थे, यह दायित्व सौंपा कि वह डीग की दीवालों के बाहर रुहेलाओं पर आक्रमण करें। उन्होंने अपने कार्य को दक्षता एवं वीरता के साथ निष्पादित किया, वे रुहेलाओं पर अचानक टूट पड़े जिससे उनके खेमे में हलचल मच गई। इस समाचार को सुनने के बाद रहीमदाद जल्दी से अपने खेमे की सहायता के लिए गया, उस समय उसे इस बात का कोई सन्देह नहीं था कि उसके चालाक शत्रु ने उसके लिए जाल बिछा रखा है। उसकी अनुपस्थिति में डीग का समूचा नगर उसके अनुयायियों के विरुद्ध विद्रोह में उठ खड़ा हुआ। राजा की उपस्थिति से आश्वस्त होकर उन जाटों ने भी, जिन्होंने रहीमदाद की सेवा करना स्वीकार कर लिया था, विश्वासघाती रुहेलाओं को नष्ट करने के लिए अपने भाइयों का साथ दिया। लड़ाकू लोग जो शहर के लोगों में छिपे हुए थे, हर गली और कूंचे में से थोड़े ही समय में एक साथ निकल आए तथा उन्होंने नगर को अफगानों से मुक्त कर दिया; इसमें अनेक रुहेला मारे गए तथा एक अच्छी संस्था में उन्हें बन्दी बनाया गया। यह देखकर कि भाग्य अब उसे दुबारा अपना मित्र नहीं बनाएगा, रहीमदाद[9] दिल्ली की ओर चला गया। रणजीत सिंह को डीग में यह सोचकर उसके नाबालिग भतीजे खेरी सिंह (केहरी सिंह–सम्पादक) के स्थान पर राजा के रूप में प्रतिष्ठित किया गया कि जाट, राष्ट्र के समक्ष एक बहुत बड़ा खतरा है।

डीग का घेरा (मई 1775–अप्रैल 1776)

सिनसिनवार जाटों की उजड़ी हुई राजधानी डीग अब एक सोता हुआ प्रान्तीय कस्बा है, जिसकी शक्ल से खिन्नता व्यक्त होती है। वह आगरा से 44 मील पश्चिम-उत्तर में है और वह भरतपुर से 22 मील उत्तर में है। एक शताब्दी से अधिक की उपेक्षा से अपमानित तथा शत्रुओं द्वारा अधिकृत होने के बाद भी उसका *लकवा बुर्ज* आज भी अपना सिर आकाश में जवाहर की गर्वीली कलगी की भाँति ऊँचा रखे हुए है। अंग्रेजों के शान्तिपूर्ण काल में नगर और उसके पड़ोस का इलाका अपना भय उत्पन्न करने वाली सैनिक आकृति को खो चुका है। वह समतल मैदान में स्थित तथा जल के सुन्दर विस्तार के अतिरिक्त, उसमें कुछ भी दर्शनीय नहीं है। जल के विस्तार ने न केवल उसकी सुन्दरता में वृद्धि की है, उसने उसे शत्रु के लिए लगभग दुर्गम बनाकर, विशेषतः वर्षा ऋतु में–उसकी

शक्ति को भी बढ़ाया है। प्रकृति के दोषों को मिटाने के लिए मानव-प्रयास के द्वारा जो कुछ भी किया जा सकता था, उसे जाटों की शक्ति ने उस स्थान को शक्तिशाली बनाने के लिए किया है। बड़ी मिट्टी की दीवाल जिस पर नगर को घेरने वाले बुर्ज निर्मित थे, इतनी असामान्य ऊँचाई और चौड़ाई की थी कि "पहली बार देखने पर ऐसा लगता था कि पहाड़ियों की वह एक लम्बी शृंखला है, जिसे नगर को घेरने के लिए प्रयुक्त किया गया है" (*लॉ नवाब रेने मेडेक*, सेक्शन 48)। एक चौड़ी और गहरी खाई *शाह बुर्ज* को छोड़कर जहाँ मुख्य प्रवेश द्वार है, नगर के चारों ओर स्थित है। यह *शाह बुर्ज* भी अपने में एक दुर्ग है जिसका "अन्दर को क्षेत्रफल 50 वर्ग गज है जिसे गैरीजन के प्रयोग के लिए बनाया गया था और जहाँ चार प्रमुख बिन्दुओं का सामना करने वाले चार प्रभावशाली बुर्ज थे।"...इस स्थान से लगभग एक मील दूर तथा लगभग नगर के मध्य में किला है जो अत्यधिक मजबूत है।–परकोटे ऊँचे और मोटे हैं जिसके ऊपर बुर्ज बने हुए हैं और जिसके चारों ओर एक गहरी खाई है और जिसके सामने एक इमारत है।[10] बाहर के किले तक पहुँचने के मार्ग दुर्गीकृत बाहरी चौकियों तथा इर्द-गिर्द के मैदान पर निर्मित छोटी गढ़ियों के द्वारा अत्यधिक दुर्गम बना दिए गए थे। इनमें से सबसे बड़ा तथा शक्तिशाली गोपालगढ़ था, जो एक छोटा-सा मिट्टी का किला था और जो शाह बुर्ज के बिल्कुल सामने थोड़े से फासले पर था। जाट राजा की अभियान्त्रिकी पर वॉबन[11] के देशवासी भले ही हँसे, परन्तु यह सत्य है कि उत्तर भारत के दुर्गीकृत नगरों में डीग और भरतपुर सबसे अधिक शक्तिशाली थे।

इन दुर्भेद्य दुर्ग-पंक्तियों के बीच एक सम्पन्न नगर था, जिसकी सम्पन्नता और वैभव महान् मुगलों की शानदार राजधानियों–दिल्ली और आगरा के ह्रासोन्मुख वैभव का उपहास करती थीं। हिन्दुओं का सम्मान और धन डीग से अधिक और कहीं सुरक्षित नहीं था। बड़े व्यापारियों तथा मुगल दरबार के सामन्तों ने वहाँ अपने खजाने और परिवारों को अधिक अच्छी सुरक्षा के लिए बड़े और सुन्दर महल बनाए थे। सभी जातियों के व्यापारी वहाँ आते थे और उन्होंने डीग में उसकी दीवालों के भीतर अपनी वस्तुओं के भण्डार स्थापित करके उसे एक बड़ा व्यापारिक नगर बना दिया था। जाटों ने जहाँ से उपयोगी बनाया था, वहाँ उसकी सुन्दरता की भी उन्होंने उपेक्षा नहीं की थी। वास्तुकार जिसकी कुशलता की दिल्ली के निर्धन दरबार में अब कोई माँग नहीं थी, सम्पन्न जाट राजा के संरक्षण की तलाश में था तथा उसने साहसिक सरदार के स्थल को महलों के ऐसे नगर में परिवर्तित कर दिया जो शक्तिशाली राष्ट्र की राजधानी बनने के उपयुक्त था। ठाकुर बदनसिंह ने अपनी बड़ी दौलत डीग के सुन्दरीकरण में खर्च की, उसने वहाँ शानदार महलों का सेट भी बनवाया था, जो अब 'पुराना महल' के नाम

से जाना जाता है। राजा सूरजमल ने यद्यपि अपने साथ कभी न्याय नहीं किया, जैसा पवित्र और दानी सेठ सामान्यतः किया करते हैं, तथापि सुन्दर इमारतों को निर्मित करने के मामले में उसने कभी कोई संकोच नहीं किया। उसके द्वारा बनवाए गए भव्य भवनों में सूरज-भवन, किशन-भवन तथा गोपाल-भवन एक नए प्रकार के स्थापत्य को अभिव्यक्त करते हैं, जिसको विशेषज्ञों ने जाट शैली की संज्ञा प्रदान की है, जिसमें जाट मजबूती और मुगल-दमक का सुन्दर सम्मिश्रण है। महाराजा जवाहर सिंह कछवाहा राजधानी (जयपुर) की मनोहरता एवं उसके प्रति साम्य से विशेष रूप से प्रभावित था, फलतः उसने अपनी राजधानी को अपने सपनों के स्वर्ग के अनुसार वास्तविक रूप देने का प्रयास किया। नौका-चालन के लिए बड़े-बड़े तालाब और सुन्दर उद्यान जिनके बीच में से कृत्रिम फव्वारों से भरी हुई नहरें गुजरती थीं, इन सबके द्वारा शाही महलों के आकर्षण में बेशुमार वृद्धि की थी। ऐसा था डीग का भव्य नगर जिसकी सुन्दरता एवं शक्ति ने जाटों के विजेता को, अपनी विजय के ताज को और भी सुन्दर बनाने के लिए लालायित किया था।

वर्षा ऋतु में मिर्जा नजफ खाँ अपनी मुख्य सेना को डीग के पड़ोस से फरह (मथुरा और आगरा के बीच यमुना तट पर स्थित) ले गया था, केवल एक छोटी-सी टुकड़ी को उसने शत्रु पर निगरानी रखने के लिए वहाँ छोड़ा था। वर्षा की समाप्ति पर उसने घेरा डालने की फिर से तैयारी की तथा उसने अपना खेमा, कामा दरवाजे से डेढ़ कोस के फासले पर गाड़ा। उसने कुछ दिन किले की प्रतिरक्षा के सम्बन्ध में जानकारी प्राप्त करने में व्यतीत किए; उसने उसकी शक्ति के सम्बन्ध में उसे निकट से देखने के उपरान्त कुछ गलत अनुमान लगाया। वहाँ इतनी बन्दूकें थीं तथा उसकी दीवालों पर गश्त करते हुए इतने बन्दूकधारी थे कि उसे डीग एक जीवित ज्वालामुखी-सा लगा, जिसकी हरेक इंच भूमि से उसे आग उबलती हुई-सी नजर आई और जिसमें से गले हुए जस्ते की अपार बाढ़ निकल रही थी। दुर्ग पंक्तियाँ इतनी व्यापक थीं कि उसकी समूची सेना प्रभावी रूप से उसके एक तरफ को ही घेरने के लिए मुश्किल से पर्याप्त थी। अन्त में उसकी सैनिक दृष्टि ने इस स्पष्टतया अभेद्य युद्ध के दानव में सुभेद्य स्थान खोज लिया। उसने अपने आधे लोगों को शाह बुर्ज के सामने (जहाँ खाई समाप्त होती थी) तोपखाना खड़ा करने की जिम्मेदारी सौंपी तथा स्वयं उसने शेष आधे सैनिकों के साथ उनकी फौजी कार्यवाही को आच्छादित करने के लिए गोपालगढ़[12] को घेर लिया (*इब्रतनामा*, पाण्डुलिपि, पृ. 274)। सैनिकों ने डीग की दीवालों से तोपखाने और बन्दूकों की गोलियों की बौछार से अपने को बचाने के लिए अपने तोपखाने में खाइयाँ खोद ली थीं। कई हजार नागा पैदल सैनिक डीग और गोपालगढ़ की बीच की भूमि में अपना खेमा डाले हुए थे। चूँकि उन्हें कोई भय अथवा चिन्ता नहीं थी,

उनके नेता अपने कुछ अनुचरों के साथ बहुधा तोपखाने से मुसलमानों पर आक्रमण करते थे तथा मिर्जा की सेना के लिए अनाज लाते हुए बैलों को मार्ग में दूर हाँक ले जाते थे। इससे उसके खेमे में खाद्यान्न की कमी हो गई तथा उसके सैनिकों को इस कारण चिन्ता हो गई थी। कुछ समय बाद मोहम्मद बेग खाँ हमदानी और नजफ कुली जिन्हें इर्द-गिर्द के इलाके का दमन करने के लिए भेजा गया था, खेमे में बड़ी मात्रा में अनाज और युद्ध-सामग्री लेकर लौटे। उनके विजयी सैनिकों के आ जाने से घेरा डालने वाली सेना का मनोबल ऊँचा हो गया। मिर्जा नजफ खाँ ने इस प्रकार सहायता पाने के बाद गोपालगढ़ और डीग के बीच में पड़ाव डाले हुए शत्रु को भगाने का निश्चय किया।

एक दिन प्रातःकाल नवाब अपनी सेना को युद्ध के लिए व्यूहबन्द करके तथा अपनी बन्दूकों को सामने तैनात करके स्वयं अपने लिए चुने गए स्थान तक गया। सभी नागा गुसाई जो युद्ध के लिए पूर्ण रूप से सुसज्जित थे और जिनके हाथों में बन्दूकें थीं, मुस्मिल सेना का प्रतिरोध करने के लिए बाहर निकल आए। हजारों जाट सैनिक सभी दिशाओं से वहाँ आ गए और उन्होंने शीघ्रता से अपने को लामबन्द कर लिया। स्वयं रणजीत सिंह अपने समस्त वीर एवं प्रख्यात सरदारों के साथ किले में उतरा तथा एक मरहले में अपना स्थान लेने के बाद उसने शत्रु पर आक्रमण करने का आदेश दिया। इसके साथ ही डीग और गोपालगढ़ की तोपें नवाब के सैनिकों पर अविरल रूप से गोलाबारी करती रहीं; उनके ऊपर गढ़ियों से भी जम्बूरको, जजैल और बन्दूकों के द्वारा गोलियाँ बरसाई जा रही थीं। सभी दिशाओं से जाट अश्व तथा पैदल सैनिकों का दबाव नवाब के सैनिकों पर पड़ रहा था तथा क्रोधोन्मत्त गुसाइयों ने अनेक मुसलमानों को शहीद बना दिया। नवाब के सैनिकों को पराजय का सामना करना पड़ रहा था, उनमें बहुत से मारे जा चुके थे तथा बाकी के घुटने हिलने लगे थे। जिन थोड़े से लोगों ने अभी तक दृढ़तापूर्वक सम्मान को कायम रखने के लिए युद्ध किया था तथा खतरनाक गोलाबारी की उपेक्षा की थी, वे भी आखिर में भागने के करीब थे। नवाब इस विकट स्थिति को देखकर घोड़े पर से उतर पड़ा तथा उसके चुने हुए साथियों और अंगरक्षकों ने उसका अनुसरण किया। उनको साथ लेकर उनसे शत्रु के ऊपर बड़ी निर्भीकता से आक्रमण किया। उसके उदाहरण ने निराश मुस्लिम सेना में जोश भर दिया और उसने एक वीरतापूर्ण प्रयास में शत्रु के व्यूह को तोड़ दिया। परन्तु राजा रणजीत सिंह ने जिसने बुद्धिमानी से अपने को खतरे के क्षेत्र से बाहर रखा था, अपने आदमियों की सहायता के लिए कुछ भी नहीं किया तथा ऐसा लगता है कि इस संकट के क्षण में वह मैदान छोड़कर चला गया। नवाब की सेना के दृढ़ आक्रमण का सामना करने की क्षमता के अभाव में जाट सेना को पीछे हटने के लिए बाध्य होना पड़ा। गुसाईं जिन्होंने अभी तक

दुर्ग में शरण लेने से इन्कार किया था, अब अपने सामान समेत नगर में आ गए। मोहम्मद बेग खाँ हमदानी ने अपना खेमा वहाँ गाड़ दिया, जहाँ अभी तक गुसाईं डेरा डाले हुए थे।

मिर्जा नजफ खाँ को यह मालूम हो गया कि शस्त्रों के बल पर डीग को जीतना सम्भव नहीं है। उसने नजफ कुली को आदेश दिया कि वह डीग और कुम्हेर के बीच किसी सुविधाजनक स्थान पर अपना डेरा डाले तथा रात-दिन चौकन्ना रहकर कुम्हेर से घिरे हुए लोगों को भेजी गई रसद को रोके तथा इन दोनों स्थानों के बीच के संचार के सूत्रों को काटे। एक रात दो हजार स्त्री और पुरुष जो कुम्हेर के किले से खाद्यान लेकर आ रहे थे और जिनकी सुरक्षा के लिए जाट पैदल सैनिक साथ थे, नजफ कुली की गश्त लगाने वाले दल से टकरा गए। शत्रु को देखकर उन्होंने अपना सामान फेंक दिया और वे जंगल की ओर भाग गए, उन में से कुछ को बन्दी बना लिया गया और उन्हें मिर्जा नजफ खाँ के पास भेज दिया गया। उसके परामर्शदाताओं ने यह सुझाव दिया कि इन लोगों के नाक-कान काटकर इन्हें इनके घरों को वापस भेज देना चाहिए ताकि कुम्हेर के लोगों को इस काम में निहित खतरे का ज्ञान हो जाए। परन्तु मिर्जा ने इन असहाय और निर्दोष लोगों को एक जिद्दी विद्रोही के अपराध के लिए दण्डित करने से इन्कार कर दिया। उसने उन्हें केवल इस चेतावनी के बाद रिहा कर दिया कि भविष्य में वे इस प्रकार का प्रयास न करें (*इब्रतनामा,* पाण्डुलिपि, पृ. 266-267)। हिन्दू ग्रामवासियों की शत्रुता को निःशस्त्रीकरण करने में नजफ खाँ की दयालुता मध्ययुगीन योद्धाओं की स्वाभाविक भयानकता की अपेक्षा अधिक प्रभावी सिद्ध हुई। उसके उच्च चरित्र ने हिन्दू जनता के हृदय में विश्वास का संचार किया तथा उसकी बुद्धिमत्तापूर्ण एवं मानवीय नीति ने कुछ समय के लिए मुस्लिम शासन के प्रति अलगाव की उस आम भावना को दूर कर दिया, जो औरंगजेब के समय से चली आ रही थी और जिसमें अब्दाली की रक्त-रंजित विजयों ने वृद्धि की थी।

रहीमदाद से पराजित होने के बाद एम. मेडेक नजफ खाँ की सेना में फिर से शामिल हो गया था। उसने प्रस्ताव किया कि नगर के एक उस बुर्ज पर आक्रमण किया जाए जिसके चौकीदारों के सम्बन्ध में यह देखा गया था कि वे अपनी निगरानी के कर्तव्य-पालन में ढीले थे। उसने सात ग्रिनेडियरों की कम्पनी का स्वयं नेतृत्व करने का प्रस्ताव किया, जो दो बन्दूकों के साथ आकस्मिक रूप से आक्रमण करेगी, नवाब खेमे में अपनी सेना के साथ तैयार रहेगा तथा जैसे ही उसे आक्रमणकारी दल की बन्दूकों की आवाज सुनाई पड़ेगी, वह निर्धारित स्थान के लिए चल पड़ेगा। एम. मेडेक तथा उसके सिपाही तोपखाने की खाई में अर्ध-रात्रि तक पड़े रहे। जब यह लगा कि चौकीदार आराम करने के लिए

चले गए हैं, वे खामोशी से दीवाल की जड़ तक आ गए और अपनी संगीनों तथा कृपाणों को दीवाल में अपने पैर रखने के लिए प्रयुक्त करके वे दीवाल पर चढ़ने लगे। लगभग 100 आदमी ऊपर पहुँच गए; एम. मेडेक ने अपनी घबराहट और चिन्ता के कारण दूसरों के ऊपर चढ़ने की प्रतीक्षा किए बिना अपने सिपाहियों को गोली चलाने का आदेश दे दिया ताकि मिर्जा को सूचना मिल जाए। परन्तु इससे लापरवाह चौकीदारों को अलार्म मिल गया और वे दीवाल पर चढ़े, सिपाहियों पर टूट पड़े; उनको बन्दूकों को भरने का अवसर भी नहीं दिया। उनमें से अधिकांश मारे गए और कुछ शत्रु की तलवार से अपने को बचाने के लिए जमीन पर कूद पड़े (*इब्रतनामा*, पाण्डुलिपि, पृ. 269-270)। जैसे ही सिगनल की गोली मिर्जा नजफ खाँ ने सुनी, वह एक ढीली लगाम लगाकर घोड़े पर रवाना हो गया तथा बुर्ज की जड़ पर पहुँचकर ही वह वहाँ रुका। उस समय तक दिन निकल आया था तथा डीग के गैरीजन ने दुर्ग के द्वार खोलकर नवाब के सैनिकों पर आक्रमण कर दिया, जो इस समय निश्चय ही लाभ की स्थिति में नहीं थे। नजफ खाँ की सेना पर अब किले की बन्दूकों से तथा छोटी-छोटी गढ़ियों में से भयंकर गोलाबारी हो रही थी। नवाब की सेना के अनुभवी नेता प्रत्येक कदम पर गिरे रहे थे, घोड़े बिदकने लगे थे तथा वे अपने सवारों को नीचे फेंक रहे थे। सैनिक एवं अधिकारी जिन्होंने वर्षों तक अनेक युद्ध वीरतापूर्वक लड़े थे, अब अपने पैर मजबूती के साथ उस युद्ध-भूमि पर जमा नहीं पा रहे थे तथा एक क्षण भी सोचे बिना वे भाग गए, और इस प्रकार अपने अनुचरों में उन्होंने और भी अधिक घबराहट उत्पन्न कर दी। किले के रक्षक अब अपने आक्रमण में पहले की अपेक्षा अधिक बहादुर हो गए, यह निस्सन्देह एक अद्भुत दृश्य था, जब एक फटेहाल जाट पैदल-सैनिक हाथ में केवल एक भाला लेकर नवाब के दस सैनिकों पर टूट पड़ता था और वे भय के कारण लकवा लगे चित्र अथवा मूर्ति की भाँति निश्चल खड़े रहते थे, उनमें से किसी भी काफिरों का प्रतिरोध करने का साहस नहीं था (वही)। इस्लाम की सेना की इस दयनीय स्थिति को देखकर निर्दयी शत्रु ने उसके ऊपर अपना घेरा और भी अधिक मजबूत कर दिया। तीन या चार हजार सैनिकों में से केवल थोड़े से लोग अपने वीर सेनापति के चारों ओर दृढ़ता से युद्ध करते रहे। जब नवाब ने देखा कि उसके साथी भी पीछे हटने के इच्छुक हैं, वह भी डाँवाडोल होने लगा तथा यह सोचने लगा कि उसे कौन-सा मार्ग अपनाना चाहिए। इस संकट के समय समरू नवाब की सहायता करने के लिए शीघ्रता से एक बटालियन सैनिकों को लेकर आ पहुँचा तथा उसने अपनी टुकड़ी को दोनों सेनाओं के बीच खड़ा कर दिया। उसने अपनी बन्दूकों में छर्रे भरने का आदेश दिया जो शत्रु की सेना में एक साथ ही सौ सैनिकों को मार सकते थे। जाटों की प्रगति रोक दी गई तथा अन्त में उन्हें

किले में भागकर शरण लेने के लिए बाध्य कर दिया गया। मिर्जा नजफ खाँ ने इतनी बहादुरी से जीता हुआ स्थान नहीं छोड़ा, उसने उस स्थल पर एक तोपखाने के निर्माण का आदेश दिया (वही, पृ. 281)।

प्रत्येक दिन घिरे हुए लोगों के लिए सम्भावनाएँ अधिकधिक रूप से निराशाजनक होती जा रही थीं। नजफ खाँ की सेना प्रतिदिन नए सैनिकों के आ जाने से बढ़ रही थी। राजा हिम्मत बहादुर खाँ पाँच या छः हजार सैनिकों तथा 30 तोपों के साथ उसकी सेना में शामिल हो गया था। मिर्जा की सहायता के लिए नवाब आसफ-उद-दौला ने सैनिकों की तीन बटालियनों के साथ लताफत अली खाँ[13] को भेजा था। नजफ कुली ने घेरा डालने वालों की रसद को पूर्णतः बन्द कर दिया। वह किसी छोटी पलटन को भोजन कराने का काम नहीं था, परन्तु कम-से-कम 50 हजार की जनसंख्या वाले नगर को भोजन उपलब्ध कराने की समस्या थी जो इस समय राजा रणजीत सिंह के समक्ष प्रस्तुत थी। जो होनहार था, वह आखिर में घट ही गया, जाट राजा को आत्म-समर्पण के लिए बाध्य होना पड़ा, परन्तु उसने ऐसा बहुत जल्द नहीं किया। नगर में अकाल फैल गया और उसके बाद महामारी और अव्यवस्था। प्रत्येक गली और कूचा सैकड़ों आदमियों और जानवरों की लाशों से भरा हुआ था। मुसीबत में भरे लोग स्वच्छ एवं अस्वच्छ भोजन में कोई भेद नहीं कर रहे थे। जो कुछ भी हाथ में आ जाता था उसे बिना किसी संकोच के मुँह में ठूँस लिया जाता था (वही, पृ. 282)। इस विपदा के दबाव में आकर रणजीत सिंह ने नागरिकों को बाहर जाने की अनुमति प्रदान कर दी, तथा अभागी मानवता की एक धारा डीग के शोकायुक्त दरवाजे से गुजरकर मुस्मिल खेमे की ओर जाने लगी। मिर्जा नजफ खाँ के अधिकारियों ने उससे आग्रह किया कि वह इन शरणार्थियों पर गोलाबारी करके इन्हें किले में वापस भेज दे ताकि ये लोग अकाल के आतंक में और वृद्धि कर दें तथा किले के वातावरण को रोगजनक बना दें। परन्तु नवाब को इस निष्ठुर परन्तु चतुर तरीके से घृणा थी, उसने कहा, "मैं नहीं चाहता कि ये गरीब और अभागे लोग भी विद्रोहियों एवं आतताइयों के साथ तंगहाली के दिन देखें।" उसने उनके साथ दयालुता का बर्ताव किया तथा उनके लिए आराम एवं सुरक्षा की व्यवस्था की। उसने नगर और अपने खेमे के बीच एक शाही आलम को गढ़वाया तथा यह घोषणा कराई कि जो भी इस आलम के नीचे शरण लेगा, उसे तंग नहीं किया जाएगा। इस स्वागत करने योग्य घोषणा के फलस्वरूप प्रतिदिन सैकड़ों शरणार्थी उस आलम के नीचे आने लगे। यह भी होने लगा कि सम्पन्न व्यापारी और महाजन भी फटे-चीथड़े पहनकर तथा अपनी बहुमूल्य सम्पत्ति और सोने के सिक्कों को कपड़ों में छिपाकर गरीबों के साथ वहाँ आने लगे। कैम्प के निवासी तथा मुस्लिम सेना के बुरे लोगों ने जो इनकी प्रतीक्षा में लेटे रहते थे तथा कभी-कभी

उनके आलम तक पहुँचने तक शरणार्थियों को लूट लिया करते थे, उन्होंने इस तिड़कम को खोज निकाला। जब एक आकस्मिक तलाशी में चीथड़ों में जवाहरात पाए गए तो मिर्जा के सैनिक भी गुप्त रूप से इस धन्धे में लग गए और उन्होंने इन गरीब शरणार्थियों के शरीर पर एक कपड़ा भी नहीं छोड़ा। जब यह समाचार मिर्जा तक पहुँचा तो इन सैनिकों और अफसरों को बुलाकर उन्हें गरीब लोगों को सताने के लिए कठोर शब्दों में डाँटा। इसके बाद शरणार्थियों को यह आदेश दिया गया कि वे किले की दीवाल के नीचे प्रतीक्षा करें और जब वे बड़ी संख्या में वहाँ एकत्रित हो जाते थे, मिर्जा स्वयं अपने अंगरक्षकों के साथ जाकर उन्हें शाही आलम तक ले आता था, उसने वहाँ उनकी रक्षा के लिए एक शक्तिशाली टुकड़ी छोड़ रखी थी। कुछ दिनों बाद वे सभी लोग जो युद्ध नहीं कर रहे थे, नगर छोड़कर चले गए।

अपर्याप्त भोजन जाट सैनिकों के मनोबल और स्वास्थ्य दोनों पर प्रतिकूल प्रभाव डाल रहा था, वे इसके कारण प्रतिदिन दुर्बल होते जा रहे थे। रणजीत सिंह न तो किला छोड़ रहा था और न युद्ध कर रहा था। उसकी सेना के सरदार तथा परिवार के सदस्य उसके इस अनिर्णय के कारण दुःखी थे और वे उस पर यह दबाव डाल रहे थे कि वे उसके समक्ष जो दो विकल्प थे—उनमें से किसी एक को चुन ले, यदि उसे सम्मान प्यारा है तो वह तुरन्त उन अर्ध-मृतकों को—जो वे हो गए थे—मुसलमानों के विरुद्ध इस निश्चय के साथ नेतृत्व प्रदान करे कि उन्हें या तो विजय प्राप्त करनी है या युद्ध में वीरगति को, अथवा यदि यह भाग्य के पलटा खाने की प्रतीक्षा कर रहा है और इस कारण युद्ध को लम्बा खींचना चाहता है तो उसे कुम्हेर अविलम्ब चला जाना चाहिए। एक अँधेरी रात्रि को रणजीत सिंह किले से नीचे उस स्थान पर उतरा जहाँ राजा हिम्मत बहादुर का डेरा था तथा शत्रु के पीछे करने को चकमा देकर वह सुरक्षापूर्वक कुम्हेर के किले में पहुँच गया। पर्याप्त संख्या में जाट, वहाँ स्त्रियों और बच्चों की रक्षा करने के लिए इस संकल्प के साथ रह गए कि आवश्यकता पड़ने पर वे अपने कर्तव्य पालन में अपने प्राणों का भी उत्सर्ग कर देंगे। अगले दिन 10वीं रबी-उल-अव्वाल 1190 हिजरी (29 अप्रैल, 1776) को मिर्जा नजफ खाँ ने नगर में प्रवेश किया। परन्तु गैरीजन जो अपने परिवारों के साथ बदन सिंह के महल और किले में चली गई थी, उसने मुसलामानों को विजय का फल चखने नहीं दिया, "उसने उसे मौत की शराब से अधिक कड़वा बना दिया" (*इब्रतनामा*, पृ. 284)। वे नवाब के सैनिकों पर अनवरत गोलाबारी करते रहे, उनमें से अनेक उन्हें उनके स्थान से हटाने के प्रयास में मारे गए। मिर्जा का यह सख्त आदेश था कि उसके सैनिक किसी खाली मकान को भी न लूटे और उसने सब स्थानों पर मजबूत पहरेदार नियुक्त कर दिए थे। जाट गैरीजन के अदम्य साहस से प्रभावित होकर

मिर्जा ने उन्हें क्षमा का आश्वासन दिया। उन्होंने उसके इस उदार प्रस्ताव को ठुकरा दिया और शत्रुता जारी रखी। अन्त में नवाब ने समरू को आदेश दिया कि वह उनके विरुद्ध तोपखाना खड़ा करके उन पर गोलाबारी करे। सूर्यास्त के करीब महल की दीवालों और किले के अन्दरूनी भाग पर दरारें पड़ने लगीं और इस प्रकार अब वे अरक्षणीय होने लगी थीं। रात्रि के अँधकार में जाटों ने गम्भीरतापूर्वक अपने जीवन की अन्तिम यात्रा की तैयारी की, उसने प्रेम और स्नेह की सभी भावनाओं से अपने को विमुख करके अपने हृदय को इस्पात में ढाल लिया। उसने अपने सभी निकट के सम्बन्धियों को तलवार से उस इलाके में भेज दिया था, जहाँ उसकी स्वयं की आत्मा इस पृथ्वी के बन्धनों से मुक्त होकर आने वाले कल में उनकी खोज करेगी। सवेरा होते ही योद्धाओं ने किले के द्वार खोल दिए तथा वे समरू के तोपखाने और सैनिकों पर टूट पड़े। जो भी उनके रास्ते में आया, वह शीघ्र ही उनकी तलवार का शिकार बन गया। छर्रों से भरी हुई समरू की बन्दूकों से विध्वंसकारी आग निकलनी शुरू हुई, परन्तु घाव से कोई दर्द नहीं होता, मौत के लिए कोई आतंक नहीं होता, न इन बहादुरों के लिए जीवन में कोई आकर्षण था, इनमें से हर एक ने तीस या चालीस शत्रुओं पर आक्रमण करके उन्हें चीर डाला तथा अँधे क्रोध में बन्दूकों पर तलवार से प्रहार किया अपने शत्रुओं की हत्या से छकने तथा अनेक घावों को लेकर वे आखिरी साँस तक शान के साथ लड़कर गिर पड़े। अपने श्रेष्ठतम बच्चों तथा अपने शत्रुओं के खून से डीग[15] की भूमि लाल हो गई, अब वह अपने विजेता से अपने भाग्य के निर्णय की प्रतीक्षा में थी।

सन्दर्भ–

1. *वाका* के अनुसार (पाण्डुलिपि, पृ. 227) बल्लभगढ़ और फर्रुखनगर को जाटों ने 19वीं सफर तथा 8 वीं रबी, I, 1188 हिजरी के बीच समर्पित किया था। 9वी (रबी, I, 20 मई, 1774) को समरू की सम्राट से भेंट हुई थी, उसे खिलत प्रदान की गई थी तथा उसे पानीपत और अन्य परगनों का फौजदार नियुक्त किया गया था (वही, पृ. 278)।
2. सन्धि की दो शर्तें अग्रलिखित थीं–(1) जमुना के पश्चिम में नजीबुद्दौला और जबीता खाँ के अधिकृत क्षेत्रों को जैसे पानीपत, सोनीपत, महम, गोहाना, हाँसी, हिसार आदि को नजफ खाँ को सौंप दिया जाएगा, जो सम्राट की ओर से उन पर शासन करेगा; (2) यदि जबीता खाँ सम्राट की सत्ता को स्वीकार कर ले तथा अमीर-उल-उमरा के साथ मैत्री की कसम खाए और उसकी सत्ता से एक बाल बराबर भी विचलित न होने की प्रतिज्ञा करे, तो सहारनपुर का चकला रुहेला सरदार के पास बना रहने दिया जाएगा (*इब्रतनामा*, पाण्डुलिपि, पृ. 260-261)।
3. *इब्रतनामा* की एक हस्तलिपि में इस स्थान को संकर, सिंगर अथवा सुनकर कहकर

पुकारा जाना चाहिए। गुड़गाँव जिले में एक स्थान सिंगर नाम का है (27^0.5' अक्षांश; रेखांश 77^0.20') जो कामा से 20 मील उत्तर में है। इसी पुस्तक में हमें यह ज्ञात होता है कि घिरी हुई जाट सेना इस स्थान पर कामा से अपनी रसद इतनी सुगमता से प्राप्त कर सकती थी कि कामा पर अधिकार स्थापित किए बिना जाट सेना पर किए गए किसी भी आक्रमण के सफल होने की कल्पना भी नहीं हो सकती थी। अतः यह स्थान सिंगर नहीं हो सकता, क्योंकि वह कामा से काफी फासले पर है। सुनूखर (अक्षांश 27^0.45', रेखांश 77^0.18') कामा से 8 मील उत्तर में है और बरसाना से 12 मील पश्चिम में तथा वह एक दलदली रास्ते में स्थित है; अतः यह स्थान वर्णन के अनुकूल प्रतीत होता है। सुनूखर से आधा मील दूर सबलगढ़ का किला है जिसके भग्वाशेष अभी भी हैं।

4. खैरुद्दीन के अनुसार संकर के घेरे के समय यानी 1774 की वर्षा ऋतु के अन्त में समरू नजफ खाँ के खेमे में जाकर मिल गया था। परिशुद्धता की कीमत पर इस पूरे मामले को नाटकीय रूप दिया है। हमारे पास *वाका* का असन्दिग्ध साक्ष्य मौजूद है कि 20 मई, 1774 (देखें अन्ते) को पानीपत के अपने किले के लिए प्रस्थान करने की छुट्टी समरू को दी गई थी। यह बहुत सम्भव है कि नजफ खाँ ने पानीपत से उसे वापस बुला लिया हो और यह सोचकर उसे नजफ कुली की सहायता के लिए भेजा हो कि उसे जाट प्रदेश और जाटों की दुर्बलताओं की जानकारी है।
5. मिर्जा नजफ खाँ का बंगाल के गवर्नर को पत्र, 24 जनवरी, 1775 (फारसी पत्राचार)
6. आसफ-उद्-दौला का गवर्नर को पत्र, 31 मई, 1775 (फारसी पत्राचार)
7. 12 जमादा, II, 1189 ए.एच.; *वाका,* पृ. 289
8. गुलाम अली; *शाह आलम नामा,* पाण्डुलिपि, पृ. 4
9. खैरुद्दीन ने लिखा है कि डीग से अपने निष्कासन के उपरान्त रहीमदाद ने मिर्जा नजफ खाँ के इस प्रस्ताव को ठुकरा दिया था कि वह उसकी सेवा में फिर से आ जाए। वह अपने को अब्दुल अहद खाँ के साथ जुड़ा हुआ मानता था तथा उसने हिसार और हांसी में नजफ खाँ के लेफ्टीनेंट बशीर खाँ पर आक्रमण किया था। (*इब्रतनामा,* पृ. 286-289)। परन्तु एक टूटा-फूटा वाक्य खैरुद्दीन के उक्त बयान की सच्चाई के आगे प्रश्नचिह्न खड़ा करता है। 11वीं जिकादा 1189 हिजरी (3 जनवरी, 1776) की तारीख में यह एक छोटा-सा वाक्य है, ''*खबर रशीद के मुल्लाह रहीमदाद खाँ हमराह-ए-मिर्जा नजफ खाँ*—'' यानी ''खबर पहुँची कि मुल्लाह रहीमदाद खाँ मिर्जा नजफ खाँ के साथ थे—''सम्भवतः इससे हम यह निष्कर्ष निकाल सकते हैं कि 3 जनवरी, 1776 को रहीमदाद खाँ और मिर्जा नजफ खाँ आपस में मित्र थे। अतः डीग से उसका निष्कासन इस तिथि के पहले ही हो चुका था।
10. मेजर विलियम थोर्न, *मेमोयर्स ऑफ दी वार इन इण्डिया,* पृ. 414
11. भरतपुर के किले पर मेडेक की टिप्पणी, ''ये लोग इतने सीधे हैं कि उनका विश्वास है कि उन्होंने दुर्गीकरण का कोई बहुत अच्छा तरीका खोज निकाला है'' (*लॉ नवाब रेने मेडेक,* सैक्शन 47)।

12. यहाँ यह उल्लेखनीय है कि 1804 में डीग के घेरे के समय लॉर्ड लेक ने भी यही किया थाः "हमारे तोपखाने के दाईं ओर (शाह बुर्ज के सामने) गोपालगढ़, एक मिट्टी का किला था—जहाँ बन्दूकधारियों की भीड़ थी, जो अपनी अनवरत गोलाबारी से वहाँ काम करने वाले पक्षों को बहुत अधिक तंग कर रहे थे और हमें बहुत अधिक क्षति पहुँचा रहे थे" (*थोर्न, मेमोयर्स ऑफ दी वार इन इण्डिया,* पृ. 408)।

13. मोहर्रम की आठ तारीख को (1190 हिजरी = 28 फरवरी, 1776) लताफत अली खाँ ने, जिसे नवाब आसफ-उद-दौला ने तीन पलटनों के साथ भेजा था, महामहिम बादशाह सलामत को नजर भेंट की तथा खिल्लत पाने के बाद वह सफदरजंग की हवेली में चला गया (*वाका,* पृ. 291)।

14. खैरुद्दीन सम्भवतः विश्वसनीयता की सीमाओं का अतिक्रमण कर रहा है जब वह कहता है : हनूद-अज-हुरमत गोशी-ए-गाव इगमनानज़ करदाह दर जबूह-ए-बामुसलमान गाव-ए-हमदाश्त ओ इकसर दर-मानान्दगान बा-खोरदान-ए-मुरदाह-बा-मुरदार खबारान हम कस्स शुदन्द (*इब्रतनामा,* पाण्डुलिपि, पृ. 282)।

15. खैरुद्दीन ने मिर्जा नजफ खान के साथ जाटों के युद्ध में जाटों की ताकत को बताने में न्याय किया है। वह कहता है कि, "एक भी व्यक्ति ने अपने प्राणों को बचाने का प्रयास नहीं किया। यदि उन सबने मिलकर लड़ाई लड़ी होती तो उन्होंने प्रत्येक शत्रु को कत्ल कर दिया होता और उन्होंने किले से बाहर निकलने का अपना मार्ग बना लिया होता। डीग में कोई जौहर सम्पन्न नहीं हुआ। महिलाओं तथा बच्चों को तलवार के घाट उतार दिया गया", खैरुद्दीन का ऐसा मत है। एम. मेडेक देखता है कि नवल सिंह की तीन पत्नियों ने, मिर्जा नजफ खान द्वारा किले पर अधिकार कर लेने के बाद महल के नौकर से उनको कत्ल करने का अनुरोध किया था। वे महल के कालीन पर लेट गई और उसने क्रम से तीनों को तलवार से मौत के घाट उतारकर, आत्महत्या करके उनके शवों पर गिर पड़ा" (*लॉ नवाब रेने मेडेक,* सेक्शन 48)। डीग में जाटों द्वारा अपने परिवारों का कत्ल करना कोई असाधारण बात नहीं है। अकबर के शासन काल में, जाटों के बारे में बताते हुए मनूची कहता है..."इन ग्रामीणों ने अपनी सुरक्षा के लिए स्वयं को झाड़ियों में अथवा उनके गाँवों के चारों ओर वर्तमान छोटी-सी दीवालों के पीछे छिपा लिया। स्त्रियाँ भाले तथा तीर लेकर अपने पतियों की पीछे खड़ी हो गईं। जब पति अपनी तोड़ेदार बन्दूक चला दिया करता था, तब उसकी पत्नी उसको बल्लम पकड़ा देती थी, वह जब तक बल्लम से शत्रु को रोकता था, इसी बीच में वह तोड़ेदार बन्दूक को फिर भर दिया करती थी। इस तरह उन्होंने अपनी रक्षा उस समय तक की, जब तक वे ऐसा करने में समर्थ रहे। जब वे मृत्यु के समक्ष पहुँचने वाले होते थे, तब वे अपनी पत्नियों तथा पुत्रियों को मृत्यु के घाट उतारकर, अन्तिम परिणाम के लिए शत्रुओं के बीच अनेक बार कूद पड़े थे और इस प्रकार सिर्फ अपने अविचारित साहस के बल पर ही उस दिन का मैदान जीत लेते थे। (विलियम इरविन द्वारा *'स्टोरियो डो मोगोर'* का अनुवाद, I, 134)।

15

राजा रणजीत सिंह जाट का शासन (1775-1805)

दोआब में अफरासियाब का अभियान

राजा सूरजमल ने प्रत्येक जाट के हृदय में स्वतन्त्रता एवं महत्त्वाकांक्षा के बीज बोए थे। यदि बृज-भमि में जाट-राज्य का मूल वृक्ष मुरझा रहा था, तो उसकी प्रशाखाएँ नई भूमि में मजबूती के साथ बढ़ रही थीं तथा लोगों की इस आशा को जिन्दा रखे हुए थीं कि उनका राजनीतिक भविष्य उज्ज्वल है। मुगल शासन द्वारा दनकौर की लड़ाई के बाद दोआब की चार वर्ष तक अपेक्षाकृत उपेक्षा के काल में, अनेक जाट-नेता अपने तौर पर अपने लिए छोटे-छोटे राज्यों की स्थापना के लिए युद्ध कर रहे थे। उन्होंने न केवल मुगल सेना के एक भाग को शक्तिशाली रूप में विचलित किया था, अपितु उन्होंने ऐसे साधन भी खोज निकाले थे जिनके द्वारा वे "डींग में घिरे हुए लोगों को गुप्त रूप से सहायता पहुँचा सकें" (*इब्रतनामा,* पृ. 289)। मिर्जा नजफ खाँ ने अफरासियाब खाँ[1] को उनका दमन करने तथा दोआब में शान्ति एवं व्यवस्था कायम करने के लिए भेजा। अफरासियाब ने 15 हजार घुड़सवारों तथा उतने ही बन्दूकचियों और बन्दूकों के साथ यमुना पार की। इस क्षेत्र में जितने भी जाट अफसर अव्यवस्था एवं विद्रोह के नेता थे, उन्हें वहाँ से निकालकर, उसने अलीगढ़ पर घेरा डाला। जवाहर सिंह ने उसके दुर्गीकरण को अधिक शक्तिशाली बनाने के उद्देश्य से बहुत-सा धन व्यय किया था, उसने उसे रामगढ़ का नाम दिया[XXXI] (पहले वह साबितगढ़ नाम से जाना जाता था)

XXXI. कोल (अलीगढ़) क्षेत्र के गवर्नर साबित खाँ ने फर्रुखसियर और मुहम्मदशाह के समय कोल कस्बे से 3 मील उत्तर में एक किला बनवाया और उसका नाम साबितगढ़ रखा। जाटों ने इसे अधिगृहीत करके इसका नाम रामगढ़ रख दिया। 11 जून, 1761 के समाचार पत्र के अनुसार सूरजमल रामगढ़ में विद्यमान था। मिर्जा नजफ खाँ ने अपने लेफ्टीनेंट अफरासियाब खाँ के साथ रामगढ़ पर सन् 1775 में अधिकार करके इसका नाम अलीगढ़ रखा। अंग्रेजों ने 1804 में कोल को अलग अलीगढ़ नाम से जिला बना दिया। जे.एम. सिद्दीकी, *अलीगढ़ डिस्ट्रिक्ट : ए हिस्टोरीकल सर्वे,* पृ. 25-27 तथा 112

तथा उसने उसे अपने सैनिक भण्डारों एवं खजाने का बड़ा केन्द्र बनाया। अफरासियाब की कई महीने की घेराबन्दी से जब गैरीजन अत्यन्त कठिनाई में होकर गुजर रही थी, मुड़सान और हाथरस[2] के राजा भूप सिंह ने पृष्ठभाग में युद्ध आरम्भ कर दिया। राजा के भड़काने पर समूचे दोआब में किसानों ने टैक्स देने से इंकार कर दिया था और वे मुगल-शासन का प्रतिरोध कर रहे थे। जब अफरासियाब ने देखा कि इस स्थिति से निबटने में वह असमर्थ है, तो उसने अपने स्वामी को अपनी सहायता के लिए बुलाया।

डीग से मिर्जा नजफ खाँ का प्रस्थान

डीग को जीतने में मिर्जा नजफ खाँ ने अपनी समूची शक्ति और संसाधन इस विश्वास के साथ खर्च कर दिए थे कि उसमें सफलता मिलने पर जाट अपने घुटने टेक देंगे। जाटों की राजधानी के पतन से समूचे भारत में आश्चर्य की लहर दौड़ गई थी। विजेता पर दिल्ली के दरबार ने खिताबों और सम्मानों का ढेर लगा

स्पष्ट है कि साबितगढ़ का रामगढ़ नाम सूरजमल के शासन-काल में हुआ न कि जवाहर सिंह के शासन काल में। सूरजमल ने फरवरी, 1753 इसके फौजदार राव बहादुर सिंह बड़गूजर को हटाकर इस किले पर अधिकार कर लिया था। (सूदन, *सुजान चरित्र,* पृ. 98-103; *तारीखे अहमदशाही,* 47 अ)। मराठा और मुगल सेना द्वारा कुम्हेर दुर्ग के घेरे से पूर्व जाटों के इस क्षेत्र को चारों ओर से घेर लिया था तब जाट दुर्ग रक्षकों को 1753 दिसम्बर के अन्त में इस कोल के किले को खाली करना पड़ा था (*तारीखे-अहमदशाही,* 105 अ, 106 अ)। 1757 ई. में अब्दाली के अभियान के समय सूरजमल के कट्टर शत्रु मल्हारराव होल्कर एवं इमाद ने सूरजमल से समझौता कर लिया था। इस उपयुक्त अवसर पर सूरजमल ने जमुना के दोनों ओर अपनी पुरानी सैनिक चौकियों को ही पुनः स्थापित नहीं किया, अपितु आगरा से मेरठ तक के क्षेत्र पर भी अधिकार कर लिया। इससे यह निष्कर्ष निकाला जा सकता है कि उक्त अवधि में जाटों ने रामगढ़ को एक मजबूत किले के रूप में विकसित किया होगा। अब्दाली के दूसरे अभियान के समय 19 दिन के घेरे के बाद सूरजमल के दुर्ग सेनापति दुर्जन (साल) सिंह ने इसे 25 मार्च, 1760 को अब्दाली को समर्पित कर दिया था, (द्विवेदी, *जाट और मुगल साम्राज्य,* पृ. 237-238 फुटनोट 46; चान्दावत, *महाराजा सूरजमल और उसका युग,* पृ. 164, फुटनोट 2, सूरजमल ने आगरा किले पर अधिकार करने के बाद जून 1761 ई. में कोल जाकर अपना सैनिक शिविर स्थापित किया और अपने पुराने अधिकृत क्षेत्र को पुनः अपने अधीन कर लिया (*एस.पी.डी,* II, 144; *रजवाड़े,* I, 285-295)। जे.एम. सिद्दीकी द्वारा उद्धृत समाचार-पत्र भी पुष्टि करता है कि जून 1761 ई. में सूरजमल रामगढ़ में ठहरा हुआ था। इस प्रकार 1761 ई. से 1775 ई. तक रामगढ़ स्थाई रूप से जाटों के अधिकार क्षेत्र में रहा था—सम्पादक।

दिया था। परन्तु मिर्जा की प्रसन्नता उस समय विषाद में परिवर्तित हो गई जब उसने देखा कि डीग छोड़ने के बाद भी जाट कौम अपनी स्वतन्त्रता को नहीं छोड़ना चाहती। सन्धि की शर्तों की बात न चलाकर राजा रणजीत सिंह अपने शेष दुर्गों की अधिक सुदृढ़ प्रतिरक्षा की तैयारी कर रहा था। मिर्जा ने वर्षा ऋतु जाट-प्रदेश में गुजारी और ऐसा लगता है कि उसने इस काल में जयपुर के विरुद्ध अभियान की योजना बनाई थी। परन्तु दोआब में जाट-विद्रोह की गम्भीरता और राजा भूपसिंह के किलों को जीतने में अफरासियाब की असफलता ने उसे अपना विचार बदलने के लिए बाध्य कर दिया। परन्तु डीग छोड़ने के पूर्व उसने जाट और कछवाहा दोनों को दुःखी करने के लिए एक काँटा गाड़ दिया; उसने मछेरी के राव राजा प्रतापसिंह के आक्रामक दृष्टिकोण को प्रोत्साहित किया, जिसने कई वर्षों से इन दोनों को शान्ति से नहीं बैठने दिया था।

मिर्जा नजफ खाँ अपने ग्यारह सरदारों तथा एक बड़ी सेना के साथ दोआब में जाट-विद्रोह का दमन करने के लिए डीग से रवाना हुआ। यह अनुभवी सेनापति अब युद्ध से थक गया था, उसे अपने इस कभी समाप्त न होने वाले संघर्ष में अब आनन्द नहीं आ रहा था–ऐसे संघर्ष में जिसे उसे उन लोगों से लड़ना था जो कभी किसी विकट परिस्थिति से विचलित नहीं हुए तथा कोई भी संकट जिनका मनोबल नीचे नहीं गिरा सका। वह शान्ति का इच्छुक था और इसके लिए, अपनी इच्छा व्यक्त करने के लिए उसने यह प्रस्ताव भी किया था कि यदि राजा भूपसिंह उसके सम्मुख आकर समर्पण कर दे तो उसके अधिकार क्षेत्र पर उसका स्वामित्व स्वीकार कर लिया जाएगा और उसे साम्राज्य के एक सामन्त के रूप में मान्यता दे दी जाएगी। परन्तु जाट जिसने कभी दूसरे के अनुभव से नहीं सीखा, डीग के विजेता के साथ शक्ति-परीक्षण किए बिना समर्पण करने को तैयार नहीं था। उसने मुड़सान के घेरे के समय दृढ़ता के साथ कुछ समय तक उसकी रक्षा की। मिर्जा के अनेक वीर सिपाही, बन्दूकधारियों की गोलाबारी और हथगोलों से उस समय मारे गए और घायल हुए, जब वे किले को जीतने का प्रयास कर रहे थे। राजा हिम्मत बहादुर के जो मुगल-सेना के साथ था, एक गोली लगी तथा वह गम्भीर रूप से घायल हुआ। अन्त में उन्हें किले के दीवालों के नीचे सुरंगे बिछाने में सफलता मिल गई तथा राजा को उसे खाली करने के लिए बाध्य होना पड़ा।[3] मिर्जा नजफ खाँ ने मुड़सान का किला अफरासियाब को सौंप दिया और उसने स्वयं हाथरस (मुड़सान से 8 मील पूर्व में स्थित) पर घेरा डाल दिया जहाँ राजा भागकर चला गया था। शत्रु के शक्तिशाली दबाव के कारण भूपसिंह ने सन्धि के लिए राजा हिम्मत बहादुर के माध्यम से बात चलाई। नवाब ने सैनिक-सेवा की शर्त पर उसे उसके समस्त अधिकृत प्रदेश वापस कर दिए तथा उसके पास वे सारे किले बने रहने दिए जो अभी तक

चले आ रहे थे (*इब्रतनामा,* पृ. 291)। इसके उपरान्त उसने रामगढ़ के लिए कूच किया तथा चौबीस दिन के घेरे के बाद उसे जीतकर उसका नाम अलीगढ़[4] रख दिया।

इसी समय बादशाह ने मिर्जा नजफ खाँ को रुहेला सरदार के विद्रोहों को दण्डित करने के लिए दिल्ली बुलाया। रुहेला ने अब्दुल अहद खाँ के भाई अब्दुल कासिम खाँ की हत्या कर दी थी तथा एक शाही सेना को परास्त करके शाही भूमि पर स्थित अनेक महालों को अपने कब्जे में ले लिया था।

जबीता खाँ के विरुद्ध मिर्जा नजफ खाँ का अभियान

मिर्जा नजफ खाँ चौथी मोहरम 1191 हिजरी (12 फरवरी, 1777) को दिल्ली पहुँचा तथा शाही राजकुमारों जहाँदार शाह और जहानशाह ने बड़े सम्मान के साथ बादशाह के सम्मुख प्रस्तुत किया। दो महीने के उपरान्त वह बादशाह के साथ जबीता खाँ के एक मजबूत केन्द्र गौसगढ़ गया। शाही सेना 19 अप्रैल को दिल्ली से रवाना हुई तथा 8 जून को गौसगढ़ के पड़ोस में पहुँची। जबीता खाँ अपनी मुख्य सेना के साथ शाही सैनिकों को उनके पृष्ठभाग से आने वाली रसद को काटने तथा इस प्रकार उन्हें परेशान करने के उद्देश्य से किले के पहले ही बाहर निकल आया था। मिर्जा नजफ खाँ ने किले का घेरा डाल दिया, परन्तु वर्षा ऋतु के कारण जो थोड़े दिन पहले आरम्भ हुई थी, उसे बहुत कठिनाई का सामना करना पड़ा। 18वीं रजब (22 अगस्त) को उसने जबीता खाँ की सेना के साथ जमकर लड़ाई लड़ी। यद्यपि शत्रु को परासत करने में उसे सफलता प्राप्त हुई, तथापि अब्दुल अहद खाँ के विश्वासघात के कारण उसके लिए परिस्थिति अत्यधिक गम्भीर हो गई। उसने दोआब से अफरासियाब खाँ को बुलाया और वह 30 रजब (3 सितम्बर) को उसकी सहायता करने के लिए आ पहुँचा। एक दूसरी बड़ी लड़ाई हुई जिसमें 11वीं शबान (14 सितम्बर) को मिर्जा नजफ खाँ को निर्णायक विजय प्राप्त हुई, जिसका श्रेय मुख्यतः अफरासियाब के युद्ध-कौशल एवं धैर्य को दिया जाना चाहिए। 22 शबान (25 सितम्बर) को बादशाह ने विजयोल्लास के साथ गौसगढ़ में प्रवेश किया तथा 7 शब्बाल (8 नवम्बर) को जबीता खाँ तथा अन्य अफगान सरदारों के परिवारों को दाऊद बेग खाँ तथा अफरासियाब खाँ के संरक्षण में आगरा के किले में भेज दिया गया। नजफकुली को सहारनपुर का गवर्नर बनाकर सम्राट् और मिर्जा नजफ खाँ राव राजा प्रताप सिंह और रणजीत सिंह जाट को दण्डित करने के लिए तुरन्त राजधानी की ओर रवाना हो गए।

रणजीत सिंह की नई सैनिक गतिविधियाँ

मिर्जा नजफ खाँ को गौसगढ़ में जिस उलझन का सामना करना पड़ा था, उससे

रणजीत सिंह को साँस लेने का थोड़ा अवसर प्राप्त हो गया था और उसने इस अवसर का अच्छा लाभ उठाया। मिर्जा ने अपने अयोग्य साले सादात अली को हिंडौन और बयाना (आगरा के दक्षिण-पश्चिम में 70 और 50 मील की दूरी पर स्थित) का दायित्व सौंप दिया था तथा चलते समय उसने उसे यह परामर्श भी दिया था कि वह समुचित रूप से व्यवहार करे तथा सावधानी के साथ जाटों के ऊपर निगरानी रखे। जी-हुजूरी से घिरे हुए इस सामन्त ने मिर्जा से पहले उस जाट का दमन करने की योजना बनाई, जो पहले से ही अन्तिम साँसे ले रहा था। उसने रणजीत सिंह से कई परगने छीन लिए तथा उसके एक किले पर घेरा डाल दिया। रणजीत सिंह ने अपने अधीनस्थ एक मराठा कप्तान को 5 या 6 सौ अश्व सैनिकों के साथ घिरे हुए लोगों की सहायता के लिए भेजा। उन्होंने रात्रि में चलकर सवेरे मुस्लिम खेमे पर आक्रमण कर दिया जो रात भर रंगरलियाँ मनाकर निद्रा में डूबे हुए थे। सादात अली और उसके साथी बहुत देर में उठे, जब तक वे अपने कपड़े पहन पाते तथा अपने शस्त्र उठा पाते, मराठा उनके खेमे में घुस गए। मुगलों ने भागना आरम्भ किया और बिना पीछे देखे वे 5 मील तक तब तक भागते रहे जब तक वे आगरा की दीवालों तक सुरक्षित नहीं पहुँच गए (*इब्रतनामा,* पाण्डुलिपि, पृ. 292-294)।

इस सफलता से प्रोत्साहित होकर रणजीत सिंह कुम्हेर से निकल आया तथा नवल सिंह द्वारा खोए हुए प्रदेशों के अधिकांश भाग पर उसने पुनः कब्जा कर लिया। मुहम्मद बेग खाँ हमदानी जाट सरदार की गतिविधियों को रोकने के लिए आगरा से रवाना हुआ; जाट सरदार को कुम्हेर तक भगा दिया गया तथा उसे वहीं घेरे का सामना करने के लिए बाध्य कर दिया गया। परन्तु लगभग उसी समय राव राजा ने मुगल-शासन के विरुद्ध शत्रुता का रुख अपना लिया तथा उसके आक्रमण ने इतना गम्भीर आयाम हासिल कर लिया कि मिर्जा नजफ खाँ को मुहम्मद बेग खाँ हमदानी को यह आदेश देना पड़ा कि वह कुम्हेर का घेरा उठाकर मछेरी की ओर कूच करे रजब 1191 हिजरी (अगस्त 1777, *वाका,* पृ. 302)। परन्तु इस सफलता से इस क्षेत्र में कोई विशेष सुधार नहीं हुआ। हमदानी की सेना रणजीत सिंह तथा राव राजा की सम्मिलित शत्रुता के कारण घिरी पड़ी थी। योग्य एवं उत्साही नरूका सरदार जिसे अपने अधीनस्थ कुछ मराठा कप्तानों की सहायता प्राप्त थी, जाटों के विरुद्ध लम्बी और कड़ी लड़ाई के उपरान्त प्राप्त हुई विजय के फलों को नष्ट करने की धमकी दे रहा था। स्थिति इत्नी विकट थी कि मिर्जा को जबीता खाँ के दमन के काम को अधूरा छोड़ना पड़ा और गौसगढ़ से दिल्ली में अपने पहुँचने के केवल चार दिन बाद उसे इस नए खतरे को दूर करने के लिए आगरा जाना पड़ा (24 शवाल=25 नवम्बर, 1777, *वाका,* पृ. 305)।

राव राजा प्रताप सिंह की जाटों से मेवात की विजय

कछवाहों की नरूका शाखा के एक वंशज राव प्रताप सिंह ने अपना जीवन ढाई ग्रामों (मछेरी, राजगढ़ तथा आधा राजपुरा) से आरम्भ किया था तथा जब उसका समापन किया तो वह अलवर राज्य को संस्थापित कर चुका था। जाटों के दुर्भाग्य के साथ उसके सौभाग्य का उदय होना आरम्भ हुआ, मावंडा के रणक्षेत्र से जाटों के अनर्थकारी प्रत्यावर्तन को उनके दुर्भाग्य के आरम्भ की तिथि कहा जा सकता है। नवल सिंह के गृह-युद्ध में फँसे होने तथा बाद में साम्राज्यवादियों के साथ कठिन संघर्ष होने के कारण, राव प्रताप सिंह[5] ने मेवात के समस्त परगने सुगमतापूर्वक अपने अधिकार में कर लिए थे। उसकी सबसे बड़ी सफलता अलवर की विजय थी जिसे उसने जाट गैरीजन को रिश्वत देकर हासिल की थी, इस गैरीजन के लोगों को लम्बे समय से वेतन नहीं मिला था। नवल सिंह तथा उसके सहायक जयपुर नरेश की सेनाओं के ऊपर निर्णायक विजय प्राप्त करने के उपरान्त मिर्जा नजफ खाँ ने राव राजा को डीग बुलाया तथा महाराजा जयपुर के विरुद्ध प्रस्तावित कार्यवाही में मुगल-सेना का साथ देने के लिए उससे कहा। नरूका सरदार ने न केवल अपने स्वामी के विरुद्ध हथियार उठाने से इन्कार कर दिया, अपितु उसने अपने इस दृढ़ निश्चय को भी व्यक्त किया कि यदि यह आक्रमण किया गया तो उस स्थिति में वह जयपुर की सेना का साथ देगा। यदि राजा भूपसिंह के दो-आब में विद्रोह के कारण उसे वहाँ न जाना पड़ता तो वह उसे इस बात के लिए अवश्य दण्डित करता। उसने राव राजा के आक्रमक मनसूबों को प्रोत्साहित किया, ताकि वह अपने पड़ोसियों के ऊपर एक वांच्छनीय अवरोध की भूमिका अदा कर सके। इस प्रकार उसने अपनी आवश्यकता के लिए एक नैतिक आधार खोज लिया। राव राजा ने मिर्जा की इस अपेक्षा को इस सीमा तक पूरा किया कि उसे इसके लिए बाद में पश्चाताप करना पड़ा।

कुम्हेर का घेरा तथा राजा रणजीत सिंह द्वारा अधीनता स्वीकार

मिर्जा नजफ खाँ ने अपना मुख्यालय डीग में स्थापित किया तथा मुहम्मद बेग खाँ हमदानी को यह आदेश दिया कि वह कुम्हेर के किले पर दुबारा घेरा डाले। उसका ध्यान महाराजा जयपुर[6] कनोडा के राजा भगवन्त सिंह की ओर लगा हुआ था, जिन्होंने मछेरी के राजा के आक्रमण के कारण क्षति उठाई थी।

अम्बाजी राव अप्पाजी पण्डित, बापूजी होल्कर तथा राव राजा के अन्य मराठा मित्रों ने उसे यह समझाने की बहुत कोशिश की कि उसे मिर्जा के साथ सुलह कर लेनी चाहिए ताकि वह अपने अन्य शत्रुओं के विरुद्ध अधिक सफलता के साथ युद्ध कर सके। राव राजा मुगल सेनापति से डीग से टक्कर लेने के लिए एक बड़ी एवं शाक्तिशाली सेना के साथ रवाना हुआ तथा उसने अपना खेमा

आसिया (रसिया) पहाड़ी के करीब गाड़ा। 9वीं जिकाद 1191 हिजरी (9 दिसम्बर, 1777) को उसे मिर्जा से साक्षात्कार करने की अनुमति प्राप्त हो गई, मिर्जा ने उसे एक खिलत प्रदान की तथा उसके साथ आदर एवं सद्भाव का बर्ताव किया। समझौते की शर्तों पर राव राजा के हठी बर्ताव के कारण बातचीत लम्बी चली। यदि मिर्जा के गुमारतों ने कठोर माँगे प्रस्तुत की, तो उसने अपने बड़े खेमे की ओर नजर डालकर[7] उन्हें खामोश कर दिया तथा ऐसा करके उन्हें यह भी जता दिया कि उसका दावा अत्यधिक तर्कसंगत है। मिर्जा के कुछ अधिकारियों ने राव राजा को बन्दी बनाने का षड्यन्त्र रचा, एक दिन उन्होंने उसके खेमे को उस समय घेर लिया, जब उसके असंदेही राजपूत नित्य की क्रियाओं में व्यस्त थे तथा राव पूजा में लीन था। परन्तु कायर, सिंह-समान नरूका को, अपने जाल में फँसने में विफल रहे, उसने अपने वीर अनुचरों के साथ उनके विश्वासघाती प्रयास को विफल कर दिया और वह सुरक्षित लक्ष्मनगढ़[8] पहुँच गया। मुस्लिम सेना ने उसे चार महीने तक घेरे रखा परन्तु उसे कोई विशेष सफलता नहीं मिली। एक रात मिर्जा नजफ खाँ के खेमे पर अचानक आक्रमण हुआ तथा उसकी सेना राव राजा के सैनिकों से बुरी तरह पराजित हुई। उसके शत्रुओं ने उसकी इस पराजय पर खुशियाँ मनाईं और उन्होंने अपने इस दुर्जय प्रतिद्वन्द्वी के ह्रासोन्मुख भाग्य का एक शकुन माना तथा उन्होंने उस पर शक्तिशाली प्रहार करने के लिए अपने को तैयार किया।

क्योंकि नजफ खाँ ने मुहम्मद बेग खाँ हमदानी को लक्ष्मनगढ़ के सम्मुख अपनी सेना को ले जाने का आदेश देकर उसे दूर भेज दिया था, रणजीत सिंह कुम्हेर से बाहर निकल आया तथा उसने पुनः मुगल-प्रदेशों में लूटपाट और आगजनी प्रारम्भ कर दी। एक रात, एक वीरतापूर्ण आक्रमण में उसने फरह (आगरा और मथुरा के मध्य में स्थित) के आमिल की हत्या कर दी तथा आगरा की दीवालों तक के पूरे क्षेत्र को इतने पूर्णरूप से लूटा कि उस क्षेत्र में प्रकाश होना बन्द हो गया।[9] अब्दुल अहद खाँ के आग्रह पर सम्राट ने राजपूताना की ओर जाने का निश्चय किया और उसने ताल कटोरा में शाही खेमा गड़वाया। सिख सरदारों को भी षड्यन्त्रकारी मन्त्री ने बादशाह की तरफ मिला लिया था। अपने शत्रुओं के इस खतरनाक गठबन्धन को देखते हुए नजफ खाँ को राव राजा से सन्धि करने के लिए बाध्य होना पड़ा। मिर्जा ने उसे अलवर के राजा के रूप में मान्यता प्रदान कर दी तथा उसे उन सब क्षेत्रों का स्वामी मान लिया जिन्हें उसने जाटों से छीना था जमादा II, 1192 हिजरी (जुलाई, 1778)। उसने हमदानी को रणजीत सिंह के विरुद्ध पुनः भेज दिया तथा वह स्वयं आगरा की ओर रवाना हो गया। अपने शत्रुओं के मनसूबों का प्रतिकार करने के लिए उसने अफगान परिवारों को रिहा कर दिया तथा सहारनपुर जबीता खाँ को वापस कर दिया। (शबान,

1192 हिजरी—सितम्बर, 1778; *वाका,* पृ. 310)। इसके तुरन्त बाद, वह जाटों के मामलों से निबटने के लिए अपनी समूची सेना के साथ कुम्हेर पहुँच गया।

कुम्हेर का घेरा बड़े सशक्त रूप में चलाया गया, परन्तु बादशाह के आगमन की आशा में गैरीजन ने डटकर प्रतिरोध किया क्योंकि घेरा लम्बा चल रहा था तथा उसका कोई अन्त दृष्टिगोचर नहीं हो रहा था मिर्जा नजफ खाँ का धैर्य टूटने लगा। शाही सेना ने तालकटोरा में शवाल के महीने में अपना खेमा तोड़ डाला तथा उसने रेवाड़ी की दिशा में कूच कर दिया। "नीति एवं सामान्य हित को ध्यान में रखते हुए अमीर-उल-उमरा ने चेतावनियों से भरा एक पत्र लिखा जिसमें रणजीत सिंह को यह समझाया गया कि अधीनता-स्वीकार के द्वारा क्षमा प्राप्त करने का अभी समय है तथा वह निष्ठावान सेवा के द्वारा अपनी पुरानी गलती के लिए अपने कई हजार लोगों को सर्वनाश की ओर ले जाए बिना प्रायश्चित कर सकता है। जब यह पत्र रणजीत सिंह के पास पहुँचा, उसका मस्तिष्क उद्विग्न हो उठा—उसमें न तो प्रतिरोध करने की शक्ति थी, न अमीर-उल-उमरा के समक्ष प्रस्तुत होने के लिए उसके चरणों को वांछित दैवी कृपा प्राप्त थी। अन्त में इस उत्तम परामर्श का उसके जिद्दी हृदय पर कोई प्रभाव नहीं पड़ा—वह पहले की भाँति घमण्डी और हठी बना रहा" (*इब्रतनामा,* पृ. 346)। घेरा डालने वाली सेना ने अपने प्रयासों को दुगुना कर दिया तथा उन्होंने शीघ्र ही किले को अक्षरणीय बना दिया। गैरीजन में निराशा छा गई, अब उसमें न तो बाहर जाने की शक्ति थी और न उसके पास खड़े होने के लिए स्थान था। अपनी इस संकट की घड़ी में उन्होंने अपनी वृद्ध रानी किशोरी का स्मरण किया जो जवाहर सिंह की मृत्यु के उपरान्त उपेक्षा और सेवा-निवृत्ति के वातावरण में भरतपुर राज-परिवार के वैभव की समाप्ति पर अपने दिन गुजार रही थी। रणजीत सिंह के शुभचिन्तकों ने उसे परामर्श दिया कि वह वृद्ध रानी को मुगल-खेमे में भेजे, क्योंकि अमीर-उल-उमरा के उच्च पदाधिकारी उसे सम्मान देते थे तथा उसे उनकी सदेच्छा प्राप्त थी, यथा सम्भव है कि उसके अनुरोध पर उसे अपने पुराने अपराधों के लिए क्षमा प्राप्त हो जाए। परन्तु रणजीत सिंह को उनके परामर्श पर आचरण करने में संकोच इसलिए था क्योंकि उसे आशंका थी कि यदि मिर्जा ने मुगल-खेमे में उसे बन्दी बना लिया तो उस स्थिति में उसे बिना शर्त आत्म-समर्पण करने के लिए बाध्य होना पड़ेगा। एक रात वह कुछ मित्रों के साथ कुम्हेर को उसके भाग्य पर छोड़कर भाग गया। अगले दिन मुस्लिम सैनिकों ने किले की दीवारों पर चढ़कर उसके रक्षकों को पराभूत कर दिया। रानी किशोरी उनके हाथों बन्दी बन गई तथा वे उसे सम्मानपूर्वक नवाब के खेमे में ले गए। "उसके आदेशों के अनुसार उसकी सरकार के अधिकारियों ने उसके निवास के लिए ऊँचे खेमे बनवाए जहाँ वह एकान्त में रह सके। उसके लिए कुशल सेवकों की नियुक्ति की गई ताकि कुछ

दिनों के उपरान्त उसका शोक शान्त हो सके" (*इब्रतनामा,* पाण्डुलिपि, पृ. 347)।

जब विजेता ने उसे बुलाया तो वह बन्दी के शंकालु एवं भीरु कदमों के साथ उससे मिलने नहीं गई, परन्तु वह एक संकट में फँसी उस माँ की आशा एवं विश्वास के साथ गई जो अपने औरस पुत्र से मिलने जाती है। "नवाब की उपस्थति में पहुँचकर वह एक स्नेही धाय की भाँति अमीर-उल-उमरा के चारों ओर चली तथा सच्चे हृदय से अपने कन्धों पर उसकी सारी बलाएँ ले ली।"[10] आँखों में आँसू भरकर उसने अपनी दुर्दशा की दयनीय गाथा सुनाई। जब नवाब अमीर-उल-उमरा को उसके हृदय की व्यथा का पता चला तो उसने बड़े शिष्टाचार के साथ उसे स्वयं अपनी माँ के स्थान पर प्रतिष्ठित किया। उसने उसके निवास के लिए कुम्हेर का किला दे दिया तथा उसके सहारे के लिए उसने रणजीत सिंह के अपराधों को क्षमा कर दिया। तथा उसके लिए भरतपुर का किला तथा सात लाख रुपए के मूल्य का प्रदेश जागीर के तौर पर छोड़ दिया।" जहाँ उसका बर्बर क्रोध असफल रहा था, वहाँ उसकी उदारता सफल रही।

मिर्जा नजफ खाँ की मृत्यु

चार संकटपूर्ण दशकों के अंधकार के बाद, वैभव के कुछ आकस्मिक प्रकाश से प्रकाशित होकर मुगल-साम्राज्य अब अपने अन्तिम चरण में प्रवेश कर रहा था। राजपूताना अब पुनः दिल्ली के राजदण्ड के समक्ष नतमस्तक था। तथा तैमूर के वंशज ने अन्तिम बार एक राजपूत राजकुमार[11] के माथे पर राजतिलक लगाने की गौरवपूर्ण औपचारिकता निष्पादित की थी। मिर्जा शफी की तलवार ने उपद्रवी सिखों को शाही सत्ता का आदर करना सिखा दिया था। मज्द-उद-दौला[12] आखिर में अपने षड्यन्त्र के दलदल में स्वयं फंस गया तथा उसे अपनी करनी के अनुसार उचित अपमान मिल गया और नजफ खाँ के भाग्य का सितारा एकाकी वैभव के साथ चमक रहा था। लोग एक शक्तिशाली, न्यायपूर्ण एवं सहिष्णु शासक के सुखद युग की आशा कर रहे थे, परन्तु भगवान उन्हें बुरे दिनों के महत्त्वपूर्ण संकेत भेज रहा था। दूसरी जमाद, II, 1192 हिजरी (29 मई, 1778) को आकाश में एक चौथाई घड़ी तक एक उल्का-पिण्ड चक्कर काटता रहा जो एक बड़ी तोप के गोले की कानों को फोड़ने वाली ऐसी आवाज कर रहा था जैसी दिल्ली के पुराने निवासियों ने कभी नहीं सुनी थी। इसी प्रकार की एक दूसरी आवाज तीन वर्ष[13] बाद सुनाई पड़ी, जब एक भीषण गरमी की दोपहर को यकायक अँधेरी रात जैसा अँधकार हो गया, जैसे वह साम्राज्य के वैभव के ग्रहण का संकेत दे रहा हो, उसके साथ ही स्वयं सम्राट के नेत्रों की ज्योति चली गई। शाही परिवार पर एक बड़ा दुःख राजकुमार फरखुन्दा बख्त (मिर्जा जहान शाह) की मृत्यु के द्वारा पहले ही आ चुका था; इससे भी बड़ा दुःख समूचे साम्राज्य के ऊपर आने

वाला था।

मिर्जा नेजफ खाँ कुछ समय से एक ऐसी बीमारी से ग्रसित था जिसने अच्छे-से-अच्छे चिकित्सकों की कुशलता को हैरानी में डाल दिया। बादशाह से लेकर दिल्ली का छोटे-से-छोटा नागरिक, हिन्दू और मुसलमान सभी अपने इस प्यारे योद्धा के जीवन के लिए चिन्तित थे। जब मानव प्रयास असफल हो गए, तो उन्होंने स्वर्गीय शक्तियों से उसके ठीक होने के लिए प्रार्थना की। ओखला के निकट कालका देवी के मन्दिर 72 रबी II (?) 1196 हिजरी को मिर्जा की ओर से एक बड़ी भेंट चढ़ाई गई तथा उसके स्वास्थ्य के लिए देवी के आशीर्वाद का आह्वान किया गया।[14] नवाब ने ब्राह्मणों और छोटे बच्चों को मिठाइयाँ वितरित की तथा उन गायों को जो कटने जा रही थीं, कसाइयों को उनके मूल्य का तिगुना धन देकर मुक्त कराया और उन्हें एक सख्त चेतावनी भी दे दी गई कि वे इन पशुओं को पकड़ने अथवा उन्हें परेशान करने का प्रयास न करें। परन्तु यह सब व्यर्थ गया 22 रबी II, 1196 हिजरी (6 अप्रैल, 1782) को उसने अपनी अन्तिम साँस ली और उसके चले जाने के बाद हिन्दुस्तान में इस्लाम के गौरव की अन्तिम चमक लुप्त हो गई।

यहाँ इस पुस्तक का अन्त होता है। इसके उपरान्त हम गोहद के जाट और अमृतसर के भाग्य का वर्णन करेंगे और देखेंगे कि किस प्रकार एक को महाराष्ट्र के अनवरत आक्रमण के सम्मुख समर्पण करना पड़ा तथा दूसरे ने गुरु के हाथों से अमृतपान करके दुर्रानी साम्राज्य के युद्धोन्मुख क्रोध एवं संसाधनों के ऊपर विजय पाई तथा समूचे हिन्दुस्तान की पठान गाजियों के भयंकर शासन से रक्षा की।

सन्दर्भ–

1. खैरुद्दीन तिथि के सम्बन्ध में कोई निश्चित बात नहीं कहता। उसने लिखा है, ''यह कहा जाता है कि जब डीग का घेरा लम्बा खिंच गया तो अमीर-उल-उमरा ने अफरासियाब खाँ को भेजा'' (*इब्रतनामा,* पृ. 289)।
2. हाथरस ईस्ट इण्डिया रेलवे (अब उत्तर रेलवे) पर मथुरा से 25 मील पूर्व में है और मुड़सान हाथरस से 8 मील पश्चिम में है। *इब्रतनामा* में उल्लिखित दूसरे दुर्ग 'बावल' को मानचित्र में नहीं पहचाना जा सकता है। बहुत सम्भव है गलती से (Joar) जोआर (नन्दराम जाट की प्रसिद्ध गढ़ी—संपादक) को बावल कह दिया गया हो, जोआर एक बड़ा गाँव है जो हाथरस से 10 मील और मुड़सान से 4 मील उत्तर-पश्चिम में है। परन्तु इस गाँव में किले के नाम की कोई चीज नहीं है।
3. मुड़सान 1190 हिजरी वर्ष के 9वीं जिकदा और 7वीं जिहिज्जा (20 दिसम्बर, 1776 तथा 17 जनवरी, 1777) के बीच में जीता गया था। *वाका,* पाण्डुलिपि, 297
4. खैरुद्दीन ने लिखा है कि अफरासियाब ने भूपसिंह द्वारा दो-आब में भड़काए गए किसान-विद्रोह का मुकाबला करने के पूर्व अलीगढ़ पर अधिकार कर लिया था।

परन्तु घटनाओं की क्रमबद्धता के प्रति उसकी उदासीनता को देखते हुए, हम *इमाद-उस-सादात* में पहले की लिखी इस साक्षी के विरुद्ध खैरुद्दीन की बात को स्वीकार नहीं कर सकते।

5. *राजपूताना गजेटियर* में लिखा है, "जाटों की दयनीय स्थिति का लाभ उठाकर राव प्रताप सिंह ने संवत 1832 और 1839 के बीच बहादुरपुर, देहरा, झिण्डोली, बानसुर, बहरोर, बरोद, रामपुर, हसौरा, नारायणपुर, गढ़ीमामूर और थाना गाजी पर अधिकार कर लिया था। राव राजा ने अलवर पर (25 मार्गशीर्ष 3 संवत् 1832=नवम्बर, 1775) को अधिकार किया था।
6. महाराजा प्रताप सिंह कछवाहा के अनुरोध पर वह मीर मोहम्मद अली खाँ तथा जैन-उल-आबीदीन के नेतृत्व में 1500 घोड़े, सिपाहियों की दो बटालियन तथा चार तोपें भेज चुका था, सम्भवतः मछेरी सरदार के एक मजबूत केन्द्र राजगढ़ के घेरे में उसकी सहायता के लिए उसने यह टुकड़ी भेजी थी (*इब्रतनामा*, पाण्डुलिपि, पृ. 348)।
7. *चून कार परदाजान-ए-सरकार दर बाब-ए-मामलाह चीजे मी-गोफ्तंद नजर बर सर कसरत-ए-फौज ओ कनद जाहिर-ए-खुद नामूदाह सर गरानी मी-करद; इब्रतनामा, पृ. 340*
8. यह अलवर से 23 मील दक्षिण पूर्व में है तथा वह भरतपुर की सीमाओं पर स्थित है। खैरुद्दीन ने लिखा है कि लक्ष्मनगढ़ को राव राजा ने रणजीत सिंह जाट से छीना था। परन्तु स्थानीय परम्पराओं के अनुसार, जो अधिक प्रामाणिक है इस स्थान को पहले 'टौर' कहा जाता था और उसे स्वरूप सिंह नरूका से लिया गया था।
9. *इब्रतनामा*, पृ. 345
10. *बासन|दैया-ई-मिहरबान गिरदाश्त गरदिद-ओ-बा-सादक दिल बाला गरदानश शुद; इब्रतनामा*, पृ. 347, बाबर द्वारा बीमार हुमायूँ की खाट के चारों ओर घूमने का प्रसिद्ध अंधविश्वास अभी खत्म नहीं हुआ।
11. 2 सफर 1193 हिजरी (19 फरवरी, 1779) को नारनौल में महाराजा सवाई प्रताप सिंह कछवाहा ने 1001 अशरफियों की एक नजर बादशाह शाह आलम द्वितीय को भेंट की और उसने महामहिम के शुभ कर कमलों से राजतिलक प्राप्त किया (*वाका*, पाण्डुलिपि, पृ. 321)।
12. मज्द-उद-दौला को बन्दी बना लिया गया और उसे अफरासियाब खाँ द्वारा छठी जिकदा 1193 हिजरी (नवम्बर 15, 1779) को मिर्जा नजफ खाँ के खेमे में लाया गया (*वाका*, पृ. 313)।
13. यह घटना 26 जमाद, I तथा 27 जमाद, II, 1195 हिजरी (20 मई और 20 जून, 1781) के बीच एक सोमवार को घटी। "दोपहर में तेज आँधी चलने लगी। इतना अँधेरा हो गया कि कुछ भी दिखाई नहीं पड़ रहा था। इसके उपरान्त आसमान लाल हो गया तथा तूफान और वेग से चलने लगा। कुछ समय बाद दिन का सामान्य प्रकाश वापस लौट आया" (*वाका*, पृ. 333)। यह एक आँधी हो सकती

है जो दिल्ली की ग्रीष्म ऋतु में कोई अनहोनी बात नहीं है। परन्तु उसमें कुछ तो अस्वाभाविक अवश्य था जिस कारण *वाका* में उसका उल्लेख किया गया।

14. *वाका* के अनुसार "रात के डेढ़ बजे नवाब नजफ खान की ओर से कालका देवी पर भेंट चढ़ाने के लिए शियोरामदास गया था (*वाका,* पृ. 337)। तारीख के बारे में कुछ भ्रान्ति है। दूसरे पाठ 27 रबी II है। लेकिन परिवर्ती प्रविष्टि के अनुसार नवाब का स्वर्गवास 22 रबी II को हुआ था। इसलिए पहली तारीख सही नहीं हो सकती, इसलिए 6 के स्थान पर 27 गलत है अथवा रबी-उल-अव्वल के स्थान पर रबी-उल-सानी गलत है। 7 रबी II शुक्रवार (22 मार्च, 1782) को पड़ती है, लेकिन 27 रबी I मंगलवार (12 मार्च) को पड़ती है। अतः पहली अधिक सही तारीख बैठती है, क्योंकि यह सप्ताह के दिन के अनुकूल है।

परिशिष्ट (अ)

जाटों की उत्पत्ति का इन्डो-सिथियन सिद्धान्त

इण्डो-सिथियन सिद्धान्त उन महान् विद्वानों के नाम से साथ जुड़ा है जो भारतीय इतिहास एवं मानव-जाति-विज्ञान के क्षेत्र में अत्यधिक ख्याति प्राप्त हैं। इस सिद्धान्त के अन्तिम विद्वान् समर्थक विन्शेण्ट स्मिथ ने लिखा है, "जब छठी शताब्दी के बहुसंख्यक कबायली झुण्ड बाला, इण्डो-सिथियन, गूजर और हूण स्थापित हो गए तो उनके राज-परिवारों को राजपूत के रूप में मान्यता दे दी गई, जबकि उन लोगों को जिन्होंने कृषि का उद्यम अपनाया वे जाट बन गए।"[1] एक-दूसरे स्थान पर उसने लिखा है कि "इस बात पर विश्वास करने का कारण है कि जाट भारत में गूजरों के बाद में आए, शायद लगभग उसी समय।"[2]

इस सिद्धान्त के विरुद्ध निम्न तर्क प्रस्तुत किए जा सकते हैं–

1. कर्नल टॉड ने 409 ई. के एक जिट राज-परिवार के अस्तित्व के सम्बन्ध में एक शिला लेखीय साक्ष्य दिया है।[3]
2. राजपूत एवं जाट की पारम्परिक शत्रुता[XXXII] से यह बात अत्यन्त सन्देहपूर्ण लगती है कि यदि उन्होंने भारत में कहीं बाहर से प्रवेश किया–तो वे यहाँ साथियों के रूप में आए, परन्तु बाद में वे दो विरोधी गुटों में विभक्त हो

XXXII. यह मान्यता ऐतिहासिक साक्ष्य के विपरीत है कि जाटों की सभी राजपूतों से परम्परागत शत्रुता थी। उत्तरमुगल काल में अम्बेर के कछवाहा शासकों मुगल के मनसबदार थे और औरंगजेब ने कूटनीति से उनको ब्रज के विद्रोही जाट किसानों का दमन करने के लिए आज्ञा दी। दूसरे आगरा प्रान्त के जाट विशेष रूप से सिनसिनवार और जयपुर के कछवाए पड़ौसी थे। अपनी-अपनी जमींदारियों का विस्तार करने की दोनों की महत्त्वाकांक्षा संघर्ष का मुख्य कारण थी। अतः कछवाहा राजपूतों को पंवार, राठौर, चौहान और सिसोदिया आदि अन्य प्रमुख राजपूत वंशों का प्रतिनिधि नहीं माना जा सकता। जमींदार और कृषकों का अन्य क्षेत्रों में भी स्वाभाविक संघर्ष था–सम्पादक।

गए। हम सर्वत्र यह पाते हैं कि भूमि के आरम्भिक स्वामी जाटों से नए राजपूत अप्रवासियों ने भूमि छीनी। परमारों ने जाटों को मालवा में बेदखल किया और तंवरों ने उनसे दिल्ली छीन ली।[4] राठौरों ने बीकानेर से उन्हें हटाया और भट्टियों ने जैसलमेर में उन पर अपना शासन स्थापित किया।

3. सिथियन जो सम्भवतः कद में छोटे और मजबूत होते थे, जिनके चेहरे चौड़े और ठोड़ी ऊँची होती थी, वे लम्बे और लम्बे सिर वाले जाटों के पूर्वज नहीं हो सकते।
4. इण्डो-सिथियन सिद्धान्त के जोशीले समर्थकों ने एक बड़ी भूल यह की है कि उन्होंने उन लोगों के देशान्तरण की दिशा की उपेक्षा की है जो अपने को आज जाट कहते हैं। पंजाब के सभी जाट कबीलों की परम्परा[5] (जिसमें डेरा गाजी खाँ के अभारतीय बब्बर जाट भी शामिल हैं) यह बताती है कि पूर्व अथवा दक्षिण पूर्व—अवध, राजपूताना अथवा मध्य भारत—उनका मूल आवास स्थान था। यदि लोक-गाथाओं का कुछ अर्थ है, तो उनसे यह संकेत प्राप्त होता है कि वे मूलतः भारतीय आर्य थे जो पूर्व से पश्चिम की ओर आए थे, इण्डो-सिथियन नहीं जिन्होंने आक्सस घाटी से इस देश में प्रवेश किया। निस्सन्देह जाटों के एक भाग ने भट्टी राजपूतों के साथ भारत के बाहर देशान्तरण किया तथा कई शताब्दियों के उपरान्त उन्हें फारस के सीमान्तों से भगाकर सिन्धु नदी के पूर्व में धकेल दिया गया। परन्तु सिर्फ इसी कारण उन्हें विदेशी आक्रमणकारी नहीं कहा जा सकता।

सम्भवतः ऐतिहासिक साक्ष्य के नियमों के विरुद्ध जाटों की पहचान गेटे, यूती, येथा अथवा अन्य इण्डो-सिथियन लोगों के साथ इसलिए नहीं की जा सकती, क्योंकि उनके नामों के बीच साम्य है, यद्यपि भाषा-विज्ञान एवं नृजाति-विज्ञान इस निष्कर्ष के विरुद्ध हैं। यदु जाति के वंश वृक्ष में जाटों अथवा सुजाटों के स्थान की खोज करना भी निरर्थक है, क्योंकि स्वयं यदु जाति की उत्पत्ति भी सन्देह से परे नहीं है। कर्नल टॉड ने राटासे, चीनियों तथा चन्द्रवंशीय आदि क्षत्रियों के उद्भव का एक स्रोत सिद्ध करने का प्रयास किया है और ऐसा करने के लिए उन्होंने इन तीनों जातियों के वंश वृक्षों तथा उनकी व्युत्पत्ति से सम्बद्ध लोक-गाथाओं का तुलनात्मक अध्ययन किया है (क्रुक द्वारा सम्पादित, *राजस्थान*, पृ. 71-72)। विल्सन को जिसके अनुसार पुराण 1045 ई. से पहले के नहीं हैं, यह सन्देह था कि हिन्दुओं के 'हयाओ' तथा 'हैहेयो' का 'हिया' से कुछ सम्बन्ध था, जिनका चीन के इतिहास में उल्लेख होता है—परन्तु हैहेयो के सिथियन उद्भव को प्रमाणित करने वाला साक्ष्य खोजना असम्भव नहीं है, जैसा कर्नल टॉड का विश्वास था (विल्सन द्वारा सम्पादित *विष्णु पुराण*, पृ. 418, फुटनोट 20)। संक्षेप में अनेक यूरोपियन प्राच्यविदों का यह सन्देह है कि मध्य एशिया

के कुछ निवासी इण्डो-सिथियन जातियों के साथ भारत आए और उन पर बेईमान हिन्दू वैज्ञानिकों ने चतुरतापूर्वक इण्डो; आर्यन वंश-वृक्ष आरोपित कर दिया तथा इन बर्बर आक्रमणकारियों के वंशजों को चन्द्र वंशीय क्षत्रिय घोषित कर दिया गया।

सभी राष्ट्रों के इतिहास में ऐसे लोगों की कमी नहीं रही है, जिन्होंने कल्पना के आधार पर व्यक्तियों एवं जातियों के वंश-वृक्षों की रचना कर दी है। परन्तु इसके पीछे प्रयोजन क्या है? प्रथम, कोई सफल मनुष्य जो कल तक अकिंचन था, अथवा कोई कम ख्याति प्राप्त कबीला जिसका भूत उज्ज्वल नहीं रहा और वह यकायक महत्त्वपूर्ण बन जाए, उसे अपने वर्तमान को समुज्चल तथा भविष्य को समुज्ज्वलतर सिद्ध करने के लिए किसी समीचीन पृष्ठभूमि की आवश्यकता होती है और इस उद्देश्य की प्राप्ति के लिए वह एक काल्पनिक श्रेष्ठता की रचना कर लेता है। द्वितीय, लोग अपनी वंश-परम्परा को अपने द्वारा अंगीकृत नए धर्म के साथ अथवा अपने से अधिक शक्तिशाली अथवा अधिक सभ्य पड़ोसियों के साथ जोड़ लेते हैं। इसका एक अच्छा उदाहरण अरब के बाहर रहने वाले मुसलमानों का है। अफगानिस्तान के अनेक कबीले जो सुलतान महमूद गजनवी के समय तक मूर्ति पूजा करने वाले बौद्ध थे, अब अपने को पैगम्बर के प्रख्यात समकालीन खालिद का वंशज होने का दावा करते हैं (*मखजान-ए-अफगान,* का डॉर्न का अनुवाद)। बौद्ध तुर्कों ने भी इस्लाम को स्वीकार करने के बाद अरब परम्पराओं में अपने को ढालने के लिए इसी प्रकार के परिवर्तन किए थे। यह भी सर्वविदित है कि इस्लाम को स्वीकार करने वाले भारतीयों ने अपनी शेख और सैयद व्युत्पत्ति सिद्ध करने के लिए हास्यास्पद दावे प्रस्तुत किए थे। जो स्थिति अरब से बाहर रहने वाले मुसलमानों के लिए अरब की थी, वही स्थिति ईसा के जन्म से पूर्व मध्य-पूर्व और पूर्व के देशों में रहने वाले बौद्धों के लिए भारत की थी। यह इतिहास का एक जाना-पहचाना तथ्य है कि चीन और टारटरी में बौद्ध धर्म को भारतीय धर्म प्रचारकों ने पहुँचाया था। किसी हिन्दू ने अभी तक अपनी चीनी व्युत्पत्ति का दावा नहीं किया है, परन्तु जैसा सर विलियम जोन्स[6] ने बताया है, कि चीन के लोग अपनी हिन्दू वंश परम्परा का दावा करते हैं।

इण्डो-सिथियन सिद्धान्त के प्रतिपादकों को ईमानदारी में यह बात स्वीकार करनी चाहिए कि यदि मध्य-एशिया के गैटे किसी प्रकार आर्यन जदु अथवा जाट बन गए, तो उल्टी प्रक्रिया से भारतीय जदु को भी मध्य एशिया में गैटै बन जाना चाहिए था। दारिअस द्वारा सिन्धु घाटी की विजय के समय से लेकर मौर्य साम्राज्य के विघटन के समय तक (600 ई. पू. से लेकर 200 ई. पू. तक) भारतीय कबीलों का एशिया के अन्य भागों में देशान्तरण का सिलसिला बराबर वना रहा है। जिस प्रकार अंग्रेज सरकार ने गोरखा और सिख वेतनभोगी सैनिकों को अपने भारतीय

साम्राज्य के विभिन्न भागों में, विशेषतः बर्मा में अपनी बस्तियों को स्थापित करने के लिए प्रोत्साहन दिया तथा जिस प्रकार कुछ शताब्दियों पूर्व रूसी सरकार ने मजबूत और युद्ध-प्रिय तातार कज्जाकों को डान नदी के आसपास तथा अपने साम्राज्य के अन्य खुले हुए स्थानों पर बसाया, उसी प्रकार भारतीय वेतनभोगी सैनिकों को अथवा जिनकी भरती बलपूर्वक की गई थी तथा जिन्होंने मेरेथोन तथा थर्मोपली के समय से फारस के साम्राज्य की सेवा की थी—उन्हें कृष्ण सागर के तट पर बसाया गया और उन्हें वहाँ सिन्धी अथवा कटकटे के नाम से जाना गया।[7] यह सम्भव हो सकता है कि वे वेतनभोगी हों और उनको साम्राज्य विस्तार, रक्षा तथा प्रभाव स्थापना की दृष्टि से बसाया गया था, तो लौटकर आने पर वे विदेशी कैसे हो गए, अछूत कैसे बन गए। आज यदि अमेरिका, इंग्लैण्ड और बर्मा में बसे लोगों की सन्तान भारत लौटकर आती है तो वे विदेशी नहीं हो जाते? सैनिक सेवा के अतिरिक्त, व्यापार के कारण भी भारतवासी विभिन्न देशों को गए। देशान्तरण को सबसे अधिक प्रोत्साहन मौर्य साम्राज्य के हिन्दूकुश पर्वत तक विस्तार के कारण प्राप्त हुआ, इसके उपरान्त समूचे मध्य एशिया और चीन में बौद्ध धर्म के प्रचार से भी इसमें वृद्धि हुई। तुर्किस्तान का जो तेजी के साथ भारतीयकरण हुआ, जैसा फाहियान तथा अन्य चीनी यात्रियों ने जो इस क्षेत्र से होकर निकले थे, बताया है, वह मुट्ठी भर धर्म-प्रचारकों के द्वारा नहीं हो सकता था, उसमें भारतीय व्यापारी तथा वेतनभोगी सैनिक की भी सम्भवतः एक महत्त्वपूर्ण भूमिका थी। जिस प्रकार इस्लाम के प्रचार के साथ मुसलमानों में अरब अप्रवासी स्वागत योग्य था, उसी प्रकार उन देशों को भी वही सम्मान प्राप्त था। अतः यह निष्कर्ष निकाला जा सकता है कि मध्य एशिया के बौद्ध राज्यों तथा मध्य पूर्व के यूनानी राज्यों में भारतीयों के देशान्तरण को उसी प्रकार की नीति के अधीन प्रोत्साहन दिया जाता था जिस प्रकार की नीति रूस के पीटर महान् ने अपनाई थी और जिसके अनुसार सामन्तों की भरती जर्मनी में से की जाती थी तथा पश्चिमी यूरोप से कारीगरों के देशान्तरण को इसलिए प्रोत्साहित किया जाता था ताकि प्राच्य रूस का पश्चिमीकरण किया जा सके और इस मामले में पहल रूढ़ि-विरोधी एवं उद्यमी यदुओं ने की, जिनकी संख्या में द्रुतगति से वृद्धि हुई और जिन्होंने पंजाब के कबीलों के अनेक देहाती तत्त्वों को आत्मसात कर लिया। यदु जाति के लोगों का भारत में देशान्तरण हुआ, इस तथ्य की पुष्टि इस बात से होती है कि जैसलमेर के भट्टी राजपूतों ने इस्लाम के आगमन तक जबूलिस्तान पर शासन किया था। अपनी विदेशी बस्तियों में यदुओं के केवल भट्टियों जैसी कुलीन भाग ने अपने खून में कोई मिलावट नहीं होने दी, परन्तु आम लोगों ने स्वच्छन्दतापूर्वक टारटरी की विजातियों के साथ वैवाहिक सम्बन्ध स्थापित किए तथा तुर्की-भाषी लोगों को जन्म दिया। अलबरूनी ने एक तुर्की कबीले का उल्लेख

किया है जिसका भारतीय नाम भट्टावर्यन असंदिग्ध है।[8] मध्य एशिया के दो अन्य कबीले जिन्हें जाटों का पूर्वज माना गया है, वे हैं दाहे (Dahae) तथा मासागेटे (बड़ा दरवाजा) जो कैस्पियन सागर के पूर्वी तट पर बसे हैं (*राजस्थान,* I, 55)। कहा जाता है कि दाहे वही लोग हैं जिन्हें विष्णु पुराण में दाहा कहा गया है (विल्सन, *विष्णु पुराण,* पृ. 192, फुटनोट 10) और जो दाहिया के नाम से जाने जाते हैं। यह केवल एक सुझाव है जिसका कोई ऐतिहासिक प्रमाण नहीं है, इनमें केवल ध्वनि की समानता है। इसी आधार पर कैस्पियन के दाहे को यदुओं की एक शाखा माना जा सकता है, क्योंकि महाभारत काल में उनका कबायली नाम दशाई था, जिसे सुगमतापूर्वक दहाई[9] में परिवर्तित किया जा सकता है।

यह भी कहा जा सकता है कि जाटों को 'सुस', 'अबर' और अनेक नाम दिए गए हैं। सत्य यह नहीं है कि जाटों ने सु-साक अथवा अभीर नामों को अंगीकृत किया, परन्तु इन नामों को धारण करने वालों ने अपने से अधिक सम्मानित श्रेष्ठ लोगों का नाम स्वयं धारण कर लिया। आगे हम यह भी देखते हैं कि ''बैक्ट्रिया और जिहून में बसे यूचियों के अन्त में 'जेटा' और येतान (यानी गैटे) का नाम स्वीकार कर लिया'' (*हिस्टोइरे डी हून्स,* I, 42)। आखिर इन विजेता कबीलों शक, यूची, हूण तथा अन्य तुर्की लोगों के लिए येटा, गैटे तथा भट्टावर्यन नामों में क्या आकर्षण था? इससे इस सन्देह की पुष्टि होती है कि श्रेष्ठ रक्त और उच्चतर सभ्यता के साथ जुड़े हुए नाम से अधिक आकर्षण होता है; मध्य एशिया के इन कबीलों को, इनमें वही आकर्षण था जो भारत के हिन्दू-युद्ध-प्रिय कबीलों को 'राजपूत' नाम में है। भारतीय आर्यों के ये वंशज जो आक्सस नदी और कृष्णसागर के तट पर बसे थे उनका आर्यों के देश के साथ वही सम्बन्ध था जो सुदूर फिजी और अफ्रीका के जंगलों में बसे आधुनिक भारतीय प्रवासियों का हमारे साथ है। एक या दो शताब्दियों के बाद उनकी भारतीय राष्ट्रीयता की शायद पहचान भी न हो सके, क्योंकि तब तक खून, धर्म और भाषा जो उनकी पहचान को अभी बनाए हुए है, वह सब तक ऐसे मिल चुके होंगे कि उनका कोई पृथक् चिह्न शेष ही न रहे।

सन्दर्भ–

1. *जर्नल ऑफ रॉयल एशियाटिक सोसाइटी,* 1899, पृ. 534
2. वही, 1909, पृ. 63
3. *राजस्थान* (का क्रुक द्वारा सम्पादित संस्करण) I, 128 फुटनोट 1, सम्पादक ने यह सन्देह व्यक्त किया है कि ''जाट कथीदा-जाट है अथवा कैथे का गैटे है।''
4. यह असम्भव नहीं है कि इस प्रसिद्ध नगर का नाम दिल्ली जाटों के ढिल्लो नाम के साथ जुड़ा हो, जो अभी भी दिल्ली जिले में बड़ी संख्या में पाए जाते हैं लोक

निरुक्ति ढिल्लो को ढीला अथवा आलसी के साथ जोड़ती है।

5. केवल घटवाल, कांग और मलिक जाट गजनी अथवा गढ़ गजनी से अपना सम्बन्ध जोड़ते हैं, परन्तु वे इस स्थान को अफगानिस्तान के साथ न जोड़कर दक्षिण में किसी स्थान से जुड़ा हुआ कहते हैं (रोज की *पंजाब ग्लौसरी,* II, 56, 472; III, 56)। परन्तु सर एच.एम. ईलियट ने लिखा है, "उत्तर पश्चिम प्रान्त के लगभग सभी जाट, जो अपनी राजपूत व्युत्पत्ति का दावा नहीं करते, अपना उद्‌भव सुदूर उत्तर-पश्चिम से बताते हैं और उनमें से कुछ ऐसे गंथवाड़ा गजनी अथवा गढ़-गजनी की ओर संकेत करते हैं जो स्पष्टतः अफगानिस्तान में हैं। यहाँ जाटों तथा प्राचीन गैटे की पहचान के सम्बन्ध में विद्वत्तापूर्ण विचार-विमर्श की अनुपस्थिति में हम इन कबीलों के बारे में पारम्परिक गाथाओं का सहारा ले सकते हैं जो गजनी को इनका मूल स्थान बताती है (*मेमायर्स ऑफ द नोर्थवेस्ट प्रोविन्सेज,* I, पृ. 132)।
6. देखिए *राजस्थान,* I, पृ. 69, फुटनोट 1, डबलू क्रुक ने लिखा है कि "मंगोल तथा हिन्दू परमपरा की तुलना का कोई महत्त्व नहीं है।
7. देखिए, *ईलियट का इतिहास,* I, पृ. 518
8. उस खन्दक को छोड़कर जिससे आप काश्मीर में प्रवेश करते हैं तथा पठार में पहुँचने के उपरान्त आपको दो दिन और चलना पड़ेगा और तब आपकी बाईं ओर बोलोर तथा शामिलान के पर्वत हैं। वहाँ निवास करने वाले तुर्की कबीले भट्टावर्यन के नाम से जाने जाते हैं। उनके राजा को भट्टाशाह कहते हैं। उनके नगर हैं गिलगिट, असवीरा तथा शिल्तास और उनकी भाषा तुर्की है (अंग्रेजी अनुवाद *साचउ,* पृ. 207)।
9. दाहिया : महाभारत में श्रीकृष्ण को बहुधा दाशार्ह कहकर, सम्बोधत किया गया है यानी दाशार्ह के वंशज। शिशुपाल ने क्रोध में उन्हें दाशार्ह, राजा के पद के अयोग्य कहा (सभा पर्व, अध्याय 39)। लोगों की सूची में दशार्ण कुकुर के पहले आता है, परन्तु दाशार्ह के सन्दर्भ में यह गलत प्रतीत होता है (भीष्म पर्व, अध्याय 8, बन पर्व, अध्याय 183)। बारहमिहिर की *बृहत संहिता* में दाशार्ण का उल्लेख है और यह कहा गया है कि वे दक्षिण आग्नेय में निवास करते हैं (एस. द्विवेदी का संस्कृत अनुवाद, भाग 10, पृ. 288), परन्तु बाद में एक अध्याय में इस कबीले का उल्लेख काकेय और गान्धार के साथ उत्तर-पश्चिम में किया गया है (वही, पृ. 314)। यद्यपि पुनरावृत्ति किसी भी दृष्टि से नई बात नहीं है, परन्तु दाशार्ण को दाशार्ह के लिए गलत तरीके से प्रयुक्त नहीं माना जा सकता।

परिशिष्ट (ब)

यदु जाति के बारे में कहानी

ऋग्वेदकालीन समय में यदु सप्त-सिन्धु प्रदेश में रहते थे, इनको साहसिक स्वभाव तथा शास्त्र-विरोधी मान्यता वाले बताया जाता है। कहा जाता है कि इन्द्र[1] ने सागर को पार किया और उनको सप्त-सिन्धु के किनारों तक वापस ले आया। सागर के दूरस्थ किनारे पर, सम्भवतः अपने निजी नए नगर में बिना अभिषेक हुए राजा की तरह यदु और तुरवस रहा करते थे, लौटने के पश्चात् इन्होंने सरस्वती नदी के तट पर अनेक यज्ञ किए। लेकिन वे फिर अपधर्म (विधर्म) की ओर वांपस हो गए। जिस तरह आज का पण्डित, उसके धर्म में विश्वास न करने वाले क्षत्रिय को मलेच्छ कहता है, उसी प्रकार इन्द्र की पूजा न करने तथा शास्त्र-विरोधी धर्म में विश्वास करने के कारण उनकी ऋग्वेद के मन्त्र 10.62,10 में भर्त्सना की गई है। जाति को उत्पन्न करने वाला पौराणिक व्यक्ति यदु, ययाति राजा[2] का ज्येष्ठ पुत्र था, जिसने उसको आज्ञा न मानने के कारण राज्य से वंचित करते हुए कहा–"तुम्हारी सन्तान दुश्चरित्र, पापी और दुष्ट होगी तथा बिना राज्य के रहेगी।" ययाति ने आर्यावर्त के मुख्य राज्य के सिंहासन पर उत्तराधिकारी के रूप में पुरु को आसीन किया और राजदेय के रूप में गुजारे के लिए दक्षिण की ओर, कुछ लोगों की धारणा है कि आर्यावर्त के दक्षिण-पश्चिम की दिशा में, यदु को भू-भाग दे दिया था। वहाँ यदु की सन्तान बढ़ती रही और शक्तिशाली होती रही। साथ ही अपने मूल अधिकार की प्राप्ति के लिए पुरु की सन्तान के साथ वंशगत संघर्ष भी करती रही। यह संघर्ष प्रायः बड़ा क्रूर तथा भयंकर भी हो जाता था। इसकी एक झलक हमको महाभारत[3] में मिलती है। यहाँ वर्णित है कि ब्राह्मणों के नेतृत्व में समस्त वैश्य तथा शूद्र जातियों का सामूहिक विद्रोह, हैहय यादवों के विरुद्ध हुआ था, जिनकी सन्तानों के रूप में जाटों अथवा सुजाटों का संकेत प्राप्त होता है। ब्राह्मणों ने शूद्र तथा वैश्यों की भीड़ के भानुमति के पिटारे के साथ, अपने झण्डे पर कुश को रखकर, क्षत्रियों के विरुद्ध अभियान किया था।

परशुराम के रूप में ब्राह्मणों का महान् प्रतिशोधमूलक संघर्ष उत्पन्न हुआ, जिसने इक्कीस बार पृथ्वी को क्षत्रिय-विहीन किया था। कुछ थोड़े लोग, जो उसके युद्ध-प्रिय कुठार की धार से बच गए थे, वे या तो पहाड़ों में छिप गए अथवा छोटी जातियों में मिलकर रहने लगे। कुछ को दयालु स्वभाव के ब्राह्मणों ने ही बचा लिया था। शिक्षा तथा अभिषेक के अभाव में वे शूद्रों की भाँति विकसित होते रहे। ऋषि कश्यप ने उनको सन्मार्ग पर स्थापित किया और क्षत्रिय के रूप में उनको पुनर्प्रतिष्ठापित किया। सूर्यवंश से सम्बन्ध स्थापित करने वाली मिश्रित रक्त की सम्भवतः यह पहली जाति थी जो नव-क्षत्रिय के रूप में उत्पन्न हुई थी।

यदु के इतिहास की एक प्रमुख घटना सूर्यवंश के राजाओं के साथ परम्परागत संघर्ष है। यदु की सन्तानों ने शक, पलृहव, पारद, यवन, कम्भोज तथा बर्बर आदि जातियों के साथ मिलकर एक राज्य-संघ की स्थापना करके अपने अधिक सांस्कृतिक एवं परम्परावादी शत्रु राजा सगर के पिता को अपदस्थ करने का प्रयास किया था। राजा सगर ने समस्त हैहय यादवों का सर्वनाश कर दिया और उसने उनकी मलेच्छ मित्र जातियों का भी संहार कर दिया होता किन्तु ऋषि वसिष्ठ[4] के हस्तक्षेप के कारण ऐसा न हो सका। इसी समय यदु की राजनीतिक शक्ति तथा सामाजिक उत्कर्ष का पराभव प्रारम्भ हुआ था।

राजा सगर द्वारा किए गए संहार तथा भयानक पराजय से यदु-सन्तानें पूरी तरह से कभी मुक्त न हो सकीं। उनका निरन्तर पराभव आज के जाट समाज के सामाजिक स्तर के समान अपने पूर्वसूत्रधारों[5] के सामाजिक स्तर से हीन माना जाता है और राजकीय सम्मान के अयोग्य ठहराया जाता है। महाभारत के युग में वे लोग सूरसेन प्रदेश (वर्तमान मथुरा) में बसे हुए थे। उग्रसेन जो भोजों की प्रमुख जाति का प्रधान था और जिसका सम्बन्ध यदु की पंक्ति के हैहयों के साथ था, के आदेशों का पालन करते हुए अठारह जातियाँ संघबद्ध होकर रह रही थीं। उग्रसेन राजा सिर्फ सम्मान के लिए कहा जाता था। वह समस्त जातियों का कुलपति मौन अनुमति के आधार पर था। उसमें अधिनायकतावादी प्रवृत्ति लेशमात्र नहीं थी। वास्तविक शक्ति वरिष्ठ लोगों की कौंसिल में निहित होती थी, जिसका निर्माण आजकल प्रत्येक गोत्र के अत्यन्त प्रभावशाली व्यक्तियों से होता था। उसकी स्थिति आजकल के जाट के समाज से बारह अथवा चौबीस गाँवों के प्रधान की तरह होती थी। किन्तु उग्रसेन के यहाँ नितान्त क्रूर तथा हठी कंस के रूप में औरंगजेब उत्पन्न हो गया था। उसने अपने पिता उग्रसेन को बन्दी बना लिया और उसने कुछ वेतनभोगी लड़ाकू लोगों के साथ गठबन्धन करके शक्ति का उपार्जन कर लिया था। राजा जरासंध की दो कन्याओं के साथ विवाह कर लेने के बाद, शक्ति उपार्जन के गर्व तथा अभिमान से मण्डित हो

गया और स्वयं को यादव कहलाने में भी लज्जा का अनुभव करने लगा था। उसने यादवों की कुछ निम्न जातियों को दासों की स्थिति में पहुँचा दिया और उसकी क्रूरता के कारण कुछ लोग जीविकोपार्जन के लिए, जिसका उपार्जन खंग द्वारा अथवा राज-परिवार के सदस्य के रूप में होना सम्भव नहीं रहा था, पशु-पालन[6] की स्थिति तक आ गए थे। श्रीकृष्ण ने दुराचारी कंस का वध कर दिया और उग्रसेन को पुनः सिंहासनासीन कर दिया। मगध के हठी सम्राट ने, अपने दामाद कंस के वध का प्रतिशोध लेने के लिए अठारह बार यादवों पर आक्रमण किया और पराजय के पश्चात् प्रायः उनको लौटना पड़ा। यादवों के प्रमुख ने मथुरा को त्यागने का निश्चय किया, जहाँ कि उसका शक्तिशाली शत्रु उनको शान्ति के साथ रहने नहीं देता था।

यदि हम पौराणिक परम्पराओं पर विश्वास करें तो हमको यह मानना पड़ेगा कि यदु वैदिक देवताओं तथा ब्राह्मणों के प्रति भक्ति तथा श्रद्धा के क्षेत्र में न केवल उदासीन ही थे, वरन् अधिक विरोधी भी थे। उन्होंने उनके पारिवारिक पुरोहित गार्गेय का अपमान किया, जिसने उनसे प्रतिशोध लेने की प्रतिज्ञा की और उसने रुद्र की तपस्या, एक ऐसा पुत्र पाने की कामना से की[7], जो अन्धक तथा वृष्णि जातियों के गर्व का भंजन कर सके (*हरिवंश पुराण,* अध्याय 144)। उनका अन्तिम पराभव प्रभास में हुआ, जहाँ वे ऋषि दुर्वासा, जिसके साथ उनके युवा पुत्रों ने शैतानियाँ की थीं, शाप का कारण बन गए। ब्रज-भूमि में, स्वयं श्रीकृष्ण ने इन्द्र-पूजा का उन्मूलन उस समय किया था जबकि वह स्वयं एक बालक थे। राजसत्ता प्राप्त करने के पश्चात्, उन्होंने देवताओं के इस राजा का अभिमान-भंग नन्दन कानन से पारिजात पुष्पों का अपहरण करके किया था। पुरातन हैहय लोग दत्तात्रेय की पूजा करते थे, जबकि महाभारत काल में, उनकी सन्तानें शिव की आराधना करते हुए मिलती हैं। यादवों की सर्वाधिक आकर्षण तथा प्रभावशाली विशेषता उनको लोक-तन्त्रात्मक राज्य-संघ था, जो जातीय भावना के साथ प्रतिबद्ध भी था। यद्यपि यादव अनेक दूर के वंशों तथा जातियों में यहाँ तक विभाजित थे कि एक-दूसरे के साथ वैवाहिक सम्बन्धों की स्थापना भी होती थी, फिर वे एक ही पिता की सन्तान के रूप में दुःख तथा व्यथा को समान रूप से भोगते थे, और एक शरीर के समान रहते तथा कार्य करते थे। जब उनको उनके भाग्य पर छोड़ा गया तो बहुत मामूली ईर्ष्या के पारिवारिक-संघर्ष उनके जीवन के अंग बन गए। हरिवंश पुराण उनके सामाजिक जीवन का सजीव चित्रण करता है। वे, पुरुष तथा नारी, युवा तथा वृद्ध सभी मिलकर खेल की भावना से प्रफुल्लित होकर घने जंगलों अथवा समुद्र के तटों पर आनन्द-विहार के लिए जाया करते थे। बलराम हमेशा नशे की हालत में होते थे, उनकी पत्नी तालियाँ बजाकर उनके उच्च स्वर में गायन का साथ देती थी। उसका छोटा भाई श्रीकृष्ण अपनी

पत्नी, अपनी बहन तथा अपने मित्रों के साथ मिलकर गाने में उनका साथ देता था। युवक मण्डली निस्संकोच भाव के साथ उस संघर्ष को पकड़ती थी और बड़ी गहराई के साथ गाती थीं। इसके बाद पानी का खेल (जिसमें नहाते समय एक-दूसरे पर पानी के छींटे मारे जाते थे) श्रीकृष्ण द्वारा प्रस्तावित किया जाता था। इसके दो भाग होते थे। एक दल बलराम की अध्यक्षता में होता था, जिसमें आधे यादव होते थे जिनमें श्रीकृष्ण के पुत्र तथा उनकी पत्नियाँ शामिल होती थीं। दूसरा दल श्रीकृष्ण की अध्यक्षता में होता था जिसमें बलराम के पुत्र तथा उनकी पत्नियाँ होती थीं। अत्यधिक मादक द्रवों का सेवन करने के बाद वे नग्नावस्था में, पानी में कूद पड़ते थे और आपस में एक-दूसरे पर पानी उछालते थे, इस खेल में वे इतने उत्तेजित हो जाया करते कि महिला वर्ग की उपस्थिति को नजर-अन्दाज करके गम्भीर संघर्ष में उलझ जाते थे। शान्त मस्तिष्क श्रीकृष्ण संकट का अनुमान लगाकर खेल को ठीक समय पर समाप्त कर दिया करते थे। वे पानी से बाहर निकलते थे। अपने वस्त्र पहनते थे और फिर भोजन पर बैठ जाते थे। अनार तथा अन्य फल, विभिन्न प्रकार के तामसिक भोजन, भैंस शावक का भुना हुआ मांस आदि भोजन में शामिल होता था। भोजन के बाद अपनी पत्नियों के साथ अनेक प्रकार की सुराओं का पान करते थे। उनमें उद्धव तथा भोज आदि शाकाहारी थे, जो चावल, हलुवा, दही तथा मिष्ठान तक सीमित रहते थे। आर्यों के अत्यन्त सुरुचिपूर्ण शिष्टाचार के सामने इनके ये खेल तथा भोजन की परम्परा निहायत घृणास्पद थी, जो केवल यादवों में ही मिलती थी। अशोक महान् के राज्य के प्रारम्भिक दिनों में इस प्रकार के जनजातीय रीतिरिवाज, मगध देश में भी मिलते थे। हरिवंश का लेखक स्पष्ट रूप से बताता है कि 'अन्धक' वृष्णि तथा दशार्ह प्रेम को प्रत्येक वस्तु से श्रेष्ठ समझते थे और अपने पुत्रों के साथ मित्रवत्[8] आचरण करते थे (तात्पर्य यह कि आयु तथा पैतृक सम्बन्धों की चिन्ता न करके व्यवहार करते थे)।

युधिष्ठिर के राज्य के छब्बीसवें वर्ष में (अर्थात् कुरुक्षेत्र युद्ध के बाद) यदु जाति पर एक विषम संकट आया, जिसने उसको समूल बर्बाद कर दिया। वे दुराचारी, दुर्विनीत, निष्ठुर, तथा सम्मान योग्य ब्राह्मणों के प्रति अनादरकारी बन गए। जाति के अत्यन्त प्रभावशाली प्रमुख बलराम, श्रीकृष्ण, बभ्रु और आहुक जाति की नैतिकता के सुधार की योजना को लेकर एक बैठक में शामिल हुए। उन्होंने यह घोषणा की थी कि यदि कोई व्यक्ति अकेले में भी मादक द्रव्यों का सेवन करता मिलेगा तो उसको उसके समस्त परिवार के साथ मृत्युदण्ड दिया जाएगा। लेकिन भोगवादियों के नगर में इतनी पावन गम्भीरता को शायद ही सफलता मिल सकती थी। थोड़े समय पश्चात् उन्होंने सपत्नी प्रभास के समुद्र तक की तीर्थ-यात्रा की। समस्त प्रतिबन्धों को दूर हटाकर, उन्होंने सुरा-सेवन का आयोजन

किया। उसको संगीत, नृत्य और विशेषज्ञ अभिनेताओं के अभिनय आदि से जीवन्तता प्रदान की। युवकों ने, ब्राह्मणों के लिए तैयार किए गए भोजन को बन्दरों की आपसी छीना-झपटी देखने के लिए उनके सामने फेंक दिया। ऋतिवर्मा, सात्यकी और यहाँ तक कि श्रीकृष्ण के पुत्रों ने, उनकी उपस्थिति में ही अपने प्याले खाली किए। सात्यकी तथा ऋतिवर्मा के बीच एक संघर्ष पैदा हो गया। इन दोनों में, कुरुक्षेत्र के युद्ध में विरोधी दलों ने युद्ध किया था। सात्यकी सहसा ऋतिवर्मा पर झपटा और उसका सिर काट दिया। उनके मित्र तथा भिन्न गोत्रों के सदस्य दो दलों में बंट गए और उनमें भयंकर युद्ध प्रारम्भ हो गया। शराब के नशे तथा प्रतिशोध की भावना में डूबे योद्धा यादव अपनी अन्तिम श्वासों तक लड़ते रहे। जब उनके आयुध बेकार हो गए तब उन्होंने समुद्री सरपटे खींच लिए और एक-दूसरे पर आक्रमण करने लगे। किसी ने पीछे हटकर अथवा एकान्त में खड़े होकर स्वयं को बचाने की बात नहीं सोची।

बहुत दिन पश्चात्, अर्जुन द्वारिका आया और एक शक्तिशाली जाति के दुःखद अवशेष—जिनमें अधिकांशतः विधवाएँ, असहाय बालक तथा वृद्ध जन थे आदि को लेकर हस्तिनापुर की ओर चला। एक दिन वह पंचनद नदी के किनारे ठहरा था। यह जगह पशु तथा कृषि-उत्पादों का भण्डार थी और अमीर दस्युओं से युक्त थी। अल्प सुरक्षा के साथ, अनेक महिलाओं का काफिला, उनके प्रलोभन को रोकने के लिए अपर्याप्त था। अर्जुन की अन्तिम पंक्ति पर वे अपने चौथाई डंडे का हथियार लेकर ही झपट पड़े। कुरुक्षेत्र का विजेता अपनी मण्डली के एक भाग से हाथ धो चुका था और दस्युओं की भूमि से बाकी बचे हुओं को निकाल ले जाना कठिन अनुभव कर रहा था। उसने कृतिवर्मा के पुत्र के संरक्षण में पश्चिम के नगर मार्तिकवती[9] में भोज यादवों को रहने के लिए छोड़ दिया। उसके द्वारा एक-दूसरे नगर की स्थापना सात्यकी के पुत्र के रक्षण में वृद्धजन तथा परिवार के बालकों के साथ रहने के लिए सरस्वती नदी के तट पर की गई। पाण्डवों की पुरानी राजधानी इन्द्रप्रस्थ में, श्रीकृष्ण के प्रपौत्र वज्र का अभिषेक राजा के रूप में किया। इस प्रकार यदु जाति के बीच पाँच नदियों की भूमि तथा यमुना की घाटी में बिखर गए।

सन्दर्भ—

1. *ऋग्वेद*, VI, 120, 12 और IV, 30.17
2. यदु की उत्पत्ति के विषय में मिस्टर आर.पी. चन्द को हरिवंश में दो विरोधी कहानियाँ मिलती हैं—एक यायाति के पुत्र यदु के विषय में और दूसरी सूर्य वंशीय इच्छ्वाकु हर्यश्व के पुत्र ययाति के बारे में (*दि इण्डो आर्यन रेस*, पृ. 28-30) यदु की उत्पत्ति के विषय में दूसरी कहानी पर बल देना अधिक न्यायोचित तथा वैधानिक इसलिए

प्रतीत नहीं होता, कि यह सूर्यवंश के विषय में महाभारत तथा पुराण आदि में लिखित समस्त तथ्यों के प्रतिकूल जान पड़ती है। इसके अलावा दूसरी कहानी हरिवंश का असली कथन नहीं है, वरन विकद्रू द्वारा श्रीकृष्ण से कहा गया आकस्मिक आख्यान है। श्रीकृष्ण के वंश-क्रम के बारे में वैसी ही मनगढ़ंत कथा है, जैसी कि टीपू सुल्तान को, कुस्तुनतुनिया में उसके राजदूत ने उसका वंश-क्रम सैयद जाति के साथ बताया था। यदि कहानी में कोई सत्य है तो वह यह बताया है कि सूर्यवंश की कोई शाखा यदु से उत्पन्न चन्द्रवंशीय जाति पर आरोपित हो गई। यह बड़ी आश्चर्यजनक बात है कि मि. चन्द ने मधु द्वारा अपने दामाद हर्यश्व से कहे शब्दों से आँखें फेर ली हैं, "मेरे प्रिय! कालान्तर में तुम्हारी जाति ययाति पुत्र यदु की जाति के साथ मिल जाएगी और यद्यपि तुम सूर्यवंशी हो, पर तुम्हारी जाति चन्द्रवंशियों के अधीनस्थ हो जाएगी (*हरिवंश,* अध्याय 93)। मि. चन्द स्वयं-विरोधी इस कथन को यदु की सूर्यवंशीय उत्पत्ति इसलिए स्वीकार करते हैं, कि जिसको वह मोसापोटामिया से आने वाले वैज्ञानिक आर्य-रक्त से सम्बन्धित, प्रमाणित करना चाहते हैं।

3. देखें, *उद्योगपर्व,* अध्याय 154 और *शान्तिपर्व,* अध्याय 49
4. अपने धार्मिक गुरु के आदेशानुसार सगर उस विनाशोन्मुख जाति पर कुछ अपमानजनक परिस्थितियाँ आरोपित करने तक ही सन्तुष्ट रह गए। उसने यवनों को अपना सिर मुड़वाने के लिए बाध्य किया, उसके आदेशानुसार पारदास लम्बे केश और पल्हव लम्बी दाढ़ी रखने लगे। उनको तथा अन्य क्षत्रिय जातियों को अग्नि के पावन प्रयोग तथा वेदों के अध्ययन से वंचित कर दिया गया। *विष्णु पुराण,* विल्सन का अनुवाद, पृ. 376
5. अधोलिखित पंक्तियाँ कुरु आदि सामंतीय जातियों के यादवों के प्रति दृष्टिकोण को व्यक्त करती हैं। कुरु राजा यदु जाति को राजकीय सम्मान के अनुपयुक्त मानता था। उसने बलराम के उस राजोचित कथन का तीव्र विरोध किया, जिसमें दुर्योधन की पुत्री का हरण करने के लिए आए श्रीकृष्ण के पुत्र को बन्दीगृह से मुक्त करने की बात कही गई थी। क्या यादव कुरु राज्य के अधिपति को आदेश देंगे, यदि उग्रसेन ने कौरवों को यह आदेश प्रसारित किया है तो हमें उस श्वेत छत्र को वापस लेना पड़ेगा, जो केवल राजाओं द्वारा प्रयोग में लाया जाता है। कुकुरों तथा अन्धकों से हमारे प्रति, अपने वरिष्ठों के प्रति, जिस आदर तथा सम्मान की अपेक्षा की जाती है, उसका मूल्य हमको नहीं चुकाना है। क्या किसी के अधीनस्थ द्वारा अपने स्वामियों को दिए जाने वाले आदेश की बात कभी सुनी है? अपनी लोकतान्त्रिक भावना में डूबा यादव प्रतिनिधि-मण्डल राजा तथा सिंहासन के प्रति अपनी घृणा के साथ चिल्लाया—"इस सिंहासन के लिए धिक्कार है जिसको हमारों मृतकों द्वारा छोड़ा गया है" (*विष्णु पुराण,* पृ. 603)।
6. श्रीकृष्ण के पिता वसुदेव के विषय में कहा गया है कि वह कंस के करद के रूप में गोवर्धन पर्वत पर रहता था, जिसका सम्बन्ध गायों के साथ था। (*हरिवंश,* अध्याय 55)।

7. वह पुत्र काले रंग का यवन राजकुमार था जिसकी शत्रुता के कारण यादवों को पश्चिम समुद्रतट पर शरण लेनी पड़ी थी।
8. देखें, *हरिवंश,* अध्याय 145, 146। यह काफी दिलचस्पी का विषय है कि पश्चिम भारत के ग्रामीण क्षेत्र के लगभग सभी वर्गों के लोगों में पिता तथा पुत्र के मध्य यह रूखा भाव आज भी विद्यमान है। यहाँ एक पिता अपने पुत्र को बाबा या बेटा नहीं पुकारता, वरन् भाई कहता है, जब पुत्र बड़ा हो जाता है तो वे चाणक्य की इस नीति का अनुसरण करते हैं, ''प्राप्तेषु षोडसवर्षेसु, पुत्रं मित्रवदाचरेत'' शिक्षित सिन्धी लोगों के छोटे बच्चे तथा बच्चियों द्वारा अपने पिता को दादा (बड़ा भाई) सम्बोधित करना असामान्य बात नहीं है।''
9. इस नगर का उल्लेख महाभारत तथा हरिवंश दोनों में मिलता है। *'बृहत संहिता'* (सम्पादक एस. द्विवेदी, संस्कृत पाठ, भाग X; पृ. 294) इसका उल्लेख तक्षशिला, गन्धार तथा पुष्कलवती के साथ करती है। ये उत्तर-पश्चिम भारत के नगर हैं। कर्नल टॉड इनको जूद अथवा यदु के टीले के रूप में स्वीकार करता है।

परिशिष्ट (स)

औरंगजेब के शासनकाल में जाट-विद्रोह

अभी कुछ दिन पहले ही जयपुर के पुरातत्व विभाग से प्रोफेसर जदुनाथ सरकार ने, उन सैकड़ों सरकारी पत्रों तथा अखबारों (*अखबाराते-दरबारे-मुअला*) की प्रतियाँ प्राप्त की थीं, जो शाही दरबार में वर्तमान जयपुर राज्य के एजेन्ट्स ने राजा बिशन सिंह तथा सवाई जयसिंह को भेजी थीं। इतिहास की मेरी यह पुस्तक छप जाने के बाद यह सामग्री मेरे हाथ लगी। अतः मैं औरंगजेब के शासन काल में अन्तिम दो दशकों में जाट विद्रोहियों की गतिविधियों के बारे में नवीन उपलब्ध तथ्यों का केवल सार ही यहाँ दे सकता हूँ।

इन पत्रों में साहसी जाटों को प्रायः *जाट-ए-बदजात* कहा गया है। इससे मुगल सरकार के उस नपुसंक क्रोध का संकेत मिलता है, जिसको यह ज्ञान नहीं था कि इनको किस प्रकार दबाया जा सकता है। इन पत्रों से ज्ञात होता है कि जाटों की छापामार गतिविधि का क्षेत्र मथुरा से जयपुर की सीमा तक तथा मेवात की पहाड़ियों से लेकर चम्बल नदी तक फैला हुआ था। इस क्षेत्र से शान्ति तथा व्यवस्था विदा हो चुकी थी। सड़कें इतनी असुरक्षित हो गई थी कि आगरा से धौलपुर तक सशस्त्र सुरक्षा-दल का किराया दो सौ रुपया माँगा जाता था। व्यापारी तथा राहगीरों को भारी मूल्य चुकाकर छापामार जाट नेताओं से लिए बनाए गए पास पर ही यात्रा करनी पड़ती थी। उस काल में, जाटों के मजबूत ठिकानों के सन्दर्भ में सिनसिनी, सोगर, सौंख तथा वैर का प्रायः उल्लेख मिलता है।

हमें बार-बार, यह देखने को मिलता है कि मुगल-प्रशासन बहुत भ्रष्ट था। स्थानीय अधिकारी तथा सैनिक समान रूप से जाटों की विद्रोही कार्यवाही के साथ गठबन्धन किए हुए थे। उनका समझौता उनके स्वामी के आदमियों तक की लूट में हिस्सा लेने तक था। एक पत्राचार से एक घटना इस सम्बन्ध में उद्धृत की जा सकती है—आगरा में नियुक्त फजलखान नामक एक अधिकारी को शाही खजाने को धौलपुर तक सुरक्षित पहुँचाने का आदेश दिया गया था। उसने अपनी यात्रा की गुप्त सूचना जाटों तक पहुँचा दी। जाटों ने उत्तर दिया कि उनका गोला-बारूद कम हो गया है। फजल खान ने गुप्त रूप से गोला-बारूद उनको

भेज दिया और पूर्व-निर्धारित योजनानुसार शाही खजाने को लूट लिया गया।

अकबर के मकबरे के संरक्षक मीर अहमद ने 28 मार्च, 1688 को सूचना दी कि रात के समय राजाराम के एक दल ने मकबरे पर हमला किया और इसके गलीचे, कालीन, बर्तन, दीपक और सज्जा की अन्य सामग्री को लेकर भाग गया। दूसरी सूचना थी कि आगरा के समीप शाहजहाँ के मकबरे की आर्थिक सहायता के लिए लगे आठ गाँवों को लूट लिया है।

वर्तमान पत्राचार जाट-विद्रोहियों द्वारा अकबर की हड्डियों के जलाने के बारे में कुछ नहीं बताता; इस सम्बन्ध में, अब तक ज्ञात स्रोत मनूची है। किन्तु जाटों के प्रति औरंगजेब का अत्यधिक गुस्सा और जाट जनता का कत्लेआम करने के बार-बार दिए गए आदेश, जिनका उल्लेख ये सूचना-पत्र करते हैं, से इस विचार को समर्थन मिलता है कि अकबर की हड्डियों को जलाने वाली बात सम्भवतः सत्य पर आधारित हो।

जयपुर के राजा बिशन सिंह के शाही दरबार में स्थित एजेण्ट केशोराय के बीसियों पत्र यह बताते हैं कि बादशाह जाटों के निरन्तर बढ़ते हुए विद्रोह तथा उसको दबाने में बिशन सिंह की देरी पर बहुत चिन्तित था। राजा बिशन सिंह को बार-बार यह कहा गया था कि यदि उसने शाहजादा बेदारबख्त के आने से पहले जाटों के गढ़ सिनसिनी को छीन लिया तो उसको बहुत अच्छी तरह पुरस्कृत किया जाएगा। फिर भी राजा ने इस अभियान को स्थगित रखा। आखिरकार, उसने अपनी सेना को शहजादे की सेना में मिलाया और सिनसिनी का घेरा डाल लिया। बेदारबख्त को वापस बुला लेने के बाद[XXXIII] जाट-अभियान में बिशन सिंह का ही अधिकार सर्वोच्च था। जयपुर के सेनापति हरीसिंह ने सिनसिनी का घेरा डालने का काम सम्भाला था और दण्डात्मक गतिविधि को संचालित किया। एक मुकाबले में हरीसिंह घायल हो गया और अफवाह यहाँ तक फैल गई कि वह मारा जा चुका है। सम्भवतः युद्ध-सामग्री के अभाव के कारण जाटों ने गुप्त रूप से सिनसिनी को खाली कर दिया और जयपुर की सेना ने एक छोटी-सी झड़प के बाद किले पर अधिकार कर लिया। औरंगजेब के पास यही सूचना पहुँची थी, स्वभावतः उसने बिशन सिंह को कोई पुरस्कार देना अस्वीकार कर दिया। दिल्ली दरबार में मौजूद जयपुर के एजेण्ट ने इस सूचना का खण्डन करने के अनेक प्रयास किए। उसने कहा कि उसके स्वामी के विरोधियों की यह घृणात्मक कल्पना है। इसके साथ ही, उसने राजा बिशन सिंह को लिखा कि वह स्थानीय वाकानवीस को अच्छी रिश्वत देकर खुश करे और उसके द्वारा जयपुर की सेना की बहादुरी की गाथा बढ़ा-चढ़ाकर भिजवाए।

XXXIII. बेदार बख्त को जनवरी 1690 में सिनसिनी के पतन के बाद मार्च 1690 ई. को दक्षिण बुला लिया गया था। कानूनगो, *हिस्ट्री ऑफ द हाउस ऑफ डिग्गी*, पृ. 64, 67; —सम्पादक

परिशिष्ट (द)

सूरजमल की मृत्यु का विवरण

अभिलेख एवं परम्परा सूरजमल की मृत्यु के सम्बन्ध में एक मत नहीं है। फादर वैंदेल ने जिन्होंने घटना के पाँच वर्ष के भीतर लिखा है, यह कहते हैं, "एक दिन सूरजमल को यह समाचार प्राप्त हुआ कि शत्रु बड़ी संख्या में उस अभियान में सम्मिलित नाहर सिंह (उसका पुत्र और भावी उत्तराधिकारी) के ऊपर आक्रमण करने वाला है। यह सुनकर वह कुछ हजार घुड़सवारों के साथ उसकी सहायता के लिए गया। दुर्भाग्य से हिण्डन नदी द्वारा छोड़े गए एक नाले को पार करते समय, रुहेला पैदल सेना ने जो पहले से वहाँ घात लगाए बैठी थी—उसे दोनों तरफ से घेर लिया। उन्होंने जाटों पर जो अभी तक अव्यस्थित थे—"अपनी बन्दूकों से भयंकर गोली-बारी की, उन्होंने सूरजमल को उसके अनुचरों के साथ नीचे गिरा लिया, जो वहाँ मैदान में या तो मृत और घायल की स्थिति में नीचे पड़े थे" *(फ्रेंच* पाण्डुलिपि, 50)। सूरजमल की मृत्यु 25 दिसम्बर, 1763 को हुई और उसके दो ही दिन बाद यानी मंगलवार को उसका उल्लेख *वाका* में कर दिया गया। मूल पाठ से उद्धृत लोगों के अतिरिक्त उसमें निम्नलिखित ब्यौरा दिया हुआ है, "सैयद मुहम्मद खाँ बलोच ने जाट के शरीर से उसका सिर और एक हाथ काट लिया तथा उन्हें दो दिन तक अपने पास रखा। उसके पश्चात् उन्हें नवाब नजीबउद्दौला की उपस्थिति में ले जाया गया। तब जाकर उसे यह विश्वास हुआ कि सूरजमल की मृत्यु हो चुकी है।" 'सियर' में घटना का निम्न विवरण है, वह रणक्षेत्र की जाँच करने के लिए घोड़े पर सवार होकर ऊपर से नीचे और नीचे से ऊपर जा रहा था, कुछ समय बाद वह विचार करने के लिए रुक गया। जब वह इस प्रकार खड़ा हुआ था, अफजल खाँ के कुछ सैनिक उधर से निकले जो सूरजमल के हरावल दस्ते के कमाण्डर मंसाराम जाट से परास्त होकर भाग रहे थे। जो थोड़े से लोग सूरजमल के साथ थे, उन्होंने उससे कहा कि घोड़े के साथ शत्रु के इतना निकट खड़े रहना उचित नहीं है; और कलीमुद्दीन और मिर्जा सैफुल्लाह ने आदरपूर्वक उससे वापस लौटने का आग्रह किया। उसने उन बातों पर जो उन्होंने कही थीं, कोई ध्यान नहीं दिया;

वह केवल शत्रु की गतिविधियों पर ही विचार करते रहे। वे दोनों अपना आग्रह दुहराते रहे और उसने कोई उत्तर नहीं दिया, परन्तु उसने दूसरा घोड़ा मँगवाया और उस पर चढ़कर उसी स्थान पर खड़ा हो गया। जब वह घोड़े पर चढ़ रहा था, ऐसा हुआ कि सैयद मौहम्मद खाँ बलोच, जो सैयदु के नाम से अधिक जाना जाता था, 40 या 50 सैनिकों के साथ वहाँ से भागता हुआ निकला; उस समय उनमें से एक सूरजमल को पीछे मुड़कर उसकी आकृति को याद किया और सैयदु के पास आकर उससे चिल्लाकर कहा, "ठाकुर साहब (सूरजमल) वहाँ खड़ा है।" सैयदु यह सुनकर पीछे मुड़ा और उसने सूरजमल पर आक्रमण कर दिया; और उसके आदमियों में एक ने जाट राजा पर अपने भाले से जोरदार प्रहार किया और उसकी एक बाँह काट दी जो संयोग से अशक्त और उलझी हुई थी। जब बाँह नीचे गिर रही थी तो दो अन्य आदमी एक साथ उसके ऊपर झपटे और उन्होंने उसे, मिर्जा सैफुल्लाह तथा राजा अमर सिंह को मार डाला जो शेष बचे, वे अपने ही लोगों की तरफ भागे। परन्तु सैयदों के एक सैनिक ने कटी हुई बाँह को उठाकर अपने भाले पर टाँग लिया और वह उसे नजीबउद्दौला के पास ले गया। नजीबउद्दौला को यह विश्वास नहीं हुआ कि वह बाँह सूरजमल की है और वह पूरे दो दिन तक उस पर अविश्वास करता रहा। परन्तु जाट सेना में यह बात सन्देह से परे थी, जो दुर्जेय स्थिति में होते हुए भी, पीछे हट गई थे। (?) जब याकूब खाँ ने नजीबउद्दौला से भेंट की और उसने वह बाँह उसे दिखाई तो उसने उसे न केवल उसकी कटी आकृति से बल्कि उसकी आस्तीन से जो उसके ऊपर थी, उसे पहचान लिया, यह आस्तीन मुल्तान के उसी कपड़े की थी जिसे सूरजमल ने उसकी उपस्थिति में पहना था। इसके पश्चात् उसकी मृत्यु के समाचार की पुष्टि हो गई और उसे सार्वजनिक रूप से मृत घोषित कर दिया गया (*सियर*, पृ. 32)।

कर्नल टॉड ने अपने *'राजस्थान'* में पृष्ठ 1223 पर इस सम्बन्ध में एक पारम्परिक किंवदन्ती का उल्लेख किया है जिस पर ग्राउज ने कुछ सुधार किया है। किंवदन्ती यह है कि सूरजमल को नजीब खाँ के सैनिकों ने उस समय घेर लिया जब वह शाहदरा के निकट शाही शिकारगाह में निषेधाज्ञा का उल्लंघन करके शिकार खेल रहा था। यह किंवदन्ती मध्य युग के शौर्यगाथाओं से परिपूर्ण गीतों के लिए अधिक उपयुक्त है, गम्भीर एवं सच्चे इतिहास के लिए नहीं।

सत्य के निकट पहुँचने के लिए यह उचित होगा कि उपर्युक्त सभी विवरणों की जाँच की जाए। इस सम्बन्ध में *वाका* के उल्लेख से अधिक कोई दूसरा अभिलेख अधिक समकालीन नहीं हो सकता, परन्तु उसका कुछ विवरण सामान्य बुद्धि पर आधारित आलोचना की कसौटी पर खरा नहीं उतरता, सैयद मोहम्मद बलोच अपनी ट्राफी—सूरजमल का सिर और हाथ—का मूल्य अच्छी तरह जानता होगा; अतः यह विश्वास नहीं किया जा सकता कि उसने इन्हें निरर्थक रूप से दो

दिन तक अपने पास रखा होगा। उसने उसका सिर नहीं काटा, जिससे यह सन्देह का पूर्ण रूप से निवारण हो जाता; उसने केवल एक हाथ काटा जिसकी पहचान सम्भवतः दो दिन बाद याकूब अली खाँ ने की।

क्या जैसा फादर वैंदेल ने कहा है सूरजमल घात टुकड़ी के जाल फँस गया था? यह बहुत सम्भव है कि नजीब खाँ के पीछे हटने वाले सैनिकों ने सूरजमल के टोह लगाने वाले दल की अप्रत्याशित उपस्थिति को घात मान लिया हो। परन्तु *'फादर वैंदेल'* और *'सियर'* के लेखक के विवरण *'बयान'* और *'वाका-ए-शाह आलम सानी'* के विवरणों से मेल नहीं खाते। *'बयान'* में लिखा है कि सूरजमल ने 6 हजार सैनिकों के साथ आक्रमण किया, और *'वाका'* में लिखा है कि दोनों तरफ से एक हजार आदमी मारे गए और सूरजमल की मृत्यु शत्रु के मध्य में उसके अविचारी आक्रमण के कारण हुई। 'सियर' के विवरण की अपेक्षा यह विवरण अधिक विश्वसनीय प्रतीत होता है और इसलिए न्यायपूर्ण ढंग से उसे ठुकराया नहीं जा सकता। मूल-पाठ का विवरण सत्य के सबसे अधिक समीप प्रतीत होता है।

Bibliography

The Jats have no written history of their own. Their political history is interwoven with the general histories of the empire of Dehli, and these have necessarily been laid under contribution in the present work. I shall confine myself to the discussion of the merits of only the most important works frequently referred to in the text.

Persian

1. The *Waqa-i-shah Alam sani* [M.S.] Professor Jadunath Sarkar who possesses the only copy of this work, rescued it from deplorable neglect in the house of a Kayeth family at Patna. It is a skeleton diary of Delhi occurrences and news, the leaves still surviving run with many gaps from 1739 to 1799. Prof. Sarkar, who styles in the *Delhi Chronicle During the Anarchy*, thus remarks of it "It is of priceless importance and constitutes a record of supreme value to the critical history of this period. Here we have an absolutely contemporary chronicle of the events and rumours of Delhi, written down immediately afterwards by an inhabitant of the city, without any embellishment, garbling or artifical arrangement of a late date...While studying it, I have often been tempted to liken it to the old *Anglo-Saxon Chronicle* during Danish incursions. The artless truthfulness, the exclusion of emotion or comment, and accuracy of record are the same in both works." [See pp. 5-6 of the proceedings of the third meeting of the *Indian Historical Records Commision* at Bombay]. I subjected this *Chronicle* to a strict comparision with the Persian as well as Maratha and French sources which can also claim contemporary value. Now I have

been so far convinced of its accuracy that in cases of conflicting dates and statements in other histories of this particular period, I accept its testimony in preference to theirs. The *Waqa-i-Shah Alam Sani* had been the touchstone for judging the value of all Persian histories of the latter half of eighteenth century.

2. The *Ibratnama* [Ms.] of Khair-ud-din Muhammad Allahabadi [1751-1827].[1] He was an influential official in the employ of Prince Jahandar Shah, son of Shah Alam II, and an eye-witness to many of the occurrences described in the latter part of the work. The author in the opening pages of the *Ibratnama* tells us that he was impelled to write this 'Book of Warning' by the shocking atrocities of Ghulam Qadir whom he curses with honest indignation, as *nimakhram* (false to his master's salt). He mentions with gratitude and respect the name of Sir George Henry Barlow, Governor General who encouraged his historical studies.

As regards the value of this work Dr. E.D. Ross quotes with approval the opinion of Dr. Charles Rieu '*Ibratnama is the fullest and most accurate* account we possess of the chequered career and troubled times of Shah Alam, and *it has all the value of contemporary record,* penned by one who had taken an active share in some of the principal transactions of the period and was personally acquainted with some of the most prominent actors on the scene." Those who may have an accasion to study this history in the light of the more authentic records of the period would possibly dissent from this view. Though it is undoubtedly the fullest history of the reign of Shah Alam and is indispensable to students of this period of Indian history, it is by no means the most accurate one. Up to the 12th regnal year to Shah Alam II, this work does not throw more light on Delhi history than what is supplied by the *Siyar-ul-Mutakhkharin.* Khair-ud-din no doubt gives us useful details for the period between the 12th and 20th regnal years, but almost all his dates are wrong and inaccurate. From the 20th year onwards, however; *Ibratnama* has certainly great value.

3. *Chahar Gulzar-i-Shujai* of Harcharan Das[2] (Prof. Sarkar's MS) The author was in the employment of Nawab Qasim Ali Khan, a nobleman of Delhi. He migrated to Oudh with his

msater's family in the first year of the reign of Alamgir II. and began the study and writing of history to enliven the dreary days of his exile and penury. The says that he reached his 80th years in 1194 A.H. *i e*, 1780 A.D. He writes in a simple style and his facts and dates are generally accurrate. But the memory of the old man seems to have failed him sometimes. We need not be surprised if he commits mistakes here and there and confuses names and dates. The following will serve as a typical example. "Jawahar Singh Jat, after the death of his father Suraj Mal[laid siege to the citadel of Agra. But having despaired of taking it by force of arms owing to the bravery and faithfulness of the imperial commandant Fazil Khan, he had recourse to intrigue. He secured entrance into the fort by bribing Muyyid Beg who was in charge of the gates—with three *lakhs* of Rupees. When the fort was captured after its evacuation by the Muslim garrison in 1174 H. (1761 A.D.) Jawahar Singh threw the traitor Muyyed Beg into prison, and as a reward for the fidelity of Fazil Khan granted him a monthly pension of three hundred rupees." The real facts are diferent, *viz.*—The fort of Agra was captured in 1761 by Suraj Mal and not by Jawahar Singh. Father Wendel tells us nothing about such an incident in his valuable sketch of Jawahar Singh's reign. It is, on the other hand, not likely that the whole story is altogether false. The details may be true of the capture of Agra by Suraj Mal.

4. *Tarikh-i-Muzaffri* [MS.] of Muhammad Ali Khan. The author Muhammad Ali belonged to distinguished family of Panipat. His grandfatehr Luthfullah Khan held the rank of *a hafthazari* [7,000 horses], and during the reign of Muhammad Shah served as governer of Kabul and Multan. One of his uncles Shaf Shakir Khan was the author of a history called *Tarikh-i-Shakir Khani* (prof. Sarkar's MS.) The author left Panipat for Bihar in search of employment and became the darogha of the Faujdari Adalat of Tirhut and Hajipur through the patronage of Muhammad Reza Khan Muzaffar Jang, the *Naib Nazim* of Bengal. The *Tarikh-i-Muzaffari* was composed about 1800 A.D., and named after the patron of the author. Prof. Dowson says, "This is one of the most accurate general histories I know....The history of the later empire

is particularly full." (*Elliot*, viii. 316). There was a learned meeting of the Indian Historical Records Commission, held at Lahor (1920). Prof. Jadunath Sarkar remarked, "We posses three nearby contemporary and fairly long histories of the Delhi empire during the second half of the 18th century, viz., the *Siyar-ul-Mutakhkharin,* the *Ibratnama* of Fakir Khair-ud-din Allahabadi, and the *Tarikh-i-Muzaffari.* Of these the second is the longest, most accurate, and (in his opinion) the best, as the author lived at or near the Court of Delhi, while writers of the other two works lived in Bengal and Bihar and had no access to the imperial Court records and other original sources of information. For the period before 1760 (covering the years 1760-1809) was composed later than the *Ibratnama* and is much inferior to the latter. In short, the *Tarikh-i-Muzaffri*, in most parts, is neither an eye-witness's report nor a summary of State-papers." Chaudhuri Abdul Hamid maintained that the author of *Trikh-i-Mazaffari* belonged to a "family of historians and high officers of the Mughal Court, and as such he presumably had access to State-papers" [Proceedings, Indian Historical Records Commission, 1920, p. 23)

But the fact is that none of the three histories bears any trace of the use of State-papers. All the three authors relied mainly upon what they had heard from others. Even Khair-un-din often cities as authorities little known persons such as Mir Muhammad Yaqub who found the date of the battle of Barsana in the chronogram "*larza bar ek o sang az in fathe haidari*" which is found wrong [vide text]. It is perhaps unjust to pronounce a verdict against an author merely on theoretical grounds, without patiently examining the contents of his work. A test-study of the period between the accession of Ahmad Shah and the battle of Panipat as dealt with in all these three histories in the light of independent sources convinces me of the originality and trust-worthiness of *Tarikh-i-Muzaffari.* The civil war between Safdar Jang and Ahmad Shah, and the diplomatic activity of the Abdali before Panipat have been described with greater accuracy and fuller wealth of details in this book than in the other two more popular histories.[3] Some minute details given by the *Tarikh-i-Mizaffari* warrant us in inferring that the author derived his information from reliable eye-witnesses, perhaps some members of his family who lived so near the capital. The following instance bears but the truth. The *Waqa-i-Shah Alam Sani* which is the diary of events kept by an inhabitant of the capital says, "On the 21st Jamada I. 1165 H. Nawab Safdar Jang, having taken leave, started [from the city] *while it was raining*...and pitched his camp at the garden of Ismail Khan" [*Waqa, p.* 76). The *Tarikh-i-Muzaffari* also says, "The Nawab started from his place and proceeded by the road running along the bank of the river [Jamuna]. When he was passing opposite the imperial citadel, he alighted from his horse, and made the customary salute towards it. At that time a *shower was falling* from the sky and drops of tears too appeared in the eyes of the Nawab" [MS. p. 69]. The *Ibratnama* and *Siyar-ul-Mutakhkharin* do not take notice of these minute datail. The only history from which *Tarikh-i-Muzaffari* may have borrowed this is *Chahar Gulzar-i-Shujai heavily.* While he reached near the Auspicious Residence [the citable], he alighted from his elephant and did obeisance towards." The *Tarikh-i-Muzaffari* gives some valuable information which we miss altogether in every other regular history of the 18the century. The following passage gives us the only recorded indication of the fact that the Mughal Government also had some Jat mercenaries who fought against Suraj Mal. "Ghazi-ud-din Imad-ud-mulk...with his own troops and *His Majesty's Jats* [*firqa-i-Badshahi*] exerted himself in the defence of the city [against Nawab Safdar Jang and Suraj Mal]."[4] This is indirectly supported by the unassailable testimony of the *Waqa* : "On the 22nd Ziqada, 1165 H. [20 September, 1753]...*men of the Jat contingent went inside the citadel* and created disturbance for their pay. They obstructed the audience chamber of the emperor and the *deohris* [out-apartments] of the Begams. His Majesty came to the Diwan-i-Am" {MS., p. 70].[5]

5. *The Siyar-ul-Mutakhkharin,* the most popular and widely known history of the period, hardly requires any comment. The English translation of this book by Mustafa is generally accurate; but he seems to have taken a liberty like that of Briggs in his

translation of Freishta to add here and there a phrase or two of his own unwarranted by the text. Through the author, Ghulam Hussain lived in Bengal, his father and uncles served at Delhi and as history is based on information supplied by them, the chapters dealing with the history of the Delhi and Oudh Courts have been found useful and trustworthy. He does not give us anything of value about Jat history after the death of Suraj Mal.

6. *Imad-us saadat* by Mir Ghulam Ali (Persian text, Nawal Kishore Press, Lucknow). This work was composed about 1808 at Lucknow whither the author was forced to flee from Delhi, when that city was in agony from the atrocities of the accursed Ghulam Qadir. Though this work is mainly a history of the Oudh Nawabs, it throws interesting and useful sidelights upon the affairs of Delhi. The book reads like a string of entertaining stories which are the typical product of Lucknow. But a careful study reveals the inquisitiveness of the author and his habit of taking pains to know the truth. Sometime he contradicts popular stories and enters into a critical examination of them. He almost always is neither full nor methodical, it amply repays, perusal.

7. *Bayan-i-Waqa* [MS.] by Abdul Krim Kashmiri. The account of the reign of Ahmad Shah and incidental notices about the Bharatpur Jats down to the murder of Ratan Singh are very valuable and accurate.

8. *Calendars of Persian Correspondence,* published by the Imperial Records Department, Calcutta. We have three volumes of these valuable Calendars covering the period between letters issued by the Government of Bengal to their officials, agents, and foreign notables along with the answers and news-letters, received from them about occurrences in Upper India. These may be regarded as *primary sources* of the history of this period. They stand next to the *Waqa-i-Shah Alam Sani* in importance and very often prove valuable supplements to the latter. Their destruction would have been an irreparable loss to the students of Indian history.

Marathi

Though the Marathi *bakhars* ro chronicles were generally composed at a much later date than events they relate and hence are not considered by scholars to be sound material, yet the *Bhao Sahibchi Bakhar* (in the scholarly edition of Kashinath Narayan Sane) is an exception. I have found it most useful and reliable for my period. The writer, Krishnaji Shyam Rao, resided at Indraprastha near Delhi. He seems to have been well versed in Hindi and acquainted with the affairs of Jats, Rajputs and Ruhelas. The speeches put by him into the mouths of different historic personages may not have been true word for word, but they undoubtedly represent the spirit of the actors.

Minor mistakes are not infrequent, e.g., he says that during the Mathura expedition of Ahmad Shah Abdali, "8000 Bairagis took up arms at Brindaban and died fighting...The Ghizai [=Abdali] butchered several pious Bairagis who resided at Gokhri [=Gokul], (p. 32). We know from the Persian sources (cited in my text) that it was at Brindaban that the *Vaishnav* Bairagies were massacred. G.S. Sardesai (*Panipat Prakaran*.p. 77) quotes a letter from Krishna Joshi of Delhi, which tells us that Gokul was saved from Abdali by the *Naga* monks, two or three thousand of whom died in its defence.

2. *Delli-yethil Rajkaranen* of latters of the Maratha envoy at Delhi, published by D.B. Parasnis, in two volumes. Of first-rate importance as regards dates and events (except hearsay reports of distant occurrences).

3. Marathi historical documents, mostly published by the Bharat Itihas Samsodhak Mandal of Poona,—esp. in its annual reports, Sammelan reports, and recently started quarterly journal. No student of the history of the Delhi empire during the second half of the 18th century can afford to neglect the ever-increasing mass of contemporary Marathi records and latters brought to light by a band of devoted Maratha workers. But the shifting of sound historical matterial out of them requires as much skill and labour as are demanded in collecting particles of gold from sand.

A letter from Antaji Mankeshwar—(published in the Mandal's

Journal, vol, III. Nos, 2-4, 1924 A.D.) throws interesting side-light upon the civil war between the imperial Paymaster and Safdar Jang. This is perhaps the only evidence to show that Maratha auxiliaries took part in the first stage of the struggle and that the success of Ghazi-ud-din was partly due to their valour. Antaji would naturally exaggerate the services of the Marathas, but be it said to his credit, he does not ignore the heroism of the Jat chief Suraj Mal on the enemy's side. This letter adds flesh and skin to the dry bones of the narrative of the battle of Faridabad given in the *waqa*, and therefor we translate both of them here, *Waqa-i-Shah Alam Sani* "Sunday, Zihijja 1165 A.H. (=June 1752 A.D.) News arrived (at Delhi of a battle have taken plcae near the tank of Faridabad between the Bakshi-ul-mulk and the troops of Nawab Safdar Jang. The latter was defeated and put to flight" (p. 81 of MS.)

Letter from Antajai Mankeshwar to Babu Rao Baba, from indraprastha, Bhadra Badi Ekadashi : "Mansur Ali and Suraj Mal were at Faridabad and the imperial army encamped at Kalikaji (near Okhla)...Daily skirmishes, marching and counter-marching took place. After that, on Shravan Badi II, Friday Mansur Ali with the Jat advanced in readiness for battle. A fight took place at Fridabad. The Jats fought obstinately, but were defeated. Suraj Mal displayed great valour, and a personal encounter took place between him and ourselves, in which he received a spear-thurst. The Jats have retreated beyond Ballamgarh, to which the Mir Bakshi has laid siege. We are plundering the Jat territory in the neighbourhood."

4. *Marathi Riyasat,* by G.S. Sardesai Vol. II (1707-1740), Vol. III. (1740&1760), Vol. IV. (Panipat Prakaran).

Every student of the history of India in the 15th century owes a heavy debt of gratitude to Mr. Sardesai, who has nearly completed the stupendous task of sifting the vast mass of printed materials available in Marathi, critically testing their value, and presenting a synthesis of them in an attractive grab. What we admire in this great historian is his fearless love of truth and freedom from bias, even more than his unsurpassed industry and critical power. So far as Marathi sources are concerned we can confidently rely on his valuable works. But is should be remembered that his failure to use the persian sources has left his narrative one sided and defective at some places, just as the Persian chroniclers on their part have missed out many facts concering Maratha affairs. For example, Sardesai makes no mention of Suraj Mal's participation in the war between Madho Singh and Ishwari Singh. (Vol. II. 65&70).

French

1. *Geographie de 'l' Indoustan,* by Joseph Tieffenthaler. This celebrated Jesuit missionary came to India in December 1743 and visited Deeg, "the residence of the prince of the Jats" next year. He has left brief descriptive notices of Deeg, Kumher, and Bharatpur as they then were.

2. *Le Nabob Rene Madec,* par Emile Barbe. An exteremely valuable documented history of this celebrated French merecenary general's career in India. The long extracts from his memories and those of certain other Frenchmen who came into direct contact with Jat and Delhi affairs, printed by M. Barbe, have been fully utilised by me as the evidence of 'eye-witnesses.'

3. *Memoires de l' origine, acroissement, et etat present de puissance des Jats dans l' Indostan.* (Orme MSS. O.V., 216 No. 2, pp. 86+86; a second copy in *India* XV. No. 11, pp. 150).

Mr. S.C. Hill ascribes its authorship to Father Francois Xavier Wendel, who lived in India from 1751 till his death in 1803, and resided for several years at Agra. He is frequently referred to in the *Calendar of Persian Correspondence* Government and sincerely devoted to the English interests.[6] We find him acting as the agent of the English at Lucknow after the flight of Mir Qasim from Bengal.

We do not know what made the reverend Father repair to the Jat country, accept service under Jawahar Singh as his political adviser, and stay at Deeg till the death of that Raja. The fact that he went there shortly after the flight of Samru to the Court of Jawahar Singh leads us to suspect that he was in the pay of the

English and that his real object was to keep the Bengal Government informed of any hostile designs of the powerful and ambitious Jat Raja who held the balance of power in Northern India between the Abdali and the Maratha.

The Father set about collecting information about Jat history, administration and manners at Deeg, and wrote this long account, which is of priceless value as regards the fulness and authenticity of its information on most points. My Chapters on Suraj Mal and Jawahar Singh owe their detail and freshness to this french manuscript.

The most astonishing assertion which he makes,—apparently on hearsay,—is that Suraj Mal was not at all the son of Badan Singh. He has also cast some doubt on the birth of Jawahar Singh, which was probably based on a mischievous rumour started by the malicious Jat nobles who wanted to set the eldest prince aside from the throne of Bharatpur.

4 and 5. *Mernoire sur l' Empire Mogal* by Jean Law and Gentil. These have yielded very little new information.

Foot-note

1. For an account of the life and works of Khair-ud-din, see Dr. E.D. Ross's article in *J.R.A.S.* 1902, pp. 136-138. Though it is fuller than that of Prof. Dowson, some errors have crept into it. e.g. "He (Khair-ud-din) then attached himself to the fortunes of the Shahzada Jahandar Shah, the eldest son of Shah Jahan [?] whom he assisted in his attempt to seize upon the throne [?] of Delhi." Shah Jahan in the text is evidently a mistake for Shah Alam II. Khair-ud-din assisted the evidently a mistake for Shah Alam II. Karir-ud-din assisted the price not "in seizing upon the throne of Delhi" as Dr. E.D. Ross would make us believe, but in trying to secure possession of the citadel and imperial treasure lest they should fall into the hands of Ghulam Quadir and Ismail Beg Khan. He was made the prince's supreme agent [*ibid*, 60] and in this capacity visited Begam Samru at the camp near Delhi. He procured for the prince her powerful support against Ghulam Qadir and Ismail Beg [MS., p. 63(for fuller details see Brajendranath Banerji's (*Begam Samru]*. The prince praised the author for his eminent services and wise counles.
2. For an account of his life, see Elliot, viii, 204-260

3. Khair-ud-din gives us only a brief summary of these two episodes, devoting not more than 15 lines of each.
4. *Tarikh-i-Muzafari,* MS., p. 69
5. The *Waqa* contains another passage telling us about the unruly character of the Emperor's Jat mercenaries : "On the 19th Rabi II. 1166 H. (13th February, 1754), the soldiers of the Ali Shahi, Walah Shahi, and the Jat regiments assembled in the mosque of Quddus-ul-Ahad for their pay, raised a tumult and prevented men from going inside the fort...took away the turbans and clothes of the passers by and blocked the *Shahi Rah* [Royal road)" (MS., p. 95)
6. See esp his letter from Lucknow, 12 Nov. 1763 in *Pers. Corr. i 263.*

अन्य ग्रन्थ सूची

प्रो. काननूगो ने *'जाटों का इतिहास'* नामक ग्रन्थ के 1925 के प्रथम संस्करण की ग्रन्थ सूची में केवल मुख्य स्रोतों का ही विवरण सहित उल्लेख किया था। प्रस्तुत हिन्दी संस्करण में लेखक द्वारा प्रयुक्त अन्य ग्रन्थों की सूची भी दी जा रही है।

—सम्पादक

सुधाकर द्विवेदी (संपा.) *बृहत संहिता,* (संस्कृत पाठ) खण्ड-X, भाग,-I

विल्सन (संपा.) *विष्णुपुराण*

मिर्जा कालीच बेग (अनुदित) *चाचनामा*

डार्न (अनूदित) *मखजान-ए-अफगान*

गुलाम अली *शाह-आलम-नामा* (हस्तलिखित)

गुलिस्तान-ए-रहमत

शाकिर खान *तारीख-ए-शाकिर ख़ानी*

पार्शीयन क्रोनिकल्स

समसामयिक मराठा पत्र

मानुची निकोलो *स्टोरिया दो मोगोर* (इर्विन द्वारा अनूदित)

ईश्वरदास *फुतुहात-ए-आलमगीरी*

कृष्ण श्याम राव (सम्पादक) *भावो भाखर (भावो तथा साहिब्वी भाखर)*

सूरजमल (बूँदी का भाटकवि) *वंश भास्कर*

ए.एच.कीन *एशिया, सर रिचर्ड टैम्पल* (संपा.)

ए.एस.बवरीज़ *मेमोआर्स ऑफ द रेसिस ऑफ नार्थ-वैस्टर्न प्रोविन्सस ऑफ इण्डिया*

इलियट, एच.एम. *हिस्ट्री ऑफ इण्डिया*

इर्विन, विलियम *लेटर मुगल्स*

ज्वाला सहाय *हिस्ट्री ऑफ भरतपुर*

के.आर कानूनगो	*शेरशाह*
मेकडोनल	*हिस्ट्री ऑफ संस्कृत लिटरेचर*
मेजर विलियम थोर्न	*मेमोआर ऑफ वार-इन इण्डिया*
रिजले	*पीपुल ऑफ इण्डिया*
आर.पी. चन्दा	*इण्डो-आर्यन रेसिस*
सरकार, जे.एन.	*हिस्ट्री ऑफ औरंगजेब, खण्ड*—I, II, III
ठाकुर नरेन्द्र सिंह वर्मा	*लाइफ ऑफ महाराजा सवाई ईश्वर सिंह* (हिन्दी)

गजेटियर आदि

बम्बई गजेटियर, वाल्यूम-IX, *पार्ट-I*

दिल्ली गजेटियर

मथुरा गजेटियर (ग्राउसे)

गजेटियर ऑफ नार्थ वैस्ट प्रोवीन्सस, ओल्ड सिरीज़ वाल्यूम-III,

हाशियापुर डिस्ट्रिक्ट गजेटियर, 1883

सैन्सस रिपोर्ट-1881

मारवार सैन्सस रिपोर्ट, (वर्नाकूलर) 1892, वाल्यूम-III,

राजपूताना गजेटियर

मार्डन रिव्यू, अक्टूबर-1923

पंजाब ग्लोसरी (रोज)

रैनल्स एटलस

□□□

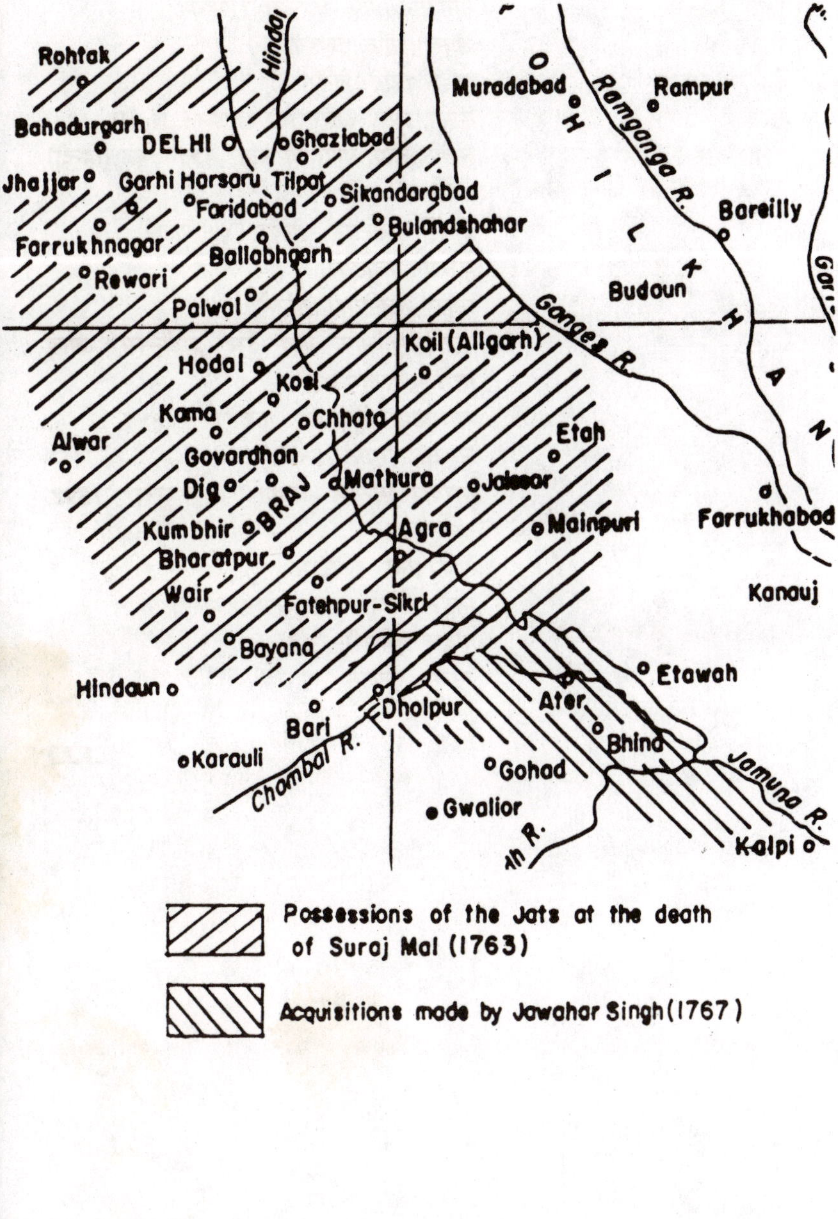
Rohtak
Hindan
Muradabad
Rampur
Ramganga R.
Bahadurgarh
DELHI
Ghaziabad
Jhajjar
Garhi Harsaru
Tilpat
Faridabad
Sikandarabad
Bulandshahar
Bareilly
Farrukhnagar
Ballabhgarh
Rewari
Budoun
Palwal
Ganges R.
Koil (Aligarh)
Hodal
Kosi
Kama
Chhata
Alwar
Etah
Govardhan
Dig
BRAJ
Mathura
Jalesar
Kumbhir
Agra
Mainpuri
Farrukhabad
Bharatpur
Wair
Fatehpur-Sikri
Kanauj
Bayana
Etawah
Hindaun
Dholpur
Ater
Bari
Bhind
Karauli
Chambal R.
Gohad
Jamuna R.
Gwalior
Kalpi
Possessions of the Jats at the death of Suraj Mal (1763)
Acquisitions made by Jawahar Singh (1767)